Benedikt Peters

DAS BUCH DANIEL

CLV

Anmerkung des Herausgebers: Es ist zu beachten, dass der Autor an gewissen Stellen den Text des Buches Daniel direkt aus dem Hebräischen bzw. Aramäischen übersetzt hat. Die übrigen Bibelzitate sind, wenn nicht anders vermerkt, der unrevidierten Elberfelder Bibel 1905 und der Elberfelder Übersetzung (Edition CSV Hückeswagen 2003) entnommen.

1. Auflage 2025

Christliche Literatur-Verbreitung e. V.
Ravensberger Bleiche 6 · 33649 Bielefeld
www.clv.de

Satz: EDV- und Typoservice Dörwald, Steinhagen
Umschlag: Lucian Binder, Marienheide
Druck und Bindung: FINIDR, s.r.o., Český Těšín, Tschechien

Artikel-Nr. 256693
ISBN 978-3-86699-693-9

Inhalt

Technisches

Zur Aussprache der Sonderzeichen:

ḥ steht für das hebräische *chet*, entspricht deutschem ch in Wörtern wie in »Bach«

ṣ steht für das hebräische *tsade*, entspricht deutschem z wie in »zeigen«

š steht für das hebräische *schin*, entspricht deutschem sch wie in »schön«

ʾ steht für das hebräische *aleph*, entspricht dem Knacklaut, der im Deutschen im Wort *beenden* die Vorsilbe *be-* vom Verb *enden* trennt

ʿ steht für das hebräische *ayin*, in der Kehle erzeugter Presslaut, hat im Deutschen keine Entsprechung

ə steht für das hebräische *schewa*, ein Murmelvokal, der wie die auslautende Silbe *-en* im deutschen Wort *essen* oder wie die Vorsilbe *be-* im Wort *belohnen* klingt

æ entspricht dem deutschen ä wie in »hätte«

â langes a

ă steht für kurzes a

å steht für kurzes, offenes o

ê langes e

î langes i

ṭ steht für ein nicht aspiriertes t (sog. emphatisches t)

< entstanden/gebildet aus …, wird zu …

etc.

Einleitung

1. Die Besonderheit des Buches Daniel

a. Die reguläre Form aller alttestamentlichen Prophetie war stets die durch Gottes Geist gewirkte und geführte Rede; bei Daniel ergehen die Weissagungen hingegen in Träumen und Gesichten. Er hört Engel sprechen, einmal erscheint ihm der Menschensohn im Gesicht und spricht zu ihm; und was er auf diese Weise sieht und hört, schreibt er danach auf (siehe 7,1). Es gab zwar auch andere Propheten, die Gesichte sahen und von diesen berichteten, wie etwa Jesaja (Jes 6), Amos (Am 7–9), Jeremia (Jer 24), Hesekiel (Hes 1; 8–10; 40–47). Das war aber bei diesen die Ausnahme, während es bei Daniel die ausschließliche Form ist, in der er seine Botschaften empfängt. In einem Teil von »Sacharja (Sach 1–6) findet sich … dieselbe Offenbarungsform, doch auch hier neben der anderen, welche von Sacharja 7 an herrscht. Völlig gleich steht in dieser Beziehung unserem Propheten nur die Offenbarung des Johannes, und man kann daher das Buch Daniel ›die alttestamentliche Apokalypse‹ nennen« (C.A. Auberlen). So gibt es denn kein prophetisches Buch, das inhaltlich so eng mit dem letzten Buch der Bibel zusammenhängt wie das Buch Daniel.

b. Daniel ist der Prophet der Nationen; er weissagt wohl über sein Volk, aber er spricht im Gegensatz zu allen anderen Propheten nie zu seinem Volk. Jene hatten dem Volk seine Sünden aufgedeckt und es zur Umkehr gerufen. Das fehlt bei Daniel gänzlich. Er spricht hingegen zu heidnischen Herrschern und tut an diesen den eigentlichen Dienst des Propheten, indem er ihnen Gottes Gedanken enthüllt über den Fortgang der Reiche der Welt, sie der Sünde überführt und zur Buße aufruft (so bei Nebukadnezar), oder nur das Gericht ankündigt (so bei Belsazar).

c. Das Buch Daniel bietet uns einen vollständigen Überblick über die Geschichte der Weltreiche (Kap. 2; 7), d.h. über *»die Zeiten der Nationen«* (Lk 21,24).

d. Daniel bietet als einziger Prophet eine Geschichte der erwählten Nation von der Zeit der Perserkönige an bis ans Ende der Tage.
e. Wir erfahren das Ziel der Geschichte: das Kommen des Menschensohnes und seines ewigen Reiches (2,44-45; 7,13.14).
f. Daniel bietet eine exakte Chronologie von der Zeit des Perserkönigs Artasasta (Neh 2,1) bis zum ersten Kommen Christi (9,24-26) und bis zum Ende, zur allerletzten Zeit vor Christi zweitem Kommen (9,27).
g. Die Biografie Daniels hat gleich großes Gewicht wie die Weissagungen Daniels.
h. Daniel wird im Neuen Testament nicht oft zitiert, aber jedes Zitat bezieht sich auf das zweite Kommen des Herrn: Mt 24,15.30; 26,64; Offb 1,7.
i. Daniel ist das einzige Buch im Alten Testament, das zu gleichen Teilen auf Hebräisch (1,1–2,4a; 8,1–12,13) und Aramäisch (2,4b–7,28) geschrieben ist.

Die Juden zählen Daniel nicht zu den Propheten, sondern zu den Schriften (zur jüdischen Art der Einteilung des Alten Testaments siehe Lk 24,27.44); sie erkennen an, dass das Buch durch die Inspiration des Heiligen Geistes geschrieben wurde, nicht aber durch den Geist der Prophetie. Dem halten wir das Urteil unseres Herrn entgegen: Er nennt Daniel einen Propheten (Mt 24,15). Was bezweckten die Juden mit dieser seltsamen und willkürlichen Unterscheidung? Dies: Daniel darf nicht als Prophet gelten, weil er nicht bloß die Tatsache des Kommens Christi, sondern dazu auch die Zeit seines Kommens angekündigt hat. Hinter dieser Deklassierung Daniels steht also polemische, gegen das Christentum gewandte Absicht. Die Weissagung Daniels von den 69 Wochen bis auf den Tod des Messias ist ja auch so exakt, dass man nicht umhinkann, das Kommen des Messias in der Zeit zu erwarten, in der Jesus von Nazareth lebte, wirkte und hingerichtet wurde. John Gill vermerkt in seiner Auslegung zum Buch Daniel: »Fünfzig Jahre vor dem Kommen Christi sagte Rabbi Nehemia, dass der von Daniel für das Kommen des Messias festgelegte Zeitpunkt nicht weiter als fünfzig Jahre entfernt sein könne.« Er gibt für das Zeugnis des Rabbi Nehemia als Quelle an: apud Grotium, de Vera Religione Christi, I. 5, sect. 14.[1]

1 John Gill, *Exposition of the Old Testament in Six Volumes*, Bd. VI, S. 347.

2. Die historische Lage

In Kapitel 1 wird uns gezeigt, wie das Volk Gottes einem heidnischen Reich unterworfen wird. Da stellt sich die Frage, wie das Volk Gottes noch bestehen und seine Bestimmung erfüllen kann. Am Leben Daniels wird exemplarisch gezeigt, wie Gott sein Volk befähigt, sich für ihn und seine Absichten abgesondert zu halten, und wie Gott sein Volk bewahrt und durch die Jahrtausende, da heidnische Herren über die Juden herrschen, ans Ziel führt.

An Daniel und an seinen Freunden lernen wir ferner, wie sich der Heilige in einer Welt verhält, in der Gott heidnische Fürsten zu Regenten macht, denen sie untertan sein müssen (vgl. Röm 13,1; 1Petr 2,17).

In Kapitel 2 wird uns gezeigt, wie die Heiligen eine Weisheit besitzen, die sie allen Weisen der Welt überlegen macht. Diese Weisheit lässt sie das Wesen und den Gang der Reiche der Welt verstehen und absehen. Dieser Gang ist ein Niedergang, wobei alles damit beginnt, dass Gott Heiden Macht und Herrlichkeit gibt; da alle heidnischen Reiche hochmütig werden und den Gott, der ihnen alle Macht und Herrlichkeit gegeben hat, verwerfen, wird Gott sie richten durch seinen Sohn. Er ist der Stein, der alle Reiche der Welt zertrümmert (2,44-45; Mt 21,42-44), um an deren Stelle sein Reich aufzurichten, in welchem seine Heiligen erhöht sein werden (7,22.27).

Wie die Reiche der Welt degenerieren, wird bereits im Traum Nebukadnezars von den vier Weltreichen gezeigt. Das erste Weltreich wird durch Gold dargestellt, das letzte durch Eisen und Ton. In den Kapiteln 3–6 wird uns an einzelnen Beispielen der moralische Niedergang der heidnischen Reiche demonstriert:

Götzendienst und Einheitsreligion	Kap. 3
Selbstüberhebung	Kap. 4
Lästerung des Gottes des Himmels	Kap. 5
Selbstvergottung	Kap. 6

Unter solchen Herrschern muss das Volk Gottes sich bewähren durch

Widerstand: das Böse verweigern	Kap. 3
Zeugnis: das Böse verurteilen	Kap. 4
Selbstverleugnung: das Böse verachten	Kap. 5
Beharrlichkeit: am Guten festhalten	Kap. 6

3. Eine Inhaltsübersicht

I. Kapitel 1–6 sind historisch: Daniels Zeugnis

Diese Kapitel sind biografisch; in ihnen wird von Daniel berichtet in der 3. Person.

1: Daniels Herzensentschluss
2: Das Standbild der 4 Weltreiche und der alles zerschlagende Stein
3: Das Standbild Nebukadnezars und Daniels Freunde im Feuerofen
4: Nebukadnezars Hochmut und Fall
5: Belsazars Lästerung und die Schrift an der Wand
6: Daniel in der Löwengrube

II. Kapitel 7–12 sind prophetisch: Daniels Gesichte

In den prophetischen Kapiteln spricht Daniel selbst in der 1. Person.

7: Das Gesicht von den 4 Weltreichen und dem Reich des Menschensohnes
8: Das Gesicht von der Abschaffung des beständigen Opfers
9: Daniels Bußgebet und die Weissagung von den 70 Wochen
10: Der Bote Jahwes und der Erzengel Gabriel
11,1-35: Weissagungen der nahen Zukunft: Israel als Spielball zwischen den Königen des Nordens und des Südens
11,36–12,13: Weissagungen der fernen Zukunft: Israels Drangsal und Errettung am Ende der Tage: der Antichrist (11,36-39); die große Drangsal (11,40-45; 12,1-13)

Auffällige Kontraste geben dem Buch ihre besondere Struktur.

Das Buch beginnt in Kapitel 1 mit dem Verlust der Vorrechte Israels; ein Überrest wird ausgesondert. Im letzten Kapitel erfahren wir, wie wiederum ein Überrest des Volkes (zum Überrest siehe 11,32-35) sein Los auf einer höheren Ebene wiedererlangt.

In Kapitel 2 sehen wir die Reiche der Welt im Traum eines Heiden; das ist die Außenansicht derselben. In Kapitel 7 sehen wir die gleichen Reiche im Gesicht des Propheten; das ist die Innenansicht derselben.

In Kapitel 3 wird die Anbetung eines falschen Gottes befohlen; in Kapitel 6 wird das Gebet zum wahren Gott verboten.

In Kapitel 4 wird ein heidnischer Herrscher gefällt, dargestellt an einem Baum, der umgehauen wird. In Kapitel 9 wird der Messias, der kommende Herrscher, *»abgeschnitten«* (V. 26), also wie ein Baum gefällt.

4. Das Thema des Buches Daniel

Wir können es ganz kurz so formulieren: Die lange Geschichte der Reiche der Welt und das plötzlich hereinbrechende Reich des Menschensohnes. Das Schwergewicht des Buches liegt auf den Weissagungen über die heidnischen Reiche und der Beschreibung einiger Episoden aus der Zeit von dreien ihrer Herrscher. Die Kapitel 1 – 11 beginnen alle mit dem Namen eines Königs und oft auch mit einer an diesen geknüpften Datierung. Es sind allesamt Könige, deren Reich jeweils damit unterging, dass ein anderes Reich es bezwang. Alle Reiche der Welt werden an dem einen Tag zerschlagen, an dem der Gott des Himmels seinen König, den Menschensohn sendet (7,13), der die gegen ihn versammelten *»Könige der Erde«* (Offb 19,19) schlägt mit dem Schwert, das aus seinem Mund hervorgeht (Offb 19,21). Dann wird *»das Reich der Welt unseres Herrn«* werden, *»und er wird herrschen von Ewigkeit zu Ewigkeit«* (Offb 11,15).

5. Praktische Lektionen aus dem Buch Daniel

An Daniel und an seinen Freunden lernen wir, wie Gott seine Sache vorantreibt durch seine Knechte auch in den Zeiten, da die Heiden über die Heiligen herrschen:

a. durch Hingabe und Treue seiner Knechte (Kap. 1; 6);
b. durch Offenbarungen, die er seinen Knechten gibt (Kap. 2; 4);
c. durch das mutige Zeugnis seiner Knechte (Kap. 3; 5);
d. durch wunderbare Errettungen (Kap. 3; 6).

Daniel konnte nur deshalb ein Zeuge Gottes sein, weil er alles tat, um seinen Glauben nicht zu verlieren. Wie tat er das?

a. durch das Wort Gottes: Dieses weckt und erhält den Glauben. Daniel glaubte an die Botschaft der Propheten; er hatte in Jerusalem den Propheten Jeremia predigen gehört. Darum überraschte ihn der Untergang Jerusalems nicht, er erschütterte seinen Glauben auch nicht, im Gegenteil: Am Untergang Jerusalems konnte er sehen, dass Gottes Wort immer in Erfüllung geht. Weil er glaubte, konnte er schreiben, dass es Jahwe war, der Jojakim dem Nebukadnezar in die Hand gab (1,2). Und Daniel glaubte, wie sein Gebet in Kapitel 9 zeigt, an die Verheißungen, die Gott den Vätern und den Propheten gegeben hatte; darum begrub der Untergang Jerusalems seine Hoffnung nicht.
b. durch Gebet: Der Glaube besteht in der rechten Beziehung zu Gott. Es ist dies eine Beziehung der vollständigen Abhängigkeit von dem, der alles lenkt, alles vermag und alles wirkt.
c. durch Gemeinschaft: Daniel tat sich mit Gleichgesinnten zusammen zu einer Gemeinschaft der Heiligen (1,6; 2,17.18.49; vgl. 2Tim 2,22).

6. Geschichte ist auch Weissagung

Die Analogien zwischen den historischen Berichten (Kap. 1–6) und den prophetischen Botschaften (Kap. 7–12) sollen uns bewusst machen, dass das historische Geschehen gleichzeitig Weissagung von zukünftigem Geschehen ist. Im Buch Daniel wird das in Folgendem ersichtlich: In Kapitel 1 wird die Eroberung Jerusalems durch einen heidnischen König erwähnt; in Kapitel 12 und in Offb 13 wird die Bedrückung der Heiligen durch einen heidnischen Herrscher geweissagt. Was die treuen Juden in den Tagen Daniels erlitten, werden die treuen Juden in den letzten Tagen abermals erleiden. In Kapitel 3 wird unter Androhung der Todesstrafe ein falscher Gottesdienst erzwungen; in Offb 13 finden wir die endzeitliche Erfüllung dieses Geschehens: Wer das Bild des Tieres nicht anbetet, muss getötet werden. In Kapitel 5 wird der Gott des Himmels offen gelästert; in Offb 13 erfahren wir, wie das Tier den Gott des Himmels lästern wird. In Kapitel 6 wird jedes Beten zu irgendeinem Gott außer zum göttlich verehrten König verboten. In 2Thes 2 und Offb 13 wird die endzeitliche Wiederholung und Übersteigerung des wahnwitzigen Gebotes des Darius angekündigt: Ein bloßer Mensch macht sich selbst zu Gott.

7. Der heilsgeschichtliche Rahmen des Buches Daniel

In 1Mo 10 erfahren wir, welches die Völker waren, welche nach der Flut aus den Nachkommen der Söhne Noahs hervorgingen, und am Ende des Kapitels kommentiert Vers 32 das Verzeichnis dieser Völker mit folgenden Worten: *»Das sind die Familien der Söhne Noahs nach ihren Geschlechtern, in ihren Nationen; und von diesen aus haben sich nach der Flut die Nationen auf der Erde verteilt.«*

Wie die Völker in den nachfolgenden Jahrhunderten wuchsen und auf ihren Zügen ihre Heimat mit ihren Grenzen fanden, hatte Gott festgelegt, wie wir aus den Worten des Apostels Paulus verstehen: *»Und er hat aus* ***einem*** *Blut jede Nation der Menschen gemacht, damit sie auf dem ganzen Erdboden wohnen, und hat festgesetzte Zeiten und die Grenzen ihrer Wohnung bestimmt …«* (Apg 17,26). Und aus 5Mo 32,8 erkennen wir, dass Gott diese Zeiten und Grenzen feststellte *»nach der Zahl der Kinder Israel«*. Ohne dass die Völker das wussten, lenkte Gott sie so, dass ihre Größe, ihre Zeit, ihre Macht und ihre Grenzen bestimmt wurden durch die Größe und die Grenzen des Volkes, das er aus allen Völkern erwählt hatte (5Mo 7,6) und zu seiner Zeit rufen und in das diesem verordnete Land führen würde (1Mo 15,18-21; 2Mo 3,8). Dieses Land, in dem Gottes Volk wohnte, war damit der Mittelpunkt der Völker der Erde (Hes 5,5; 38,12); von ihm aus sollte das Licht der Gotteserkenntnis ausstrahlen zu allen Völkern. Als Gott mit Israel den Bund vom Sinai schloss, macht er Israel zum Haupt der Nationen (5Mo 28,13) und gab ihm damit den Auftrag, Lehrer der Völker zu sein. Dazu musste es aber ein Volk sein, das von Gott gelehrt war, das auf seine Stimme hörte und nach seinem Wort wandelte und handelte. Als es seine Bestimmung vergaß, rief Gott es durch seine Propheten während Jahrhunderten immer wieder zu sich zurück, und von Zeit zu Zeit kehrte das Volk um und wandelte in Gottes Wegen. Nachdem Gott gemäß seiner Ankündigung in 5Mo 17 dem Volk einen König gegeben hatte, saßen auch nach David und Salomo immer wieder Könige auf dem Thron Davids, die taten, was dem HERRN gefiel. Als aber nach König Josia nur noch gottlose Könige aufeinanderfolgten, nahm Gott seinem Volk dessen Würde und hohe Bestimmung, und er erniedrigte es unter die Heiden: Er machte Israel zum Schwanz und die Nationen zum Haupt (5Mo 28,44). Die erste Nation, die Gewalt bekam über das Volk Gottes, war Babel. Entsprechend enthüllte Gott dem König Nebukadnezar im Traum, dass er ihn, einen heidnischen Herrscher, zum Haupt gemacht hatte, zum Haupt von Gold (2,37-38).

Israel hingegen war zu *»Lo-Ammi«*, zu *»nicht mein Volk«* geworden (Hos 1,9). Damit hatten jene Zeiten angefangen, die der Herr *»die Zeiten der Nationen«* nennt (Lk 21,24). Während dieser Zeiten waren und sind noch heidnische Mächte Herren über die Juden. Das wird so bleiben, bis der Messias zum zweiten Mal kommt und auf dem Thron Davids sitzt; dann wird Israel seinem Gott und Messias ergeben sein und damit wieder zum Haupt der Nationen werden.

8. Die Namen Gottes im Buch Daniel

1. *Adonai:* 1,2; 9,3.4.7.9.15.16.17.19. Gott heißt in diesem Buch nicht mehr *Jahwe*, außer in Kapitel 9, wo es eben um den durch Israel gebrochenen und durch Gott wieder aufzurichtenden Bund geht. Er bleibt aber stets *Adonai*, der Herr und Besitzer des von ihm erwählten und berufenen Volkes.
2. *»euer Gott«:* 2,47; *»unser Gott«:* 3,17; 9,9; *»sein Gott«:* 6,6; 11,32; *»der Gott Daniels«:* 6,27; *»der Gott Sadrachs, Mesachs*

und Abednegos«: 3,29; *»dein Gott«:* 6,17; 10,12; *»mein Gott«:* 6,23; 9,4. Gott ist nicht mehr vor aller Welt als der Gott Israels offenbar; aber er ist in der Zeit, da das Volk Gottes als Ganzes untreu geworden ist, umso mehr der persönliche Gott der wenigen Treuen.

3. *»der Gott des Himmels«:* 2,18; *»der König des Himmels«:* 4,34; *»der Herr des Himmels«:* 5,23. Gott hat seine Wohnstätte auf der Erde verlassen (Hes 1,28; 3,23; 8,4; 9,3; 10,4.18; 11,22-23), sodass er nicht mehr wie damals, als Israel sein Erbe empfing, *»Herr der ganzen Erde«* (Jos 3,11) heißt.
4. *»der Gott der Götter«:* 2,47; *»der höchste Gott«:* 3,26. Gegenüber den heidnischen Göttern erweist sich Gott allen Umständen zum Trotz als der allein wahre Gott (darum heißt er in Kap. 5 zweimal *»der höchste Gott«* [V. 18.21]).
5. *»der Herr der Könige«:* 2,47; *»der Höchste«:* 4,14; 7,25. Gegenüber den Königen der Erde ist Gott *»der Höchste«* (darum wird er in Kap. 4 fünfmal [V. 14.21.22.29.31] und in Kap. 7 einmal so genannt); siehe Offb 19,16.19.
6. *»der ewig Lebende«:* 4,31; 12,7; *»der lebendige Gott«:* 6,27. Während Menschen, Gläubige wie Heiden, kommen und gehen, während Weltreiche entstehen und untergehen, bleibt er; er ist der ewig Lebende, der keinem Tod, d. h. keiner Vergänglichkeit und keinem Wechsel, unterworfen ist.
7. *»Alter an Tagen«:* 7,9. Königreiche sind aufgestiegen und untergegangen, wie das Kapitel 7 darlegt; von Ewigkeit her war es Gottes Ratschluss, dass allen Anläufen sündiger Menschen zum Trotz eines Tages sein König, der Menschensohn, regieren sollte.

9. Der Verfasser

Der Verfasser der Buches ist Daniel selbst. Dass er über sich in der 3. Person spricht, ist so wenig ein Beweis gegen ihn als Verfasser, wie es die Tatsache ist, dass auch Mose nur in der 3. Person von sich selbst berichtet. In der jüdischen Tradition ist es selbstverständlich gewesen, dass das Buch zur Zeit des babylonischen Exils entstand, denn es gilt ihr als heilige Schrift. Anders verhält es sich mit der evangelischen Theologie, welche bereits im 18. Jahrhundert das Buch ins 2. Jahrhundert vor Christus datierte.[2] Warum das? Weil es von den Taten Antiochos' IV. berichtet, der von 215 bis 164 v.Chr. über das Reich der Syrer herrschte. Dass im 6. vorchristlichen Jahrhundert niemand von jenen Dingen etwas wissen konnte, war und ist der liberalen Theologie eine Selbstverständlichkeit. Seit der Aufklärung wisse man ja, dass es keine Weissagung zukünftiger Geschehnisse geben kann, und auch die Theologie könne nicht hinter die Aufklärung zurück. Wer nicht glaubt, dass es vorausschauende Prophetie und Erfüllung gibt, sagt damit, dass er nicht an Gott glaubt. Ein Theologe aber, der nicht an Gott glaubt, ist ein Unding; er gleicht einem Zoologen, der nicht glaubt, dass es Tiere gibt. Das hat Hannah Arendt einmal so schön ausgedrückt:

> *»Eine Theologie, die sich nicht auf die Offenbarung Gottes stützt und Gott als eine gegebene Wirklichkeit voraussetzt, würde sich genauso verrückt benehmen wie eine Zoologie, die plötzlich an der Realität der Tiere zu zweifeln begänne.«*[3]

»Liberale Theologie« ist eine *contradictio in adiecto*, ein Widerspruch im Beiwort, wie »dunkles Licht«. Was liberal ist, kann nicht Theologie sein, und was Theologie sein will, kann nicht liberal sein, denn Theologie will den allein Wahren erkennen, der Licht ist und in dem keine Finsternis ist. Der wahre Theologe ergibt sich bedingungslos allem, was Gott spricht. Aus diesem Grund verzichte ich in der vorliegenden Auslegung auf eine Apologetik zur Datierung und Verfasserschaft des Daniel-Buches. Hören wir, was der konservative Theologe[4] Adolph Zahn im Zuge einer Vorlesung seinen Studenten zurief:

> *»Wir haben uns den Winter viel mit Apologetik beschäftigt, und Sie haben eine Reihe guter Gründe von mir gehört. Die Bibel ist viel zu*

---

2 »In der alttestamentlichen Wissenschaft herrscht fast allgemein die Ansicht: Daniels Worte beziehen sich auf die Zeit des Antiochos Epiphanes. Die Ereignisse um 167 v.Chr. seien genau geschildert, über Namen und Ereignisse der Exilszeit zeige sich das Buch sehr schlecht orientiert. Darum sei das Buch nicht im 6. Jahrhundert entstanden, sondern erst im zweiten. Ja, aus der Beobachtung, dass der Tod des Antiochos anders erfolgt sei, als es im Buch Daniel … beschrieben wird, folgert man, es sei kurz vor dem Tod des Antiochos geschrieben, zwischen 167 und 164« (Hans Möller, *Alttestamentliche Bibelkunde*, S.262).

3 Hannah Arendt, *Elemente und Ursprünge totaler Herrschaft*, München: Piper Verlag, 1995, S.962.

4 Dies ist ein Ausdruck, der streng genommen so klug ist wie »nasses Wasser«. Ein Theologe *ist* konservativ; sonst ist er keiner. Also sollte man »konservativ« gar nicht sagen müssen.

groß, um ihre Wahrhaftigkeit auf menschliche Apologetik zu gründen. Die Wahrheit Gottes beruht auf dem Zeugnis Gottes selbst in den Herzen der Menschen: Gott beweist sich selbst und bedarf keiner Apologetik ... Sie mögen viel Halt in meinen Vorträgen gefunden haben, aber alle Apologetenkünste sind nichts gegen die Kunst der Überredung und Überzeugung, die der Geist übt. Die Wahrheit der Schrift entsteht im Menschen durch die Neugeburt aus Wasser und Geist (Joh 3,5); wer diese nicht erlebt, wird mit den besten Gründen umfallen.«[5]

In einer von ihm stammenden Schrift, wo er die »Gottesferne der Gebildeten Deutschlands« beschreibt, sagt er:

»Solchen Schäden steuert unsere eifrige Apologetik nicht. Vielmehr verwöhnt dieselbe nur umso mehr das schlaffe Gefühl, welches sich geschmeichelt sieht in der steten Berücksichtigung seiner krankhaften, kaum ernst gemeinten Zweifel und sich vornehm auf den Richterstuhl setzt, um seinen Beifall oder seine Verwerfung den apologetischen Künsten zuzurufen. Der Mensch beugt sich vor Autoritäten und Mächten, aber nicht vor Beweisen.«[6]

Apologetische Arbeit hat ihren Wert, indem sie Skeptiker dazu bewegen kann, die Bibel zumindest als ein verlässliches Zeugnis historischer Begebenheiten zu akzeptieren, und das kann ein erster Schritt sein auf dem Weg zum rettenden Glauben an den, der in diesem Buch spricht. Gute objektive Gründe für die Echtheit des Buches Daniel hat Roger Liebi – mit Belegen und Quellenverweisen – zusammengestellt in seinem sehr dichten und gehaltvollen Buch *Weltgeschichte im Visier des Propheten Daniel*, das ich sehr gerne empfehle. Dazu verweise ich auch auf die Einleitung zum Buch Daniel in der Auslegung von Gerhard Maier, und schließlich auf Hans Möller, *Alttestamentliche Bibelkunde*, S. 262-265. (Zu diesen Büchern finden sich die bibliografischen Angaben im Anhang des vorliegenden Bandes.)

5 Adolph Zahn, *Von Gottes Gnade und des Menschen Elend. Ein Querschnitt durch das Werk eines faszinierenden Verfechters einer vergessenen Theologie*, Hrsg. Wolf Christian Jaeschke. Bonn: Verlag für Kultur und Wissenschaft, 2005, S. 407.

6 Ebd.

Kapitel 1

1. **Der Beginn der Zeiten der Nationen (1,1-7)**
2. **Daniel sondert sich ab von den Unreinheiten der Nationen (1,8-16)**
3. **Gott gibt Daniel und seinen Freunden Weisheit (1,17-20)**
4. **Daniel überlebt die Reiche der Nationen (1,21)**

1. Der Beginn der Zeiten der Nationen (1,1-7)

1 Im dritten Jahr der Regierung Jojakims, des Königs von Juda, kam Nebukadnezar, der König von Babel, nach Jerusalem und belagerte es.
2 Und der Herr gab Jojakim, den König von Juda, in dessen Hand[7] und einiges von den Geräten des Hauses Gottes; und er brachte sie in das Land Sinear, in das Haus seiner Götter: Die Geräte brachte er in das Schatzhaus seiner Götter.

Exkurs zur historischen Lage

Wir dürfen nie vergessen, dass die Bibel von Gottes Handeln in der Geschichte berichtet; das Heil, das er wirkt, besteht in seinem Handeln an Menschen und durch Menschen in der Zeit. Wer nicht glaubt, dass die Bibel von lauter historischen Tatsachen berichtet, wird das Heil, das Gott durch sein Handeln in Zeit und Raum dieser Welt gewirkt hat, nie erkennen und erfahren. Daniel lebte und wirkte in der Zeit, da das babylonische Reich über den ganzen Vorderen Orient herrschte. Er wurde im Jahre 605 v. Chr. aus Jerusalem nach Babel verschleppt, als Nebukadnezar König war über das babylonische Weltreich.

7 »in *dessen* Hand«, nicht »in *seine* Hand«; das hieße nämlich »in Gottes Hand«, da Gott (»der Herr«) das Subjekt des Satzes ist.

Wir erfahren in 2Kö 23,29, dass der Pharao Neko *»zum König von Assyrien*[8] *hinaufzog, an den Strom Euphrat«*, um ihn gegen das Anstürmen Nabopolassars, des Königs von Babel, zu stärken. Nun meint König Josia, er müsse in diese kriegerischen Handlungen eingreifen, und kommt dabei zu Tode (2Kö 23,29-30; 2Chr 35,20-25). Nekos Beistand hilft dem Assyrerkönig nicht; Nabopolassar besiegt ihn, und damit geht das Assyrer-Reich unter. Das war im Jahre 609. Ägypten kann seine Macht über Juda noch bis zum Jahre 605 behaupten (siehe 2Kö 23,31-35). Da schlägt Nebukadnezar, der Sohn Nabopolassars, die Ägypter in der Schlacht von Karkemisch am Euphrat (Jer 46,2) und entreißt ihnen das ganze Land vom Bach Ägyptens bis an den Euphrat (2Kö 24,7), und damit fällt Juda unter die Herrschaft der Babylonier (siehe 2Kö 24,1). Nach drei Jahren rebelliert Jojakim, der König von Juda, gegen die Babylonier, und daraufhin zieht Nebukadnezar, der inzwischen König geworden ist, gegen Jerusalem, belagert es und unterwirft es wieder (1,1-2; 2Kö 24,2; 2Chr 36,6-7).

»Im dritten Jahr der Regierung Jojakims«: Nach Jer 25,1 war es das vierte Jahr Jojakims, in dem Nebukadnezar kam und Jerusalem belagerte. Hier aber wird die Regierung Jojakims nach der babylonischen Weise datiert: Das Jahr der Thronbesteigung wird nicht gezählt, das zweite Jahr der Regierung (gemäß jüdischer Zählweise) nennt man entsprechend in Babylonien das erste Jahr der Regierung. Diese Art der Datierung macht bereits deutlich, dass Jerusalem nicht mehr der Mittelpunkt der Erde (Hes 38,12) ist, an dem alle Geschehnisse gemessen und datiert werden, sondern ein heidnisches Reich. Es werden fortan in diesem Buch fast alle Geschehnisse nach der Regierung babylonischer und persischer Könige datiert (2,1; 7,1; 8,1; 9,1; 10,1).

Diese erste Wegführung, bei der Daniel verschleppt wurde, geschah im Jahr 605 v. Chr. Von da an werden die vom Herrn in Jer 25,12 und 29,10 angekündigten siebzig Jahre Babylons gezählt. Im Jahre 597 kam es zu einer zweiten Wegführung unter König Jojakin (2Kö 24,8-17), bei der Hesekiel seine Heimatstadt verlassen musste. Im Jahre 586 schließlich

8 nicht *»**gegen** den König von Assyrien«*, wie Luther, Elberfelder, Schlachter 2000 übersetzen.

wurde die Stadt Jerusalem mitsamt dem Tempel zerstört und zum dritten Mal ein Teil der Bevölkerung nach Babel deportiert (2Kö 25).

»kam Nebukadnezar, der König von Babel, nach Jerusalem und belagerte es«: Als die Belagerung begann, hätten die Bewohner der Stadt den Herrn fragen müssen, warum er fremde Heere gegen sie gesandt hatte (2Kö 24,2-4), und sie hätten die Antwort in den Weissagungen Moses gefunden (5Mo 28,36). Ein Großteil des Volkes war dabei gewesen, als König Josia *»alle Worte des Buches des Bundes«* vor dem Volk hatte lesen lassen (2Kö 23,1-2), und dort hatten sie alle Flüche gehört, die Gott seinem Volk ankündigte, wenn es ihn verlassen sollte (5Mo 28,15-69). Darüber hinaus hatten sie die Propheten gehört, die Gott ihnen gesandt hatte, zuletzt noch alle Gerichtsandrohungen Jeremias – doch man hatte nicht hören wollen (2Chr 36,15-16).

»Und der Herr[9] gab Jojakim, den König von Juda, in dessen Hand«, d.h. in dessen Gewalt (wie z.B. in 1Mo 9,2; 2Mo 4,21; Jos 8,1; 2Sam 18,2). Dieses Geschehen beschreibt 2Chr 36,6 mit folgenden Worten: *»Gegen ihn zog Nebukadnezar… herauf; und er band ihn mit ehernen Fesseln, um ihn nach Babel zu führen.«* Das war zunächst die Absicht des siegreichen Belagerers gewesen, doch wurde Jojakim offensichtlich wieder nach Jerusalem zurückgeschickt, denn wir lesen in 2Kö 23,36 von ihm: *»… und er regierte elf Jahre in Jerusalem …«*, also nach dieser Strafaktion Nebukadnezars noch weitere sieben Jahre.

»der Herr gab«: Daniel, der diesen Satz viele Jahre später aufschrieb, war angesichts der Katastrophe in seinem Glauben nicht erschüttert, sondern vielmehr gestärkt worden. Er sah in der Katastrophe die Hand Gottes und die Erfüllung aller Worte Gottes, die er durch Mose gesprochen und durch seine Knechte, die Propheten, bestätigt hatte (z.B. Hab 1,5-11).

Daniel glaubt und erkennt, dass nicht Nebukadnezar, sondern Gott sein Volk und Jerusalem erniedrigt hat. Es war Gottes Wille, der sich gegen Jerusalem erfüllte; Gott ist es, der das Licht und die Finsternis, die Wohlfahrt und das Unglück schafft (Jes 45,7). Es geschieht kein Unglück in der Stadt, das nicht Jahwe gewirkt hätte (Am 3,6). Nicht der Zufall regiert, nicht der Feind obsiegt; Jahwe regiert (2Mo 15,18; Ps 93,1; 97,1). Er war es, der sein durch Mose lange zuvor gesprochenes Wort erfüllte: *»Der Fremde, der in deiner Mitte ist, wird höher und höher über dich*

9 *Adonai.*

emporkommen, und du, du wirst tiefer und tiefer hinabsinken. Er wird dir leihen, du aber wirst ihm nicht leihen; er wird zum Haupt, du aber wirst zum Schwanz werden« (5Mo 28,43-44).

»Jojakim« bedeutet »Jahwe richtet auf«, während **»Nebukadnezar«**, babylonisch **Nabu-kudurri-utsur**, bedeutet: »Nabu schütze meinen Grenzstein«. Als der Träger des Namens Nabu (oder Nebo, siehe Jes 46,1), eines heidnischen Abgottes, den Träger des Namens des allein wahren Gottes besiegte, sah es für ihn und für alle Welt so aus, als ob die Götter der Babylonier dem Gott der Hebräer überlegen wären, oder anders gesagt: dass der Materialismus der Heiden wahr, während der Glaube an einen ewigen, jenseitigen, unsichtbaren und alles wirkenden Gott bloße Illusion sei.

»und einen Teil der Geräte des Hauses Gottes«: nur einen Teil, nicht alle – wie wir auch in 2Chr 36,7 lesen: *»... von den Geräten des Hauses Jahwes brachte Nebukadnezar nach Babel und legte sie in seinen Tempel in Babel.«*

Warum ließ der Gott Israels es geschehen, dass seine heiligen Geräte in die Hand eines heidnischen Herrschers fielen? Sein Volk hatte sich durch die beharrliche Verehrung der heidnischen Abgötter entweiht und war damit geworden wie Simson, den Gott in besonderer Weise für seinen Dienst abgesondert hatte. Als dieser sich immer wieder mit heidnischen Frauen einließ, sündigte er gegen seine Weihe, und Gott übergab ihn deshalb der Gewalt der Philister (Ri 13–16). Gott hatte Israel aus allen Völkern ausgesondert, um ein für ihn geheiligtes Volk zu sein (3Mo 11,45; 5Mo 14,2). Es war die einzige Nation auf Erden, in der ein Heiligtum stand an dem Ort, den Gott selbst ausgesucht, dessen Gestalt er verordnet und dessen Gottesdienst er in allen Einzelheiten bestimmt hatte. All dieses Einzigartige hätte Israel zur höchsten über alle Nationen machen sollen (5Mo 26,19). Doch das Volk entweihte sich, indem es über Jahrhunderte den Abgöttern der Heidenvölker diente und sich damit den Heiden gleichmachte, und Gott vergalt ihnen damit, dass er sie der Gewalt jener Völker unterwarf, denen sie sich gleichgemacht hatten. Als sinnfälligen Ausdruck des Verlusts der besonderen Berufung und Stellung Israels gab er die Geräte aus dem Heiligtum Gottes in die Hand eines heidnischen Herrschers.

Die Babylonier brachten sie **»in das Land Sinear«**, **šin^{c}âr**, das ist das Gebiet im Zweistromland, in denen neben Babel auch die Städte

Erek, Akkad und Kalne lagen (1Mo 10,10). **»Sinear«** ist darüber hinaus nur noch belegt in 1Mo 11,2; 14,1.9; Jos 7,21; Jes 11,11; Sach 5,11. Dass Sinear hier genannt wird, liegt gewiss nicht daran, dass der Leser wissen soll, wo die Stadt Babylon lag; vielmehr will Daniel unausgesprochen die Gedankenverbindung zum folgenschweren Geschehen in der Ebene Sinear herstellen, von der 1Mo 11 berichtet. Was ein erstes Babel anstrebte und nicht erreichte, wollte das spätere antike Babylon erreichen; und was dieses nicht vermochte, dem wird schließlich das endzeitliche Babylon mit äußerster Entschlossenheit, unterstützt von aller Macht Satans, nachjagen. Und auch dieses wird Gott zerschlagen, wie er das erste und zweite Babel zerschlug.

Und in Babel angekommen, brachte der siegreiche Heidenfürst die heiligen Geräte **»in das Haus seines Gottes«**, womit entweder der Gott Nebo, nach dem der König selbst benannt war, gemeint wäre, oder Bel. Wenn man statt »seines Gottes« übersetzt »seine Götter«, was die Wortform durchaus zulässt, dann müsste man an die beiden Hauptgötter Babels denken gemäß Jes 46,1, wo das Zusammenbrechen der Macht Babels so ausgedrückt wird: *»Bel krümmt sich, Nebo sinkt zusammen ...«*[10] Und zum Untergang Babels spricht Gott durch den Propheten Jeremia: *»Babel ist eingenommen, Bel zuschanden geworden, Merodak bestürzt ...«* (Jer 50,2). Zuerst wird Bel genannt, dann erst Marduk (»Merodak«), und in Jer 51,44 nur Bel: *»Und ich werde den Bel in Babel heimsuchen und aus seinem Maul herausnehmen, was er verschlungen hat ...«*

Als Nebukadnezar die heiligen Gefäße ins Haus seiner Götter tat, wollte er demonstrieren, dass diese stärker seien als der Gott, dem man in Jerusalem ein Haus errichtet hatte. Auch als der Babylonierkönig Ägypten eroberte, verbrannte er die Häuser der Götter und führte diese weg (Jer 43,12), wie es siegreiche Feldherren gewöhnlich taten (Jer 48,7). Jes 46,1-2 kündigt an, dass nach Ablauf einiger Jahrzehnte ein stärkerer König die Götterbilder der Babylonier seinem Lastvieh aufladen und in sein Land bringen wird.

10 Gerhard Maier schreibt zu »sein Gott«, dieser sei wahrscheinlich Marduk. An Marduk habe Nebukadnezar besonders gehangen. Dann zitiert er zum Beleg aus einem babylonischen Text folgendes Gebet Nebukadnezars an Marduk: »Ohne dich, Herr, was wäre zuteilgeworden dem Könige, den du lieb hast ...? ... Ich bin der Fürst, der dir dienstwillig ist, das Geschöpf deiner Hand. Du hast mich geschaffen, die Königswürde über die Gesamtheit der Völker hast du mir anvertraut (S. Langdon, *Babylonian Penitential Psalms*, S. 123ff.)« (*Der Prophet Daniel*, S. 71). Otto Zöckler hingegen: »Ob man den Genitiv mit ›seiner Götter‹ oder ›seines Gottes‹ übersetzt, ist von keinem sachlichen Belange. Im letzteren Fall würde natürlich an Bel als die Hauptgottheit der Babylonier zu denken sein« (S. 49). Es ist wohl sicherer, sich von den biblischen Aussagen in Jes 46,1 und Jer 50,2; 51,44 leiten zu lassen.

Seit das Denken der Aufklärung den christlichen Glauben zunächst zurückgedrängt und inzwischen für überwunden erklärt hat, ist es dem Christentum ähnlich ergangen. Man hat in den Ländern der alten Christenheit den Gott der Bibel und seinen Sohn Jesus Christus zu einem Museumsstück erklärt. Der altisraelitische Glaube und das Christentum mögen noch eine gewisse religionsgeschichtliche Bedeutung haben; dass ihre heiligen Schriften vom lebendigen Gott offenbart sein sollten und dass diese dem Menschen die Ordnungen für das ganze Leben auf der Erde geben und ihm den Weg durch die Zeit zu seinem ewigen Ziel weisen – das hält man für einen inzwischen überwundenen Aberglauben.

Exkurs: Die Pracht Babylons

Im Jahre 689 wurde Babel durch den Assyrerkönig Sanherib zerstört, aber durch Asarhaddon, den Sohn des letzten Assyrerkönigs, wieder aufgebaut. Dabei nahm dieser »auf die frühere Anlage und vor allem auf die heiligen Standorte der alten Tempel peinlichst Rücksicht«[11]. Diese Tatsache zeigt, was das Babylon Nebukadnezars vor anderen altorientalischen Städte auszeichnete: Es huldigte ihren zahllosen Göttern inniger als alle anderen Städte des Altertums und nannte sich deshalb »das Tor Gottes«. Alles in der Stadt war religiös überhöht. Sie »wurde von doppelter Stadtmauer und Wallgraben geschützt; die innere und höhere Hauptmauer hieß *Imgurenlil* (»Enlil[12] hat erhört«), die äußere *Nemettienlil* (»Sitz des Enlil«). Die äußere Mauer war gemäß dem deutschen Archäologen Robert Koldewey eine Doppelmauer, bestehend aus einer inneren, die 7 Meter dick war, und einer äußeren, 7,8 Meter starken Mauer aus gebrannten Ziegeln, welche begleitet war von der sich eng anschließenden 3,3 Meter dicken Grabenmauer. Die innere und äußere Mauer standen in einem Abstand von 12 Metern, der Zwischenraum war mit Erde angefüllt bis zuoberst, womit die gesamte äußere Mauer eine Dicke von ca. 26 Metern hatte,

---

11 Hartmut Schmökel, *Ur, Assur und Babylon. Drei Jahrtausende im Zweistromland*, Zürich: Fretz & Wasmuth, 1955, S. 142.

12 der Gott der Luft und des Windes, einer der Hauptgötter Babels.

was in der Antike absolut einmalig war.[13] Damit entstand ein Umgang oben auf der Höhe der Mauer, der zwei sich begegnenden Vierergespannen Raum bot. »Dieser breite, durch die Erwähnung der klassischen Autoren weltberühmt gewordene Umgang auf der Mauerkrone war für die Verteidigung der Riesenstadt von außerordentlich hohem Werte. Er ermöglichte jederzeit die rasche Verschiebung der verteidigenden Streitkräfte an diejenige Stelle der Mauer, die vom Angriff besonders bedroht war.«[14]

Die Stadt hatte 8 Tore, jedes war nach dem Namen eines Gottes oder einer Göttin benannt: »Da war in der Mitte der Nordmauer Nebukadnezars Prachtwerk, das in strahlendem Blau der glasierten Ziegel schimmernde und mit den farbigen Großreliefs von Stier, Löwe und Schlangengreif geschmückte *Ischtartor*[15], unweit davon das Tor des *Sin*, in der Ostmauer das von *Marduk*[16] und *Zababa*[17], im Süden das *Enlil-*, *Urasch*[18]- und *Schamaschportal*[19] und in der die Neustadt abschließenden Westmauer endlich die dem *Adad* geweihte Toranlage.«[20]

In der Stadtmitte stand das riesige Zentralheiligtum *Esangila* (»Haus dessen, der sein Haupt erhebt«) mit seinem 69 Meter hohen Stufenturm *E-Temenanki* (»Haus der Grundlegung von Himmel und Erde«), auf dessen »oberster Plattform erhob sich ein zweistöckiger mit blauen Glanzziegeln verkleideter Kultbau, das ›Hochzeitsgemach‹ Marduks ... Ringsum in der heiligen Stadt erhoben sich weiter die Tempel der ›Großgötter‹, die die babylonische Stadtbeschreibung auf 53 beziffert ... überall standen an den Straßenecken oder Plätzen die Zellen, in denen man bei den Prozessionen die Götterbilder abstellte – 55 für *Marduk*, insgesamt 300 für die *Igigi*, die Himmelsgötter, und 600 für die *Anunnaki*, die Unterweltsgottheiten –, und zahllos waren in den Tempelhöfen, aber auch sonst allenthalben in der Stadt verstreut, die Altäre, an denen die Gläubigen bequem und jederzeit opfern und

13 »Die Dicke gewöhnlicher Festungsmauern in der Antike beträgt 3 m oder 6 bis 7 m, hier in Babylon erreichen sie leicht ... 22 m Dicke« (Robert Koldewey, *Das wieder erstehende Babylon*, S. 7; Koldewey, der in den Jahren 1899 bis 1912 die Ausgrabungen Babylons leitete, publizierte 1912 seine Beschreibung vom Fortgang der Ausgrabungen in Babylon.)
14 Koldewey, S. 15.
15 Ischtar entspricht der griechischen Aphrodite und der römischen Venus. Sie personifiziert den Sexualtrieb.
16 Marduk war der Stadtgott Babels.
17 Zababa war der Gott des Krieges, entsprechend dem griechischen Ares und dem römischen Mars.
18 Urasch entspricht dem Anu (= Himmel), dem höchsten Gott der Sumerer.
19 Schamasch bedeutet »Sonne« (hebr. **schæmæsch**), die als göttlich verehrt wurde.
20 Schmökel, S. 142.

beten konnten. Allein 180 von ihnen werden für *Ischtar* und ebenso viele zusammen für *Adad*[21] und *Nergal*[22] genannt.«[23]

Babel war berühmt für seine Zauberkünste (siehe Jes 47,12), seine Sterndeuterei (Jes 47,13) und seine Wahrsagerei (Hes 21,26).

Babel war aber nicht nur eine religiöse Stadt, sie war auch, wie Hesekiel sagt, eine »Krämerstadt« im »Händlerland« (Hes 17,4), eine »immer wieder unerhörte Reichtümer sammelnde Wirtschaftsmetropole«.[24] Das große Babylon der Endzeit wird gerade diese beiden Eigenschaften haben: Es ist ein Zentrum des religiösen Taumels (Offb 17) und eine wirtschaftliche Großmacht (Offb 18).

Und schließlich: Babel war eine Stadt hoher Bildung. Theodor Nöldeke spricht im Zusammenhang mit der Eroberung Babels durch den Perserkönig Kores von »Babylon, dem Sitz uralter Bildung«.[25] In Babel hielt man Akademien für Naturwissenschaften, wo man Pflanzen, Tiere und Mineralien untersuchte und klassifizierte; man betrieb Mathematik und Astronomie und Medizin, und man unterhielt eine anspruchsvolle Hygiene. Auf babylonischen Tontafeln hat man Berechnungen von Mond- und Sonnenfinsternissen gefunden.

Der Ionier Herodot von Halikarnass, der in Athen lebte, einer Stadt, die sich etwas auf ihre Kultur und Schönheit einbildete, schrieb in seinen Historien von Babylon: »Sie ist die schönste aller Städte, die wir kennen.«[26] Und Robert Koldewey, der Ausgräber Babylons, kann dieses Urteil bestätigen: »Aber was sind alle diese schriftlichen Nachrichten im Vergleich zu der Klarheit der Anschauung, die wir aus der Ruine selbst gewinnen …! Das kolossale Massiv des Turmes, den die Juden des Alten Testaments als Inbegriff menschlicher Überhebung betrachteten, inmitten der stolzen Priesterpaläste, der weiten Vorratshäuser, der zahllosen Fremdengelasse – weiße Wände, bronzene Tore, drohende Festungsmauern ringsum mit hochragenden Portalen und einem Wald von 1000 Türmen – es muss ein überwältigender Eindruck der Größe, der Macht und der Fülle gewesen sein …«[27]

---

21 Adad ist der Sturmgott, entsprechend dem griechischen Zeus (den Homer stets den »Wolkenerreger« nennt).
22 Nergal ist ein Gott der Unterwelt.
23 Schmökel, S. 143.
24 Schmökel, S. 145.
25 Nöldeke, *Aufsätze zur persischen Geschichte*, S. 21.
26 Herodot, *Historiae*, I, 178.
27 Robert Koldewey, *Das wieder erstehende Babylon*, S. 195.

3 Und der König befahl Aschpenas, dem Obersten seiner Hofbeamten, von den Söhnen Israels, vom Samen des Königshauses und von den Vornehmen, Jünglinge herzubringen, 4 an denen keinerlei Fehl sei, von gutem Aussehen und verständig in aller Weisheit und kenntnisreich und mit Einsicht begabt, welche die Fähigkeit besäßen, im Palast des Königs zu stehen; und dass man sie lehre die Schrift und die Sprache der Chaldäer.

»**Der König befahl**«, und entsprechend geschieht mit den »**Söhnen Israels**«: Er bestimmte ihren Wohnort, ihre Lebensaufgabe (V. 4) und ihren Lebensunterhalt (V. 5). Israel war gefallen (siehe Am 5,2); es wurde vom Wohlwollen heidnischer Könige abhängig, es muss fortan deren Befehlen gehorchen.

Der König befahl »**Aschpenas …, Jünglinge herzubringen**«. Wahrscheinlich müssen wir das so verstehen, dass der »**Oberste**« von Nebukadnezars »**Hofbeamten**« nach der erfolgreichen Belagerung Jerusalems den Befehl erhalten hatte, Jünglinge aus dem »**Samen des Königshauses**« und aus den Familien der Fürsten (»**von den Vornehmen**«) junge Männer auszusuchen und diese bei der Rückkehr der siegreichen Armee nach Babel mitzunehmen, da Nebukadnezar sie für seine Zwecke abrichten wollte. Damit erfüllten sich die Worte Jesajas, die er an König Hiskia gerichtet hatte: *»... von deinen Söhnen, die aus dir hervorkommen werden, die du zeugen wirst, wird man nehmen, und sie werden Hofbeamte im Palast des Königs von Babel sein«* (Jes 39,7).

Der König trifft unter den zahlreichen Israeliten eine Auslese: Er will junge Leute, **jəladîm**,[28] denn die sind formbar, und er will intelligente Leute, die gut lernen, denn sie sind dazu ersehen, »**im Palast des Königs zu stehen**«. Zum Alter solcher Jünglinge bemerkt C. F. Keil:

> »Bei den Persern begann nach *Plato, Alcib. I. 37* die Erziehung der Knaben durch die *paidogogoi basileioi* (die königlichen Erzieher [Anmerkung des Autors]) mit dem 14. Jahre, und nach *Xenoph. Cyrop. I.2* wurden die *epheboi* (Jünglinge über 16 Jahre [Anmerkung

28 das ganz allgemein für Kinder im Sinne von Nachkommen verwendet wird, sowohl für kleine Kinder (2Mo 2,7) als auch für Jünglinge und junge Männer (1Kö 12,8).

des Autors]) im 17. Jahre fähig, in den Dienst des Königs zu treten« (*Biblischer Commentar über den Propheten Daniel*, S. 58).

Dazu müssen diese Knaben fähig sein, **»die Schrift und die Sprache der Chaldäer«** schnell und gründlich zu lernen. Früher wurde häufig das Aramäische als »Chaldäisch« bezeichnet, doch Chaldäisch war die Sprache des Nabopolassar, des Gründers des Neubabylonischen Reiches, des Vaters Nebukadnezars. Dessen Name wie auch der seines Sohnes sind semitisch. Die Schriften der Chaldäer waren in der babylonischen Sprache verfasst, die man zusammen mit dem nahe verwandten Assyrischen als *Akkadisch* bezeichnet. Zwar wurde sie in den letzten Jahrhunderten vor Christi Geburt immer mehr durch das Aramäische verdrängt, wurde aber stets als Sprache der Gelehrten verwendet.

Exkurs: Zur babylonischen Schrift und Sprache

Die babylonische Keilschrift ist nicht wie die hebräische oder lateinische eine Lautschrift, in der jedes Schriftzeichen für einen Laut steht, sondern »eine gemischte Wort- und Silbenschrift, mit je nach Periode und Textgruppe rund 200–600 einigermaßen gebräuchlichen Zeichen mit meistens mehr als einer Lese- und Interpretationsmöglichkeit«.[29] Keilschrift schrieb man mit einem am Ende zu einem kleinen Keil auslaufenden Holzgriffel, durch den man die Keilzeichen in den noch weichen Ton einer Tontafel eindrückte.

Diese Schrift mussten die hebräischen Jünglinge lernen, damit sie mit den babylonischen Schriften vertraut würden; und dazu mussten sie selbstverständlich auch die babylonische Sprache lernen. Diese gehört wie das Hebräische zur Gruppe der semitischen Sprachen, ist also für einen Hebräer nicht allzu schwer, wenngleich sie zunächst fremd klingt. Aber am Studium der Schriften der in den babylonischen Akademien geschulten Gelehrten und Priester hatten sie eine riesenhafte Arbeit vor sich. Archäologen haben in Babylon Texte gefunden mit Klassifizierungen von Pflanzen, Tieren und Mineralien, mit mathematischen Erörterungen, astronomischen Beobachtungen,

29 Michael Jursa, *Die Babylonier. Geschichte, Gesellschaft, Kultur*, S. 94.

Berechnungen von Mond- und Sonnenfinsternissen, Texte über Medizin und Hygiene. Diese Aufzeichnungen wurden aufbewahrt in Archiven, von deren Größe eine Ausgrabung in Ninive einen Eindruck gibt: Der britische Archäologe Henry Layard leitete in den Jahren 1849 bis 1851 Ausgrabungen in Ninive, der Hauptstadt des Großreiches der mit den Babyloniern sprachlich und kulturell nahe verwandten Assyrer. Dabei stieß er auf das Archiv des Assyrerkönigs Assurbanipal (669–627 v. Chr.), welches 25 000 Tontafeln enthielt.

---

5 Und der König teilte ihnen ein Tägliches zu von der Tafelkost des Königs und vom Wein, den er trank, und dass man sie aufziehe drei Jahre lang, und am Ende derselben sollten sie vor dem König stehen.
6 Und es waren unter ihnen, von den Juden[30]: Daniel, Chananjah, Mischael und Asarjah.
7 Und der Oberste der Hofbeamten gab ihnen Namen; und er nannte Daniel Beltsazar, und Chananjah Schadrak, und Mischael Meschak, und Asarjah Abednego.

»Und der König teilte ihnen ein Tägliches zu von der Tafelkost des Königs«: Der Wille des Königs ist Befehl, der nicht nur den babylonischen Beamten (V. 3), sondern auch den jüdischen jungen Männern gilt. Diese Verordnung wird den davon Betroffenen höchst willkommen gewesen sein; kann man sich bessere Verpflegung wünschen als die Tafelkost des Königs? Einen Eindruck von ihrer Üppigkeit gibt uns Gerhard Maier in seiner Auslegung zu V. 5:

> »Die Orientalisten unterstreichen das Gepränge des Hofes: ›Die Fürsten umgaben sich und ihren Hof mit großem Luxus … die königliche Tafel prangte mit auserlesenen Speisen und den edelsten Weinen.‹ Nebukadnezar selbst nannte seinen Palast ›den Wohnsitz der Freude und des Frohlockens‹. Wir wissen, dass Nebukadnezar z. B. bei den Opferfesten auf bestimmte Weine Wert legte: ›Traubenwein

30 wörtlich: »von den Söhnen Judas«.

von Izalla, Tu'immu usw. … ließ ich in strotzender Fülle vertreten sein.‹«[31]

Die jungen Männer sollten **»drei Jahre lang«**[32] geschult werden – ob das ihnen gefiel oder nicht –, denn sie sollten am Ende **»vor dem König stehen«**, d.h. ihm auf den Wink gehorchen lernen. Das erinnert an den Pharao, der die Kinder Israel nötigte, ihm Vorratsstädte zu bauen (2Mo 1,11) und damit ihren Beitrag zu leisten zur Festigung des ägyptischen Reiches. Der Fürst dieser Welt will alle Menschen als seine Diener haben, die damit, dass sie der Sünde dienen (Joh 8,34; Röm 6,17.20), mit ihrer Kraft, ihrer Zeit, ihrem Verstand und ihren Gaben ihm dienen, seine Sache fördern und festigen.

Unter diesen waren **»Daniel, Chananjah, Mischael und Asarjah«**. *Daniel* bedeutet »*El* – Gott – ist Richter«; *Chananjah* bedeutet »*Jahwe* ist gnädig«; *Mischael* bedeutet »Wer ist, was *Gott* ist?«, *Asarjah* bedeutet »*Jahwe* hilft«. Die Namen stehen für ihre Person, ihre jüdische Identität, und das Entscheidende an dieser ist, dass sie dem allein wahren Gott *El*, ihrem Erlöser, und ihrem Bundesgott *Jahwe* gehören. Gerade diese ihre besondere Identität soll ihnen genommen werden; sie sollen ihr jüdisches Selbstverständnis ablegen und zu Babyloniern umerzogen werden; ihre Identität soll sich verflüssigen, sie sollen ganz mit der neuen, der heidnischen Umgebung verschmelzen. Zum Zeichen dafür gibt **»der Oberste der Hofbeamten … ihnen Namen«**. Daniel soll **Beltsazar**[33], Chananjah **Schadrak**[34], Mischael **Meschak**[35] und Asarjah **Abednego**[36] heißen.

Das Gleiche will der Fürst dieser Welt mit dem Volk Gottes tun; er will den Kindern Gottes ihren Adel rauben, die ihnen mit der Erlösung und der neuen Geburt gegeben sind, und sie dazu verleiten, die Sprache, die Interessen, die Lebensziele und die Art der Gottlosen zu

31 G. Maier, *Daniel*, S. 75.

32 Hier lesen wir zum ersten Mal im Buch Daniel von einer durch einen heidnischen König bestimmten Frist (siehe auch V. 18). Wir werden in Kap. 8 von einem König lesen, der die Zeiten und Zeitpunkte ändern, das heißt nach seinem Gutdünken festlegen wird. Im 9. und 12. Kapitel des Buches wird uns endlich gezeigt, dass es bei alledem Gott ist, der seinem Volk die Zeiten festlegt, die bis zur Vollendung desselben verstreichen müssen.

33 **Beltsazar**, babylonisch: **Balata schurri utsur** = »Schütze das Leben des Königs«; oder **Balatschu utsur** = »(Bel) schütze sein Leben«.

34 **Schadrak,** babylonisch: **schaduraku** = »ich bin in Furcht versetzt« (vor Bel o.Ä.); oder **schudru Aki** = »Ausspruch des Aku« oder »Furcht des Aku« (des Mondgottes).

35 **Meschak = mi scha Aku**, »Wer ist, was Aku ist?«.

36 **Abednego** = »Knecht des Nego = Nebo / Nebu«. Nebo, der Name der auch im Namen des Babylonierkönigs *Nebu*kadnezar steckt, ist der Gott, der den Königen das Zepter der Herrschaft gibt, der Gott der Schrift und der Schreiber, der Gott der Offenbarung und Eingebung, der Gott der Erfindungen und des Feuers, besonders der Gott der Gelehrten und Priester.

übernehmen. Die Kinder Gottes sollen aber in dieser Welt für ihn geheiligt (Joh 17,17.19) und im Wandel und im Denken umgestaltet werden (Röm 12,2). Sie sollen sich vom Götzendienst der Ungläubigen fernhalten (2Kor 6,14-18), denn sie sind Gottes Eigentumsvolk, das den Menschen durch Wort und Werk Gottes Tugenden verkünden soll (Tit 2,14; 1Petr 2,9).

2. Daniel sondert sich ab von den Unreinheiten der Nationen (1,8-16)

Diesen vier Jünglingen wird eine große Zukunft angeboten in einem Reich, das sich als mächtiger erwiesen hat als das Reich der Könige Judas; sie werden ausgesondert, einer Militärmacht zu dienen, die wie ein Wirbelwind über den ganzen Vorderen Orient gefegt war und sich alles unterworfen hatte (siehe Hab 1,6-11); und ihnen wird eine Karriere an einem Königshof angeboten, der an Glanz und Üppigkeit unübertroffen war und dessen König in einer Stadt residierte, von deren Pracht die ganze Welt redete (siehe 4,27).

> **8 Doch Daniel setzte in seinem Herzen fest, sich nicht zu verunreinigen mit der Tafelkost des Königs und mit dem Wein, den der trank; und er erbat sich von dem Obersten der Hofbeamten, dass er sich nicht verunreinigen müsse.**

»Daniel setzte … fest«: Der König hatte verordnet, dass man diese jungen Männer zu seinen Dienern umschulen sollte, und der Oberbeamte am Hof hatte ihnen neue Namen bestimmt **(wajjâsæm)**. Dem allem gegenüber setzte Daniel in seinem Herzen fest **(wajjâsæm)**, sich mit dieser Speise nicht zu verunreinigen. Beide Male wird dieselbe Verbform verwendet. Hier haben wir das erste Merkmal des Mannes, den Gott zu seinem Propheten erwählt. Den Absichten und Bestimmungen der Mächtigen in der Welt hält er die Absichten und Bestimmungen Gottes entgegen. Daniel lebt nach festem Vorsatz; nicht das Abwägen von Nutzen oder Schaden, Erfolg oder Misserfolg im Berufsleben lenken seine Entscheidungen. Paulus war ebenfalls ein Mann des Vorsatzes, der am Ende seines Lebens zu Timotheus sagen konnte: *»Du … hast genau* *erkannt ... meinen Vorsatz ...«* (2Tim 3,10), und: *»Ich habe den guten Kampf gekämpft, ich habe den Lauf vollendet, ich habe den Glauben bewahrt ...«* (2Tim 4,7).

Wenn wir bedenken, was Daniel erfahren hatte und was die äußeren Umstände waren, sind wir sehr verwundert über seinen Herzensentschluss. Die Heiden und deren Götter hatten sich allem Anschein nach als stärker erwiesen als sein Gott; die siegreichen Babylonier hatten ihn und seine Freunde in ihre Gewalt gebracht; sie hatten die Macht, ihnen ihre *theophoren*[37] Eigennamen zu nehmen und sie nach den Namen ihrer nichtigen Gottheiten zu benennen; und sie stießen ihnen zu alledem die Tür auf zu einer Karriere im Herrschaftsgefüge der Weltmacht Babylon. Gegen all das stellt dieser Jüngling sein entschiedenes Nein. Er will kein Babylonier werden; er will nicht zu den Großen gehören in einer götzendienerischen Welt, die über kurz oder lang in göttlichen Gerichten untergehen wird (siehe Jer 45,4-5). Er ist Israelit, er will dem Gott seiner Väter gefallen; dem will er dienen, und das Wohl von dessen Volk will er suchen. An Mose haben wir das Beispiel eines anderen Mannes, der ähnlich wie Daniel am königlichen Hof erzogen, geschult und gebildet wurde (siehe Apg 7,21-22), der jedoch als *»Sohn der Tochter des Pharaos«* ein Sohn seines Volkes blieb und – *»als er groß geworden war«* – es lieber wählte, *»mit dem Volk Gottes Ungemach zu leiden, als den zeitlichen Genuss der Sünde zu haben«* (Hebr 11,24-25).

»sich nicht ... zu verunreinigen«: Es war Gottes Wort, das Daniel gelehrt hatte, zu unterscheiden zwischen dem Reinen und dem Unreinen (3Mo 10,10; 11), und das ihm gleichzeitig den Willen und die Kraft gab, der Verlockung zu widerstehen und sich mit den Speisen der königlichen Tafel nicht zu verunreinigen (siehe Ps 119,9). Das Wort Gottes wirkt Glauben (Röm 10,17), und es heiligt (Joh 17,17). Hier haben wir das zweite Merkmal des Mannes Gottes: Er ist ein Mann der Bibel, ein Bibelleser, der Gottes Wort aufnimmt und auf das Gewissen wirken lässt, der jeden Tag Licht und Wegweisung in den lebendigen Aussprüchen Gottes sucht. Was Daniel als Jüngling war, blieb er bis an sein Lebensende, wie aus 9,1-2 ersichtlich ist. Er las offensichtlich fortlaufend in den Büchern des Gesetzes, der Geschichte und der Propheten, und so stieß er

37 griechisch für »Gott tragend«, d.h. den Namen Gottes tragend.

eines Tages, als er gerade im Propheten Jeremia war, auf die Weissagung von der Dauer des babylonischen Exils.

Wollen wir wie Daniel in schwerer Zeit stehen und bestehen, haben wir das Wort Gottes nötig. Wir müssen aus diesem Wort leben, täglich Gottes Angesicht suchen, um in seinem Wort seine Stimme zu hören, die uns allein sicher hindurchführen kann durch diese Welt, die uns mit falschem Glanz zu blenden sucht.

»in seinem Herzen«: Der Entschluss kam aus einem Herzen, das bewegt worden war, Gott allein zu gefallen. Gottes Wort allein – und das heißt: Gott selbst – hat das Vermögen, ein Herz zu neigen. Das hatte David[38] verstanden, und darum betete er: *»Neige mein Herz zu deinen Zeugnissen und nicht zum Gewinn!«* (Ps 119,36). Und er betete entsprechend auch: *»Neige mein Herz nicht zu einer bösen Sache …«* (Ps 141,4).

»und er erbat sich von dem Obersten der Hofbeamten, dass er sich nicht verunreinigen müsse«: Das zu erbeten, brauchte Mut, und der kommt aus dem Glauben. Diesen gab ihm Gott durch sein Wort. Hier stellte Daniel die Weiche, die den Kurs seines ganzen Lebens festlegte.

> »Man darf sich nicht von den Leckerbissen und dem Weine der Welt nähren, wenn man göttliche Offenbarungen empfangen oder auslegen soll« (C.A. Auberlen, S. 23).

Je früher der Christ sich gegenüber der Welt auf die Seite des Herrn stellt, desto besser; je länger er zaudert, desto schwieriger wird es.

> **9 Und Gott übergab Daniel der Gnade und Barmherzigkeit des Obersten der Hofbeamten.**
> **10 Und der Oberste der Hofbeamten sprach zu Daniel: Ich fürchte meinen Herrn, den König, der eure Speise und euer Getränk zugeteilt hat. Warum sollte er eure Gesichter abgemagerter sehen als die der Jünglinge eures Alters? Und ihr werdet meinen Kopf beim König verwirken.**

38 dem wir den 119. Psalm zuschreiben wollen.

11 Und Daniel sprach zum Aufseher, den der Oberste der Hofbeamten über Daniel, Chananjah, Mischael und Asarjah gesetzt hatte:
12 Versuche es doch mit deinen Knechten zehn Tage, und man gebe uns Gemüse[39] zu essen und Wasser zu trinken;
13 und dann wird sich zeigen unser Aussehen und das Aussehen der Jünglinge, welche die Tafelkost des Königs essen, und tu mit deinen Knechten nach dem, was du sehen wirst.
14 Und er hörte auf sie in dieser Sache und versuchte es mit ihnen zehn Tage.
15 Und am Ende der zehn Tage zeigte sich ihr Aussehen besser und voller an Fleisch[40] als das aller Jünglinge, welche die Tafelkost des Königs aßen.
16 Da ließ der Aufseher ihre Tafelkost wegtragen und den Wein, den sie trinken sollten, und gab ihnen Gemüse.

»Und Gott übergab Daniel der Gnade und Barmherzigkeit des Obersten der Hofbeamten«, d.h. Gott stellte Daniel unter die Gnade des Hofbeamten; es war also dieser, der dem Daniel günstig gesinnt war. Aber es war Gott, der in seinem gnädigen Walten das Herz des Beamten dem Daniel zuneigte (siehe Spr 21,1). Der Satz erinnert damit an V. 2. Derselbe Gott, der einen Jojakim dem heidnischen Herrscher in die Hand gab, gab Daniel in die Hand des Hofbeamten, doch nicht im gerechten Zorn, sondern in Gnade. Gericht und Gnade, beides ist in Gottes Hand. So wie Gott den Menschen, der ihm trotzt, dem Bösen übergibt (siehe Röm 1,24.26.28), sodass er in der Folge in seinen eigenen Sünden untergeht wie König Jojakim, so wird der Mensch, der Gott sucht und dessen Gnade empfängt, gerettet. Gott lässt den, der ihn fürchtet und auf ihn vertraut, nicht zuschanden werden. Er lenkt die Herzen auch der Mächtigsten, und inmitten von unüberwindbaren Mauern öffnet er Türen (vgl. Offb 3,8), sodass der Heilige den Weg des Glaubensgehorsams und der Selbstverleugnung gehen kann gegen allen Widerstand, bei allen verlockenden Angeboten und inmitten allen falschen Scheins dieser Welt.

39 **zerôaᶜ**, von **zâraᶜ**, »säen«, vielleicht eine Verkleinerungsform von **zæraᶜ**, »Samen«, »Korn«, also eine Körnerspeise.
40 **bərîᵓ bâsâr**, wörtlich: »fetter an Fleisch«, wie in 1Mo 41,2; zu **barîᵓ** siehe auch Ri 3,17; Ps 73,4.

»Und der Oberste der Hofbeamten sprach zu Daniel: Ich fürchte meinen Herrn«: Die Antwort, die Daniel auf seine Bitte bekommt, ist so viel wie eine Absage. Doch Daniels Herzensentschluss steht, weshalb er nicht lockerlässt:

»Und Daniel sprach zum Aufseher, den der Oberste der Hofbeamten über Daniel, Chananjah, Mischael und Asarjah gesetzt hatte: Versuche es doch mit deinen Knechten«: Daniel wendet sich an den Aufseher, der vom Oberbeamten über Daniel und seine Freunde gesetzt worden war. Er wusste, dass es sein Gott war, der dem Aufseher diese Stellung gegeben hatte, und so vertraute er, dass Gott ihm das Herz des Mannes zuneigen würde. Und so geschah es auch: **»Und er hörte auf sie in dieser Sache …«** Daniel und seine Freunde konnten sich rein halten von der Tafelkost des Königs.

Das war ein erstes Wunder der Gnade, und auf dieses folgte das zweite: **»Und am Ende der zehn Tage zeigte sich ihr Aussehen besser und voller an Fleisch als das aller Jünglinge, welche die Tafelkost des Königs aßen.«** Damit konnte der Aufseher es wagen, **»ihre Tafelkost … und den Wein, den sie trinken sollten«** wegzutun, und er **»gab ihnen Gemüse«**.

Damit, dass Daniel und seine Freunde sich der Verunreinigung durch die babylonische Küche verweigerten, waren sie gerüstet, sich der weit gefährlicheren Verunreinigung zu erwehren: jene durch die babylonische Religion. Drei Jahre sollten sie geschult werden; so lange dauerte die Ausbildung der Priester in Babel, und danach waren sie die Gelehrten im Reich.

> »Für den alten Orient gilt die Anschauung, dass Wissenschaft und Religion identisch sind. Die religiösen Vorstellungen werden also nicht nach dem jeweiligen Stande der Wissenschaft modifiziert, sondern alle Wissenschaft hat im Gegenteil nur den Zweck, das Wesen der im Weltall wirkenden geheimnisvollen göttlichen Kräfte näher zu beleuchten.«[41]

Entsprechend mussten die hebräischen Jünglinge zur Hauptsache religiöse Schriften der Babylonier lesen und studieren. Das haben sie getan,

41 Arthur Ungnad, *Die Religion der Babylonier und Assyrer*, Jena: Eugen Diederichs Verlag, 1921, S. 9.

doch haben sie diese nie verinnerlicht. Sie waren durch die heiligen Schriften von Gott gelehrt und verschlossen sich daher allem babylonischen Aberglauben. Sie wussten aus der hebräischen Bibel, dass der ewige Gott am Anfang von allem steht (1Mo 1,1), während der babylonische Aberglaube wähnt, die Materie sei der Ursprung aller Dinge. Ihr Schöpfungsmythos *Enuma Elisch* (12. Jahrhundert v. Chr.) beginnt mit einer gestaltlosen Materie, die seit Ewigkeit bestand, dem Urmeer. Aus diesem lösten sich die zwei Gottheiten *Apsu*, das Süßwasser, und *Tiamat*, das Salzwasser, und aus der Vereinigung dieser beiden Gottheiten entsprangen alle anderen Götter und die Baustoffe der Welt.[42]

Dieser Mythos enthält alle Merkmale, die sich in den altägyptischen, den sumerischen und klassisch griechischen *Kosmogonien* (das sind Erklärungen für die Entstehung der Welt) finden. Das Gleiche gilt für den bis heute mit liebevoller Hingabe gepflegten ganz identischen Glauben an die Ewigkeit der Materie und an Urknall und Ursuppe als Erzeuger des Raumes und alles Lebendigen. So wie alle Völker des Alten Orients Materialisten waren, so glauben inzwischen in den einst christlichen Völkern nicht nur die Marxisten mit ihrem öden historischen Materialismus, sondern die große Masse, dass alles in der Welt aus ewiger Materie entstanden sei. Damit sind wir wieder gute Babylonier geworden. *»Die babylonische Religion ist durch und durch Naturverehrung«*,[43] d. h. Anbetung des Geschaffenen statt des Erschaffers, und das ist die Fundamentalperversion von Röm 1,25.

42 Die neun ersten Zeilen auf der ersten Tafel des in babylonischer Keilschrift verfassten Mythos lauten in der Übersetzung von Arthur Ungnad: *»Als droben der Himmel noch nicht benannt war / die Feste unten einen Namen nicht hatte / als Apsu, der Uranfängliche aller Erzeuger / Mummu Tiamat, die Mutter von allen / mit ihren Wassern in eins sich mischten / als Festland nicht war, noch Marsch sich fand / als von allen Göttern kein einziger lebte / noch keiner benannt, kein Schicksal bestimmt war / da wurden gebildet die Götter in ihrer Mitte.«*

Einen guten Überblick auf knappem Raum über die entsprechenden Vorstellungen der altorientalischen Völker bietet: *Die Schöpfungsmythen. Ägypter, Sumerer, Hurriter, Hethiter, Kanaaniter und Israeliten. Mit einem Vorwort von Mircea Eliade*, Darmstadt: Wissenschaftliche Buchgesellschaft, 1980.

43 A. Ungnad, a. a. O., S. 10.

3. Gott gibt Daniel und seinen Freunden Weisheit (1,17-20)

17 Und diesen vier Jünglingen, ihnen gab Gott Erkenntnis und Verständnis in aller Schrift und Weisheit; und Daniel hatte Einsicht über alle Gesichte und Träume.

»Und diesen vier Jünglingen … gab Gott … Weisheit«: Es ist immer so: Die Weisheit muss uns von Gott gegeben werden, denn sie ist nicht in uns. Salomo fordert uns auf, sie zu suchen, und dem Suchenden wird verheißen: *»Jahwe gibt Weisheit«* (Spr 2,6). Und der Herr lehrte seine Jünger, dass der Mensch für den Weg, den er gehen muss durch diese Welt des Sündendunkels, Licht nötig hat, Licht von außen, denn *»das Licht ist nicht in ihm«* (Joh 11,10). Gott gibt das Licht der Weisheit allen, die es von ihm erbeten (Jak 1,5). Er gibt aber nicht allen die Fähigkeit, **»Gesichte und Träume«** zu verstehen. Unter den **»vier Jünglingen«** gab er das nur Daniel; das war im Gegensatz zur Gabe der Weisheit eine besondere Gabe.

Damit, dass Gott den vier Jünglingen **»Erkenntnis und Verständnis in aller Schrift«** gab, konnten sie unterscheiden, was in diesen babylonischen Schriften Aberglaube und was zuverlässige Information war. Das bedeutet, dass sie die Hexagesimalmathematik der Babylonier beherrschten, ihre Berechnungen und Beschreibungen der Bewegungen der Himmelskörper klar erfassen konnten, in den Chroniken der Taten der Könige das Wahre vom Fabulierten unterscheiden konnten und die Texte mit den Regeln zum Herauslesen von Omen, d.h. von Vorzeichen kommender Ereignisse aus der Eingeweideschau, der Ölschau, dem Vogelflug oder dem Stand der Sterne als Betrug abweisen konnten.[44]

44 Arthur Ungnad bietet in einem Kapitel seines Buches Beispiele von Texten mit Omina (das ist die Mehrzahl von Omen) aufgrund der Leberschau, Omina aufgrund der Ölschau, Omina aus der Flamme, Omina aufgrund der Beobachtung des Himmels, Omina aufgrund von Träumen, Omina aufgrund der Beobachtung von Tieren, Omina aufgrund von Geburten (S.312-327). Einige Beispiele sollen einen Eindruck von der Art solcher Texte geben: »Ist der Pfad (eine bestimmte Zeichnung in der Struktur der Leber) doppelt und der obere Teil wie ein Bogen, der untere aber wie eine Sehne, so wird mein Heer Beute machen. Ist der Pfad doppelt und der untere Teil wie ein Bogen, der obere aber wie eine Sehne, so wird das Feindesheer Beute machen« (S.312-313). »Ist die Flamme eines Lichtes grünlich, so werden der Hausherr und die Hausfrau ins Unglück geraten« (S.316). »Ist beim Sichtbarwerden des Mondes sein rechtes Horn lang, sein linkes aber kurz, so wird der König ein ihm nicht gehöriges Land in seine Gewalt bringen« (S.316). »Macht jemand eine Reise, und fliegt dabei in der Richtung, wohin er sein Antlitz wendet, eine Dohle von der rechten Seite des Betreffenden nach seiner linken vorüber, so wird er dort, wo er hingeht, Gewinn haben« (S.324).

**18 Und am Ende jener Tage, nach denen der König sie
zu bringen befohlen hatte, da brachte sie der Oberste der
Hofbeamten vor Nebukadnezar.
19 Und der König redete mit ihnen, und unter ihnen fand sich
keiner wie Daniel, Chananjah, Mischael und Asarjah. Und sie
standen vor dem König.
20 Und in jeder Sache einsichtsvoller Weisheit, die der König
von ihnen erfragte, fand er sie zehnfach überlegen allen
Schriftgelehrten und Beschwörern, die in seinem ganzen Reich
waren.**

»Am Ende jener Tage, nach denen der König sie zu bringen befohlen hatte«, wurden alle jungen Männer vor den König gestellt, **»und der König redete mit ihnen«**, und da stellte er fest, dass **»unter ihnen sich keiner«** fand **»wie Daniel, Chananjah, Mischael und Asarjah«**. Sie überragten alle, die mit ihnen die Priesterschule durchlaufen hatten, und das Ergebnis war: **»Sie standen vor dem König«**, d.h. sie traten in den offiziellen Dienst des Königs. Sie waren in allem, was der König von ihnen erfragte, **»zehnfach überlegen allen Schriftgelehrten und Beschwörern«** in ganz Babylonien. Der König wird gedacht haben, dass die vier hebräischen Jünglinge vollendete babylonische Gelehrte geworden seien, deren Verstand und Weisheit er bewunderte, doch woher diese kamen, ahnte er nicht. Später würde erfahren, dass es der Gott der vier Israeliten war, der ihnen ihre Weisheit gegeben hatte.

Die Weisheit der Gottesfürchtigen ist der Weisheit der Weltweisen immer überlegen. Die Weisheit der Welt macht den Menschen tüchtig, in dieser Welt groß zu werden, die Weisheit Gottes macht den Menschen tüchtig für seine höchste Bestimmung: Gott zu dienen und dazu auch den Menschen ein Segen zu sein.

4. Daniel überlebt die Reiche der Nationen (1,21)

21 Und Daniel blieb bis zum ersten Jahr des Königs Kores.

Dieser letzte Satz ist der inspirierte Kommentar zum Doppelten, das Gott dem Daniel gewährte als Lohn für seine Absonderung von den Gräueln der Babylonier. Neben der Weisheit schenkte er ihm auch langes Leben: Er überlebte die ganze Reihe babylonischer Herrscher, die auf Nebukadnezar folgen sollten. Während Bel sich krümmte und Nebo zusammensank (Jes 46,1) und mit diesen alle, die ihnen huldigten, stand Daniel im Greisenalter noch, war saftvoll und grün und konnte verkünden, dass Jahwe, sein Fels, gerecht ist (Ps 92,15-16). An Daniel beweist Gott die Wahrheit von 1Jo 2,17: *»... die Welt vergeht und ihre Lust, wer aber den Willen Gottes tut, bleibt in Ewigkeit.«* Dass Daniel in Ewigkeit bleibt, erfahren wir im allerletzten Vers seines Buches.

Zusammenfassung zu Daniels Glauben und Zeugnis

Daniel hatte in seinem Herzen den festen Vorsatz, sich nicht zu verunreinigen (V. 8). Diesen konnte er nur haben, weil er das Wort Gottes las, ihm vertraute und gehorchte. Woher hatte dieser junge Mann das gelernt?

- Daniels Eltern müssen ihn unterwiesen haben: 5Mo 6,7.
- Seit der Erweckung unter König Josia wurde Gottes Wort gelesen und gelehrt: 2Kö 22,8; 23,2.
- Daniel hörte als Kind und Jüngling in Jerusalem die Predigt Jeremias: Jer 1,1-3; 4,5-18; 25,8.9-11 – und er erfuhr, wie dessen Worte sich erfüllten: 5Mo 28,36.53.44.

In den folgenden Kapiteln werden wir sehen, wie sich zum Wort Gottes gesellen das Gebet (2,18; 6,11; 9,3.13.20.23; 10,12) und die Gemeinschaft der Heiligen (1,12.15.17; 2,17.18.49; siehe auch Mal 3,16; 2Tim 2,22).

Wir können fünf Ergebnisse von Daniels Glauben und Glaubensgehorsam nennen:

1. Gott macht Daniel zu einem Vorbild für die Mitgläubigen.
2. Gott macht Daniel zu einem Zeugnis für die Ungläubigen.
3. Gott tut ein Wunder.
4. Gott gibt Daniel Weisheit.
5. Gott gibt Daniel Bestand.

Zwischenbetrachtung: Daniels Erkenntnis und Frömmigkeit

Wir beobachten bei Daniel eine wunderbare Wechselwirkung zwischen Erkenntnis und praktischer Frömmigkeit.

In **Kapitel 1** sehen wir, wie Daniel sich von den Unreinheiten des Heidentums absondert, um sich für Gott rein zu halten. Das ist *praktische Frömmigkeit.*

Daniels Absonderung wird von Gott damit belohnt, dass er ihm außergewöhnliche Einsicht gibt, und diese von Gott empfangene Erkenntnis ist wiederum nicht fruchtlos: Daniel verschmäht Belsazars Gaben **(Kap. 5)**, und er fürchtet das gottlose Gebot des Königs Darius nicht **(Kap. 6)**. Er weiß, dass Belsazars Reich und Macht bald verwehen werden, und er weiß, dass das Reich der Perser, das eben seinen Zenit erreicht hat, ebenso untergehen wird; denn Gott hat es ihm vorher geoffenbart (**Kap. 2** und **Kap. 7**). Er hat auch gelernt, dass es Gott ist, der Könige einsetzt und absetzt **(2,21; 4,14)**. Darius hat nur so viel und so lange Macht, als Gott sie ihm gewährt. Was sollte Daniel da Darius mehr fürchten als Gott? Es wäre Unglaube, es wäre praktische Gottlosigkeit.

In **Kapitel 9** zeigt sich abermals, wie sich Erkenntnis und Frömmigkeit gegenseitig bedingen und befruchten. Aus der Schrift gewinnt Daniel Erkenntnis über die Dauer des Exils. Diese Erkenntnis treibt Daniel ins Gebet: Er bekennt seine und seines Volkes Sünden vor Gott, und er betet zu Gott um Erbarmen für dessen Volk. Was ist das anderes als Frömmigkeit? Die so bewiesene Frömmigkeit führt wiederum zu Wachstum in der Erkenntnis: Während Daniel noch betet, erscheint ihm ein von Gott gesandter Engel und gibt ihm weitere Einsicht über Gottes Wege mit seinem Volk bis zum Kommen des Messias **(9,20-27)**.

In **Kapitel 10** wird Daniel eine Sache geoffenbart (V. 1); das ist Erkenntnis. Daraufhin trauert und fastet er (V. 2-3); das ist Frömmigkeit. Als Antwort auf seine Trauer und auf sein Fasten kommt abermals der Gottesbote und unterweist ihn weiter und tiefer (V. 12-14).

Wie Erkenntnis den Glauben und die Frömmigkeit nährt, zeigt sich auch daran, wie Daniel jedes Mal auf den Empfang göttlicher Nachrichten antwortet:

2,19: Danksagung

4,16: Furcht und Mitgefühl

7,15: Ergriffenheit

7,16; 12,8: Trachten nach Verständnis

8,17; 10,9: Daniel fällt nieder (vgl. Lk 5,8-9; Offb 1,17)

8,27: Daniel ist krank und entsetzt, steht aber auf und verrichtet seine Arbeit. Der Heilige ist kein überspannter Ekstatiker, sondern ein pflichtbewusster Staatsbürger.

9,3; 10,3: Gebet, Flehen, Fasten, Sacktuch, Asche

10,2: Trauer

10,8.9.17: Kraftlosigkeit, Betäubung: Daniel wird sich bewusst, dass der Mensch vor Gott hilflos, kraftlos und ratlos ist (siehe Spr 21,30-31).

10,15: Daniel richtet sein Angesicht zur Erde und verstummt: Er weiß, dass der Mensch vor Gott nichts zu sagen hat (Ps 46,11).

10,16: Wehen, d.h. Schmerz über das Ergehen der Menschheit und besonders des Volkes Gottes (vgl. Lk 19,41; Joh 11,35).

Lehrreiches und Denkwürdiges zu Kapitel 1

V. 2 – »Das nördliche Reich der Zehn Stämme … suchte seine Stärke in der Hingabe an heidnisches Wesen; es schloss sich Juda gegenüber an Phönicien und Syrien an und hängte sich buhlerisch an Götzendienst und weltliche Macht. Aber wenn Gottes Volk seinem Herrn untreu wird und mit der Weltmacht sich einlässt, so erweckt Gott ebendiese Weltmacht zur Strafe über sein Volk. Wer auf das Fleisch sät, der wird von dem Fleisch das Verderben ernten (Gal 6,8). Das musste das Reich Ephraim erfahren, indem ihm im Jahre 722 v. Chr. durch die Assyrer ein Ende gemacht wurde. Dieselbe Entwicklung finden wir auch im Reiche Juda … Juda ließ sich verführen und hurte Ephraim nach. Ungefähr vom Jahr 740 an, wo Ahas sich um Hilfe gegen Ephraim und Syrien trotz Jesajas Warnung nach Assyrien wandte (Jes 7), wurde auch das bessere Reich in die Weltbewegung hineingezogen. Es gab an die assyrische, an die ägyptische Weltmacht sich hin; darum ward endlich Babel von Gott berufen, die Theokratie ganz zu vernichten.« (C.A. Auberlen, S. 17-18).

V. 21 – »Wie viele Könige hat Daniel erlebt: Nebukadnezar, Evilmerodach, Neriglissar, Labschi-Marduk, Nabonid, Kyrus [= Kores] und dazu die Vizekönige Belsazar und Darius! Neubabylonier, Meder, Perser. Zu seiner Zeit lebten der persische Religionsstifter Zarathustra, die chinesischen Religionsstifter Konfuzius und Laotse, die griechischen Philosophen Thales und Pythagoras. Unter den Juden waren Jeremia und Hesekiel seine Zeitgenossen. Diese so dicht gefüllte Zeit religiöser, philosophischer, politischer Um- und Durchbrüche also umspannt unser kleiner Vers und schließt nicht zuletzt das ganze reiche Leben Daniels selber ein« (G. Maier, *Der Prophet Daniel*, S. 90).

Sprachliche Anmerkungen zu Kapitel 1

V. 3 – **»Hofbeamter«**, **sarîs**, das für Kastraten (oder Verschnittene) stehen kann (Jes 56,3-4), aber auch ganz allgemein für Beamte an einem königlichen Hof. In 1Mo 39,1 wird Potiphar **sarîs** genannt, obwohl er verheiratet ist. So heißen auch die »Hofbeamten« von 1Sam 8,15, wozu C. F. Keil vermerkt: »eigentlich Verschnittene, hier im weiteren Sinn von den königlichen Kammerherren« (*Biblischer Commentar über die prophetischen Geschichtsbücher des Alten Testaments von Carl Friedrich Keil, zweiter Band: Die Bücher Samuels*, zweite, verbesserte Auflage, Leipzig: Dörfling und Franke, 1875, S. 71).

»Vornehme«, **partəmîm**, vom persischen **fratema**, also einem indogermanisches Wort; die drei Konsonanten *prt* oder *frt* finden sich auch im griechischen πρωτος, *prōtos*, »erster«, im skandinavischen *först* (»erster«) und im deutschen *Fürst* (= »der Erste«).

V. 5 – »**Tafelkost**«, **pat-bag**, eine nur in Daniel belegte Wortverbindung (noch in V. 8.13.15.16; 11,26; meist zusammengeschrieben als *ein* Wort), bestehend aus **pat**, »Bissen«, »Brocken« (1Mo 18,5; Spr 23,8), und **bag**, »Beute« (Hes 25,7), also: »Beutebissen«, »etwas, wonach man giert wie nach einer Beute«; nach Gesenius eine volksetymologische Bildung, nach Koehler / Baumgartner entspricht es dem persischen Wort **patibaga**.

V. 11 – »**Aufseher**«, **mælṣar**, akkadisch (d. h. babylonisch-assyrisch) **maṣṣâru**, aus **manṣâru**, gebildet vom Verb **naṣâru**, entsprechend dem hebr. **nâṣar**, »hüten«, »bewachen«. Es kommt in der Bibel nur noch in V. 16 vor.

Kapitel 2 – Der Gang der Reiche der Welt und das Kommen des Gottesreiches

1. **Nebukadnezars Traum (2,1-13)**
2. **Daniel betet und Gott enthüllt ihm den Traum (2,14-23)**
3. **Daniel enthüllt den Traum vor Nebukadnezar (2,24-36)**
4. **Daniel deutet den Traum: Die Weltreiche Babel, Persien, Griechenland, Rom (2,37-43)**
5. **Das Kommen des ewigen Reiches (2,44-45)**
6. **Nebukadnezar fällt vor Daniel nieder und gibt Daniels Gott die Ehre (2,46-49)**

Das erste Kapitel hatte der Vorbereitung auf die einzigartige Botschaft dieses Buches gedient, indem es uns die Umstände beschrieb, in die Daniel als junger Mensch hineinversetzt wurde und unter denen er sich bewähren musste, um zum Propheten Gottes zu werden. Mit diesem zweiten Kapitel beginnt sein eigentlicher Dienst, der ausgelöst wird durch einen heidnischen Herrscher, der im Zorn alle Gelehrten und Weisen in seinem Reich will umbringen lassen. Das verwendet Gott, um den jungen Mann, der sein Knecht werden soll, zu ihm zu treiben: Daniel sucht – zusammen mit seinen drei Gefährten – das Angesicht Gottes und erfleht vom alles sehenden und wissenden Herrn Licht über den Traum, den der selbstherrliche König geträumt hatte, und Gott enthüllt ihm das Geheimnis. Der Inhalt des Traums und dessen Auslegung ist zugleich Vorwegnahme der Substanz aller Offenbarungen, die dem Daniel noch werden sollen.

> »Dem Daniel muss der Traum des Königs und seine Auslegung zur Eröffnung des Blicks in die Zukunft der Weltmächte dienen, er muss ihm diesen ganzen Kreis von Anschauungen aufschließen und ihn dadurch zum Empfang weiterer, speziellerer Offenbarungen tüchtig machen. Für ihn hat das Ereignis zugleich eine propädeutische[45] Bedeutung.«[46]

45 aus dem Griechischen = »vorerziehend«, »vorertüchtigend«.
46 C.A. Auberlen, S. 33.

1. Nebukadnezars Traum (2,1-13)

1 Und im zweiten Jahr der Regierung Nebukadnezars träumte Nebukadnezar Träume, und sein Geist wurde beunruhigt, und um seinen Schlaf war es geschehen.
2 Und der König befahl, die Schriftgelehrten und die Beschwörer und die Zauberer und die Chaldäer zu rufen, damit sie dem König seine Träume kundtäten. Und sie kamen und traten vor den König.
3 Und der König sagte ihnen: Ich habe einen Traum geträumt, und mein Geist ist beunruhigt, dass ich den Traum verstehen möchte.
4 Und die Chaldäer sagten dem König auf Aramäisch: König, lebe ewig! Sag deinen Knechten den Traum, und wir werden die Deutung geben.

Das »**zweite Jahr der Regierung Nebukadnezars**« ist das dritte Jahr, in dem er auf dem Thron saß, da man in Babylon das Jahr der Thronbesteigung gesondert zählte (siehe Bemerkung zu 1,1), d.h. Nebukadnezar träumte diesen Traum zwei Jahre nach der Eroberung Jerusalems (welche gemäß Jer 25,1 im Jahr seiner Thronbesteigung geschah), also zwischen 604 und 603 v. Chr.

> »Beek und Szörényi sehen zwischen dem Befehl zur Ausbildung in Kap. 1,5.18 und dem Datum von Kap. 2,1 einen Widerspruch: Wie könnte Daniel in Kap. 2 schon Traumdeuter sein, wenn offenbar seine dreijährige Ausbildungszeit noch gar nicht abgelaufen sei? Nach Ehrlich ist das Datum von Dan 2,1 ein ›später Zusatz‹.«[47]

Daniel war im Jahre 606 v.Chr. aus Jerusalem nach Babel umgesiedelt worden, und da begann seine dreijährige Ausbildung. Das Jahr 604 war bereits das dritte Ausbildungsjahr, und da man bereits während dessen Ausbildung seine außerordentliche Weisheit und Begabung erkannt

47 G. Maier, S. 92-93, wo sich auch die Quellenangaben finden zu den Aussagen über Beek, Szörényi und Ehrlich.

hatte, ist sein Auftreten vor dem König noch vor Abschluss der Ausbildung durchaus glaubwürdig.[48]

Durch die von Gott gesandten **»Träume«** wurde **»sein Geist … beunruhigt«**, und zwar so stark, dass es **»um seinen Schlaf … geschehen«** war. Er muss empfunden haben, dass dieser Traum ihm Dinge über sein Reich sagte, die er als junger König wissen musste, und das nicht nur, weil er als Königssohn alle Schulen der babylonischen Priester durchlaufen und dort gelernt hatte, dass die Träume ankünden, was die Zukunft enthält. Er muss empfunden haben, dass ihm Gewichtigeres, Schicksalhafteres mitgeteilt worden war als die vergleichsweise harmlosen Dinge, von denen die babylonischen Orakelbücher sprachen.

Er lässt darum **»die Schriftgelehrten und die Beschwörer und die Zauberer und die Chaldäer«** zu sich rufen, damit diese ihm seine Träume auslegen. In 1,4 steht der Ausdruck »Chaldäer« für die Babylonier, hier aber offensichtlich für eine Berufsgruppe, die sich unterscheidet von den *»Schriftgelehrten«*, den *»Beschwörern«* und den *»Zauberern«*. Zum Begriff *»Chaldäer«* schreibt Gerhard Maier:

> »Außerhalb des Danielbuches bezeichnet dieses Wort in der Bibel nur das Volk der ›Chaldäer‹, d.h. die semitischen Südbabylonier, aus denen Nebukadnezars Familie stammte. Seit dem 5. Jh. v.Chr. ist dann ›Chaldäer‹ auch bei den Griechen zu einer Bezeichnung babylonischer Astrologen und Weiser geworden.« (S.96).

Der griechische Historiker *Herodot von Halikarnass* (490/480–430/420 v.Chr.) beschreibt in seinen Historien im 1. Buch die Kultur der Stadt Babylon. Im Zusammenhang mit der Verehrung des Gottes *Bel* (siehe Jes 46,1) beschreibt er einen Turm, der aus acht aufeinandergebauten Türmen besteht, auf dessen oberstem ein Heiligtum des Gottes *Bel* steht. Und in dieses dürfe immer nur eintreten einer der »*Chaldaioi* (›Chaldäer‹), welche die Priester dieses Gottes sind«.[49]

Selbstverständlich müssen die herbeigerufenen Chaldäer den Traum zuerst wissen, ehe sie ihn deuten können, weshalb sie **»dem König … sagten: … Sag deinen Knechten den Traum, und wir werden die**

48 Eine sehr hilfreiche Aufschlüsselung der biografischen Daten sowohl Daniels als auch des Königs zum Verständnis dieser Stelle bietet Roger Liebi, *Weltgeschichte im Visier des Propheten Daniel*, S.24-25.

49 In Herodots ionischem Dialekt (der dem attischen ähnlich ist): Χαλδαιοι 'εοντες ιρέες τούτου του θεου (*Herodoti historiae, editio tertia, tomus prior*, Oxford: University Press, 1908; I.181).

Deutung geben«, und zwar sagten sie es ihm **»auf Aramäisch«**. Mit der direkten Rede der Chaldäer beginnt der aramäische Teil des Buches Daniel, der sich erstreckt bis 7,28, wobei er anfängt mit dem Traum vom Standbild, das die vier Weltreiche symbolisiert, und mit der Vision von den vier Raubtieren endet, welche die gleichen vier Weltreiche darstellen (Kapitel 7). In diesen beiden Kapiteln wird die ganze Zeit der Nationen in einem Überblick zusammengefasst, und die dazwischenliegenden Kapitel 3–6 berichten von Worten und Handlungen heidnischer Könige, und genau dazu passt der Umstand, dass das nicht in der Sprache der erwählten Nation geschieht, sondern in der damaligen Weltsprache Aramäisch. Aramäisch war auch die Sprache, die man im Reich Nebukadnezars mehrheitlich sprach. Dazu schreibt der Altorientalist Hartmut Schmökel (1906–1991):

> »Das Land und sein Herrscherhaus ist aramäisch geworden, auch im offiziellen Schriftverkehr verdrängt das Aramäische immer mehr die Keilschrift und die akkadische Sprache. Nach einem neuerdings gefundenen Papyrus schreibt um 600 [v. Chr.] sogar der Fürst des südpalästinischen Askalon einen Bittbrief an den Pharao um Hilfe gegen Nebukadnezars Vordringen aramäisch!«[50]

In den Kapiteln 3–6 erfahren wir vom Ergehen der Heiligen unter den heidnischen Herrschern: Ihnen soll Götzendienst aufgezwungen (Kap. 3) und wahrer Gottesdienst verboten werden (Kap. 6). In der Mitte stehen zwei Kapitel, die von Gottes Strafen an den Heiden zeugen: Weil Nebukadnezar hochmütig wird und alle seine Werke tut, um seinen Ruhm vor aller Welt zu mehren, erniedrigt ihn Gott (Kap. 4), und da Belsazar die heiligen Geräte aus dem Heiligtum Gottes entweiht und sich damit gegen Gott selbst erhebt, stürzt Gott dessen Reich in den Untergang (Kap. 5). Das heißt, dass diese Kapitel uns an ausgesuchten Beispielen zeigen wollen, wie Gott während der Zeiten der Nationen diesen immer wieder demonstriert, dass der Gott Israels der allein wahre Gott ist, dem alle Völker und alle Menschen Gehorsam schulden.

50 Hartmut Schmökel, *Ur, Assur und Babylon*, S. 146.

- In seiner Barmherzigkeit lehrt er seine Heiligen und durch diese die Heiden (2,30).
- In seiner Unumschränktheit erhöht er auf den Thron, wen er will (2,20-21).
- In seiner Macht wirft er am Ende alle Reiche der Welt nieder (2,44).
- In seiner Treue bewahrt er die Seinen (Kap. 3; Kap. 6).
- In seiner Gerechtigkeit erniedrigt er die Hochmütigen (4,31-32; 5,28).
- In seiner Liebe erhöht er seine Heiligen auf immer (7,27).

Auch wenn die heidnischen Herrscher nur ihre eigene Ehre suchen und ihre Macht vergrößern wollen, macht sie Gott in seiner Weisheit zu Werkzeugen, die seinen Absichten dienen müssen, auch dann, wenn sie das ihrer Macht unterstellte Volk Gottes unterdrücken und mit Gewalt ihrem Gott entfremden wollen (siehe 11,31-35).

5 Der König antwortete den Chaldäern: Das Wort meinerseits ist fest: Wenn ihr mir nicht kundtut den Traum und seine Deutung, sollt ihr in Stücke gehauen und eure Häuser sollen zu Trümmerhaufen gemacht werden.
6 Wenn ihr anzeigt den Traum und seine Deutung, sollt ihr Geschenke und Gaben und große Ehre von mir empfangen. Darum zeigt mir an den Traum und seine Deutung!
7 Sie antworteten zum zweiten Mal und sagten: Der König sage seinen Knechten den Traum, und die Deutung werden wir anzeigen.
8 Der König antwortete und sagte: Ich weiß zuverlässig, dass ihr Zeit gewinnen wollt, weil ihr seht, dass das Wort meinerseits fest ist,
9 dass, wenn ihr mir den Traum nicht kundtut, euer Urteil eines ist; denn ihr habt vereinbart, lügnerische und schlechte Rede vor mir zu sprechen, bis die Zeit sich ändere. Darum sagt mir den Traum, und dann weiß ich, dass ihr mir seine Deutung anzeigen könnt.

»Wenn ihr mir nicht kundtut den Traum und seine Deutung«: Die Chaldäer und Priester sollen dem König zweierlei sagen: den Inhalt des

Traums und die Deutung des Traums. Wenn sie aber diese beiden Dinge nicht vermögen, sollen sie **»in Stücke gehauen und [ihre] Häuser sollen zu Trümmerhaufen gemacht werden«**. Dass man einen Schuldigen in Stücke haut, war eine im Alten Orient häufig verhängte Strafe (3,29; 1Sam 15,33; siehe auch Mt 24,51). Und wenn jemandes *»Häuser zu Trümmerhaufen gemacht«* wurden (vgl. 3,29; Esr 6,11), waren damit nicht nur die Gebäude gemeint, sondern auch die Menschen, die in ihnen wohnten. Die ganze Familie sollte ausgerottet werden (siehe Ps 69,26).

Der König verheißt den Traumdeutern **»Geschenke und Gaben und große Ehre«** als Belohnung, wenn sie ihm dem Traum deuten können, und die hätten diese nur zu gern eingestrichen, und darum bitten sie den König ein zweites Mal: **»Der König sage seinen Knechten den Traum, und die Deutung werden wir anzeigen.«** Doch er ist unerbittlich, die Sache ist für ihn **»fest«**: Sie sollen ihm **»den Traum sagen«**, denn nur **»dann weiß [er]«**, dass sie ihm **»seine Deutung«** anzeigen können, nur auf diese Weise kann er Gewissheit bekommen, dass die Priester ihn nicht mit einer von ihnen ausgedachten Deutung täuschen. Können sie den Traum sagen, ohne dass er ihnen denselben verrät, dann kann er gewiss sein, dass sie ihm den Traum auch richtig auslegen.

10 Die Chaldäer antworteten vor dem König und sagten: Kein Mensch ist auf dem Erdboden, der die Sache des Königs anzeigen könnte, weil kein großer König und Herrscher je eine Sache wie diese forderte von irgendeinem Schriftgelehrten oder Zauberer oder Chaldäer.
11 Denn die Sache, die der König verlangt, ist schwer; und es gibt keinen anderen, der sie vor dem König anzeigen könnte, als nur die Götter, deren Wohnung nicht bei dem Fleisch ist.
12 Darüber erzürnte und ergrimmte der König sehr, und er befahl, alle Weisen von Babel umzubringen.
13 Und der Befehl ging aus, und die Weisen wurden getötet; und man suchte Daniel und seine Gefährten, um sie zu töten.

»Kein Mensch ist auf dem Erdboden, der die Sache des Königs anzeigen könnte«: Das ist die entscheidende Aussage dieses Abschnitts. Das Innere des Menschen kann niemand wissen; Gott allein kennt das Herz der Menschen und weiß, was in diesem vorgeht (1Kö 8,39; Joh 2,25; Mt 9,4).

Diese Worte sind ein Eingeständnis der Weisen in Babel, dass sie nicht mehr wussten als alle anderen Menschen, und so *»wird ihr Unverstand allen offenbar«* wie einst bei den ägyptischen Magiern (2Tim 3,8-9).

»Darüber erzürnte und ergrimmte der König sehr«, und in seinem Zorn gab er den Befehl, **»alle Weisen von Babel umzubringen«**. Dazu hat der König alle Macht im Reich, und damit haben die Traumdeuter und Sterngucker, wenn sie nicht liefern können, was der König von ihnen verlangt, ihr Leben verwirkt. Hier missbraucht der König die ihm vom Gott des Himmels gegebene Macht, was er wiederholt tun wird, und das haben nach ihm alle auf ihn folgenden Herrscher und hohen Beamten bis auf diesen Tag getan. Der sündige Mensch erliegt stets der Versuchung, Macht, wenn sie ihm gegeben ist, nach seiner Laune zu gebrauchen. Der einzige Mensch, der das nie tat und nie tun wird, ist der Mensch Jesus. Wenn er als Menschensohn kommt und in seiner unbegrenzten Macht sein Reich aufrichtet, wird er gerade den Elenden und den Armen – und das heißt: den Machtlosen – *»Recht verschaffen«* (Ps 72,4), denen, die sich gegen kein Unrecht wehren können. Er hätte die Macht, allen Unrecht zu tun, und niemand könnte ihn daran hindern noch ihn zur Rechenschaft ziehen. Doch er wird *»die Geringen richten in Gerechtigkeit und den Sanftmütigen des Landes Recht sprechen in Geradheit«*, hingegen *»den Gottlosen töten mit dem Hauch seiner Lippen«* (Jes 11,4), ihn also ebenfalls richten nach dem Recht. So handelt er, denn er ist der einzige Herrscher, von dem gesagt werden kann: *»Gerechtigkeit ist der Gurt seiner Lenden und die Treue der Gurt seiner Hüften«* (Jes 11,5): Sein Wesen ist Wahrheit, seine Gerechtigkeit hält ihn, wie der Gurt den Leib umschließt, und verbietet ihm, die Grenze des Rechts je zu überschreiten. Der babylonische Herrscher hingegen tötete und ließ leben, wie es seine Laune gerade wollte (5,19).

Da **»der Befehl«** allen **»Weisen«** galt, suchte man auch **»Daniel und seine Gefährten … zu töten«**. V. 14 macht klar, dass man erst mit dem Ausführen des königlichen Befehls begonnen hatte, als Daniel davon erfuhr.

Was den Weisen bevorsteht, ist exemplarisch für das Schicksal aller Menschen. Haben wir keine Einsicht in Gottes Willen und Ratschlüsse, sind wir unrettbar dem Tod verfallen; gerettet werden können wir nur, wenn wir Gottes Gedanken kennen, seine Gedanken des Heils. Und wie können wir wissen, was Gott denkt? Er hat uns das Geheimnis offenbart in seinem geschriebenen Wort. Wir lernen dort den einen Heiland-Gott kennen, den Gott Israels, den Gott und Vater unseres Herrn Jesus Christus, den auch Daniel kannte und von dem er wusste, was schon zu seiner Zeit als Wort Gottes geschrieben stand: *»Ich bin Jahwe, und außer mir ist kein Retter«* (Jes 43,11). *»... es ist sonst kein Gott außer mir; ein gerechter und rettender Gott ist keiner außer mir! Wendet euch zu mir und werdet gerettet, alle ihr Enden der Erde!«* (Jes 45,21-22).

Wie Daniel sich an seinen Gott wendet und Errettung erfährt aus zeitlicher Bedrohung, so findet jeder, der den Gott Daniels sucht, ewige Errettung.

2. Daniel betet und Gott enthüllt ihm den Traum (2,14-23)

Dieser Abschnitt will erstens zeigen, dass der Mensch ohne Offenbarung nicht wissen kann, was er wissen muss, um sich und seinen Platz im Strom der Zeit zu verstehen; sodann will er zeigen, dass alle Menschen angewiesen sind auf die jüdischen Propheten, denen Gott als Einzigen das Verborgene offenbart hat. Ihre Schriften müssen wir lesen, denn Gott offenbart sich nicht jedem Menschen privat; darum gilt noch heute: Wollen wir Bescheid wissen über das Woher der Welt und über ihr Wohin, müssen wir bei den jüdischen Propheten Alten und Neuen Testaments nachfragen, d. h. die Bibel aufschlagen, in der nur jüdische Propheten sprechen (außer Hiob im Alten Testament und möglicherweise Lukas im Neuen Testament).

14 Da erwiderte Daniel mit Verstand und Einsicht dem Arioch, dem Obersten der Leibwache des Königs, der ausgezogen war, die Weisen von Babel zu töten;
15 er fing an und sagte zu Arioch, dem Gewaltigen des Königs: Warum das scharfe Gebot vom König? Da tat Arioch die Sache dem Daniel kund.
16 Und Daniel ging hinein und bat den König, dass er ihm Frist gebe, um dem König die Deutung anzuzeigen.
17 Sodann ging Daniel in sein Haus; und seinen Gefährten Chananjah, Mischael und Asarjah tat er die Sache kund,

18 um Barmherzigkeit zu erbitten vom Gott des Himmels wegen dieses Geheimnisses, damit Daniel und seine Gefährten nicht umgebracht würden mit den übrigen Weisen von Babel.

»**Da erwiderte Daniel**« mit dem Verstand und der Weisheit, die er von Gott empfangen hatte (1,17). Ja, die göttliche Weisheit leitet den Gottesfürchtigen auch in den Dingen dieser Welt. Der Oberbeamte antwortete auf Daniels Frage, und der ging direkt zum König und »**bat den König, dass er ihm Frist gebe, um dem König die Deutung anzuzeigen**«. Wir staunen über die Freimütigkeit Daniels und fragen uns, woher er sie hatte. Sie floss aus seinem Vertrauen auf Gott:

> »Daniel vertraut Gott; er wartet nicht, bis Gott ihm auf sein Gebet hin geantwortet hat, ehe er dem König ankündigt, dass er ihm die Deutung präsentieren werde … Das ist eben Glauben, eine Überzeugung, die in der Erkenntnis des Wesens Gottes begründet ist.«[51]

Dass der König Daniels Bitte um eine Frist erhörte, ist höchst erstaunlich, wenn wir bedenken, dass er von den babylonischen Priestern und Gelehrten keinen Aufschub duldete (V. 9). Es war das gnädige Walten Gottes, der dem Daniel die Tür aufstieß, damit dieser und seine Gefährten nicht umgebracht würden, denn Gott hatte Daniel zum Propheten berufen, durch den er zu seinem eigenen Volk und auch zu den Heidenvölkern reden wollte. Deshalb neigte er das Herz des babylonischen Königs seinem Knecht zu (vgl. Spr 21,1).

Kaum hatte der König dem Daniel die Bitte gewährt, »**tat er** [= Daniel] **die Sache seinen Gefährten Chananjah, Mischael und Asarjah kund**«. Er suchte die Gemeinschaft der Mitgläubigen, denn er wusste, wie nötig er die Gemeinschaft der Heiligen hatte. Mit ihm zusammen sollten sie »**Barmherzigkeit erbitten vom Gott des Himmels**«, denn auch Daniel weiß nicht mehr als die babylonischen Gelehrten (siehe V. 30), aber er kennt den, der es weiß; und er weiß, dass sein Gott barmherzig ist. Damit bekennt er vor seinen Freunden, wie nötig er Barmherzigkeit hat. Gott ist barmherzig; in seiner Barmherzigkeit gibt er Unfähigen die Fähigkeit, Dinge zu tun, die sie selber nicht vermögen.

51 William Kelly, *Lectures on the Book of Daniel*, S. 33.

Wenn Gott die Heiligen lehrt, ist das ein Beweis seines Erbarmens: Er macht sie fähig, Dinge zu verstehen, die sie mit ihrem Verstand nie hätten verstehen können (vgl. 1Kor 2,9-14).

Wir haben bereits gesehen, dass Daniel erstens ein Mann des Wortes Gottes ist (vgl. 1,8) und zweitens ein Mann der Gemeinschaft. Nun sehen wir als Drittes, dass er ein Mann des Gebets ist, ein Mann, der seine vollständige Abhängigkeit von Gott erkennt und empfindet. So wie Daniel ein Mann des Wortes blieb bis an sein Lebensende (siehe oben die Auslegung zu 1,8), so blieb er auch ein Mann des Gebets, wie wir in den Kapiteln 6 und 9 sehen werden. Wort Gottes, Gemeinschaft, Gebet – diese Dinge regieren und halten den wahren Knecht Gottes sein Leben lang; sie bilden zusammen das Element, in dem er lebt und webt und sein Wesen hat. Er kann ohne sie nicht sein; er hielte es keinen Tag aus ohne die lebendigen Aussprüche Gottes, ohne das Kämmerlein, in welchem er zu seinem Gott flüchtet, und ohne den Trost, die Stärkung und die Zucht, die er in der Gemeinschaft der Heiligen findet.

19 Hierauf wurde dem Daniel in einem Nachtgesicht das Geheimnis offenbart. Da pries Daniel den Gott des Himmels.
20 Daniel fing an und sagte: Gepriesen sei der Name Gottes von Ewigkeit zu Ewigkeit! Denn Weisheit und Macht, sein sind sie.
21 Und er ändert Zeiten und Zeitpunkte, setzt Könige ab und setzt Könige ein; er gibt Weisheit den Weisen und Verstand den Verständigen;
22 er offenbart das Tiefe und das Verborgene; er weiß, was in der Finsternis ist, und das Licht wohnt bei ihm.

»Hierauf«, auf das gemeinsame Gebet hin, **»wurde das Geheimnis offenbart«**. Hätten die vier Gefährten nicht gebetet, hätte Daniel nichts empfangen. Der Sohn Gottes hat gelehrt, dass wir bitten müssen, um zu empfangen, suchen müssen, um zu finden, anklopfen müssen, damit uns aufgetan werde (Mt 7,7). Jakobus rügt die Heiligen, die miteinander zankten und bei allem Diskutieren keinen Frieden fanden: *»Ihr habt nicht, weil ihr nicht bittet«* (Jak 4,2). Ist das so schwer zu verstehen? Nein, aber es scheint uns sehr schwer zu sein, es wirklich zu glauben. Denn glaubten wir, würden wir danach handeln; wir würden zu Betern, zu Männern und Frauen des Gebets, die mehr Zeit im Gebet vor Gott verbringen als im fruchtlosen Sorgen und als im nutzlosen und endlosen Diskutieren und Streiten.

Ein Geheimnis bleibt so lange verborgen und unerkennbar, bis es von Gott **»offenbart«** wird. Wer gebetet und empfangen hat, wird tun, wie Daniel tat, er kann gar nicht anders: **»Da pries Daniel den Gott des Himmels.«** Die erste Regung, welche die Enthüllung der göttlichen Ratschlüsse bei Daniel weckt, ist Anbetung des Namens Gottes. Er preist Gott darüber, dass **»Weisheit und Macht«** sein sind. Gott allein weiß alles; er beschließt in seiner Weisheit alles, was geschehen muss, und er allein hat die Macht, alles, was er will, auszuführen (siehe Jes 46,9-11). Daniel versteht, dass sein Gott der Herr der Geschichte ist: **»Er ändert Zeiten und Zeitpunkte«**, wie Daniel an seinem eigenen Leib erfahren hatte, als Gott Jerusalem in die Hand eines heidnischen Königs gab und damit eine heilsgeschichtlich neue Zeit eröffnete. Und nun gab er Gott dafür die Ehre, dass heidnische Reiche über das Volk Gottes regieren sollen. Er beugt sich unter Gottes Fügen, er beugt sich unter das Joch, das Gott in seiner Gerechtigkeit seinem Volk auferlegt hatte (vgl. Jer 27,12 und 5Mo 28,48). Und Gott **»setzt Könige ab und setzt Könige ein«**, bestimmt die Zeiten und Zeitpunkte aller babylonischen Könige und auch, welcher der letzte König sein soll, den er auf den Thron über Babel setzt (siehe Kapitel 5). Mit diesem Wissen kann Daniel in der Gewissheit ruhen, dass sein persönliches Geschick und das seines Volkes in Gottes Hand ist. Die Heiden werden seinem Volk nie mehr antun können und keinen Tag länger über ihm walten, als Gott verfügt hat.

Daniel gibt Gott die Ehre darüber, dass er es ist, **»der Weisheit gibt den Weisen und Verstand den Verständigen«**. Daniel hatte bereits Weisheit von Gott bekommen, die sich ein erstes Mal darin äußerte, dass er sich nicht verunreinigen wollte mit der Speise des Königs, worauf Gott ihm noch mehr Weisheit gegeben hatte. Diese Weisheit hatte ihn gelehrt, in der Not alle Hilfe bei Gott zu suchen, d.h. Licht von ihm zu erbeten über eine Sache, die kein Mensch wissen konnte. Und nun erfährt er, dass Gott noch mehr *»Weisheit gibt den Weisen«*. Es ist so, wie der Herr über 600 Jahre nach Daniel lehrte, wo es ebenfalls um Geheimnisse, um dem Menschen verborgene Dinge ging: *»... wer da hat, dem wird gegeben werden, und er wird Überfluss haben ...«* (Mt 13,12).

Diese Einsicht macht Daniel bescheiden, wie es wahre Knechte Gottes immer sind. Wie sollte Daniel sich etwas auf seine Erkenntnisse einbilden können, ist es doch Gott, der Weisheit gibt (Spr 2,6; Jak 1,5) und der **»das Tiefe und das Verborgene offenbart«** und der allein **»weiß, was in der Finsternis ist«**, und bei dem **»das Licht wohnt«**! Damit erkennt Daniel an, dass er in sich kein Licht hat (siehe Joh 11,10) und darum über das Woher und Wohin seines Weges, der durch die Zeit führt, im Finstern ist. Wenn das für den Einzelnen gilt, dann erst recht für ganze Völker. Wer wollte zu behaupten wagen, er überblicke das Knäuel der aufeinanderprallenden wirtschaftlichen, militärischen und politischen Kräfte im Machtgerangel aller Nationen und im Ellbogenkampf innerhalb derselben, begreife, woran es liegt, dass bald diese, bald jene Nation zur Weltmacht wird, und warum einige nur wenige Jahrzehnte (wie Babel), andere mehrere Jahrhunderte (wie das Römische Reich) den einmal erlangten Rang behalten!?

Nun er dieses Licht empfangen hat, das ihm von außen den Weg erhellt, kann er gewisse Tritte tun. Er vertraut seinem Gott, der vor ihm hergeht und ihm voranleuchtet.

> **23 Dich, Gott meiner Väter, lobe und preise ich, dass du mir Weisheit und Kraft gegeben und mir jetzt kundgetan hast, was wir von dir erbeten haben; denn du hast uns die Sache des Königs kundgetan.**

»Gott meiner Väter«, diesen rühmt Daniel. Damit hebt er die Treue des Bundesgottes hervor. Was Gott im Bund mit Abraham verheißen und im Gesetzesbund bestätigt hat (siehe 2Mo 32,13-14; 3Mo 26,40-45), wird er halten. Er setzt fort, was er mit den Vätern anfing, bis alles vollendet ist. Und als Knecht Gottes, der er ist, empfindet Daniel auch, dass er in einer langen Reihe steht von Knechten Gottes, die ihm vorangegangen sind, von deren Dienst und Worten er schöpft (siehe 1,8 und 9,2).

Gott gab Daniel **»Weisheit und Kraft«**, also nicht nur das notwendige Wissen, sondern die ebenso notwendige Kraft, entsprechend zu leben und zu wandeln.

3. Daniel enthüllt den Traum vor Nebukadnezar (2,24-36)

Der Traum Nebukadnezars lehrt uns gemäß der Auslegung durch Daniel neun große Wahrheiten:

1. Der Mensch ist darauf angewiesen, dass Gott ihm Sinn und Ziel der Geschichte offenbart (V. 28-29.45).
2. Die Geschichte hat ein Ende (V. 28).
3. Gott führt selbst das Ende herbei (V. 44-45).
4. Gott verleiht den Regenten ihre Macht (V. 37-38).
5. Die Reiche unterliegen einer fortschreitenden moralischen Degenerierung (V. 39a).
6. Die Dauer aller Reiche ist begrenzt (V. 39b).
7. Die Reiche werden im Lauf der Zeit jeweils durch menschliche Reiche zerstört (V. 40; 5,28; 8,3-7.20-21).
8. Am Ende der Tage kommt der Menschensohn, zerschlägt alle Reiche der Welt und errichtet sein Reich, das ewig bestehen wird (V. 44; 7,9-14).
9. Das Ende der Reiche der Welt ist plötzlich und gewaltsam (V. 45).

24 Deshalb ging Daniel hinein zu Arioch, den der König bestellt hatte, die Weisen von Babel umzubringen. Er ging, und so sagte er ihm: Bring die Weisen von Babel nicht um; führe mich vor den König, und ich werde dem König die Deutung anzeigen.

»**Deshalb**«, weil Gott dem Daniel den Inhalt und die Bedeutung von Nebukadnezars Traum offenbart hatte, konnte Daniel mit solcher Zuversicht hineingehen »**zu Arioch, den der König bestellt hatte, die Weisen von Babel umzubringen**«, und ihn zum Innehalten auffordern: »**Bring die Weisen von Babel nicht um**«, er solle ihn »**vor den König**« führen; er werde »**dem König die Deutung anzeigen**«. Diese Worte Daniels retten die babylonischen Gelehrten. Die ungläubige Welt verdankt den Heiligen viel mehr als sie ahnt oder auch wahrhaben will.

25 Da führte Arioch in Eile Daniel vor den König, und so sagte er ihm: Ich habe einen Mann gefunden aus den Weggeführten von Juda, der dem König die Deutung kundtun wird.
26 Der König antwortete und sagte zu Daniel, dessen Name Beltsazar war: **Bist du imstande, den Traum, den ich sah, und seine Deutung mir kundzutun?**
27 Daniel antwortete vor dem König und sprach: Das Geheimnis, das der König erfragt, können Weise, Zauberer, Magier und Wahrsager dem König nicht anzeigen.
28 Aber es ist ein Gott im Himmel, der Geheimnisse offenbart; und er hat dem König Nebukadnezar kundgetan, was geschehen wird am Ende der Tage. Dein Traum und die Gesichte deines Hauptes auf deinem Lager waren diese:
29 Dir, o König, stiegen auf deinem Lager deine Gedanken auf, was nach diesem geschehen werde, und der, welcher die Geheimnisse offenbart, hat dich wissen lassen, was geschehen wird.

»**Arioch**« führt Daniel »**in Eile vor den König**« und meldet diesem: »**Ich habe einen Mann gefunden …**« So kann man es auch sagen, obwohl es Daniel war, der den Arioch aufgesucht hatte, doch so geht es zu im Rattenrennen dieser Welt: Jeder will stets sich und seine Leistungen hervorkehren. Arioch stellt Daniel vor als »**einen Mann aus den Weggeführten von Juda**«; dieser könne »**dem König die Deutung kundtun**«. Das bleibt so während der ganzen Zeiten der Nationen: Wollen die Herrscher dieser Welt wissen, wohin sie unterwegs sind und was ihre Aufgabe auf ihrem Weg durch die Zeit ist, müssen sie bei den jüdischen Propheten nachfragen. Diesen allein hat Gott seine Gedanken über den Menschen und die Völker offenbart. Glücklich das Volk, das dem Licht der Bibel folgt; wehe dem Volk, das dieses Licht ablehnt; und ein mehrfaches Wehe jenen Nationen, die dieses Licht einst besaßen und es nach Jahrhunderten des erfahrenen Segens inzwischen verworfen haben!

Nebukadnezar will von Daniel wissen, ob er imstande sei, ihm »**den Traum … und seine Deutung kundzutun**«. Daniel gibt eine doppelte Antwort: Zunächst soll dem Herrscher auf dem Thron Babels klar werden: »**Das Geheimnis … können Weise, Zauberer, Magier und Wahrsager dem König nicht anzeigen.**« Die Weisen, die der König gerufen hatte, hatten schon zugeben müssen, dass *»kein Mensch auf dem Erdboden ist, der die Sache des Königs anzeigen könnte«* (V. 10). Sodann bezeugt Daniel den einen wahren Gott, der **»im Himmel«** ist und **»der Geheimnisse offenbart«**. Der König soll wissen, dass die Götter, von denen die Gelehrten vor ihm geredet hatten (V. 11), nichts vermögen. Ja, Daniel ist ein wahrer Knecht Gottes, der zuerst von seinem Gott spricht, ehe er auch nur ein einziges Wort über sich selbst sagt (V. 30). Den Gott der Juden kannte der heidnische Herrscher nicht, und doch verdankte er diesem alles, und das soll Nebukadnezar jetzt zu hören bekommen. Er soll ihn kennenlernen und damit lernen, an alles, was Gott offenbart, zu glauben – und das heißt, sich diesem Gott unterzuordnen. Der Gott des Himmels hat **»dem König Nebukadnezar kundgetan, was geschehen wird am Ende der Tage«**, und damit, dass Daniel diesem das kundtut, hat er große Verantwortung bekommen. Er muss Gottes Traumbotschaft an ihn annehmen und fortan sein Tun und Lassen als König danach richten.

Man beachte, wie Daniel den Inhalt und die Aussage des gesamten Traums zusammenfasst in diesem kurzen Wort: *»... was geschehen wird am Ende der Tage.«* Die ganze Geschichte der Reiche der Welt mündet in dieses eine große Geschehen *»am Ende der Tage«*, denn dann kommt das ewige Reich des Menschensohnes. Der Gedanke an ein Ende der Tage war den Heidenvölkern fremd, während Gott seit den Tagen den Erzväter (1Mo 49,1) und dann durch Mose (5Mo 31,29) und weitere auf ihn folgende Propheten (Jes 2,2; Jer 23,20; Hes 38,16; Hos 3,5) immer wieder das Ende und damit das Ziel der Geschichte angekündigt hatte.

Kleiner Exkurs zum heidnischen und biblischen Geschichtsverständnis

Die Bibel der Juden und Christen ist auch darin einzigartig, dass sie von einem Anfang und einem Ziel der Geschichte spricht. Davon wussten weder die Ägypter und Babylonier noch auch die Griechen und Römer etwas. »Nach griechischer Weltanschauung bewegt sich alles in einer ewigen Wiederkehr des Gleichen, wobei der Hervorgang in seinen Anfang zurückkehrt.«[52] Der griechische Philosoph

52 Walter Löwith, *Weltgeschichte und Heilsgeschehen*, Stuttgart/Weimar: Verlag J.B. Metzler, 2004, S. 14; Nachdruck der ursprünglichen Ausgabe des W. Kohlhammer Verlags, Stuttgart, 1953.

Pythagoras[53] (6. Jahrhundert) dachte, dass alle Entwicklung »in ›*Perioden*‹[54], d.h. geschlossenen Kreislinien« verlaufe. »Und den Gedanken der ewigen Kreisbewegung des Alls, von der die tägliche und auch jährliche des Fixsternhimmels nur ein Teil war, führte die spätere Schule mit solcher Konsequenz durch, dass sie annahm: nach Ablauf des ›großen Weltjahres‹ seien nicht nur die Gestirne an ihren ursprünglichen Platz zurückgekehrt, sondern zugleich mit dieser Konstellation wiederhole sich alles Irdische, und alle Dinge, Menschen, Begebenheiten kehrten wieder. So legte man sogar Pythagoras die Worte in den Mund: ›Ich werde dereinst mit diesem Stabe wieder vor euch lehren.‹«[55]

Das bedeutet, dass für den Griechen die Geschichte als Ganzes keinen Sinn hat, denn jegliches geschichtliche Geschehen ist nur dann sinnvoll, wenn es auf einen Zweck jenseits dieses Geschehens verweist, wenn es auf ein Ziel hinstrebt, auf eine zukünftige endgültige Verwirklichung. Die Bibel offenbart, dass Gott von Anbeginn, also ehe die Zeit war, noch vor dem ersten Tag der Schöpfung, ein Ziel anstrebt, nämlich die Erschaffung eines neuen Himmels und einer neuen Erde, in welcher Gerechtigkeit ewig wohnen wird (2Petr 3,13), eine Welt, in der Himmel und Erde nie mehr durch Sünde geschieden werden sollen, eine Welt, in der Gott bei den Menschen wohnt und der Mensch sich nie von ihm abwenden wird, eine Welt des vollkommenen Glücks.

Vom ersten Tag der Schöpfung an arbeitet Gott in dieser Welt auf dieses Ziel hin. Der Schöpfungsbericht endet mit der Vollendung, die erst eintrat, als alle einzelnen Schöpfungswerke dastanden, und das war am Abend des sechsten Tages; am 7. Tag ruhte Gott von seinem Wirken, und mit ihm ruhte die ganze Schöpfung. Damit hatte der siebte Tag zwar einen Morgen, aber keinen Abend, und auf diese Weise zeigte Gott bereits an, dass die Geschichte von Raum und Zeit, die Geschichte dieser Schöpfung, nicht endlos und ohne Ziel weiterlaufen würde. Nun aber war das Sechstagewerk nur ein Anfang, eine erste Etappe der Gesamtgeschichte, doch deutete es bereits an, dass

53 den wir von der Schule nur als den Vater geometrischer und mathematischer Gesetze kennen.
54 Periode, gr. *periodos*, bedeutet »Umlauf«, »(regelmäßige) Wiederkehr«. Das Wort ist zusammengesetzt aus *peri* = »um«, »um herum« + *hodos* = »Weg«, »Lauf«.
55 Walter Kranz, *Die griechische Philosophie*, Birsfelden bei Basel: Verlag Schibli-Doppler, S. 41.

alles auf eine Vollendung zustrebt, in der für die Menschen nicht mehr zu steigerndes Glück erreicht sein wird.

Sacharja spricht im letzten Kapitel seiner Weissagungen vom zweiten Kommen Christi in diese Welt, die an einem noch kommenden, exakt angekündigten historischen Tag geschehen wird, und da steht der wunderbare Satz: *»Zur Zeit des Abends wird Licht werden«* (Sach 14,7). Es wird an jenem Tag zunächst Abend, wie es am Ende eines jeden Tages geschehen ist, seit es Zeit und Raum gibt, doch dann wird es plötzlich hell. Es bricht ein neuer Tag an, der verschieden sein wird von allen bisherigen, der Tag des Menschensohnes, an dem dieser kommt mit seinem Reich der Gerechtigkeit und des Friedens, in welchem die Herrlichkeit des Herrn die ganze Schöpfung erfüllen wird. Doch auch jener Tag ist noch nicht das Ende aller irdischen Tage; denn auch jener muss gemäß der wörtlich zu verstehenden Zeitangabe von 1000 Jahren (Offb 20,1-6) enden in einer Dämmerung und einer Nacht (von der uns Offb 20,7-10 berichtet), um dann aber abgelöst zu werden vom Tag der Ewigkeit (2Petr 3,18), der nie vergehen, an dem es nie eine Dämmerung geben wird (Offb 21,1-8).

Der Schöpfer der Menschen ist auch der Lehrer der Menschen, und er lehrt uns in seinem Wort Geschichtsbewusstsein. Das tat er bereits damit, dass er Sonne, Mond und Sterne *»an die Ausdehnung des Himmels«* setzte (1Mo 1,15), welche *»zu Zeichen und zur Bestimmung von Zeiten und Tagen und Jahren«* dienen sollten (1Mo 1,14). Entsprechend überblicken und beschreiben wir das Leben eines jeden Menschen als einen zielgerichteten Verlauf, der mit einem bestimmten Tag beginnt (wir feiern ihn ja auch jedes Jahr) und während Mondläufen und Jahren seinen Weg geht bis zum von Gott verordneten Ende, das unserer Sünde wegen zunächst ein Unheils-Ende ist. Aber einen noch wichtigeren Zweck sollten die Himmelskörper erfüllen: Sie sollten der zeitlichen Einordnung der Heilsgeschichte dienen, ist doch die Geschichte der Menschen auf der Erde lediglich das Gefäß für die wichtigere Geschichte, die Geschichte von der Entfaltung des Heils. Da Gott ein Heiland-Gott ist, hat er sich vorgesetzt, dem todgeweihten Menschen *»Leben und Unverweslichkeit«* zu geben, das an einem zeitlich genau bestimmten Tag *»ans Licht gebracht«* werden sollte (2Tim 1,10). Der Retter wurde, wie Paulus sagt, geboren, *»als die Zeit erfüllt war«* (Gal 4,4; Luther 1984). Auf diesen wichtigsten Termin in der gesamten Geschichte der Menschen bereitete Gott die Menschen vor während aller Jahrtausende, die verstreichen sollten, ehe er kam.

Werfen wir einen Blick auf einige der wichtigsten Zeitangaben im Lauf jener Jahrtausende. Gott berief einen Götzendiener namens Abram und verhieß diesem eine Nachkommenschaft, von der er sagte, dass man sie in einem fremden Land versklaven werde, und zwar genau 400 Jahre (1Mo 15,13), und dass diese dann in das Land zurückkehren werde, aus dem sie ausgezogen war.

Damit, dass Israel aus Ägypten auszog, begann für das Volk eine neue Zeitrechnung, dessen Anfang Gott ihm genau bestimmte (2Mo 12,1-2). Zudem sorgte er dafür, dass man beim Auszug sich daran erinnerte, dass Gott über 400 Jahre davor diesen angekündigt hatte: *»Und die Zeit, welche die Kinder Israel in Ägypten wohnten, ist 430 Jahre. Und es geschah, am Ende der 430 Jahre, und es geschah an ebendiesem Tag, dass alle Heere des HERRN aus dem Land Ägypten auszogen«* (2Mo 12,40-41).[56]

Die Geschichte des Volkes im von Gott verheißenen Land erreichte mit dem Bau des Hauses Gottes einen ersten Höhepunkt, und dabei wurde festgehalten: *»... im vierhundertachtzigsten Jahr nach dem Auszug der Kinder Israel aus dem Land Ägypten, im vierten Jahr der Regierung Salomos über Israel, im Monat Siw, das ist der zweite Monat, da baute er dem HERRN das Haus«* (1Kö 6,1).

Und schließlich denken wir an die Zeitangaben im Buch Daniel, besonders an die Weissagung von den siebzig Jahrwochen (9,24-27). Diese gibt ein auf den Tag genaues Datum an, an dem der Heiland der Welt gekreuzigt werden musste. Und es ist höchst bemerkenswert, dass die 69 Wochen bis dahin in zwei ungleich lange Abschnitte gegliedert werden, in 7 Wochen und in 62 Wochen (V. 25). Und noch auffälliger ist, dass die 70. Woche besonders hervorgehoben wird durch die eigentümliche Zeitbestimmung *»zur Hälfte der Woche«* (V. 27). Zu diesen Angaben gesellen sich in Kapitel 12 Ankündigungen der Fristen von 1290 und schließlich 1335 Tagen.

56 Es waren 30 Jahre mehr als die 400 dem Abraham angekündigten. Wie kommt das? Dem Erzvater war angekündigt worden, dass man dessen Nachkommen während 400 Jahren *bedrücken* werde. Die ersten 30 Jahre wurden sie nicht bedrückt, d. h. solange Joseph noch lebte (siehe 2Mo 1,8ff.).

Was alle diese Angaben auch bedeuten mögen, etwas muss uns inzwischen klar geworden sein: Bis zum ersten Kommen des Herrn als Retter und bis zu seinem zweiten Erscheinen als der König der Könige werden Zeitpunkte, Termine und Fristen genannt, die offensichtlich gerade das leisten sollen, was Sonne, Mond und Sterne an der Ausdehnung des Himmels für alle Menschen auf der Erde leisten: Sie sollen allen, die auf den Kommenden warten, feste Orientierung geben; sie sollen wissen, wo sie stehen im Ablauf der Heilsgeschichte, was wann noch geschehen muss und wie lange es dauert, bis der König kommt.[57]

Im Licht dieser Tatsachen erkennen wir, dass theologische Denkschulen, welche diese Zeitangaben für das erste und das zweite Kommen des Königs – zuerst, um Heil zu wirken, und dann, um über diese Schöpfung zu herrschen – entweder ignorieren oder nur symbolisch auslegen, einen schweren Irrtum begehen.

---

30 Mir aber ist nicht durch Weisheit, die in mir mehr als in allen Lebenden wäre, dieses Geheimnis offenbart worden, sondern deshalb, damit man dem König die Deutung kundtue und du deines Herzens Gedanken wissest.

Daniel fürchtet Gott und gibt darum Gott die Ehre: Er besitzt nicht mehr Weisheit als andere; er hat das Geheimnis nur deshalb verstehen können, weil es ihm von Gott **»offenbart worden«** war. Und es wurde ihm nicht offenbart, damit er etwa Macht über andere Menschen bekomme, sondern **»damit man dem König die Deutung kundtue«**. Der König soll wissen, wohin sein Reich und alle auf ihn folgenden Reiche steuern, wissen, *»was am Ende der Tage geschehen wird«* (V. 28). Gott will, dass der Mensch Licht habe, und besonders, dass er das Ziel und Ende der Geschichte kenne. Salomo sagt: *»Das Ende einer Sache ist besser als ihr Anfang«* (Pred 7,8). Damit meint er, dass es wichtiger

57 Niemand soll denken, wir als Gemeinde könnten den Tag berechnen, an dem der Herr vom Himmel herniedersteigt und seine mit Blut erkaufte Braut zu sich aufnimmt (Joh 14,3). Er wird, wie er selber gesagt hat, »bald« kommen, und das heißt: jederzeit möglich. Das gehört zum Wesen der Gemeinde, die eben nicht wie das Volk Israel eine irdische Berufung hat. Sie hat im Himmel ihr Zuhause (Phil 3,20). Anders verhält es sich mit dem irdischen Gottesvolk. Diesem wurde das Jahr, der Monat und der Tag der Kreuzigung des Herrn angekündigt (Dan 9,24-26); und ihm ist auf den Tag genau gesagt, wann der einst Gekreuzigte wieder in diese Welt kommen wird (siehe Auslegung zu 12,11-12).

ist, dass wir ein gutes Ende haben als einen guten Anfang. Kennen wir das Ende der Zeit, öffnet sich vor unseren Augen ein Weg, der zu einem guten Ende führt. Wie wir ein solches Ende haben können, wird zwar hier nicht ausdrücklich gesagt, aber Gott hat es in vollständiger Klarheit und Fülle gesagt mit der ersten Sendung seines Sohnes in diese Welt (z. B. Joh 3,36; 14,6). Das vorliegende Kapitel spricht von seinem zweiten Kommen, welches die gegenwärtige Ordnung der Welt beendet und eine neue, ewige Ordnung einführt. Das Wissen um dieses Ende soll uns Menschen zur Frage bewegen, was unser Verhältnis zum wiederkommenden Herrn ist, ob wir für sein Kommen bereit sind und was wir tun müssen, um bereit zu sein.

Der Traum, den Gott dem babylonischen König sandte, war eine persönliche Botschaft an ihn: *»... der, welcher die Geheimnisse offenbart, hat dich wissen lassen, was geschehen wird«* (V. 29). Die Unruhe, die den König befallen hatte, war von Gott gewirkt; er hatte dem König das Gewissen aufgestört, und das sollte ihn drängen, nicht nur die Bedeutung des Traums in Erfahrung zu bringen, sondern aus diesem Wissen die einzig richtige Folgerung zu ziehen: sich als König dem König und Herrscher über alle Könige zu unterwerfen.

»und du deines Herzens Gedanken wissest«: Damit er sich dem Gott des Himmels unterwerfen kann, muss er erkennen, was in seinem Herzen ist. Nachdem Daniel den Traum ausgelegt hat, erkennt der König an, dass Daniel die Wahrheit gesagt hat und dass Daniels Gott der alleinige Gott ist (V. 47). Aber das war nur eine flüchtige Regung; sein Herz blieb im Trotz gegen Gott gefangen; er wollte nicht von seinem Thron steigen, er wollte keinen Herrn über sich anerkennen. Dass es so um sein Inneres stand, erkannte Nebukadnezar erst daran, dass er trotz der ihm von Gott offenbarten Wahrheit sich so lange weigerte, sich diesem zu ergeben. So ist das Herz des Menschen; er will sein wie Gott; er will die Stelle Gottes einnehmen. Das muss Nebukadnezar noch einsehen; und Gott wirkt in seiner Gnade so beharrlich an ihm, bis es tatsächlich geschieht.

31 Du, o König, sahst: Und siehe, ein großes Bild; dieses Bild war groß und sein Glanz außergewöhnlich; es stand vor dir, und sein Aussehen war schrecklich.

32 Dieses Bild, sein Haupt war aus gutem Gold, seine Brust und seine Arme aus Silber, sein Bauch und seine Lenden aus Kupfer, 33 seine Schenkel aus Eisen, seine Füße teils aus Eisen und teils aus Ton.

Der König sah im Traum »**ein großes Bild; dieses Bild war groß und sein Glanz außergewöhnlich; es stand vor dir, und sein Aussehen war schrecklich**«. So nehmen die Gottlosen die Reiche der Welt wahr; sie sehen die große Macht und den äußerlichen Glanz, und das macht diese in ihren Augen schrecklich. In Kapitel 7 wird Daniel der Blick in das Innere, in das eigentliche Wesen dieser Reiche gewährt, und er, der Prophet Gottes, kann an ihnen keine Pracht sehen, sondern nur Gottlosigkeit und aus ihr fließende Gewalt, Gier und Rücksichtslosigkeit.

Der Glanz des Standbilds und der Schrecken, den sein Aussehen erzeugte, lag an dessen Größe und an den Werkstoffen Gold, Silber, Kupfer und Eisen. Doch so überwältigend die Reiche der Welt den Zeitgenossen erscheinen, so vergänglich sind sie. Das wird dem König über Babylon am Ende seines Traums gezeigt, und dass es gerade auf dieses ankommt, hatte Daniel gesagt, und darum hätte man erwartet, dass der König das besonders beachtet: Die Reiche der Welt werden vor dem kommenden Menschensohn zu Spreu, die der Wind fortträgt (V. 35). So überwältigend das Äußere dieser Reiche ist, so kümmerlich ist ihr Inneres und so nichtig ihr Gehalt.

Das große Bild hat »**Haupt ..., Arme ..., Bauch ... Lenden ..., Schenkel ..., Füße**«, also Menschengestalt. Es steht für die Herrschaft, die Gott dem Menschen gegeben hat über Menschen, Tiere und Länder (siehe V. 37-38).

> »Es weist auf die von Gott gegebene Aufgabe hin: Sie sollen die Herrschaft Gottes auf dieser Erde repräsentieren.«[58]

34 Du schautest, bis ein Stein sich losriss ohne Hände und das Bild an seine Füße aus Eisen und Ton schlug und sie zermalmte. 35 Da wurden zugleich das Eisen, der Ton, das Kupfer, das Silber und das Gold zermalmt, und sie wurden wie Spreu von

58 Roger Liebi, *Weltgeschichte*, S. 58.

> **den Sommertennen; und der Wind trug sie weg, und es wurde keine Stätte für sie gefunden. Und der Stein, der das Bild geschlagen hatte, wurde zu einem großen Berg und füllte die ganze Erde.**
> **36 Das ist der Traum; und seine Deutung wollen wir vor dem König sagen.**

Das große Standbild wurde schließlich zertrümmert, und zwar durch einen »**Stein**«. Der Stein ist der Menschensohn, der kommt und die Reiche der Welt zerschlägt. Er war bereits bei seinem ersten Kommen von Gott als Eckstein gelegt worden (Jes 28,16; 1Petr 2,6), jedem Glaubenden zum Heil, und gleichzeitig *»ein Stein des Anstoßes«* (Jes 8,14; Röm 9,33), über den jeder straucheln musste, der nicht an ihn glauben will (1Petr 2,7-8). Und er wird als Stein wiederkommen und dann alle zermalmen, die sich bis zuletzt weigern, ihn anzunehmen (Mt 22,44). Dass der Stein »**sich losriss ohne Hände**«, heißt, dass Gott das Gericht nicht vollzieht durch menschliche Werkzeuge, durch feindliche Armeen, wie das mit Jerusalem geschehen war und mit Babylon samt den drei nachfolgenden Weltreichen geschehen sollte. Das letzte Reich, vor dem alle Reiche der Welt für immer weichen, wird zerschlagen durch Gottes direktes Eingreifen vom Himmel her. An Sodom, welches Gott durch Feuer vom Himmel umkehrte (1Mo 19,24-25), hat uns Gott ein Beispiel von einem solchen Gericht hinterlassen, wie Jeremia schreibt: *»... die Sünde Sodoms, das plötzlich umgekehrt wurde, ohne dass Hände dabei tätig wurden«* (Kla 4,6). Ein weiteres Beispiel bietet Antiochos IV.: *»... er wird zerschmettert werden ohne Menschenhand«* (8,25), und ein letztes das Tier und der falsche Prophet, die der Herr selbst in den Feuersee werfen wird (Offb 19,20).

Der ungeschaffene Gottessohn, der Stein, »**schlug das Bild an seine Füße**«, erscheint also am letzten Tag des letzten Reiches, und zermalmt es, und damit »**wurden zugleich das Eisen, der Ton, das Kupfer, das Silber und das Gold**«, also alle vorangegangen Reiche »**zermalmt**«. Und sie wurden alle gleichermaßen »**wie Spreu von den Sommertennen**«, welche der Wind davontrug.

> »Das Weltwesen ist in seinem ganzen Glanze geschildert, aber der metallene Koloss steht auf schwachen, tönernen Füßen; ja, die ganze

Menschenherrlichkeit, die vorher so kostbar und so fest geschienen, ist in Wahrheit so wertlos und so hinfällig wie Spreu.«[59]

Wie lässt es sich erklären, dass mit der Zerschlagung des letzten Reiches alle vorangegangenen Reiche zerschlagen und wie Spreu verweht werden? Im letzten Weltreich, im Reich des Tieres von Offenbarung 13, sind alle gottlosen Reiche enthalten, in ihm vereinen sich alle gottlosen Ideale, denen diese nachgejagt sind. Das Gericht über das Römische Reich in seiner endzeitlichen Gestalt ist das Gericht über alles, wofür Babel, Medo-Persien, Griechenland und Rom einst standen.

»Und der Stein, der das Bild geschlagen hatte, wurde zu einem großen Berg und füllte die ganze Erde.« Das bedeutet, dass das Reich des Menschensohnes nicht ein Reich ist, das lediglich im Geist und im Glauben besteht, wie manche sagen, sondern dass es über Menschen in dieser Welt herrschen und *»die ganze* ***Erde****«* erfüllen wird – nachdem er die Erde gereinigt hat von allen Aufständischen (Ps 104,35) und von allen Nationen, die gegen Gott gezürnt hatten (Offb 11,18).

4. Daniel deutet den Traum: Die Weltreiche Babel, Persien, Griechenland, Rom (2,37-42)

Warum zeigt Gott dem Nebukadnezar im Traum nur diese vier Reiche? Sie bekommen darum diese Aufmerksamkeit, weil sie alle mit Israel zu tun und dabei das Volk Gottes bedrängt hatten. Sacharja sieht die gleichen Reiche in einem Gesicht als *»vier Hörner«*, und ihm wird erklärt, dass diese vier *»Juda, Israel und Jerusalem zerstreut haben«* (Sach 2,1-2).

Nebukadnezar hatte Jerusalem im Jahr 605 v. Chr. belagert und besiegt, und noch im gleichen Jahr hatte Daniels dreijährige Schule bei den chaldäischen Gelehrten begonnen. Wir befinden uns gemäß der Datierung in V. 1 im Jahr 603 v. Chr., und da erfährt Nebukadnezar, dass der Gott des Himmels ihm das Königtum und die Macht über alle Länder verliehen hatte und dass er es war, der ihm den Sieg über Juda und Jerusalem gegeben hatte. Mit diesem Wissen zog er im Jahr 602 v. Chr. erneut gegen Jerusalem, um den König Jojakim zu bestrafen, der sich von ihm

59 C.A. Auberlen, S.35.

losgesagt hatte (2Kö 24,1-4). In den Jahren 588–586 v.Chr. belagerte er schließlich die Stadt, nahm sie ein und zerstörte das Heiligtum Gottes (2Kö 25,1-21).

37 Du, König, König der Könige, dem der Gott des Himmels das Königtum, die Macht und die Stärke und die Ehre gegeben hat,
38 und überall, wo Menschenkinder, Tiere des Feldes und Vögel des Himmels wohnen, hat er sie in deine Hand gegeben und dich gesetzt zum Herrscher über sie alle – du bist das Haupt von Gold.

Daniel redet Nebukadnezar zum ersten Mal an mit **»König der Könige«**, denn Gott hat im Traum offenbart, dass Nebukadnezar nicht nur über Babel herrschen soll, sondern über mehrere untergeordnete Königreiche. Sein Reich ist ein Weltreich, wie es danach das persische, das griechische und später das Römische Reich war. Entsprechend wird Nebukadnezar auch in Hesekiel 26,7 *»König der Könige«* genannt.

Ist es **»der Gott des Himmels«**, der dem König **»das Königtum … gegeben hat«**, soll das ihn lehren, dass über ihm, dem mächtigsten Mann auf Erden, der unumschränkte, alles sehende Gott steht, der von ihm Rechenschaft fordern wird. Nebukadnezar soll das Königtum dem Gott der Juden, dem *»Gott des Himmels«* verdanken? War es nicht Marduk, der oberste Gott im babylonischen Pantheon, der Stadtgott Babylons, der ihm die Königsherrschaft verliehen hatte?[60] Erneut sind wir über Daniels Freimütigkeit erstaunt; doch er ist ein Prophet Gottes und verkündet deshalb die Wahrheit, ob diese dem König gefällt oder nicht. Und es ist ein Beweis seiner Liebe zum König. Dieser muss wissen, dass alle Regenten von Gott eingesetzt sind und alle Macht zu regieren ihnen von Gott gegeben ist (Röm 13,1). Das gilt auch für einen heidnischen Herrscher, wenngleich dieser den Gott des Himmels nicht kennt. Das gilt ebenso für

60 Nebukadnezar sagt in einem Gebet an Marduk: »Marduk, Herr, Weisester der Götter, stolzer Fürst! Du schufst mich und vertrautest mir das Königtum über alle Menschen an« (*Sumerische und akkadische Hymnen und Gebete*, S. 283). Er bekennt in einer Inschrift, dass Marduk ihm das Königtum geschenkt hat: »Nebukadnezar, der König von Babylon, der getreue Hirt, der Günstling des Marduk, der erlauchte Priesterfürst, der Liebling des Nabu, der ehrwürdige Fürst, der auf die Wege Marduks …, des Gönners seines Königtums, beständig sein Augenmerk hat …« (Alexander Scharff und Anton Moortgat, *Ägypten und Vorderasien im Altertum*, S. 447). Nabopolassar, der Vater Nebukadnezars und Gründer des neubabylonischen Reiches, bezeugte über sich: »… als Marduk … mich im Lande, da ich geboren war, bestimmt hatte zu den höchsten Dingen, zur Herrschaft über Land und Leute …« (Evelyn Klengel-Brandt, *Reise in das alte Babylon*, S. 120).

alle Obrigkeit in den Ländern der westlichen Demokratien, auch wenn es die Stimmbürger des Landes waren, die ihnen ihr Regierungsmandat übertrugen. Jeder Regierungsbeamte muss wissen und bedenken, dass er sich eines Tages vor dem verantworten muss, der ihm Amt und Macht verliehen hat.

Gott gab dem König nicht nur **»Menschenkinder«**, sondern auch **»Tiere des Feldes und Vögel des Himmels«** in die Hand. Es muss den Menschen des Altertums stärker bewusst gewesen sein als uns heute, dass Gott alle Tiere dem Menschen unterstellt hat, wie es der Schöpfungsbericht sagt (1Mo 1,26), und dass damit Mensch und Tier eng miteinander verbunden sind. Als die Bewohner Ninives auf die Botschaft Jonas hin umkehrten, befahl der König von Ninive, dass alle, *»Menschen und Vieh«*, fasten und *»heftig zu Gott rufen«* sollten (Jona 3,7-8). Dass Mensch und Tier zusammenhängen, lehrt nicht nur der Schöpfungsbericht, sondern auch die Tatsache, dass mit dem Menschen zusammen die Tierwelt unter die Macht des Todes geriet, als dieser gegen Gott sündigte (vgl. Röm 8,19-23).

»Du bist das Haupt von Gold«, du, der König von Babel. Was wird im Herzen des Propheten vorgegangen sein, als er diese Worte sprach? Nicht mehr Israel, die von Gott erwählte Nation, sondern eine heidnische Nation ist das Haupt. Er wird als Bibelleser an 5. Mose 28,13 und 28,44 gedacht haben, wo Gott angekündigt hatte, dass er Israel zum Haupt über alle Nationen machen würde, so es sich an Gottes Gesetz hielte, dass er aber die Nationen zum Haupt über Israel erhöhen würde, wenn es ihm nicht gehorchte.

39 Und nach dir wird ein anderes Reich aufstehen, niedriger als du; und ein anderes, drittes Reich, von Kupfer, welches über die ganze Erde herrschen wird.
40 Und ein viertes Reich wird stark sein wie Eisen; weil Eisen alles zermalmt und zerschlägt, so wird es wie Eisen, das zertrümmert, alle diese zermalmen und zertrümmern.

»Nach dir wird ein anderes Reich aufstehen«, nämlich das medopersische Weltreich. In Kapitel 5 wird uns berichtet, wie Daniel dem letzten König des babylonischen Reiches kurz vor seinem Tod ankündigt: *»... dein Königreich ist zerteilt und den Medern und Persern gegeben* *worden«* (5,28). Das Ende des Gotteslästerers Belsazar demonstriert, dass das babylonische Weltreich unterging, weil es gottlos war, und das hat sich wiederholt in allen nachfolgenden Reichen, bis zum heutigen Tag. Es war immer die Sünde, die das Verderben herbeirief, nicht politisches Ungeschick der Regenten oder wirtschaftliches Misslingen oder was Historiker sonst für Gründe nennen mögen. Von Babel, dem goldenen Haupt, sagt Gott durch den Propheten Habakuk, dass er es richtete, weil es die besiegten Völker ausraubte (Hab 2,8), bösen Gewinn machte (Hab 2,9), seine Städte mit Blut baute (Hab 2,12), Gewalttat übte an Mensch und Tier, Stadt und Land (Hab 2,17) und weil es den Götzen diente und damit den lebendigen Gott verhöhnte (Hab 2,18-19). Alle diese Sünden haben auch die nachfolgenden Weltreiche begangen, und deshalb wurden sie weggefegt.

Dieses, das medo-persische Reich, würde nicht besser sein als das babylonische, sondern **»niedriger«**. Es war außergewöhnlich habgierig, wie uns das Gesicht über dasselbe in 7,5 offenbart: Es fraß viel Fleisch, und nachdem es gefressen hatte, behielt es die Rippen der verschlungenen Feinde im Maul. Kores hatte mit der Eroberung von Ekbatana, der Hauptstadt der Meder, von Sardes, der Hauptstadt des Lyder-Reiches, und des sagenhaft reichen Babylon unermesslichen Reichtum gesammelt, und »wie kein orientalischer Eroberer hätte er je daran gedacht, die unermesslichen Schätze zum Wohle des Reiches zu verwenden. Sie wurden einfach sein königliches Eigentum.«[61]

Bezeichnend für die Unersättlichkeit der Perser ist der Weg, auf dem Kambyses, der Sohn des Kores, sich den Weg zur Krone bahnte: »Die große Inschrift des Darius berichtet, dass Kambyses den Smerdis umbringen ließ … Dieser Brudermord war der Vorgänger vieler ähnlicher Frevel in der Dynastie.«[62] Wie im babylonischen Reich hatten die Magier, d.h. die Priester, großen Einfluss auf den König. Theodor Nöldeke schreibt, dass »die Magier von Herodot[63] ausdrücklich ein medischer Stamm genannt werden«, und dieser ganze medische Stamm »gab bei den Persern ausschließlich die Priester ab«.[64]

61 Nöldeke, *Aufsätze zur persischen Geschichte*, S. 25.
62 Nöldeke, *Aufsätze*, S. 26,
63 griechischer Historiker (ca. 490–430 v. Chr.)
64 Nöldeke, *Aufsätze*, S. 12.

Es geht im Lauf der Geschichte nicht aufwärts mit den Reichen der Menschen, sondern abwärts, von Gold über Silber, Kupfer und Eisen schließlich zu Ton, dem gemeinsten Stoff. Diese Abwärtsentwicklung zeigt sich bereits innerhalb der Reihe der babylonischen Könige: Belsazar, der letzte König (Kap. 5), ist der gottloseste von allen babylonischen Herrschern. Den Menschen im Altertum war es bewusst, dass die Menschen und ihre Reiche degenerieren. Der griechische Dichter Hesiod (geboren vor 700 v. Chr.) schildert in seiner epischen Dichtung *Werke und Tage* die Geschichte der Menschen als einen stetigen Abstieg, der beginnt mit einem goldenen Geschlecht, auf das ein silbernes und ein kupfernes folgt und das schließlich mit einem eisernen Geschlecht endet.[65] Der Lateiner Ovid (43 v. Chr. – 17 n. Chr.) singt in seiner Dichtung *Metamorphosen* von den vier Zeitaltern, die mit dem goldenen beginnen, über das silberne und kupferne schließlich ins eiserne münden.[66]

»… und ein anderes, drittes Reich, von Kupfer« ist das griechische Weltreich Alexanders des Großen (356–323 v. Chr.). In Kapitel 8 zeigt Gott dem Daniel in einem Gesicht, dass ein Ziegenbock von Westen her kommt und einen Widder zu Boden wirft und zertritt (8,1-7), und dann wird dem Daniel erklärt: *»Der Widder…, das sind die Könige von Medien und Persien. Und der zottige Ziegenbock ist der König von Griechenland«* (8,20-21).

Einer der griechischen Herrscher, Antiochos IV., überbot die Frevel aller Herrscher der beiden vorangegangenen Reiche, indem er erstens wagte, was kein anderer zuvor gewagt hatte: Er entweihte das Heiligtum Gottes in Jerusalem (siehe 8,11; 11,31), und er erklärte gleich seinen Vorgängern und Nachfolgern auf dem Thron des Syrerreiches sich selbst zum Gott, dem man Huldigung schulde. Antiochos IV. ließ eine Münze prägen mit seinem Abbild samt der Aufschrift: *Des Antiochos, des offenbarten Gottes, des Siegreichen.*

»Und ein viertes Reich«, das Römische Imperium, **»wird stark sein wie Eisen«**: In 11,30 wird uns angekündigt, dass der Eroberungszug des Griechenkönigs Antiochos IV. durch eine römische Flotte mit einem römischen Feldherrn beendet wird. Rom wird in Daniel nicht ausdrücklich erwähnt, doch nachdem das Alte Testament vom griechischen Reich als dem letzten berichtet hat, das über Israel herrschte, hören wir

65 Hesiod, *Werke und Tage*, 106-201.
66 *Metamorphosen*, Buch 1, 91-150.

im Neuen Testament ausdrücklich vom Reich, das diesem folgen würde. In Lukas 2,1.7 wird berichtet, dass der Sohn Gottes geboren wurde, als Augustus römischer Kaiser war, der verfügen konnte, dass *»der ganze Erdkreis«* sich müsse einschreiben lassen.

Rom war in seinem Machtstreben rücksichtsloser als Babel, Persien und Griechenland. Es verdankte seine Größe und Macht wie kein anderes Reich seinen Legionen, die mit einer nie zuvor gesehenen Disziplin und maschinenartig anmutenden Organisation ans Werk gingen und einen Gegner nach dem anderen niederwalzten. Bemerkenswerterweise sagten die Lateiner, dass sie *ferro ignique*, mit Eisen und Feuer, ihre Herrschaft ausdehnten. Mit der Überlegenheit ihrer Legionen, verbunden mit kalt geplanter und straff organisierter Verwaltung, baute Rom eine unerschütterlich scheinende Macht auf. Und Rom ging in seinem gottlosen Frevel noch weiter als die Griechen, indem die Kaiser sich nicht nur göttliche Titel zulegten, sondern sich auch in Tempeln göttlich verehren ließen und den Kaiserkult zur obersten Religion deklarierten, der sich alle beugen mussten.[67]

»wird es ... alle diese zermalmen und zertrümmern«: Was vom vierten Weltreich gesagt wird, gilt für alle Weltreiche: Sie zertrümmern jeweils das ihnen vorangegangene Reich. Die Babylonier bezwangen Assur (was Nahum geweissagt hatte), und Gott machte Nebukadnezar zum König über alle Könige seiner Zeit; aber das babylonische Weltreich hatte nicht lange Bestand, weil es gegen den Gott des Himmels, dem es alle Macht verdankte, sündigte (Jes 14,4-6; Hab 1,5-17; 2,6-17). Darum sandte Gott als Gericht über Babel die Perser und gab denen die Macht (5,28-30; 6,1), welche sie wiederum missbrauchten, weshalb Gott sie durch die Griechen zerstörte (8,3-7.20-21). Und das griechische Reich wiederum ging unter an seiner Gottlosigkeit (8,9-12.23-25) und wurde durch Rom zerschlagen (11,30). Und schließlich zerbrach Rom seiner

67 *Julius Caesar* war der erste römische Herrscher, der göttlich verehrt wurde. Doch erst nach seiner Ermordung wurde er als der *Divus Iulius* (»göttlicher Julius«) deklariert und als solcher in einem im Jahr 42 v. Chr. errichteten Tempel verehrt. Dessen Großneffe *Octavian*, der erste römische Kaiser, wurde bereits zu seinen Lebzeiten verehrt als der *Divus Augustus*, lateinisch für *»der göttliche Verehrungswürdige«*. Im Jahr 12 v. Chr. ließ er in *Lugdunum* (heute Lyon) einen ersten Altar errichten, welcher der *Dea Roma*, der Göttin Rom, und dem *Divus Augustus* geweiht war. Der Staat als oberste Gewalt, verkörpert im göttlichen Kaiser, wurde damit religiös überhöht. Die Unterwerfung unter *Dea Roma* war Staatsreligion, *Pontifex maximus*, der oberste Priester des Staates, war der Kaiser.

Gottlosigkeit wegen (7,7-8) unter dem Ansturm der Germanen, und so ist die Geschichte der Weltreiche verlaufen bis auf den heutigen Tag.[68]

Gott verwendete jedes Mal gottlose Reiche als seine Werkzeuge, um gottlose Reiche zu zerstören. Als er Israel erniedrigte, war das Gerichtswerkzeug Babel, das gottloser war als Israel selbst.[69] Weil aber Babel schon beim Ausführen des Gerichts sündigte (vgl. Jes 10,5-11; Sach 2,1-5), strafte es Gott seiner Sünden wegen, indem er eine andere gottlose Nation gegen es sandte. Dieser seit Jahrtausenden laufende Gerichtszyklus kommt erst damit an sein Ende, dass ein Richter kommt, der *»in Gerechtigkeit Krieg führt«* gegen die gottlosen Reiche (Offb 19,11) und beim Ausführen des Gerichts keine Schuld auf sich lädt, für die er seinerseits wieder gerichtet werden müsste.

Ehe wir fortfahren, wollen wir uns die Frage stellen, inwiefern das persische Reich geringer ist als das babylonische, das griechische geringer als das persische und das Römische Reich das geringste von allen. Beurteilte man die Reiche nach ihrer Stärke und Dauer, müsste das persische als besser als das babylonische Reich und das Römische Reich als das höchste gelten, doch offensichtlich misst der Himmel nicht mit dem Zollstock, den wir anlegen. Das babylonische Reich war von Gott direkt in seine Stellung gesetzt worden, und das hatte er dem König beigebracht durch den Traum, den er ihm sandte, durch die prophetische Reden seines Knechtes Daniel und durch sein züchtigendes Handeln an ihm. Der König hatte uneingeschränkte Gewalt, wie Daniel in 5,18-19 bezeugt, und die entzog ihm Gott nicht, obwohl er darüber hochmütig wurde, sondern er demütigte ihn und lehrte ihn auf diese Weise, bei all seiner Macht Gott zu fürchten.

Das persische Reich war bereits so etwas wie eine konstitutionelle Monarchie. Die Gesetze der Meder und Perser banden den König, und hohe Beamte konnten die Könige dazu nötigen, ihre Vorschläge zu Gesetzen zu machen, und sie achteten scharf darauf, dass die Könige die Grenzen

68 »Wenn die Völker buchstäblich Tod und Zerstörung übereinander bringen, um auf den Ruinen etwas Neues aufzubauen, ist es der christlichen Sicht offenbar, dass nicht nur, was auf diese Weise gestürzt, sondern auch was auf diese Weise aufgebaut wird, vom Tod gezeichnet ist und seinen Tod und seine Auflösung in sich trägt« (Anders Nygren, *Pauli brev till Romarna*, S. 33).

69 ein Umstand, den Habakuk nicht verstehen konnte (Hab 1,13).

ihrer Macht stets respektierten. In 6,7-10.15-17 wird uns das deutlich vor Augen geführt.

Im griechischen Weltreich regierte Alexander, wie alle makedonischen Könige stets regiert hatten, nämlich zusammen mit seinen Kampfgefährten, den *Hetairoi*:

> »Der König der Makedonen war *de iure* nichts anderes als der *primus inter pares*[70] seiner adeligen Hetairoi[71]; nur die königlichen Ehrenrechte hatte er vor ihnen voraus.«[72]

Zudem musste Alexander mit den Königen der unterworfenen Reiche, wie z. B. Makedonien, Babylon und Ägypten etc., Übereinkünfte treffen.

Das Römische Reich war in der Zeit seiner unaufhaltsamen Expansion eine Republik, aus welcher mit Augustus zwar das Kaisertum hervorging, das aber dem Namen nach stets Republik blieb.[73] Nach Ursprung und Namen ist Rom also Volksherrschaft, und das ist die Regierungsform, die am weitesten entfernt ist von Gott und Gottes Ordnung. Im vollkommenen Reich, im Reich des Menschensohnes, herrscht ein König, der seine Macht direkt aus Gottes Händen entgegennimmt (7,13-14) und dessen Wille alles bestimmt. Das ist die beste, die vollkommene Regierungsform, die indes nur durch einen vollkommenen König verwirklicht werden kann.

Die Fortsetzung des Römischen Reiches (2,41-43)

Das antike Rom ging zwar unter, und doch lebte Rom weiter in den europäischen Königreichen, die sich im frühen Mittelalter zu formen begannen:

70 lateinisch für »der Erste unter Gleichen«.
71 Das ist die Mehrzahl des griechischen *hetairos*, »Freund«, »Gefährte«.
72 Hermann Bengtson, *Griechische Geschichte*, S. 401.
73 Und entsprechend verwendete die ganze Kaiserzeit hindurch das Akronym *S.P.Q.R.* auf Münzen und Inschriften, *Senatus Populusque Romanus,* »der Senat und das römische Volk«.

41 Und dass du die Füße und die Zehen teils aus Töpferton und teils aus Eisen gesehen hast: Das Reich wird geteilt sein; aber von der Festigkeit des Eisens wird in ihm sein, weil du das Eisen mit lehmigem Ton vermischt gesehen hast.
42 Und die Zehen der Füße, teils aus Eisen und teils aus Ton: Zum Teil wird das Reich stark sein, und ein Teil wird zerbrechlich sein.
43 Dass du das Eisen mit lehmigem Ton vermischt gesehen hast – sie werden sich vermischen durch den Samen der Menschen, aber sie werden nicht aneinander haften: gleichwie Eisen sich nicht vermischt mit Ton.

»Das Reich wird geteilt sein«: Kultur und Ordnungen des Römischen Reiches wurden durch Vermittlung der Kirche in den europäischen Königreichen fortgesetzt, doch die einzelnen Königreiche konnten nie geeint werden unter einem gemeinsamen Haupt. Zwar versuchte Karl der Große seinen Traum von einem geeinten Reich zu verwirklichen, doch sein Reich zerfiel bei seinem Tod. Später wollte Napoleon ein gesamteuropäisches Reich formen, doch auch er scheiterte. Aber der nie ausgeträumte Traum vom geeinten Großreich wird noch Wirklichkeit werden. Bereits gegen Ende des 19. Jahrhunderts schrieb der britische Ausleger William Kelly:

> »Bevor das gegenwärtige Zeitalter schließt, wird es zur äußerst bemerkenswerten Vereinigung zweier einander scheinbar widersprechender Zustände kommen: Da wird ein Oberhaupt des Reiches sein und daneben zehn separate Reiche, die alle ihren eigenen König haben. Aber dieser eine Mann wird der Imperator sein über alle jene Könige.«[74]

Die europäischen Königreiche führten während rund 1500 Jahren beständig Krieg gegeneinander, bis nach dem letzten großen Krieg der Jahre 1939–1945 in Europa ein Einigungsstreben einsetzte, das über eine Wirtschaftsgemeinschaft zu einer politischen Gemeinschaft und schließlich zu einer Union führte, einer Union, die jedoch die Nationalstaaten

74 W. Kelly, *Lectures on the Book of Daniel*, S. 50.

nicht auflöste. Die werden bestehen bleiben bis zum Ende, doch zentralistisch gesteuert werden.

Wie der Fuß zehn **»Zehen«** hat, wird das vierte Reich, das als ein fünftes wiederkehrt, aus mehreren Staaten zusammengesetzt, also ein Vielvölkerreich sein, wie es das Römische Reich war. In 7,7 erfahren wir, dass das vierte Tier, das dort für das endzeitliche Rom steht, zehn Hörner hat, und dort wird sogar ausdrücklich gesagt, dass diese zehn Könige sind (7,24). In Offb 17,12-13 vernehmen wir, dass zehn Könige sein werden, die mit dem Tier für *»eine Stunde«* Macht empfangen und dass sie *»ihre Macht und ihre Gewalt dem Tier«* geben. Mehrere Staaten Europas werden sich also unter *einem* Herrscher zusammentun und diesem alle Macht abtreten.

Der vom Himmel kommende Stein schlug das Standbild nicht an den Schenkeln, sondern an den Füßen (V. 34): Als der Stein, Christus, das erste Mal kam, zermalmte er kein Reich und keine Menschen. Das wird er erst tun, wenn er zum zweiten Mal kommt; dann wird er Krieg führen gegen das wiedererstandene, das endzeitliche Römische Reich (Offb 17,14; 19,19).

»sie werden sich vermischen durch den Samen der Menschen«:[75] Wer sind diese *»sie«*? Am besten nimmt man an, dass es die Könige der europäischen Nationen sind, die sich in ihrer ganzen Geschichte durch Heiraten miteinander verbinden wollten, aber auch durch diese Zweckehen **»nicht aneinander haften«** konnten. Bekanntlich waren und sind die europäischen Königshäuser alle miteinander verwandt, aber das hat sie nicht daran gehindert, während Jahrhunderten immer wieder Krieg zu führen gegeneinander.

Das wiederkehrende Rom setzt also einerseits das antike Rom fort, andererseits wird es auch etwas Neues an sich haben: Es wird nicht nur **»aus Eisen«**, sondern teils auch **»aus Töpferton«** sein. Ein Reich aus Eisen und aus Ton ist ein zwiespältiges Gebilde, es wird **»zum Teil stark sein, und ein Teil wird zerbrechlich sein«**.

Das antike Rom war nur Eisen; es war stark, es war straff durchorganisiert, zentral verwaltet, und alle Völker waren zusammengebunden durch ein überall geltendes Recht und damit in einer einheitlichen Ordnung gehalten. Wo irgendwo ein unterworfenes Volk begann, sich gegen

75 Diesen Ausdruck übersetzt Louis Segond wie folgt: *»Il se mêleront par des alliances humaines.« (»Sie vermischen sich durch menschliche Bündnisse.«)*

diese Ordnung zu erheben, sandte Rom seine Legionen, die es schnell wieder unter Roms Joch zwangen.

Das endzeitliche Rom wird auch stark sein; es wird eine totale Herrschaft über die Menschen aufrichten, und es wird keinerlei Widerspruch gegen die Herrschaft dulden, sondern absolute Unterwerfung fordern wie unter eine Gottheit; wer sich nicht fügt, wird vernichtet (Offb 13,15; 20,4).

Aber das endzeitliche Rom wird nicht nur stark sein. Wofür steht der *»Töpferton«*? Ton ist der Stoff, aus dem Gott den Leib des Menschen bildete, ehe er in ihn hauchte und er eine lebendige Seele wurde, eine Person, die wusste, wer und was sie war, dass Gott sie erschaffen hatte, und die deshalb ihr ganzes Wesen auf ihn ausrichtet (1Mo 2,7).[76]

Die Menschen, die das Reich des Tieres bevölkern, werden entsprechend ihrem materialistischen Glauben, der besagt, dass die Welt und alles in ihr aus Materie geworden ist, sich auf das rein Stoffliche, auf das bloß Irdisch-biologische und damit auf das Tierisch-triebhafte reduzieren. Ihr Oberhaupt ist ein *Tier*, und sie werden sich in ihm vollkommen vertreten finden, und indem sie dieses anbeten, beten sie Tierheit und damit sich selbst an. Das Buch der Offenbarung nennt die Menschen der allerletzten Zeit regelmäßig *»die auf der Erde Wohnenden«* (3,10; 6,10; 8,13; 11,10; 13,8.12.14; 17,2.8), die so heißen, weil sie nichts wissen wollen von einer anderen Welt und darum jeden Gedanken an ein ewiges Jenseits und an eine ewige Bestimmung des Menschen, an einen Himmel und eine Hölle von sich weisen. Wie unsere materialistischen Zeitgenossen werden auch sie den Staat ihres geliebten Tieres demokratisch nennen, ist er doch hervorgegangen aus Staaten, die ganz demokratisch durch des Volkes Stimme entstanden waren, die sich (für die große Mehrheit) unmerklich so wandelten, bis sie am Ende in die totalste Diktatur mündeten, welche der Erdboden je getragen hat. Sie werden sich für frei halten, weil sie gerne auf jede Glaubens-, Gewissens- und Versammlungsfreiheit verzichten und alle bürgerlichen Freiheiten abgegeben haben einem gütigen, väterlichen, seinen Kindern Sicherheit gebenden und mit allem versorgenden totalen Staat. Der wird ihnen alle Tempel des Konsums und der Unterhaltung offen halten, also fehlt ihnen nichts, was

76 Der Zürcher Reformator Zwingli schrieb zu dieser Stelle: *»Dieser Lebensatem, den der ewige Gott in Adam hineinhauchte, hat ohne Zweifel nicht nur den Willen zum leiblichen, vielmehr auch zum ewigen Leben eingegeben. Und er bewirkt, dass der Mensch allezeit nach dem seufzt, der ihm am Anfang Leben und Atem einhauchte«* (*Die Klarheit und Gewissheit des Wortes Gottes*, in: Zwingli, *Schriften*, Bd. I, S. 113).

man sich wünschen könnte. Das ist der Ton im Reich, auf den der sich allmächtig gebärdende Staat genauso angewiesen ist wie der Ton auf ihn. Die Menschen lassen sich formen wie Töpferton als eine einzige Knetmasse in der Hand des totalen Staates.

5. Das Kommen des ewigen Reiches (2,44-45)

44 Und in den Tagen dieser Könige wird der Gott des Himmels ein Reich aufrichten, das ewig nicht zugrunde gehen und dessen Herrschaft keinem anderen Volk überlassen werden wird; es wird alle jene Reiche zermalmen und vernichten, es selbst wird aber ewig bestehen,
45 weil du gesehen hast, dass von dem Berg ein Stein sich losriss ohne Hände und das Eisen, das Kupfer, den Ton, das Silber und das Gold zermalmte. Der große Gott hat dem König kundgetan, was nach diesem geschehen wird; und gewiss ist der Traum und zuverlässig seine Deutung.

Der Ausdruck »**in den Tagen dieser Könige**« bedeutet so viel wie »ganz am Ende der Zeiten der Nationen«, also noch während der Zeit, da heidnische Könige herrschen – da »**wird der Gott des Himmels ein Reich aufrichten, das ewig nicht zugrunde gehen … wird**«.

Der »**Stein**«, der »**sich losriss ohne Hände**«, ist der Sohn Gottes. Er war schon einmal auf dieser Erde. Damals wurde er verworfen; die Juden stießen sich an ihm und strauchelten. Bei seiner Wiederkunft wird er als dieser Stein alle zermalmen, die gegen ihn aufgestanden sind. Das kündigte der Sohn Gottes mit folgenden Worten an, in denen er von sich als dem Stein spricht: *»Und wer auf diesen Stein fällt, wird zerschellen, und auf wen er fällt, den wird er zermalmen«* (Mt 21,44). Als der Herr zum ersten Mal kam, konnte man *auf ihn* fallen, denn er hatte sich zum Knecht erniedrigt, den man in den Tod schicken konnte. Wenn er zum zweiten Mal kommt, dann wird er als der Stein, der *»ohne Hände« »sich losriss«*, von oben kommen und »**alle jene Reiche zermalmen und vernichten**«. Zunächst beachten wir, dass die Reihenfolge der Metalle in der Schilderung der Zerstörung des Standbilds nicht vom Kopf nach unten, sondern von unten nach oben geht (siehe auch V. 34). Das liegt daran, dass der Stein das Standbild *»an seinen Füßen aus Eisen und Ton«* trifft (V. 34). Werden dem Standbild die Füße zerschlagen, fällt das ganze Standbild in Trümmer. Bedenken wir noch dies: Das vierte Weltreich hat gemäß Kapitel 7 die Gestalt eines Tieres, das man nie gesehen hat. In Offb 13,2 erfahren wir, dass es die Merkmale des Löwen, des Bären und des Leoparden trägt, d. h. jener drei Reiche, die in Kapitel 7 für Babylon, Medo-Persien und Griechenland stehen. Das bedeutet, dass das Tier von Offb 13,2 in sich alle besonderen Eigenschaften jener drei Reiche vereint. Ist nun im Königtum des letzten Reiches das Königtum aller vorherigen Reiche enthalten, werden mit dem letzten Reich auch alle vorangegangenen Reiche zerschlagen. Dementsprechend heißt es, dass der Stein **»das Eisen, das Kupfer, den Ton, das Silber und das Gold zermalmte«**.

In V. 35 steht, dass der Stein *»zu einem großen Berg wurde und die ganze Erde füllte«*. Das Reich des Menschensohnes wird die ganze Welt umspannen (Ps 2,8; 22,28; 72,8). Es wird **»ewig nicht zugrunde gehen«**, denn es ist auf Recht und Gerechtigkeit gegründet (Ps 89,15; Jes 9,6), und dessen König wird nach Recht und in Gerechtigkeit herrschen und richten (Ps 72,2-4; Spr 16,12; Jes 11,1-4). Es wird auch **»dessen Herrschaft keinem anderen Volk überlassen werden«**, denn der Menschensohn wird den Heiligen des Höchsten die Herrschaft übergeben (7,27), und diese werden sie nie mehr verlieren, so wie Juda sie verloren hatte. Denn die Heiligen des Höchsten stehen unter dem Gnadenbund, der besser ist als der erste Bund, den das Volk brach, sodass Gott es verstoßen musste. Unter dem Gnadenbund werden alle gerecht sein, und zwar nicht allein ihrem Stand, sondern auch ihrem Wandel nach, denn Gott wird seine Furcht in das Herz der Seinigen legen und damit machen, dass sie seinen Willen tun, in seinen Wegen wandeln und nie von ihm weichen (Jer 32,40).

Zwei Dinge wollen wir noch beachten:

1. Die Reiche der Welt werden plötzlich und gewaltsam beseitigt. Das bedeutet, dass das Reich des Menschensohnes nicht dadurch kommt, dass das Evangelium so lange gepredigt wird, bis es die ganze Welt erobert hat, wie einige gedacht haben. Wenn auf diesem Weg das Reich aufgerichtet sei, komme Christus zurück, um

über dieses Reich zu herrschen. Man nennt diese Lehre *Postmillennialismus.*[77]

2. Das Reich des Menschensohnes besteht nicht gleichzeitig mit den Reichen der Welt. Es wird jene vielmehr beseitigen und an deren Stelle treten, wie wir in V. 35 ausdrücklich erfahren: Das Standbild wurde zerschlagen und wurde *»wie Spreu von den Sommertennen, und der Wind führte sie weg«*, und der Stein wuchs zu einem Berg, der *»die ganze Erde füllte«*. So wie das Standbild auf dieser Erde stand, wird das Reich des Menschensohnes auf dieser Erde sein. Damit ist einem weiteren Verständnis vom Reich des Menschensohnes widersprochen, nämlich der Meinung, dass Christus bereits jetzt, in der Zeit der Reiche der Welt, regiere, dass sein Tausendjähriges Reich unsichtbar da sei und bei seinem Erscheinen schließlich sichtbar hervortreten werde. Man nennt diese Auffassung *Amillennialismus.*[78]

> »Während Calvin unter dem zermalmenden Steine irrig die erste Erscheinung Christi versteht, bemerkt Luther, das vierte Reich müsse bleiben bis am jüngsten Tag.«[79]

Damit sagt Luther, dass die Reiche der Welt erst dann untergehen, wenn Christus wiederkommt. Calvin war stärker gefangen im Augustinismus als Luther, und so hat er ungeprüft die Idee von der Vergeistigung der tausendjährigen Herrschaft Christi übernommen. Luther distanzierte sich bekanntlich immer deutlicher von Augustin, je klarer er die Lehre von der Rechtfertigung allein durch den Glauben verstand und damit erkannte, dass Augustin diese nie recht erfasst hatte. Diese Distanz machte seinen Blick klar in seiner gesamten Auffassung von den »Kirchenvätern«, sodass er in der für ihn bezeichnenden Deutlichkeit über den am höchsten gepriesenen von diesen allen urteilte:

---

77 *post*, lat. für »nach«, weil Christus komme, nachdem das Reich schon aufgerichtet worden sei.

78 Die griechische Vorsilbe *a-* bedeutet so viel wie »un-«, also: un-Tausendjahrreich-Lehre. Alle Beschreibungen des messianischen Reiches sowohl des Alten als auch des Neuen Testaments werden in dieser Sicht vergeistigt. Es werde nicht auf dieser Erde sein, nicht buchstäblich tausend Jahre dauern, was nichts anderes heißt, als dass man es aus Zeit und Raum, also aus dieser Welt, in welcher Gott sein Heil gewirkt hat und vollenden wird, hinausprojiziert in die Welt der Ideen. Dass diese Sicht sich vom 5. Jahrhundert an in der christlichen Kirche durchsetzte, geht auf Augustin zurück, der als Christ in seinem Denken noch immer dem Platonismus verhaftet blieb. Seine Sicht vom Millennium als einer *Idee* des vollkommenen Reiches ist der platonischen Ideenlehre geschuldet.

79 C.A. Auberlen, *Der Prophet Daniel*, S. 33, Fußnote 1.

»Augustin ist eben also ein Mönch gewesen als Hieronymus. Sie haben des Papstes Lug müssen dienen.«[80]

Und zu »des Papstes Lug« gehört auch der seit Augustin im 5. Jahrhundert erhobene Anspruch, dass die Kirche mit Christus schon herrsche, das Millennium also schon da sei.[81]

»Der große Gott hat dem König kundgetan, was nach diesem geschehen wird«: Daniel wiederholt fast wörtlich, was er bereits in den einleitenden Worten dem König gesagt hatte: *»... er hat dem König Nebukadnezar kundgetan, was am Ende der Tage geschehen wird«* (V. 28). Daniel hebt damit die große Bedeutung für das Ende der Geschichte der Weltreiche hervor. Jener heidnische König, welcher der israelitischen Theokratie ein Ende machte, indem er das Volk Gottes sich unterwarf, soll wissen, dass am Ende das Gottesreich alle Reiche der Welt zerschlagen und Gott am Ende der Geschichte des sündigen Menschen seine Herrschaft über alle Menschen auf der Erde errichten wird.

Das letzte Wort Daniels lautet: **»... und gewiss ist der Traum und zuverlässig seine Deutung.«** Es ist Gottes Wahrheit; Gott wird alles erfüllen, was er im Traum angekündigt hat. Damit hat der heidnische König Ursache, sein Leben dem Gott des Himmels zu unterstellen und die Regentschaft seines Reiches auf das ihm nunmehr bekannte Ziel der Geschichte auszurichten.

80 zitiert von Adolf Zahn: *Von Gottes Gnade und des Menschen Elend*, S. 228. Es lohnt sich zu lesen, was Zahn im Zusammenhang dieses Zitats schreibt: »Was die Urteile eines Irenäus und Athanasius betrifft, so stehen wir hier an der wichtigsten Frage der Kirchengeschichte: Was sind die Kennzeichen des Wortes und Geistes Gottes, die bestimmten Trägern ihr Siegel aufdrücken ...? Und finden wir diese Kennzeichen bei Irenäus und Athanasius? Wir müssen dies verneinen und Irenäus und Athanasius mit der ganzen vierzehnhundertjährigen Epoche, in der sie lebten, verwerfen. Statt Luthers Urteil über die stroherne Epistel immer wieder zu bringen, sollten wir von dem Manne sein großes Verdammungsurteil über 14 Jahrhunderte der Kirche lernen: ›Augustin ist eben also ein Mönch gewesen als Hieronymus. Sie haben des Papstes Lug müssen dienen.‹ Ist das Zeugnis des Geistes der Trost in dem zerschlagenen Herzen, dass Gott den Gottlosen vor seinem Richterstuhl gerechtspricht, so haben Irenäus und Athanasius nichts davon verstanden. Die Gnade war ihnen ein Geheimnis (d. h. verborgen [Anmerkung des Autors]). Dass Irenäus den Hirten des Hermas als kanonisch betrachtete, verwundert uns nicht, denn was haben diese Kirchenväter nicht alles gegessen? Gottes Wort und Geist hatten sich zurückgezogen, und es war Nacht geworden.« (A. Zahn, S. 227-228).

81 Einen ausgezeichneten, im besten Sinn kritischen Überblick über alle Ansichten Augustins zum Millennium samt den damit zusammenhängenden biblischen Lehren, wobei aus Augustins diesbezüglichem Grundlagenwerk *De civitate Dei (Vom Gottesstaat)* ausführliche Zitate angeführt werden, bietet Martin Erdmann, *Millennium. Historical & Exegetical Debate*, S. 174-190.

6. Nebukadnezar fällt vor Daniel nieder und gibt Daniels Gott die Ehre (2,46-49)

46 Da fiel der König Nebukadnezar auf sein Angesicht und betete Daniel an; und er befahl, ihm Speisopfer und Rauchopfer darzubringen.

»**Da**«, als er die Worte aus dem Mund des Propheten Gottes gehört hatte, »**fiel der König Nebukadnezar auf sein Angesicht**«, überwältigt von der bezwingenden Kraft der Wahrheit. Doch gleichzeitig schlägt bei ihm der Heide durch: Er »**betete Daniel an**«, wenn er auch damit dem Gott Daniels die Anerkennung geben wollte.

Gott offenbart dem Menschen das Kommende, damit er vor ihm niederfalle und ihn anbete; denn das ist der dem Menschen zustehende Platz vor seinem Schöpfer. Am Anfang dieser ganzen Episode war Daniel vor Gott niedergefallen im Wissen, dass er angesichts des Befehls Nebukadnezars nichts wusste und nichts vermochte. An Nebukadnezar wird demonstriert, was am Ende der Tage geschehen wird, wenn der Menschensohn erscheint: Dann werden alle Könige vor ihm niederfallen und alle Nationen ihm dienen (Ps 72,11; Offb 15,4). Dabei werden sie auch vor den Knechten Gottes niederfallen und damit anerkennen, dass diese von Gott geliebt sind und dass der von ihnen verkündigte Gott der allein wahre Gott ist (Jes 45,14; vgl. Offb 3,9).

Nebukadnezar befahl, Daniel »**Speisopfer und Rauchopfer darzubringen**«, womit er wiederum auch den Gott Daniels ehren wollte.

47 Der König antwortete Daniel und sagte: In Wahrheit, euer Gott ist der Gott der Götter und der Herr der Könige und ein Offenbarer der Geheimnisse, da du vermocht hast, dieses Geheimnis zu offenbaren.

Nebukadnezar, für den bisher Marduk der Gott der Götter gewesen war, bekennt unter dem unmittelbaren Eindruck der Weissagung sogar, dass der Gott Daniels »**der Gott der Götter**« ist, also der oberste Gott. Aber dieses Bekenntnis war leer; es würde noch dauern, bis das Herz des stolzen Königs sich vor Gott neigte. Was Nebukadnezar zu hören bekommen hatte, war so offenkundig wahr, dass er nicht anders konnte, als es anzuerkennen. Aber sein Innerstes sträubte sich gegen die Wahrheit, dass Gott Herr ist, dass er die Könige einsetzt nach seinem Willen, dass er ihnen Zeit und Grenze setzt und dass er am Ende der Tage alle irdischen Reiche zerschlagen und sein eigenes Reich aufrichten wird. Wie hartnäckig Nebukadnezars Herz sich gegen dieses Wissen aufbäumt, zeigen die Kapitel 3 und 4.

> **48 Darauf machte der König den Daniel groß und gab ihm viele große Geschenke, und er machte ihn zum Herrscher über die ganze Provinz Babel und zum Obervorsteher über alle Weisen Babels.**
> **49 Und Daniel bat den König, und der bestellte Sadrach, Mesach und Abednego über die Verwaltung der Provinz Babel. Und Daniel war im Tor des Königs.**

»Der König machte den Daniel groß und gab ihm viele große Geschenke«, wie er in V. 6 versprochen hatte, **»und er machte ihn zum Herrscher über die ganze Provinz Babel«**, die zentrale und damit wichtigste Provinz im ganzen Reich. Dazu machte er diesen jungen Mann, der sich noch in der Ausbildung befand, zum **»Obervorsteher über alle Weisen Babels«**. Das können wir ansehen als eine schöne Bestätigung des heiligen Sängers von Psalm 119: *»Verständiger bin ich als alle meine Lehrer, denn deine Zeugnisse sind mein Sinnen«* (V. 99). Da er diesen hohen Rang innehatte, konnte er seinen von den Vätern überlieferten Glauben leben, und dazu konnte er die babylonischen Weisen eine höhere Weisheit lehren, als diese je gekannt hatten.

Nach seiner Erhöhung dachte Daniel sogleich an seine Gefährten, die er auch geschützt wissen wollte, und so **»bat«** er **»den König«** für sie, und dieser **»bestellte Sadrach, Mesach und Abednego über die Verwaltung der Provinz Babel«**, was bedeutet, dass sie Vorsteher verschiedener Zweige der Verwaltung wurden. So blieben die vier auch in ihren Ämtern einander nahe: Daniel war als *»Herrscher über die ganze Provinz Babel«* ihr direkter Vorgesetzter, und auf diese Weise hielt Gott seine schützende Hand über seine treuen Zeugen.

Dass **»Daniel im Tor des Königs war«**, bedeutet, dass er in der Umgebung des Königs seinen festen Platz hatte, am königlichen Hof (siehe Est 2,19; 3,2).

Lehrreiches und Denkwürdiges zu Kapitel 2

»Es ist charakteristisch und bedeutungsvoll, dass nicht der Prophet Daniel, sondern der Weltherrscher Nebukadnezar es ist, der zuerst in einem Traume … die ganze künftige Entwicklung der Weltreiche überschaut. Die Weltmacht muss in dem ersten ihrer Träger, der dem Gottesstaat ein Ende gemacht hat, selbst auch erfahren, was ihr endliches Los sein, dass sie einst umgekehrt für immer dem Gottesreich unterliegen werde« (C. A. Auberlen, *Der Prophet Daniel*, S. 32).

V. 48 – »Das aramäische Wort für ›Obervorsteher‹ oder ›Oberpräfekt‹ stammt aus dem Akkadischen. Wie ein Blick auf Jer 51,23.28.57; Hes 23,6.12.23 zeigt (wo uns das Wort in seiner hebräischen Gestalt begegnet), handelt es sich um einen typisch assyrisch-babylonischen Titel, der nicht dem religiösen, sondern dem politischen Bereich angehört. Auch an dieser Stelle zeigt es sich, dass Jeremia, Hesekiel und Daniel Zeitgenossen waren« (G. Maier, S. 138).

Sprachliche Anmerkungen zu Kapitel 2

V. 48 – **»Obervorsteher«**, **rab signîn**, Einzahl **səgan**, das auch in 3,2.3.27 und 6,8 in der Reihe der Aufzählung verschiedener Beamter vorkommt. Das Wort leitet sich her vom babylonischen **sagânu**.

Kapitel 3 – Prophetisch: Die Drangsal der letzten Tage und die Errettung des Volkes Daniels

In Kapitel 2 war uns durch den Propheten Gottes ein Überblick gegeben worden über die Geschichte der Reiche der Welt bis zum Kommen des ewigen Gottesreiches. Vom 3. bis zum 6. Kapitel folgen historische Geschehnisse, welche alle das prophetisch Enthüllte veranschaulichen. Das bedeutet, dass die von Daniel, dem Verfasser des Buches, ausgesuchten Episoden nicht lediglich Geschichte berichten wollen, sondern gleichzeitig prophetisch sind. Das historische Geschehen von Kapitel 3 ist somit auch eine Weissagung vom einem wichtigen Geschehen am Ende der Zeit. Was der Herrscher im ersten der Weltreiche tat, wird auch das Haupt des letzten Weltreiches tun, nämlich die Unterwerfung unter seine Herrschaft mit religiösen Mitteln und unter Androhung der Höchststrafe erzwingen.

In Babylon durften die Völker ihrer eigenen Religion huldigen, nur mussten sie der Staatsreligion ihre Treue bekennen. Nebukadnezar erkannte an, dass der Gott der Juden ein Gott sei und dass er deshalb einen Platz haben sollte in seinem Pantheon (siehe 1,2). Doch er forderte, dass alle Beamten seines Reiches, die verschiedenen Völkern angehörten und alle ihre eigenen Gottheiten verehrten, sich in einer religiösen Feier vor dem Symbol seiner Macht beugten (Kap. 3). Sein Reich und damit er selbst sollte die oberste, die absolute Autorität sein, der jeder und alles sich unterordnen musste.

In Rom war es nicht anders: Alle Religionen waren geduldet, auch das Christentum. In der Schar der Götter, die Kaiser Diokletian verehrte, hatte auch Jesus seinen Platz. Doch mussten alle, auch die Christen, von Zeit zu Zeit dem Kaiser, der das Imperium personifizierte, seine Huldigung darbringen und damit das religiös überhöhte Reich, die *Dea Roma* (»Göttin Rom«), als die oberste Autorität anerkennen.

In unserer Zeit darf der Christ an seinen Erlöser glauben und seinen Glauben leben, nur gibt man ihm inzwischen immer deutlicher zu verstehen, dass er die Obrigkeit als höchste Autorität anerkennen und die von dieser erlassenen moralischen Richtlinien befolgen und die stets zahlreicher von oben vorgegebenen Regeln des Zusammenlebens einhalten muss. Das gilt für das persönliche Leben und Bekenntnis des Christen,[82] aber auch in der Kirche, auch in den Gottesdiensten. Wie Rom, so ist inzwischen auch in den westlichen Demokratien der Staat religiös aufgeladen; er bestimmt, welchen Verordnungen man die bedingungslose, also letzte Loyalität schuldet. Dem Staat – oder der »Volksgemeinschaft«, wie es im NS-Staat hieß – muss alles und jeder dienen. Dem gesellschaftlichen Konsens, wie man heute sagt, muss auch die christliche Kirche sich fügen. Das ist die oberste Religion, die von allen anerkannt und der von allen gehuldigt werden muss. Das stellt den Christen vor die Frage, wem er Gehorsam schulde, wenn die Forderungen des Staates und die Forderungen Gottes aufeinanderprallen. Er findet die Antwort in der Weisung des Herrn:

> *»... gebt dem Kaiser, was des Kaisers ist, und gebt Gott, was Gottes ist«* (Mk 12,17).

> »Beim Himmel! Der weiß nicht, was er sündigt, der den Staat zur Sittenschule machen will. Immerhin hat das den Staat zur Hölle gemacht, dass ihn der Mensch zu seinem Himmel machen wollte.« (Hölderlin, *Hyperion*, I, 7).

Die Reiche der Welt haben immer wieder versucht, jede Stimme des Himmels zu ersticken. Sie wollten nichts dulden, was in irgendeiner Weise ihrer Macht widersprach. Das bedeutete stets, dass sie alle, die dem Gott des Himmels dienten und auf das Kommen seines Reiches warteten, in der einen oder anderen Form weggedrängt, unterdrückt oder verfolgt haben (siehe 2Thes 1,4-5; 2Tim 3,12).

82 Ein Beispiel aus jüngster Zeit illustriert, wie das auch für die Schweiz gilt, die im Vergleich zu anderen europäischen Staaten noch verhältnismäßig freiheitlich ist. Die Neue Zürcher Zeitung vom 30. Juli 2022 berichtete von einem Mann, der sich vor Gericht verantworten musste, weil er gemäß der Rubrik eine *»Homophobe Tirade im Auftrag Gottes«* gehalten habe. Das Gericht »spricht den Mann schuldig wegen Diskriminierung und Aufruf zu Hass ...« Die Begründung für das Urteil lautete wörtlich: »Gegen das Diskriminierungsverbot verstoßen kann man auch, wenn man aus religiöser Überzeugung Aussagen macht.« Die NZZ kommentiert den Richter: »Die Aussagen des Mannes seien zwar durch die Religionsfreiheit gedeckt, das ändere aber nichts an der Strafbarkeit. Die von den Schweizer Stimmbürgern vor zweieinhalb Jahren angenommene erweiterte Antirassismusstrafnorm setze der Religionsfreiheit Grenzen.« Der Staat steht über Gottes Wort und Wahrheit; der Bibelgläubige muss anerkennen, dass die Ordnungen des Staates über den Ordnungen Gottes stehen. Dem Staat gehorchen ist die neue Religion, *la religion civile,* welche *J.-J. Rousseau* für ein aufgeklärtes Gemeinwesen forderte.

1. **Nebukadnezars goldenes Standbild (3,1-7)**
2. **Die Standhaftigkeit der drei Freunde Daniels (3,8-18)**
3. **Die Errettung der drei Freunde Daniels (3,19-27)**
4. **Nebukadnezar gibt dem Gott der Juden die Ehre (3,28-30)**

Nach allem, was Nebukadnezar eben gesehen und gehört hat, hätten wir die in diesem Kapitel geschilderte Entwicklung der Ereignisse nicht erwartet. Er hatte gehört, dass er dem Gott des Himmels das Reich und die Macht verdankte, und er war vor Daniel niedergefallen und hatte bekannt, dass Daniels Gott der allein wahre Gott und *»der Herr der Könige«* (2,47) ist. Er hatte Grund, Gott über dessen Größe zu rühmen und zu bewundern und ihm, der Herr ist über König Nebukadnezar, in Dankbarkeit zu dienen. Doch die ihm von Gott gegebene Regierungsgewalt verwendet er, um die Anbetung eines Gegengottes, letztlich seiner selbst zu erzwingen. So ist die Geschichte des sündigen Menschen, voller Treulosigkeiten und Schändlichkeiten, die man für unmöglich halten müsste, wüsste man nicht, dass sie geschehen sind. Wir ahnen wohl alle nicht, wie verdreht und trotzig und böse unser Herz durch die Sünde geworden ist (Jer 17,9)!

1. Nebukadnezars goldenes Standbild (3,1-7)

Nebukadnezar muss seine Macht über alle Völker innerhalb seines Imperiums festigen, und er versteht, dass nichts solche einigende Kraft hat wie eine alle verbindende Religion. Das letzte Weltreich, das Reich des Tieres, wird ebenfalls eine Religion einführen, mit der es die Loyalität aller erwirkt.

> **1 Der König Nebukadnezar machte ein Bild aus Gold, seine Höhe sechzig Ellen, seine Breite sechs Ellen; er richtete es auf in der Ebene Dura, in der Provinz Babel.**

»Der König Nebukadnezar machte ein Bild«: Sein Handeln ist inspiriert vom Traum, den Gott ihm gegeben und den Daniel ihm gedeutet hatte. In jenem Traum wurden ihm die Reiche der Welt gezeigt als ein großes Standbild, dessen goldenes Haupt Nebukadnezar war. Sein Reich würde nur für eine bestimmte Zeit bestehen und dann durch ein silbernes Reich abgelöst werden. Nun aber fertigt sich Nebukadnezar in seinem Wahn ein Standbild, das bis zu den Füßen aus Gold ist, womit er sagen will, dass sein Reich immer bleiben werde und darum uneingeschränkte Macht haben müsse. *»... und du sprachst: In Ewigkeit werde ich Herrin sein!«* (Jes 47,7). Das ist Trotz gegen den Himmel, gegen den Gott, der ihm seine große Gewalt gegeben hat. Das hat Nebukadnezar wie wir alle geerbt von Adam, den Gott einst zum Herrscher über die ganze Erde bestimmt hatte. Der nahm, was Gott ihm geschenkt hatte, und wollte alles für sich haben und niemandem untertan sein; er wollte sein wie Gott. Nebukadnezar nimmt die Stelle Gottes ein, denn alles muss sich vor seiner Macht verneigen.

»seine Höhe sechzig Ellen, seine Breite sechs Ellen«: Sechs ist die Zahl des Menschen. Adam wurde am sechsten Tag erschaffen, und er war ein Herrscher. Nebukadnezar errichtet dieses Symbol seiner Macht, das nicht zufällig diese Ausmaße hat. Am Ende der Tage wird das mit totaler Herrschaft ausgestattete Tier, der Mensch der Sünde, nicht bloß die Zahl 60 und 6 haben, sondern 666, *»eines Menschen Zahl«* (Offb 13,18). Dann erst wird Gott es zulassen, dass der gottlose Drang, aus dem Menschen alles zu machen, zur Vollendung gelangt. Nebukadnezar ging noch nicht so weit, von allen Untertanen die Anbetung seiner selbst zu fordern; die Anbetung des Menschen führten zwar schon die griechischen Herrscher ein, doch diese wurde noch nicht in der gleichen Weise erzwungen, wie das im Römischen Reich der Fall sein sollte. Doch auch dort wurde sie nur punktuell eingefordert. Im Reich des Tieres wird sie in aller Totalität aufgerichtet und in einer Weise eingefordert werden, dass niemand sich dieser Forderung entziehen kann.

2 Und der König Nebukadnezar sandte aus, zu versammeln die Satrapen, die Statthalter und die Landpfleger, die Oberrichter, die Schatzmeister, die Gesetzeskundigen, die Rechtsgelehrten und alle Oberbeamten der Provinzen, dass sie zur Einweihung des Bildes kämen, das der König Nebukadnezar aufgerichtet hatte.

Aus allen **»Provinzen«** seines riesigen Reiches müssen **»die Satrapen, die Statthalter und die Landpfleger, die Oberrichter, die Schatzmeister, die Gesetzeskundigen, die Rechtsgelehrten und alle Ober-**

beamten« zusammenkommen **»zur Einweihung des Bildes«**. Das Wort *»Einweihung«*, hebräisch wie aramäisch **ḥanukkâh**, wird in der Bibel ausschließlich im Zusammenhang religiöser Handlungen verwendet (siehe 4Mo 7,11; 2Chr 7,9; Ps 30,1; Esr 6,16). Es ist eine religiöse Feier, durch die Nebukadnezar seine Beamten zur bedingungslosen Unterwerfung bewegen – oder besser: nötigen – will.

Die Aussage **»das Bild, das ... Nebukadnezar aufgerichtet hatte«** wird – so oder ähnlich – 9-mal wiederholt (V. 2.3.3.5.7.12.14.15.18), womit mit großem Nachdruck hervorgehoben wird, wie offen und wie frech Nebukadnezar der Wahrheit trotzt, die Gott ihm offenbart hat. Gott hatte den König und sein Reich aufgerichtet. Nebukadnezar will aber mit dem Standbild, *das er aufgerichtet hatte*, allen demonstrieren, dass es seine Kraft und seine Weisheit war, welche ihn und sein Reich so groß gemacht hatten. Hier gleicht Nebukadnezar den Philistern, die mit ihrer Muskelkraft ihren Dagon aufrichteten, nachdem dieser vor der Lade des Herrn auf sein Gesicht gefallen war (1Sam 5). Alle von Menschen gemachten Götter müssen von den Menschen selbst befestigt, gestützt und getragen werden (Jes 41,7). Wie anders ist der Gott des Himmels! Ihn kann niemand tragen. Vielmehr trägt er durch das Wort seiner Macht alle Dinge und trägt er alle, die sich auf ihn verlassen. Während Bel sich krümmt und Nebo zusammensinkt und die Tragenden unter ihrer Last zusammenbrechen, trägt der Gott Israels sein Volk heute, morgen und bis ins hohe Alter (Jes 46,1-4).

Genau an dieser Stelle verläuft die Trennlinie zwischen Gottesdienst und Götzendienst. Aller Gottesdienst beginnt mit Gott selbst, aller Gottesdienst wird von Gott gewiesen und geordnet. Eigenwilligen Gottesdienst (Kol 2,23) duldet er nicht (siehe 3Mo 10,1-3). Wer Gott in Geist und Wahrheit dient (Joh 4,24), weiß, dass er in Gottes Hand ist (Joh 10,29). Anbetung bedeutet, vor Gott niederzufallen und damit anzuerkennen, dass er alles wirkt; dass er im Himmel ist und wir bloße Geschöpfe auf der Erde sind; dass er alles tut, was ihm wohlgefällt, in der Schöpfung und in der Regierung der Welt, in der Erlösung und im Gericht: *»... unser Gott ist im Himmel; alles, was ihm wohlgefällt, tut er«* (Ps 115,3).

Götzendienst geht vom Menschen aus und dient dem Menschen. Was bezweckt Nebukadnezar mit seiner religiösen Feier? Er will, wie gesagt, seinen Staat zum Gott machen. Der Glaube an den lebendigen Gott ist das Einzige, das den Menschen vor Gott stellt und ihn damit lehrt, Gott mehr zu fürchten als die Menschen (Mt 10,28). Die Gottesfurcht lehrt ihn, dass er Gott mehr gehorchen muss als irgendjemandem sonst (Apg 5,29). Das macht ihn mündig. Mündige Menschen stehen jeder von Menschen angestrebten absoluten Macht entgegen, und daher muss den Menschen ein Ersatz gegeben werden für das einzige Mittel, das sie mündig machen kann, und dieser Ersatz ist die Religion. Sie kommt dem Bedürfnis des Menschen nach Verehrung eines Höheren und nach Gemeinschaftserlebnissen entgegen und verdrängt so jeden etwaigen Ansatz zur Gottesfurcht.

Die Geschichte Europas bietet viele Beispiele dafür, wie Könige und Fürsten ihren Thron dadurch zu festigen suchten, dass sie allen Untertanen eine einzige Religion aufzwangen. Und zwar ist das ebenso gut im absolutistischen und katholischen Frankreich geschehen (unter Ludwig XIV.) als auch im protestantischen England Elisabeths I. Wer sich der Staatskirche nicht fügen wollte, wurde mit Verboten, Drohungen und Hinrichtungen gefügig gemacht. Uns allen ist die Aufhebung des Ediktes von Nantes durch den »Sonnenkönig« im Edikt von Fontainebleau (1685) bekannt, das in erster Linie nicht aus Glaubensgründen, sondern aus Gründen der Staatsräson geschah. Die Macht des Königs, der von sich gesagt hatte: *»L'État, c'est moi!«* (»Der Staat, das bin ich!«), konnte keine Untertanen in seinem Reich dulden, die nicht zur einen französischen Kirche, der katholischen, gehörten. Und uns ist das Schicksal John Bunyans im protestantischen England bekannt. Er wurde durch anglikanische Bischöfe verhört und verurteilt, die im Auftrag und Interesse der Krone handelten. Ohne den König konnte keiner Bischof werden, ohne den König durfte keiner ein geistliches Amt bekleiden. Ohne die Krone durfte gar keine Kirche sein, denn alles musste der Krone dienen, selbst die Kirche in ihrem Dienst am Allerhöchsten.

3 Da versammelten sich die Satrapen, die Statthalter und die Landpfleger, die Oberrichter, die Schatzmeister, die Gesetzeskundigen, die Rechtsgelehrten und alle Oberbeamten der Provinzen zur Einweihung des Bildes, das der König Nebukadnezar aufgerichtet hatte; und sie standen vor dem Bild, das Nebukadnezar aufgerichtet hatte.

4 Und der Herold rief mit Macht: Euch wird gesagt, ihr Völker, Stämme und Sprachen:
5 Sobald ihr hört den Klang des Horns, der Pfeife, der Zither, der Sambuke, der Harfe, der Sackpfeife und allerlei Art von Saitenspiel, sollt ihr niederfallen und das goldene Bild anbeten, das der König Nebukadnezar aufgerichtet hat.
6 Und wer nicht niederfällt und anbetet, der soll im selben Augenblick in den brennenden Feuerofen geworfen werden.
7 Deswegen, sobald alle Völker hörten den Klang des Horns, der Pfeife, der Zither, der Sambuke, der Harfe, der Sackpfeife und allerlei Art von Saitenspiel, fielen alle Völker, Stämme und Sprachen nieder, anbetend das goldene Bild, das der König Nebukadnezar aufgerichtet hatte.

Die Aufzählung aller Beamten gibt uns einen Eindruck davon, wie wohlorganisiert Nebukadnezars Reich war. Sobald er sie ruft, treten sie alle an, denn sie sind gehorsame Diener des Königs, und das ist auch recht so. Sie sollen der »**Einweihung des Bildes, das der König Nebukadnezar aufgerichtet hatte**« beiwohnen. Auch daran ist zunächst nichts Verkehrtes; warum sollte man nicht zugegen sein, wenn ein Denkmal enthüllt wird? Doch dann geht ein Befehl aus, der von den Beamten verlangt, dass sie »**niederfallen und das goldene Bild anbeten, welches der König Nebukadnezar aufgerichtet hat**«. Sie sollen seinen Staat als absolute Autorität anerkennen und sich dieser beugen. Damit sündigte Nebukadnezar gegen das Wissen, das er inzwischen vom Gott des Himmels hatte, und seine Sünde stärkte in ihm den sündigen Drang, alle in die gleiche Sünde hineinzuziehen.

Die umständlichen und so häufigen Wiederholungen in diesem Kapitel entsprechen genau den in jeder götzendienerischen Liturgie endlos abgespulten Gebeten, den regelmäßig zitierten Bekenntnissen des Evolutionsglaubens, dem unaufhörlichen, immer mehr gleichlautenden Tuten der öffentlichen Medien zur dringend nötigen Umordnung der Formen des Zusammenlebens, der Auflösung der Unterschiede zwischen den Geschlechtern, der weltrettenden Maßnahmen, um die Klimakatastrophe abzuwenden, usw., usf. Wie alle Demagogen wissen, muss man, um ein Volk zu erziehen, nicht viel erklären, sondern fest behaupten und dann das Behauptete in eingängigen Schlagworten nur wiederholen, wiederholen, wiederholen.[83]

»Euch wird gesagt, ihr Völker«: Nebukadnezar hat nur die Würdenträger, die Repräsentanten der zahlreichen Untertanenvölker zusammengerufen, aber indem er diese gleichschaltet, hat er alle Völker gleichgeschaltet. Es sind immer die sogenannten *»Entscheidungsträger«*, die gewonnen werden müssen; denn mit ihnen ist (fast) der ganze Rest einkassiert.

»Sobald ihr hört den Klang des Horns, der Pfeife, der Zither, der Sambuke, der Harfe, der Sackpfeife und allerlei Art von Saitenspiel, sollt ihr niederfallen und das goldene Bild anbeten«: Auch dieser Satz mit seiner langen Aufzählung wird mehrmals wiederholt, weil der Bibelleser Klarheit bekommen soll über noch etwas, was zur Anbetung des Staates gehört: Sinnliche Erregung soll betäuben und ein Hochgefühl erzeugen.[84] Die Nationalsozialisten beherrschten diese Technik meisterhaft.

»der soll im selben Augenblick in den brennenden Feuerofen geworfen werden«: Die gruppendynamische Manipulation wird durch Drohungen ergänzt. Dabei wird der wahre Sachverhalt auf den Kopf gestellt; denn die Einzigen, die dem ewig brennenden Ofen entrinnen, sind diejenigen, die sich der vom totalen Staat befohlenen Anbetung widersetzen. Wer hingegen das Tier und in ihm den Staat anbetet, der wird am Ende in den Feuersee geworfen (Ps 21,10; Offb 14,9-12). Aber Drohungen dieser Art sind nie ohne Wirkung auf die Massen.

Es sind also zwei starke Kräfte, die den Menschen gleichschalten: Betörung und Drohung. Das waren auch die beiden Mittel, die der NS-Staat verwendete, um sich ein eigentlich sehr heterogenes Volk wie *einen* Mann zu unterwerfen. Die meisten ließen sich vom Sinnesrausch der Aufmärsche und der Lichterdome, der Fahnenmeere und der Höhenfeuer wegtragen. Und wer sich dadurch nicht betäuben ließ, wurde durch

83 »Handelt es sich darum, der Massenseele Ideen und Glaubenssätze langsam einzuflößen, z. B. die modernen sozialen Lehren, so wenden Führer hauptsächlich drei bestimmte Arten an: die Behauptung, die Wiederholung und die Übertragung … Die reine, einfache Behauptung ohne Begründung und jeden Beweis ist ein sicheres Mittel, um der Massenseele eine Idee einzuflößen … Die Behauptung hat aber nur dann wirklichen Einfluss, wenn sie ständig wiederholt wird, und zwar möglichst mit denselben Ausdrücken. Napoleon sagte, es gebe nur eine einzige ernsthafte Redefigur: die Wiederholung. Das Wiederholte befestigt sich so sehr in den Köpfen, dass es schließlich als eine bewiesene Wahrheit angenommen wird« (Gustave Le Bon, *Psychologie der Massen*, Nikol Verlag, 2009, S. 117-118.

84 Das hat ihre Entsprechung im Kult der römischen Kirche. Was wäre dieser ohne all die sinnlichen Stimulantien? Würde die Gemeinde ohne den betäubenden Effekt der Liturgie, der Gewänder, des Lichts, der Gerüche und Geräusche sich sonst je dazu bewegen lassen, das als einen Gott zu verehren, das ein Priester in Händen hält und das durch sein magisches Wort erst zu einem Gott geworden ist?

Drohungen gefügig gemacht, bis nur noch ganz wenige übrig geblieben waren, die sich weder vom einen noch vom anderen zur Gleichschaltung drängen ließen. Sie bezahlten dafür mit Vereinsamung, öffentlicher Ächtung, Kerker oder Tod.[85]

»Deswegen«, wegen der Androhung der Todesstrafe für Verweigerer, **»fielen«**, **»sobald«** das Signal erging, **»alle Völker ... nieder, anbetend das ... Bild«**.

2. Die Standhaftigkeit der drei Freunde Daniels (3,8-18)

Das Böse, das Menschen tun, muss dazu dienen, dass die Treuen offenbar werden und Gott vor allen geehrt wird.

Die Treuen waren schon vorher gestanden; doch jetzt, wo ringsum alle sich beugen, sieht man das erst. Der von der Gruppe erzeugte Druck ist groß. Wie damals, so ist es auch heute: Wer sich nicht anpasst, wird von höchster Stelle zum Rebellen deklariert, zum Staatsfeind, zum gefährlichen Element, das dem Frieden und dem Gemeinwohl im Wege stehe und den sozialen Frieden gefährde. Solche Leute müsse man aus dem Verkehr ziehen.

Der Staat mit seinen Idealen drängt zum Absoluten, wie die Geschichte uns zur Genüge demonstriert hat an den Weltreichen der Griechen und der Römer und später beispielsweise am absolutistischen Frankreich, an der Regierung der Französischen Revolution und an den totalitären Diktaturen des 20. Jahrhunderts. Pastor Wilhelm Busch berichtet von der NS-Zeit:

> »Nun kam der Staat mit der Partei, der Nazi-Partei, und sagte: ›Wir sagen, was gut und böse ist.‹ Gleich von Anfang an fand hier der Griff ins Innerste des Menschen statt.«[86]

---

85 »Einen Mann ›nach dem Herzen Gottes‹ nannte Fabian von Schlabrendorff den Abwehrmann und Canaris-Vertrauten Hans Oster, der über viele Jahre zu den zentralen Figuren des Widerstandes gegen Hitler zählte ... Noch kurz bevor er am 9. April 1945 im KZ Flossenbürg gehängt wurde, schrieb er an seinen Sohn, er habe sich zeitlebens bemüht, ein ›anständiger Kerl‹ zu bleiben, und nichts anderes gebraucht als ›Kinderstube‹ und ›Soldatenzucht‹. Und: ›Furcht haben wir nur vor dem Zorn Gottes‹« (Joachim Fest, *Staatsstreich – Der lange Weg zum 20. Juli*, S. 109).

86 Wilhelm Busch, *Meine Erlebnisse mit der Gestapo. Freiheit aus dem Evangelium*, Bielefeld: CLV, 2024, S. 16.

Sadrach, Mesach und Abednego waren Beamte des Königs und schuldeten diesem Ergebenheit; sie fürchteten Gott und waren keine Aufrührer. Der Christ ist kein Rebell; er weiß, dass alle Obrigkeit von Gott eingesetzt ist, und weil er Gott fürchtet, ehrt er den König (Röm 13,1.7; 1Petr 2,17). Doch was ist, wenn zwei Befehle einander widersprechen? Gott hat seinem Volk ja auch befohlen: *»Kein anderer Gott soll bei dir sein, einem fremden Gott beuge dich nicht«* (Ps 81,10). Die drei Gefährten waren wie Daniel Bibelleser, und damit war ihr Gewissen »gefangen in Gottes Wort«, wie Luther vor dem Reichstag zu Worms bekannte. Als der Befehl ausging von einer Autorität, die sich zwischen ihr Gewissen und ihren Gott stellen wollte, war ihnen klar: Sie konnten sich nicht vor dem Standbild beugen und vor Gott. Sie mussten sich entscheiden; sie verstanden, dass der Gläubige gehorchen muss, einem Nebukadnezar nicht immer, Gott jedoch immer. Da gab es kein Deuteln, also blieben die Männer gerade stehen.

Woher hatten die drei Männer diesen Mut? Aus ihrem Glauben, und dieser öffnete ihr Inneres einer Stärke, die dem Druck standhielt. Der Glaube nährt sich aus der Wahrheit, und diese drei Männer hatten aus den heiligen Schriften gelernt, dass ihr Gott der Allerhöchste ist, und sie hatten zusammen mit Daniel als Antwort auf ihre Gebete die Erkenntnis gewonnen, dass der Gott des Himmels allen Herrschern der Welt die Gewalt gibt. Sie verstanden, dass Gott allein absolute Gewalt hat, dass alle irdische Gewalt begrenzt sind, und zwar in der Dauer und im Ausmaß. Kein irdischer Herrscher darf sich zu obersten Herren über die Menschen machen. Tut er das, nimmt er den Platz ein, der Gott allein gehört. Diese aus dem Bibelwort geschöpften Wahrheiten wirkten in ihnen den Glauben, und der Glaube gab ihnen die Kraft, einer irdischen Macht zu widerstehen und damit zu bekennen, dass sie nur Gott bedingungslosen Gehorsam schuldeten.

Der Glaube der drei Freunde war schon lange in weniger dramatischen Situationen erprobt worden (siehe Kap. 1). Hätten sie nicht zuvor in den alltäglicheren Situationen ihres öffentlichen Lebens und ihres Privatlebens gemäß ihrem Glauben gelebt, wäre er in der plötzlich hereinbrechenden Stunde der Not nicht fest genug gewesen, dem Druck standzuhalten. Wir werden in den kleinen Entscheidungen des Alltags auf den Tag gerüstet, da plötzlich lebenswichtige Entscheidungen von uns abverlangt werden. Wir müssen jetzt lernen, dem Herrn als unserem Beistand und Helfer zu vertrauen; sonst werden wir am Tag der Drangsal weder die notwendige Kenntnis noch den Willen, noch die Kraft haben, ihm zu vertrauen.

8 Deswegen traten zur selben Zeit chaldäische Männer heran und zeigten die Juden an.

Gehorsam waren die versammelten Würdenträger niedergefallen vor dem Standbild, aber nicht alle; die Vertreter eines der Völker, **»die Juden«**, standen quer; und das merkten einige **»chaldäische Männer«**, und **»deswegen«** liefen sie sofort, **»zur selben Zeit«**, zum König und machten Meldung. Zweimal, in V. 7 und im vorliegenden Vers, steht das begründende *»Deswegen«*, nach welchem das schäbige Handeln der Willfährigen beschrieben wird.

Das schlechte Gewissen der Leute, die sich gegen ihr besseres Wissen gebeugt hatten, wurde durch die Unbeugsamen gestochen. Ein solches Stechen kann in zwei verschiedene Richtungen drängen: Man lässt sich, vom Mut der Aufrechten beschämt, zum gleichen Mut anspornen und steht nun auch; oder man unterdrückt die Stimme des Gewissens noch einmal, und dann muss man die Aufrechten denunzieren. Denunzianten finden sich in jedem Zwangsregime so sicher wie die Flöhe im Pelz des Gassenköters. Das war im alten Babylon so, in den Diktaturen des 20. Jahrhunderts, und das wird auch am Ende der Tage nicht anders sein. Es finden sich immer Leute, die sofort aus ihren Winkeln hervorkommen, wenn man sich wohlfeilen Lohn und Anerkennung von den Mächtigen holen kann.

9 Sie fingen an und sprachen zum König Nebukadnezar: König, lebe ewig!
10 Du, König, hast den Befehl gegeben, dass jedermann, der den Klang des Horns, der Pfeife, der Zither, der Sambuke, der Laute und der Sackpfeife und allerlei Art von Saitenspiel hört, niederfallen und das goldene Bild anbeten soll;
11 und wer nicht niederfalle und anbete, soll in den brennenden Feuerofen geworfen werden.
12 Da sind jüdische Männer, die du über die Verwaltung der

Provinz Babel bestellt hast: Sadrach, Mesach und Abednego; diese Männer, König, geben dir keine Beachtung; deinen Göttern dienen sie nicht, und das goldene Bild, das du aufgerichtet hast, beten sie nicht an.

Ganz beflissen wiederholen die *»chaldäischen Männer«* den Befehl des Königs wortwörtlich, um dann den Skandal zu melden: **»Da sind jüdische Männer«**, Leute, die es wagen, dir, dem König, nicht zu gehorchen! Und die hast **»du über die Verwaltung der Provinz Babel bestellt«**! Zwei Dinge treiben die Denunzianten an: Diese Juden sind anders als der Rest, und sie sind aufgestiegen. Neid auf den Erfolg anderer ist schon immer ein Stachel gewesen, der Denunzianten antreibt.

»das goldene Bild, das du aufgerichtet hast, beten sie nicht an«: Das war das unverzeihliche Verbrechen der drei jüdischen Männer gewesen; es war auch ihr Bekenntnis. Sie waren Israeliten, denen Gott geboten hatte: *»Du sollst keine anderen Götter haben neben mir. Du sollst dir kein geschnitztes Bild machen ... Du sollst dich nicht vor ihnen niederbeugen ...«* (2Mo 20,3-5). Das ist eindeutig; da war kein Raum für einen Kompromiss. Sie durften sich nicht einreden, dass es doch das kleinere Übel wäre, mit einer bloß äußerlichen Geste dem König zu beweisen, dass man ihm loyal bleibe, als die strategische Stellung im Reich zu verspielen, durch die man für viele Jahrzehnte einen heilsamen Einfluss auf das ganze Reich ausüben konnte. Sie müssen sich gefragt haben, ob Gott sein Volk irgendwo angewiesen habe, ein kleineres Übel zu wählen, und sie müssen geschlossen haben, dass er will, dass sein Volk nichts Übles tut. Also blieb den drei Männern nur das eine Gute, das sie jetzt tun konnten: Gott gehorchen und sich dem Befehl Nebukadnezars verweigern.

Die drei Juden waren ganz still, ihr Gehorsam brauchte keine Worte; es kam jetzt allein auf das rechte Handeln an. Doch ihr wortloser Widerstand redete so laut, dass alle Anwesenden es hörten und später sogar das ganze Reich (V. 28). Die Reformatoren sagten, Widerstand müsse geschehen *sine vi, sed verbo* – ohne Gewalt, aber durch das gepredigte Wort. Doch er kann auch durch die stumme Verweigerung einer bösen Tat geschehen. In Kapitel 6 werden wir sehen, wie Daniel ebenfalls wortlosen Widerstand leistet.

13 Da sagte Nebukadnezar in Zorn und Grimm, dass man Sadrach, Mesach und Abednego herbeibringe. Da wurden diese Männer vor den König gebracht.
14 Nebukadnezar fing an und sprach zu ihnen: Ist es wahr, Sadrach, Mesach und Abednego, dass ihr meinen Göttern nicht dient und das goldene Bild nicht anbetet, welches ich aufgerichtet habe?
15 Nun, wenn ihr bereit seid, zur Zeit, da ihr hören werdet den Klang des Horns, der Pfeife, der Zither, der Sambuke, der Laute und der Sackpfeife und allerlei Art von Saitenspiel, niederzufallen und das Bild anzubeten, welches ich gemacht habe …; wenn ihr es aber nicht anbetet, sollt ihr im selben Augenblick in den brennenden Feuerofen geworfen werden; und wer ist der Gott, der euch aus meiner Hand retten wird?
16 Sadrach, Mesach und Abednego antworteten und sagten zum König: Nebukadnezar, wir finden es nicht nötig, darauf ein Wort zu erwidern.
17 Wenn unser Gott, dem wir dienen, uns aus dem brennenden Feuerofen zu erretten vermag, dann wird er uns aus deiner Hand retten, König,
18 und wenn nicht – es sei dir kund, König, dass wir deinen Göttern nicht dienen und das goldene Bild, welches du aufgerichtet hast, nicht anbeten werden.

Die drei Bekenner werden »**vor den König gebracht**«, und dieser fragt sie: »**Ist es wahr**«,[87] dass sie sich eben geweigert haben, das goldene Bild, das er, der König, aufgerichtet hatte, anzubeten?

»**Nun, wenn ihr bereit seid, zur Zeit, da ihr den Klang des Horns, der Pfeife, der Zither, der Sambuke, der Laute und der Sackpfeife und allerlei Art von Saitenspiel hören werdet, niederzufallen und das Bild anzubeten, welches ich gemacht habe**«: Die drei stehen vor dem Herrscher, und er macht ihnen ein Angebot. Sie können wählen: in der Gunst des Königs bleiben, oder:

»**wenn ihr es aber nicht anbetet, sollt ihr im selben Augenblick in den brennenden Feuerofen geworfen werden**«. Wer sich dem Befehl

87 **haṣədâʾ**, wörtlich: »ist es Wahrheit«.

nicht fügt, muss verbrannt werden. Die Hure Babylon hat genau das getan; sie hat das Blut der Heiligen getrunken, ja, ist davon sogar trunken geworden (Offb 17,6); und die von ihr bevorzugte Art, die Heiligen zu ermorden, war das Verbrennen bei lebendigem Leib.

Mit der Frage, wer der Gott sei, der **»aus [s]einer Hand retten«** werde, nimmt der König wieder den Platz des Höchsten ein.

»wir finden es nicht nötig, darauf ein Wort zu erwidern«: Die drei hatten recht; denn die Antwort auf Nebukadnezars Frage war selbstverständlich, und sie wussten, dass der König das auch wusste. Er wäre auch durch keine Erklärungen umzustimmen gewesen; er wollte Gehorsam und keine Erklärungen. Seinem Reich und ihm, dessen Spitze, musste alles sich fügen. Den drei Freunden war auch klar, dass jetzt keine Worte mehr zählten. Sie hatten ihren Glauben offen bezeugt; jetzt mussten sie beweisen, dass ihr Glaube echt war.

»Wenn unser Gott, dem wir dienen, uns aus dem brennenden Feuerofen zu erretten vermag … und wenn nicht«: Das ist die Sprache derer, die sich dem Kult des antiken wie des zukünftigen Babylon verweigern: Sie dienen Gott nicht um erhabener Gefühle oder eines gesellschaftlichen Vorteils willen, sondern sie dienen ihm, weil er Gott ist – ob das ihnen nützt oder nicht. Sie sind entschlossen, seinen Willen zu tun, was dieser Wille auch sei. Das erinnert an Hiob, der sagte: *»Und tötet er mich, ich harre auf ihn«* (Hi 13,15).

Sie sagen: **»unser Gott«**, und so spricht, wer seinen Gott kennt (siehe 11,32) und weiß, in welcher Beziehung er zu ihm steht. Und wer recht zu ihm steht, will nicht anders, als dass Gott an ihm erhöht werde, *»sei es durch Leben oder durch Tod«* (Phil 1,20). Und da er seinen Gott kennt, ist er gewiss, dass ihm nichts geschehen kann, was nicht heilsam und gut ist.

»es sei dir kund,[88] König, dass wir deinen Göttern nicht dienen und das goldene Bild, welches du aufgerichtet hast, nicht anbeten werden«: Die Religion Babylons hat eine nicht beabsichtigte Frucht produziert: Märtyrer für den Glauben an den allein wahren Gott. Das lässt sich nicht nur sagen von den Imperien der Welt wie dem römischen oder den kommunistischen oder faschistischen; man muss das auch sagen von christlichen Großkirchen, welche Ketzer und Täufer um ihres Glaubens willen eingekerkert, vertrieben, verbrannt oder ersäuft haben.

88 **jədîaͨ læhæweh lâk**, wörtlich: »es sei von dir gewusst«.

3. Die Errettung der drei Freunde Daniels (3,19-27)

19 Da wurde Nebukadnezar mit Grimm erfüllt, und das Bild seines Gesichtes veränderte sich gegen Sadrach, Mesach und Abednego. Er antwortete und befahl, den Ofen siebenmal mehr zu heizen, als ihn zu heizen angemessen war.
20 Und er befahl Männern, starken Männern in seinem Heer, Sadrach, Mesach und Abednego zu binden, um sie in den brennenden Feuerofen zu werfen.
21 Da wurden diese Männer in ihren Mänteln, Röcken und Mützen und ihren sonstigen Kleidern gebunden und in den brennenden Feuerofen geworfen.
22 Darum, weil das Wort des Königs streng und der Ofen übermäßig geheizt war, tötete die Flamme des Feuers jene Männer, welche Sadrach, Mesach und Abednego hinaufbrachten.
23 Und diese drei Männer, Sadrach, Mesach und Abednego, fielen gebunden hinein in den brennenden Feuerofen.
24 Da erschrak der König Nebukadnezar, und er stand auf in Hast, fing an und sagte zu seinen Räten: Haben wir nicht drei Männer gebunden ins Feuer geworfen? Sie antworteten und sagten dem König: Gewiss, König!
25 Er antwortete und sagte: Sieh! Ich sehe vier Männer frei[89] wandeln mitten im Feuer, und keine Verletzung ist an ihnen; und das Aussehen des vierten ist gleich einem Sohn der Götter.
26 Da trat Nebukadnezar an die Öffnung des brennenden Feuerofens, fing an und sagte: Sadrach, Mesach und Abednego, ihr Knechte des höchsten Gottes, geht heraus und kommt! Da gingen Sadrach, Mesach und Abednego heraus mitten aus dem Feuer.

»Da wurde Nebukadnezar mit Grimm erfüllt«, und dieser Grimm wurde so groß, dass er befahl, **»den Ofen siebenmal mehr zu heizen«**, als nötig gewesen wäre, was sich wohl damit erklären lässt, dass sein

89 wörtlich: »losgemacht«.

Gewissen durch das Handeln und durch die Worte der drei Bekenner plötzlich geweckt worden war. Er wusste, dass er sich einen Rang anmaßte, der ihm nicht zustand, und so blieben ihm nur zwei Wege offen: Er bekennt sein Tun als Sünde und bläst die ganze Feier ab, oder er erstickt die Stimmen der Wahrheit und spielt sein Spiel weiter. Er entscheidet sich für das Zweite: **»Da wurden diese Männer in ihren Mänteln, Röcken und Mützen und ihren sonstigen Kleidern … in den Feuerofen … geworfen«**, also in ihrer Amtskleidung, welche sie vor allen Leuten auszeichneten. Das, was ihnen eine Ehre gewesen war, soll ihnen nun vor den Augen einer zuschauenden Menge zur umso größeren Schande werden. Dazu wurden sie **»gebunden«**, als ob der König Angst hatte, sie könnten sich sonst aus dem Feuer befreien. Dass er der Ofen siebenmal mehr heizen ließ als nötig, zeigt, dass er unruhig geworden war auf seinem Sessel. Ja, die drei Männer waren gebunden, und doch waren sie die Einzigen in der großen Ansammlung von hohen Staatsbeamten, die wirklich frei waren. Gebunden im Gewissen, gebunden an Gottes Gebote, waren sie an Gott selbst gebunden, und damit besaßen sie höchste Freiheit, die ein Mensch finden kann, nämlich die Freiheit, Gottes Willen zu wählen und zu tun – und damit bei Gott selbst zu sein. Und dass sie wahrhaft frei waren in ihrer Bindung an Gott, muss bald auch Nebukadnezar zu sehen bekommen: **»Ich sehe vier Männer frei wandeln mitten im Feuer«** – frei, obwohl zum Tod verurteilt und hingerichtet, frei, weil sie an diesem Vierten hingen, am Menschensohn, der Gott selbst ist. Einen auffälligen Kontrast zu den drei Männern bilden die **»starken Männer«** in Nebukadnezars **»Heer«** (V. 20). Dort waren sie groß geworden, weil sie sich dem König in allem unterwarfen. Sie schienen freie Männer zu sein, als sie mit ihren nicht gebundenen Händen die drei Juden griffen, banden und in den Ofen warfen. Aber sie waren Unfreie, die um ihrer Karriere willen sich dazu hergegeben hatten, Sklaven eines bloßen Menschen zu sein.

Als der König diese *»vier Männer«* sah, **»erschrak«** er, wurde er aus seiner Verstockung aufgeschreckt, und das zeigt sich an der Frage, die er an seine hohen Beamten stellt: **»Haben wir nicht drei Männer gebunden ins Feuer geworfen?«** Er will, dass diese aufmerksam werden und verstehen, was da geschieht. Männer, die sich seinem Willen verweigert hatten, werden durch göttliches Eingreifen bewahrt und damit vor den Augen aller in ihrem Tun gerechtfertigt. Hat der König denn keine Sorge, dass das Vorbild der drei Männer in seinem Reich Schule machen und damit seine Autorität untergraben könnte? Die Leute könnten ja an diesen dreien lernen, dass man einzig Gott bedingungslosen Gehorsam schuldet und Königen nur bedingt gehorchen darf. Offensichtlich sind dem König im Nu alle solche Gedanken verflogen; es geht ihm plötzlich nicht mehr darum, mit allen Mitteln seine Macht über alle Untertanen zu mehren und zu befestigen.

Nebukadnezar wird Augenzeuge davon, dass Menschen, die dem Gott des Himmels vertrauen, von diesem gerettet werden. Auf welchem Weg aber werden sie gerettet? Indem einer, der ein **»Sohn der Götter«** sein muss und doch wie ein Mensch aussieht, sich zusammen mit den drei Gottesknechten in den feurigen Ofen begibt. Ist das nicht die Botschaft vom Heil in Christus? Der Sohn Gottes stieg in eine Welt der Sünde hinab, um am Ende seines Weges durch die Welt am Kreuz den Platz der Sünder im Gericht einzunehmen. Er ging in den Glutofen göttlichen Gerichts, um jeden, der wie Chananjah, Mischael und Asarjah glaubt, aus dem Feuer zu reißen, wie man ein Brandscheit aus den Flammen holt (Sach 3,2). Nachdem er dieses große Werk zur Erlösung getan hatte, kehrte er in den Himmel zurück, und fortan ist er allezeit und überall mit den Seinen (Mt 28,20). Das wird der israelitische Überrest in der Zeit ihrer größten Drangsal erfahren: In all der Bedrängnis der Treuen ist auch er dann bedrängt, und er rettet sie (Jes 63,9).

»Nebukadnezar trat an die Öffnung des brennenden Feuerofens«, und er ruft persönlich die drei Männer zu sich. Der gleiche Mund, der befohlen hatte, die drei Juden in den Feuerofen zu werfen, ruft sie nun heraus. Erst da **»gingen Sadrach, Mesach und Abednego heraus mitten aus dem Feuer«**. So demonstrierten sie dem König vor Augen aller, dass sie treue Diener des Königs waren, die dem König willig gehorchten.

Gott strafte den König nicht für diesen Frevel; denn er war noch nicht fertig mit ihm. In seiner Langmut redete er ein zweites Mal zu ihm durch einen Traum, und danach handelte er in solcher Weise an ihm, dass er sich endgültig vor dem Gott des Himmels demütigte (Kap. 4).

27 Und es versammelten sich die Satrapen, die Statthalter und die Landpfleger und die Räte des Königs. Sie sahen diese Männer, dass das Feuer keine Macht gehabt hatte über ihre

Leiber: Das Haar ihres Hauptes war nicht versengt, und ihre Mäntel waren nicht verändert, und der Geruch des Feuers war nicht an sie gekommen.

Es mussten alle »**Satrapen, … Statthalter und … Landpfleger und … Räte des Königs**« Zeugen werden von Gottes bewahrender und rettender Macht.

Wie bereits gesagt, ist das historische Geschehen, von dem dieses Kapitel berichtet, auch eine Weissagung auf das Ende der Zeit, in welcher der gläubige Überrest in Israel durch Wasser und Feuer hindurchmuss und dabei keinen Schaden leiden wird: *»Wenn du durchs Wasser gehst, ich bin bei dir, und durch Ströme, sie werden dich nicht überfluten; wenn du durchs Feuer gehst, wirst du nicht versengt werden, und die Flamme wird dich nicht verbrennen«* (Jes 43,2). Dann werden sie bekennen können: *»... wir sind ins Feuer und Wasser gekommen, aber du hast uns herausgeführt in die Fülle«* (Ps 66,12; siehe auch Ps 124,1-5 und Offb 12,15-16).

»**Und es versammelten sich die Satrapen …**«: Der Satz beginnt fast gleich wie V. 3. Die Satrapen und die weiteren Staatsdiener hatten sich auf Befehl Nebukadnezars versammelt, um seinem Standbild zu huldigen; nun versammeln sie sich, um mit eigenen Augen zu sehen, wie die drei Juden, die in Treue zu ihrem Gott sich dem Befehl Nebukadnezars widersetzt hatten, durch ihren Gott bewahrt worden waren. Sie werden gut hingehört und in alles eingestimmt haben, was der König als Nächstes sagte:

4. Nebukadnezar gibt dem Gott der Juden die Ehre (3,28-30)

28 Nebukadnezar fing an und sagte: Gepriesen sei der Gott Sadrachs, Mesachs und Abednegos, der seinen Engel sandte und seine Knechte rettete, die auf ihn vertrauten und das Wort des Königs übertraten und ihre Leiber dahingaben, dass sie keinen Gott verehrten noch anbeteten als nur ihren Gott!
29 Und von mir wird Befehl gegeben, dass jedes Volk, Stamm und Sprache – wer Unrechtes sagt gegen den Gott Sadrachs,

Mesachs und Abednegos, in Stücke gehauen und dass sein Haus zu einer Kotstätte gemacht werde; weil es keinen anderen Gott gibt, der auf solche Weise zu befreien vermag.

»Gepriesen sei der Gott Sadrachs, Mesachs und Abednegos«: Wie am Ende von Kapitel 2 gibt Nebukadnezar dem Gott der Juden die Ehre, aber anders als dort tut er es jetzt in aller Öffentlichkeit, ja, inmitten eines Staatsaktes. Und dann fasst der König in seine eigenen Worte, was der Gott der drei Juden getan hatte:

»der seinen Engel sandte« – und das ist der von Gott gesandte Retter Jesus Christus, von dem Jesaja 63,9 sagt: *»In all ihrer Bedrängnis war er [= der Gott Israels] bedrängt, und* ***der Engel seines Angesichts*** *rettete sie.«*

»und seine Knechte rettete«: Es gibt keinen anderen Retter als den Gott, dem die drei Gefährten vertrauten; es hat nie einen anderen gegeben. Es war immer der Sohn, der das Volk Gottes und die einzelnen Gottesfürchtigen im Volk wie ein Hirte führte, indem er diesen voranging (2Mo 13,21), sie weidete, bewahrte und rettete (Ps 23; 28,9; 80,2-4).

Daraufhin erklärt der König, was diese Männer unterschied von allen anderen Beamten in seinem Reich:

Sie **»vertrauten auf ihn«**, auf ihren Gott, und deswegen **»übertraten«** sie **»das Wort des Königs«**, eigentlich eine Ungeheuerlichkeit, und doch spricht Nebukadnezar es offen aus und scheint keine Sorge zu haben, dass die drei Nachahmer finden könnten. Höchst erstaunlich!

Sie **»gaben ihre Leiber dahin«**: Darüber kann er sich nicht genug verwundern; darum spricht er es vor allen aus. Und zum Schluss sagt er, dass die drei bereit waren, so etwas zu tun, weil **»sie keinen Gott verehrten noch anbeteten als nur ihren Gott«**. Wie laut ging das stumme Bekenntnis der drei Gefährten hinaus ins ganze Reich! Wie sehr wurde ihr Gott geehrt! Das wäre nicht geschehen, hätten sie – ebenfalls wortlos – sich zusammen mit den anderen hohen Beamten des Reiches gebeugt. Doch auch das hätte laut geredet zum König und zu ihren Berufskollegen: »Ach so, auch den Juden ist ihr angeblich allein wahrer Gott nur schmückender Zierrat im Leben, den man nicht wirklich ernst nehmen muss. Wer nimmt denn schon seine Götter ernst? Das tun wir ja auch nicht.«

Und jetzt hören alle Staatsdiener im Reich Nebukadnezars einen neuen Befehl des Königs, und da werden sie besonders scharf aufgemerkt haben. Es wird »**Befehl gegeben**« – doch diesmal nicht, ein Bild anzubeten, das der König zu seiner eigenen Ehre aufgestellt hat, sondern den wahren Gott, den Gott der Juden, zu scheuen und zu ehren. Nicht, wer dem Befehl des Königs trotzt, sondern wer dem Gott des Himmels den Gehorsam verweigert, wird ein schlimmes Ende haben. Dieser Gott ist nicht wie die Götter der Völker; er ist der lebendige Gott, der rettet, wer ihm vertraut, und der verdirbt, wer ihn verachtet.

Nachdem Daniel dem König seinen Traum ausgelegt hatte, war der König vor Daniel niedergefallen und hatte bekannt, dass Daniels Gott der höchste Gott ist. Diesmal legt er ein ausführlicheres Bekenntnis ab über den Gott der Juden, und er tut es nicht privat, sondern in aller Öffentlichkeit. Seine Worte zeigen, dass der Eindruck von der Größe Gottes den Mann stärker berührt und diesmal tiefer gedemütigt hat. Gott wird sich ihm noch einmal in außergewöhnlicher Weise offenbaren, und dann wird der König in seinen Augen noch tiefer sinken und dann endlich dort sein, wo er als Geschöpf und vor allem als Mensch hingehört.

30 Darauf beförderte der König Sadrach, Mesach und Abednego in der Provinz Babel.

»**Darauf beförderte der König Sadrach, Mesach und Abednego**«, tut also das Gegenteil von dem, was er kurz davor getan hatte, als er sie in den Feuerofen werfen ließ, und damit endet diese Episode wie die beiden vorhergehenden. Am Ende von Kapitel 1 musste König Nebukadnezar anerkennen, dass Daniel und seine Freunde in ihrer Weisheit den Weisen Babels überlegen waren; am Ende von Kapitel 2 erhöht Nebukadnezar Daniel und macht ihn zum Obervorsteher über alle Weisen von Babel, und auf dessen Fürsprache hin werden auch seine Gefährten befördert. Hier erhöht Nebukadnezar die drei, ohne dass man ihn darum bitten muss.

Lehrreiches und Denkwürdiges zu Kapitel 3

V. 8-12 – »Für den Christen gilt immer der Grundsatz, nie irgendetwas Böses zu tun. Er mag versagen, was ich nicht bestreiten will, doch kann ich nicht begreifen, wie jemand sich damit abfinden kann, dass er etwas

Böses hinnehmen muss. Es ist eine heidnische Vorstellung … Warum habe ich Mühe, das Rechte zu tun? Weil ich mich schonen will. Wenn ich dem Bösen ein nur kleines Zugeständnis mache, öffnet sich der breite Weg, auf dem man in Ruhe gelassen wird und Anerkennung bekommt, aber ich habe damit Gott geopfert und bin unter die Gewalt Satans geraten« (W. Kelly, S. 69).

Sprachliche Anmerkungen zu Kapitel 3

V. 4 – **»der Herold«**: **kârôz**, von dem Gesenius noch sagt: »wahrsch. v. gr. κηρυξ« *(kēryx)*. In der *Kurzgefassten biblisch-aramäischen Grammatik* von Bauer / Leander steht im Glossar zu **kârôz**: »Herold (griech.)«. Zu diesem Nomen gehört das in 5,29 verwendete Verb **kəraz**, »ausrufen«, das im Arabischen **karaza** lautet. Es ist also kein griechisches, sondern ein gut semitisches Wort. Franz Rosenthal bemerkt in seiner *Grammar of Biblical Aramaic*, § 40, dass die Grundform **pâᶜôl** »is used to indicate professional status« (»verwendet wird, um einen Berufsstand zu bezeichnen«), wofür er als Beispiel **kârôz** angibt.

V. 5 – **»Zither«**: **qajtrôs**, das dem gr. κιθαρα, *kithara*, entspricht, kann ein griechisches Lehnwort sein, oder beide gehen auf eine gemeinsame Wurzel zurück (siehe G. Maier, S. 149).

»Harfe«: **pəsanterîn**, das dem gr. ψαλτηριον, *psaltērion*, entspricht. Dieses Instrument war laut G. Maier, S. 149, im Zweistromland bekannt seit dem 9. Jahrhundert v. Chr.

»Sackpfeife«: **sumfonjah,** das dem gr. συμφωνια, *sumphōnia*, entspricht.

Dass griechische Begriffe im 6. vorchristlichen Jahrhundert im Zweistromland bekannt waren, verwundert nicht, da hinlänglich bekannt ist, dass Griechenland und der Orient sich schon sehr früh begegneten durch Handel und durch kriegerische Unternehmungen. Das Buch Daniel wurde und wird dennoch häufig der aus dem Griechischen stammenden Begriffe wegen auf eine Zeit nach dem Alexanderzug datiert. »Im Blick auf die griechischen Wörter ist festzuhalten, dass es sich lediglich um drei Wörter handelt, die allesamt dem musikalischen Leben angehören … Aber sie allein erzwingen keineswegs eine Spätdatierung. Ja, es gibt drei mögliche Wege, mit denen griechische musikalische Begriffe schon früh ins Zweistromland gekommen sein könnten. Den einen Weg können griechische Söldner gebildet haben, die schon in der assyrischen Armee und dann in der babylonischen Armee gedient haben, u. a. in der Schlacht bei Karkemisch. Der Orientforscher Hommel nennt z. B. einen adligen Griechen aus Mytilene, der in Nebukadnezars Heer Dienst tat. Den zweiten Weg markieren griechische Kolonien, die schon zur Zeit Hiskias (ca. 700 v. Chr.) in Palästina bestanden und als Vermittler griechischer Begriffe dienen konnten. Den dritten möglichen Weg stellt der ›lebhafte Handelsverkehr‹ zwischen dem Orient und den griechischen Städten dar. Ja, bei einer Datierung ins 2. Jahrhundert müsste man sogar erheblich mehr griechische Worte erwarten« (G. Maier, *Der Prophet Daniel*, S. 53-54).

V. 30 – **»beförderte«**: **haṣlaḥ**, vom Verb **ṣalaḥ** im Kausativstamm (Hifil): wörtlich: »Gelingen, Erfolg veranlassen«, also auch: »jmd. sein Glück machen lassen«, und damit: »sich im Glück befinden«; »Gelingen und Gedeihen haben« (vgl. 6,29).

Kapitel 4 – Prophetisch: Die Erniedrigung und Erhöhung der Heiden

1. **Ein Bekenntnis des Königs an alle Völker auf der ganzen Erde (3,31-33)**
2. **Gott warnt Nebukadnezar durch einen Traum (4,1-15)**
3. **Gott warnt Nebukadnezar durch die Auslegung des Traums (4,16-24)**
4. **Gott, der Höchste, erniedrigt Nebukadnezar (4,25-30)**
5. **Gott, der Höchste, erhöht Nebukadnezar (4,31-34)**

Wir haben bereits zwei Episoden aus dem Leben Nebukadnezars kennengelernt, die beide damit enden, dass der heidnische Monarch dem Gott Israels die Ehre gibt. Nun folgt eine dritte Begebenheit aus dem Leben des babylonischen Königs, die zum dritten Mal dazu führt, dass der stolze Herrscher sich vor dem Gott des Himmels demütigt und ihm die Ehre gibt.

Jedes Mal lehrt ihn Gott eine besondere Wahrheit über seine Regierung. In Kapitel 2 muss Nebukadnezar lernen, dass er seine Königsmacht dem Gott des Himmels verdankt und dass dieser die Dauer seiner Macht begrenzt hat. In Kapitel 3 muss er lernen, dass seine Macht Grenzen hat: Ihm ist nicht Gewalt gegeben worden über das Innere des Menschen. In Kapitel 4 muss er lernen, dass Gott jedem die Macht nimmt, der sie verwendet, um sich selbst zu erhöhen.

In diesem Kapitel steht nach 2,28 zum zweiten Mal der Ausdruck *»am Ende der Tage«* (V. 31). Damit ist diese historische Episode auch eine Weissagung von der letzten Zeit (man beachte in den Versen 13, 20, 22 und 29 den Ausdruck *»sieben Zeiten«*, der ein Hinweis ist auf die sieben letzten Jahre vor dem zweiten Kommen des Menschensohnes und der Erhöhung der Erlösten am Ende der Zeit).

1. Ein Bekenntnis des Königs an alle Völker auf der ganzen Erde (3,31-33)[90]

Gott hat Nebukadnezar nach dessen selbst verschuldeten Erniedrigung zum Tier wieder erhöht und zu Ehren gebracht. Das drängt ihn, dieses Bekenntnis von der Größe und der Wundermacht des höchsten Gottes an alle Völker der Erde ausgehen zu lassen:[91]

> **31 Nebukadnezar, der König, allen Völkern, Stämmen und Sprachen, die auf der ganzen Erde wohnen: Euer Friede sei groß!**
> **32 Die Zeichen und die Wunder, die der höchste Gott an mir getan hat, es hat mir gefallen, sie kundzutun.**
> **33 Seine Zeichen, wie groß, und seine Wunder, wie mächtig sind sie! Sein Reich ist ein ewiges Reich, und seine Herrschaft von Geschlecht zu Geschlecht!**

»Nebukadnezar, der König, allen Völkern, Stämmen und Sprachen, die auf der ganzen Erde wohnen: Euer Friede sei groß!«: Das ist eine in aller Form vom König herausgegebene, offizielle Deklaration. In 2,46-47 und 3,28-29 hatte Nebukadnezar unter dem unmittelbaren Eindruck des Redens und Wirkens Gottes gesprochen. Hier hingegen haben wir wohlbedachte, sorgfältig formulierte und schriftlich bekannt gemachte Worte. Das gibt diesem Bekenntnis besonderes Gewicht.

»Die Zeichen und die Wunder, die der höchste Gott an mir getan hat, es hat mir gefallen, sie kundzutun«: So etwas hat der stolze König weder in 2,46-47 noch in 3,28-29 gesagt. An dieser Stelle bekennt er zum ersten Mal, dass Gott etwas an ihm getan hat. Durch Gottes Wirken ist in seinem Inneren etwas verändert worden. Und ebenfalls zum

---

90 Diese Verse gehören zum Kapitel 4; entsprechend stehen sie in Luther 1912, Elb 1905 und Schlachter 2000 am Anfang des vorliegenden Kapitels; in Luther 1984, Rev Elb, Elb 2003 und Schlachter 1951 stehen sie wie in der BHS am Ende von Kapitel 3.

91 G. Maier stellt dazu die für die Entstehung des Buches Daniel wichtige Frage: »Woher haben wir, woher hat Daniel dieses königliche Schreiben? Antwort: Aus dem königlichen Archiv.« Dass die orientalischen Herrscher Archive anlegen ließen ihrer Taten, ihrer Erlasse und ihrer Aussprüche, ist bekannt. Wir lesen in Esther, dass die persischen Könige ihre Chroniken hatten, aus denen sie selber lasen oder vorlesen ließen. Daniel war Obervorsteher der wichtigsten Provinz des babylonischen Reiches (2,48) und hatte also solcher selbstverständlich Zugang zum Archiv des Königs. Eine andere, ebenso überzeugende Erklärung bietet J.F. Walvoord: »Es ist möglich, dass Daniel selbst die Form des Erlasses beeinflusste, auch wenn er ihn nicht selber schrieb, da er in beiden Fällen den Rang hoher Autorität innehat, und so könnte dieses wie auch jenes (das des Darius, 6,26-28 [Anmerkung des Autors]) unter seiner Anleitung verfasst worden sein« (*Daniel, the Key to Prophetic Revelation*, S.98).

ersten Mal spricht er aus, was er längst wusste (siehe 2,44): **»Sein Reich ist ein ewiges Reich, und seine Herrschaft«** währt **»von Geschlecht zu Geschlecht!«** Dass sein eigenes Reich von begrenzter Dauer sein sollte, hatte Nebukadnezar nicht wahrhaben wollen; sein Reich, das goldene, sollte nicht lediglich durch das Haupt des Standbilds repräsentiert sein; nein, das Gold musste von oben bis unten reichen (3,1). Wie viel hat es gebraucht, bis er endlich bereit war, sich zu beugen und die Wahrheit hinzunehmen! Gott selbst musste ihn demütigen; von sich aus hätte Nebukadnezar das nie getan. Wie Gott dieses Wunder an ihm wirkte, das beschreibt der König in seinen eigenen Worten im folgenden Kapitel (4,31-34), das ein großartiges Bekenntnis enthält von seiner eigenen Torheit und von der Gnade Gottes.

2. Gott warnt Nebukadnezar durch einen Traum (4,1-15)

Im ersten Traum sah Nebukadnezar den Gang aller Reiche der Nationen. Hier sieht er den Sturz eines Königs eines dieser Reiche. Was er sieht, steht stellvertretend für die ganze Zeit der Nationen, die ihres Hochmuts wegen alle am Ende von Gott erniedrigt werden (Jes 2,12-17).

1 Ich, Nebukadnezar, war ruhig in meinem Haus und hatte Gedeihen in meinem Palast.
2 Ich sah einen Traum, und der erschreckte mich; und Gedanken auf meinem Lager und Gesichte meines Hauptes ängstigten mich.
3 Und von mir wurde Befehl gegeben, alle Weisen von Babel vor mich zu führen, dass sie mir die Deutung des Traumes kundtäten.
4 Darauf kamen herbei die Magier, die Zauberer, die Chaldäer und die Wahrsager; und ich sagte vor ihnen den Traum, aber sie taten mir seine Deutung nicht kund.
5 Und zuletzt trat vor mich Daniel, dessen Name Beltsazar ist, nach dem Namen meines Gottes, und in welchem der Geist der heiligen Götter ist; und ich sagte vor ihm den Traum:
6 Beltsazar, du Oberster der Magier, vom dem ich weiß, dass der

Geist der heiligen Götter in dir ist und dass kein Geheimnis dich verlegen macht: Sag mir die Gesichte meines Traumes, den ich gesehen habe, und seine Deutung.

»Ich, Nebukadnezar«: So fängt in diesem ganzen Buch nur dieses Kapitel an. Alle anderen Kapitel in diesem Buch sprechen von den Herrschern in der 3. Person. Nebukadnezar setzt hier an zum ausführlichen Bekenntnis seiner Sünde.

»Ich ... war ruhig in meinem Haus«: Der König bekennt, dass er mit sich selbst zufrieden und darum ganz ruhig gewesen war, obwohl er nach allem, was er durch Gottes Propheten gehört und von Gottes Macht an den drei Gefährten Daniels gesehen hatte, Grund genug gehabt hätte, unruhig zu sein und sich zu fragen, ob mit ihm wirklich alles in Ordnung sei. Dass Nebukadnezar in seinem Haus **»Gedeihen hatte«**, war ein Beweis der Freundlichkeit und der Langmut Gottes. Hätte diese ihn nicht zur Buße bewegen sollen (Röm 2,4)?

»Ich sah einen Traum, und der erschreckte mich«: Weil Gott ein Menschenfreund ist, schreckt er ihn auf durch einen Traum, denn er will ihn zurückhalten von der Grube, ihn aufhalten, damit er nicht ins Geschoss läuft (vgl. Hi 33,15-18). Gott hatte den König bereits aufgeschreckt, als er die drei Freunde Daniels im Feuerofen sah (3,24), doch das hatte nicht genügt; der Erlass, den der König daraufhin ausgehen ließ, war Ausdruck einer zwar tiefen, doch nur vorübergehenden Regung. Darum ängstigt ihn jetzt Gott mit einem Traum, doch auch das wird den stolzen König noch nicht demütigen. Er muss durch Gottes Hand niedergeworfen werden, ehe sein Stolz endlich gebrochen ist.

Der König ist also geängstigt worden, doch was tut er? Er sucht Licht und Befreiung von seiner Angst bei den **»Magiern, ... Zauberern, ... Chaldäern und ... Wahrsagern«**. Er ist aufgeschreckt, aber nicht gedemütigt. Er sitzt noch auf seinem Thron und schließt, seit er einmal mehr aufgeschreckt worden ist, seine Hände nur umso fester um die Hebel der Macht.

Diesmal verlangt er von den Weisen nicht, dass sie ihm zuerst den Traum sagen müssen; sie sollen ihn lediglich deuten. Und wieder muss er erfahren, was er natürlich gewusst haben muss: **»... ich sagte vor ihnen den Traum, aber sie taten mir seine Deutung nicht kund.«** Den ersten Teil – die Schilderung des Baumes und den Befehl, ihn zu fällen – mögen sie verstanden haben, aber der zweite Teil muss ihnen unbegreiflich gewesen sein. Vom gefällten Baum solle ein Stumpf, in ehernen Fesseln gehalten, übrig bleiben, und *»ihm«*, wer immer das sein konnte, sollte das Herz eines Tieres gegeben werden? Gott macht die Weisen vor dem König zu Narren, und auf diese Weise redet er erneut zum Gewissen des Königs. Er hatte nicht recht gehandelt, als er Hilfe bei den Wahrsagern suchte; es war umso unverzeihlicher, als er wusste, dass einzig beim Gott Daniels Licht und mit dem Licht ein Weg ist. Und so ruft er schließlich den Propheten Gottes.

»Zuletzt trat vor mich Daniel«[92]: Das ist unendlich bezeichnend; wie der König von Babylon fragt der Sünder immer zuletzt nach dem Licht Gottes, das allein Gottes Propheten über unsere irdischen Befindlichkeiten geben können. Unseren einst christlichen Völkern starren wachsende Nöte in die Augen, und die Ausweglosigkeit wird immer handgreiflicher, doch suchen sie Licht und Ausweg immer noch dort, wo sie noch nie etwas gefunden haben: in sogenannten Ideenschmieden oder Denkfabriken, in den Kommissionen der Fachgelehrten und Experten, in den politischen Institutionen, in der Wissenschaft etc. Es scheint, dass die meisten noch immer nicht aufgeweckt worden sind vom eitlen Traum, der seit den Tagen der Aufklärung alles Glück auf Erden vorgegaukelt hatte, wenn der Mensch seinen Verstand nur recht gebrauche, endlich lerne, sich seines Verstandes zu bedienen ohne Anleitung eines anderen, d. h. Gottes und seines Wortes. Dann werde er Rat wissen, und wenn mit der Zeit alle lernten, das zu tun, würde die Menschengemeinschaft am Ende in jenes von Immanuel Kant angekündigte Reich vom ewigen Frieden münden. Wie kommt es, dass die Menschen nicht einsehen wollen, dass die menschliche Vernunft sehr begrenzt ist, häufig irrt und vor allem auf die wichtigsten Fragen des Menschen keine Antwort weiß? Warum ruft seit Generationen keine Regierung der abendländischen Nationen mehr zum öffentlichen Gebet auf, dass Gott sich erbarme und Einsicht gebe, was zu tun sei in schwierigen Zeiten? Warum schlagen kaum noch Menschen die Bibel auf, um von Gott gelehrt zu werden und in seinem Wort Licht und Wegweisung zu finden? Der Sünder liebt die Finsternis mehr als das Licht, denn er ahnt, dass dieses ihn bloßstellen wird (Joh 3,19-20).

92 Im aramäischen Text steht kein Verb; er besagt lediglich: »Zuletzt vor mir Daniel.«

Der König hebt ausdrücklich hervor, dass Daniel **»nach dem Namen [s]eines Gottes«** benannt war. Will er damit in etwas verhaltener Weise bekennen, dass sein Gott ihm nicht helfen konnte, während Daniels Gott ihm Licht gab und ihm dazu auch beibrachte, sich diesem Licht zu ergeben?

In 2,11 hatten die Weisen Babels gesagt, dass die Götter nicht bei dem Fleisch wohnen; hier (in V. 5) erkennt Nebukadnezar an, dass **»der Geist der heiligen Götter«** in Daniel ist. Er gebraucht die Sprache der Heiden, die seine Bekenntnisschrift ja lesen sollen, obwohl er weiß, dass es der Geist des einen wahren Gottes ist, der Daniel lehrt. Er wusste das auch, als er folgende Worte an den Propheten richtete: **»Beltsazar, du Oberster der Magier, von dem ich weiß, dass der Geist der heiligen Götter in dir ist …«** Vielleicht redete er so, weil die Hofdiener um ihn standen, obwohl ihm längst klar geworden war, dass in Daniel nicht der Geist jener Götter sein konnte, dem die babylonischen Wahrsager dienten; denn diese schwiegen – und wenn sie nicht schwiegen, logen sie.

Nebukadnezars Traum

7 Und die Gesichte meines Hauptes auf meinem Lager – ich sah, und siehe: Ein Baum stand **mitten auf der Erde, und seine Höhe war gewaltig.**
8 Der Baum wurde groß und stark, und seine Höhe reichte bis an den Himmel, und er wurde gesehen bis an das Ende der ganzen Erde.
9 Sein Laub war schön und seine Frucht zahlreich, und Nahrung war **an ihm für alle; die Tiere des Feldes fanden Schatten unter ihm, und die Vögel des Himmels wohnten in seinen Zweigen, und alles Fleisch nährte sich von ihm.**

Nebukadnezar sieht einen **»Baum«**. In Ri 9,8 sind mit den Bäumen Könige gemeint, und auch in diesem Traum steht der Baum für den König (siehe V. 19). In der Bibel wird der Mensch häufig mit einem Baum verglichen oder gar als Baum bezeichnet (Ps 1,3; 37,35; Jes 56,3; Jer 11,19; 17,8; Mt 3,10; 7,17; Jud 12). Bäume können auch ein Reich symbolisieren, so wie etwa auch Assur und Ägypten mit Bäumen verglichen werden (Hes 31,3.10.18). In Mt 13,31-32 erfahren wir, dass das Reich der Himmel, das klein angefangen hatte wie ein Senfkorn, zu einem Baum, einer gewaltigen irdischen Macht auswachsen würde.

Der Baum stand **»mitten auf der Erde«**, denn das babylonische Reich hatte den Platz Israels eingenommen, das als Haupt über die Nationen den Mittelpunkt der Erde bewohnt hatte (Hes 38,12). Die **»Höhe«** des Baumes **»war gewaltig«**; Nebukadnezar hatte Macht über viele Länder und Reiche; er war als König **»groß und stark«** gemacht worden und so hoch aufgestiegen, dass er **»gesehen wurde bis an das Ende der ganzen Erde«**. Das bedeutet, wie Daniel erklärt, dass seine Herrschaft bis an das Ende der Erde reichte (V. 19). Dieses Reich war in den Augen der Menschen **»schön«**, und dazu produzierte es **»Nahrung … für alle«**, und **»die Tiere des Feldes fanden Schatten unter ihm«**. Nun müssen wir bedenken, dass Gott zu Nebukadnezar in einem Traum spricht und dabei Symbole verwendet, dass also auch die Vögel und die Tiere so wenig wörtlich zu verstehen sind wie der hohe Baum. Sie stehen für Menschen, wie etwa in Hes 17,3 der König von Babel als ein Adler bezeichnet wird (vgl. Hes 17,12). In Ps 22,17 heißen böse Menschen *»Hunde«*, und in Phil 3,2 heißen *»böse Arbeiter«* so. Amos 4,1 nennt die Gottlosen *»Kühe von Basan«*; in Hes 19,2 sagt Gott von Israel: *»Welch eine Löwin war deine Mutter!«*

Eine von Nebukadnezar selbst verfasste Inschrift, in der er seine Macht und seine Werke preist, lautet:

> »Die ausgedehnten Völkerschaften, welche Marduk, mein Herr, in meine Hand gegeben, machte ich Babylon untertänig: den Ertrag der Länder, das Erzeugnis der Gebirge, den Reichtum des Meeres nahm ich darin entgegen. Zu seinem ewigen Schatten versammelte ich alle Menschen in Wohlergehen, gewaltige Vorräte von Korn ohne Maß schüttete ich darin auf.«[93]

93 S. Langdon, *Die neubabylonischen Königsinschriften*, Leipzig 1912, S. 95, zitiert bei G. Maier, S. 178.

10 Ich schaute in den Gesichten meines Hauptes auf meinem Lager, und siehe, ein Wächter und Heiliger stieg vom Himmel hernieder.
11 Er rief mit Macht und sprach so: Haut den Baum um und schneidet seine Zweige weg; streift sein Laub ab und streut seine Frucht umher! Fliehen sollen die Tiere unter ihm und die Vögel aus seinen Zweigen!
12 Doch seinen Wurzelstock lasst in der Erde, und zwar in Fesseln von Eisen und Kupfer, im Gras des Feldes; und von dem Tau des Himmels werde er benetzt, und mit den Tieren sei sein Teil am Kraut der Erde.
13 Sein Herz eines Menschen soll verändert und das Herz eines Tieres ihm gegeben werden; und sieben Zeiten sollen über ihm vergehen.
14 Durch Beschluss der Wächter ist dieser Ausspruch, und ein Befehl der Heiligen ist diese Sache, damit die Lebenden erkennen, dass der Höchste Herrscher ist über das Königtum der Menschen und es verleiht, wem er will, und den Niedrigsten der Menschen darüber setzt.

Nachdem der König das schöne Bild von seiner Herrschaft und seinem Reich geschildert hatte, setzt er noch einmal ein mit den Worten: **»Ich schaute in den Gesichten meines Hauptes …«**, und leitet damit einen Szenenwechsel ein. Plötzlich fällt eine Stimme in alles Schöne, das ihm im Traum gezeigt worden war. Da kam **»vom Himmel«**, der über ihm ist, **»ein Wächter«**, und dieser war ein **»Heiliger«**, wie Nebukadnezar an dessen Erscheinung erkannt haben muss. Über den *»Himmel«* hatte der König durch den Mund Daniels gehört, dass der wahre Gott der *»Gott im Himmel«* (2,28) ist. Wenn der *»Wächter«* von dort kommt, dann muss er von diesem Gott gesandt sein, und ist er von dem gesandt, sind die Worte aus dessen Mund Befehle Gottes. Nebukadnezar weiß auch, dass er vom *»Gott des Himmels«* sein Reich und seine Macht bekommen hat (2,37), und nun sendet dieser, der dem Babylonierkönig die Größe und die Macht gegeben hat, einen Wächter – jemanden, der beobachtet, wie Nebukadnezar sein Regiment führt, und der darüber wacht, ob er nicht die Grenzen überschreitet, die Gott ihm gezogen hat. Als er die Weisen Babels töten ließ, nur weil sie ihm seinen Traum nicht sagen konnten, tat er, was ihm nicht aufgetragen war. Das war schlimm genug; eine noch schlimmere Grenzüberschreitung war sein Unterfangen, alle höheren Beamten in seinem Reich zur Anbetung seines Staates zu zwingen. Da griff er in das Innere des Menschen ein, in das Gewissen. Nun steht der König davor, in seiner Selbstgefälligkeit und in seinem Hochmut eine weitere Grenze zu verletzen, nämlich jene, die Gott, den Geber aller Dinge, unterscheidet vom Menschen, der in allem nur ein Empfänger ist, und da warnt ihn Gott durch diesen Traum und fordert ihn auf, innezuhalten und sich zu demütigen. Der von ihm gesandte Wächter ruft **»mit Macht und sprach so: Haut den Baum um und schneidet seine Zweige weg; streift sein Laub ab und streut seine Frucht umher! Fliehen sollen die Tiere unter ihm und die Vögel aus seinen Zweigen!«** Das ist ein Befehl, der bedeutet, dass alles, was Nebukadnezar aufgebaut hat und besitzt, zerstört werden soll. Alle Schönheit, das *»schöne Laub«* (V. 9), soll ihm genommen werden, alle *»Frucht«*, von der alles weitere Wachstum abhängt, soll er verlieren, jeder, der – und alles, was – sich im Schatten seiner Macht geborgen hatte, soll von ihm fliehen.

Nachdem der König vom Traum erwacht war, musste er sich fragen, ob das Ende seiner Macht und seines Reiches gekommen sei. Doch hörte er auch diese Einschränkung: **»Doch seinen Wurzelstock lasst in der Erde …«** Sollte doch etwas von seinem Reich erhalten bleiben? Und was bedeutete es, dass der Wurzelstock **»in Fesseln von Eisen und Kupfer«** gehalten werden sollte?

Am meisten erschütterte ihn gewiss die Ankündigung: **»Sein Herz eines Menschen soll verändert und das Herz eines Tieres ihm gegeben werden …«** Aus dieser Aussage konnte der König schließen, dass der Baum für einen Menschen stand. War etwa er damit gemeint, dass er zum Tier verwandelt werden sollte? Dass **»durch Beschluss der Wächter dieser Ausspruch ist«**, bedeutet, dass alles Gesagte mit Sicherheit eintreffen wird; und dass es **»ein Befehl der Heiligen«** ist, besagt, dass es Gottes Heiligkeit ist, welche das Befohlene erfordert. Der große Baum hat Gottes Heiligkeit herausgefordert, er muss fallen. Und schließlich soll Nebukadnezar durch Gottes Handeln verstehen und annehmen, **»dass der Höchste Herrscher ist über das Königtum der Menschen und es verleiht, wem er will, und den Niedrigsten der Menschen darüber setzt«**. Hier werden drei wichtige Aussagen gemacht:

1. Gott herrscht über das Königtum der Menschen. Das ist die erste und oberste Wahrheit, die jeder König oder Regent bedenken und berücksichtigen muss: Über jedem irdischen Gewalthaber steht Gott. Kein irdischer Herrscher und kein Staat darf sich zur höchsten Autorität aufwerfen.
2. Gott verleiht das Königtum, wem er will, und das bedeutet erstens: Es liegt am Willen Gottes, wer es empfängt; also schuldet jeder König Gott Dank und Anerkennung für alle Macht und Größe, die ihm gegeben worden ist. Und zweitens: Das Königtum ist eine Verwaltung, und Gott wird vom Verwalter Rechenschaft fordern.
3. Gott erhebt den Niedrigsten der Menschen auf den Thron, um die Menschen zu demütigen. Nebukadnezar sollte daran erkennen, dass er nicht deshalb König über ein großes Reich geworden war, weil er besser gewesen wäre als andere. Es ist überdies ein Ausdruck von Gottes Zorn über ein Volk, wenn er den Verwerflichsten Macht gibt wie dem *»kleinen Horn«* von 7,8; 8,9 (siehe auch 11,21), einem Kaiser Nero, einem Lenin und Stalin, einem Adolf Hitler und anderen Verbrechern. An solchen Herrschern sollen die Menschen erfahren, was sie bekommen, wenn sie sich Gottes Oberhoheit nicht ergeben wollen (Ps 2,1-3). Haben sie Gottes sanftes Joch abgeworfen, wird er ihnen ein eisernes Joch auf den Nacken legen, das sie nur schindet (5Mo 28,48; siehe auch 2Chr 12,8).

15 Diesen Traum habe ich, der König Nebukadnezar, gesehen; und du, Beltsazar, sage seine Deutung, da alle Weisen meines Königreichs mir die Deutung nicht kundtun können; du aber kannst es, weil der Geist der heiligen Götter in dir ist.

Der König schließt die Beschreibung des Traums ab mit der Bitte, die er einleitend an Daniel gerichtet hatte (V. 6). Daran erkennen wir, wie ernst es ihm ist und wie dringend er eine Auslegung sucht.

3. Gott warnt Nebukadnezar durch die Auslegung des Traums (4,16-24)

Gott schreckt Nebukadnezar zuerst auf durch den Traum, dann spricht er zu ihm durch den Ausleger, den er in seiner Güte und Geduld dem stolzen König sendet. In diesem Abschnitt spricht der Text von Nebukadnezar wie in den Kapiteln 2 und 3 in der 3. Person. Das ist auch in V. 25-30 der Fall; in V. 31-34 spricht der König erneut in der 1. Person.

> **16 Da erstarrte Daniel, dessen Name Beltsazar ist, eine Zeit lang, und seine Gedanken erschreckten ihn. Der König fing an und sagte: Beltsazar, der Traum und seine Deutung erschrecke dich nicht. Beltsazar antwortete und sprach: Mein Herr, der Traum gelte deinen Hassern und seine Deutung deinen Feinden!**

»**Da erstarrte Daniel**«, denn er weiß, dass der Traum dem König gilt, und er weiß, was der Traum bedeutet. Die Propheten waren nicht Medien, durch die ein Geist redete, wie man durch ein Rohr tutet[94], sondern Menschen, die mit den Empfängern göttlicher Gerichtsankündigungen litten (Jes 16,11), so wie das in Vollkommenheit bei *dem* Propheten, dem Messias Jesus, der Fall war (Lk 19,41-44).

Daniel scheut sich davor, dem König die Deutung des Traums zu geben, weil er ihm Schlimmes ankündigen muss, was uns an den Knaben Samuel erinnert, der sich ebenfalls fürchtete, seinem geistlichen Ziehvater Eli das ihm von Gott offenbarte Gericht über dessen Haus anzusagen (1Sam 3,15). Daniel fürchtet Gott und er ehrt den König, wie auch uns befohlen ist (1Petr 2,17); und wie Eli den Knaben Samuel auffordert, ihm alles zu sagen, was Gott ihm offenbart hat, so spricht auch Nebukadnezar zu Daniel: »**Beltsazar, der Traum und seine Deutung erschrecke dich nicht.**« Er solle nicht davor zurückschrecken, dem König den Traum auszulegen, worauf Daniel zunächst antwortet: »**... der Traum gelte deinen Hassern**«, ehe er dem Befehl des Königs gehorcht und mit der Auslegung beginnt.

94 Die Ausdrucksweise, jemand sei ein »Sprachrohr Gottes«, ist unangemessen. Keiner, der im Auftrag Gottes die Wahrheit Gottes spricht, ist ein bloßes Rohr.

17 Der Baum, den du gesehen hast, der groß und stark wurde, dessen Höhe an den Himmel reichte und der gesehen wurde über die ganze Erde
18 und dessen Laub schön und dessen Frucht zahlreich ist und an dem Nahrung war für alle – unter ihm wohnten die Tiere des Feldes, und in dessen Zweigen hausten die Vögel des Himmels:
19 Das bist du, o König, der du groß und stark geworden bist; und deine Größe wurde groß und reichte bis an den Himmel und deine Herrschaft bis an das Ende der Erde.

In den Versen 17-19 wiederholt Daniel zuerst, was der König ihm in den Versen 8 und 9 gesagt hat, und dann gibt er ihm als erste Erklärung die wichtigste Wahrheit: »**Der Baum …: Das bist du, o König …**« *»Du bist der Mann«* (siehe 2Sam 12,7), den Gott fällen wird, wenn du weiterhin in deiner Einbildung und deinem gottlosen Stolz einhergehst. Ja, der König war »**groß und stark geworden**«, und seine Größe »**reichte bis an den Himmel**«, und das machte ihn hochmütig (vgl. 1Mo 11,4; Offb 18,5), und dieser Hochmut forderte Gottes Zorn heraus.

Wenn Daniel etwas abweichend von den Worten des Königs sagt: »**… und deine Herrschaft bis an das Ende der Erde**«, erklärt er, was es bedeutet, dass man im Traum den Baum gesehen hatte *»bis an das Ende der ganzen Erde«* (V. 8).

20 Und dass der König einen Wächter und Heiligen vom Himmel herniedersteigen sah, welcher sprach: Haut den Baum um und verderbt ihn! Doch seinen Wurzelstock lasst in der Erde, und zwar in Fesseln von Eisen und Kupfer, im Gras des Feldes; und von dem Tau des Himmels werde er benetzt, und er habe sein Teil mit den Tieren des Feldes, bis sieben Zeiten über ihm vergehen –

Bevor Daniel mit der Deutung fortfährt, wiederholt er wieder, was der König in den Versen 10 bis 13 gesagt hatte. Der »**Wächter und Heilige**«, der »**vom Himmel**« herniederstieg, ist Gottes Gerichtswerkzeug, der den Beschluss des alles sehenden Gottes vollstreckt, dessen, der diesem Wächter und Heiligen Gewalt gegeben hat über die Menschen und der deren Herzen und Handlungen wägt. So wie hier der Baum gefällt werden soll, geschah es mit dem ägyptischen Reich (Hes 31,12), auch mit dem Reich Juda (Jes 10,33-34), und so wird es bis ans Ende der Zeit geschehen mit jeder Regierung sowie mit jedem einzelnen Menschen, der sich vor Gott nicht demütigt und der Buße würdige Frucht bringt (Mt 3,8.10).

Der König hatte das Geschehen geschildert mit den Worten: *»Haut den Baum um und schneidet seine Zweige weg; streift sein Laub ab und streut seine Frucht umher!«* (V. 11). Daniel fasst das ganze Gericht, das über Nebukadnezar und sein Reich kommen wird, zusammen mit einem Wort, das Nebukadnezar nicht verwendet hatte (siehe V. 11), nämlich: **»... und verderbt ihn!«**. Verderben soll also über Nebukadnezar und sein Reich kommen.

»Doch seinen Wurzelstock lasst in der Erde«, denn der König und sein Reich sollen nicht für immer verderben. Auch über Juda hat Gott gesagt: *»... wie die Terebinthe und die Eiche, von denen, wenn sie gefällt sind, ein Wurzelstock bleibt; ein heiliger Same ist sein Wurzelstock«* (Jes 6,13). Gott hat verschiedene Nationen zu Größe und Macht aufsteigen lassen, und alle haben sie ihre Macht missbraucht, und deshalb hat Gott sie alle erniedrigt. Aber er hat den *»Wurzelstock«*, d.h. die Regierungsgewalt bestehen lassen. Nachdem das letzte und verdorbenste aller Reiche zerstört worden ist und der Menschensohn die Herrschaft über die ganze Schöpfung angetreten hat, wird Juda als Nation, das sich nun seinem Christus unterworfen hat, wieder erhöht werden, um das Haupt über alle anderen Nationen zu sein, wie Gott dem Daniel in 7,27 offenbart: *»... die Herrschaft und die Größe der Königreiche unter dem ganzen Himmel wird dem Volk der Heiligen des Höchsten gegeben werden.«* Und die Reiche der Nationen werden sich ebenfalls der Herrschaft des Königs der Könige unterwerfen (Ps 72,11), und damit werden die Könige der Nationen, von Israel geleitet und gelehrt (siehe Jes 2,2-3; 66,18-19), über ihre Völker regieren in Gerechtigkeit, und das Ergebnis wird Friede, Leben und Fruchtbarkeit sein, wie im Psalm 72 geschildert.

Der Wurzelstock soll **»in Fesseln von Eisen und Kupfer«** in der Erde belassen werden, was wohl besagen soll, dass Nebukadnezars Königtum ihm während dieser sieben Jahre bleiben wird. Der Himmel wird dafür sorgen, dass keine Rivalen das Versinken des Herrschers in die Nacht des Wahnsinns werden ausnutzen können, um die Herrschaft an sich zu reißen. Walvoord erklärt das wie folgt:

> »Er (Daniel) hatte zweifelsohne die Räte über das Ende des Traums unterrichtet, dass Nebukadnezar wieder zu klarem Verstand zurückkehren würde. Gott muss die Herzen der Räte Nebukadnezars geneigt haben, sodass sie mit Daniel zusammenarbeiteten, also ganz anders handelten, als es sonst im Altertum üblich war, wo beim geringsten Zeichen von Schwachheit eines Herrschers dieser ermordet wurde.«[95]

Bevor Nebukadnezar erhöht wird, müssen **»sieben Zeiten über ihm vergehen«**, d. h. sieben Jahre, denn so verwendet das Buch Daniel den Ausdruck »Zeit« und »Zeiten« auch in 7,25 und in 12,7. Das Gleiche gilt auch für das mit dem Buch Daniel eng verknüpfte Buch der Offenbarung (12,14), denn das historische Geschehen ist eine prophetische Vorwegnahme endzeitlicher Geschehnisse und damit der siebenjährigen Herrschaft des endzeitlichen Rom. Entsprechend sagt Nebukadnezar in V. 31, dass er *»am Ende der Tage«* seine Augen zum Himmel erhob, was auf die letzten Jahre vor dem Erscheinen des Menschensohnes verweist.

> **21 dies ist die Deutung, König, und dies der Beschluss des Höchsten, der über meinen Herrn, den König, kommen wird: 22 Man wird dich fortstoßen von den Menschen, und bei den Tieren des Feldes wird deine Wohnung sein; und Kraut wie den Rindern wird man dir zu essen geben, und vom Tau des Himmels dich benetzen lassen; und sieben Zeiten werden über dir vergehen, bis du erkennst, dass der Höchste Herrscher ist über das Königtum der Menschen und es verleiht, wem er will. 23 Und dass man gesagt hat, den Wurzelstock des Baumes zu lassen: Dein Königtum wird dir bleiben, von dem Tag an, da du erkennen wirst, dass die Himmel herrschen.**

Während Nebukadnezar im Traum gesagt worden war: *»Durch Beschluss der Wächter ist dieser Ausspruch …«* (V. 14), führt Daniel den Beschluss auf Gott selbst zurück: **»… dies [ist] der Beschluss des Höchsten, der über meinen Herrn, den König, kommen wird«**, denn Gott ist *»der Höchste«*, der über allen Königen steht, und das muss auch König

95 Walvoord, S. 106.

Nebukadnezar anerkennen. Bemerkenswert ist, wie Daniel ihn trotzdem mit *»mein Herr, der König«* anspricht. Auch wenn dieser in seinem Hochmut gegen Gott sündigt, gibt er ihm die Ehre, die ihm gebührt, was auch der Christ tut (Röm 13,7; 1Petr 2,13).

Nun gibt Daniel **»die Deutung«** des Traums, bei der er nichts sagt über die ausführliche Schilderung der Einzelheiten des Baumes, weil diese sich für den König offensichtlich von selbst erklärt, wo er jetzt weiß, dass er selbst der Baum ist. Er bekommt aber zu hören, was es bedeutet, dass man den Baum fällt.

»Man wird dich fortstoßen von den Menschen« und **»bei den Tieren des Feldes wird deine Wohnung sein«** erklärt, was es für Nebukadnezar bedeutet, dass sein menschliches Herz in das Herz eines Tieres verwandelt werden soll (V. 13). Der Mensch ist auf Gott hin geschaffen; dass er Gott erkennen, Gott lieben und Gott dienen kann, unterscheidet ihn vom Tier. Sucht er Gott nicht, sondern will nur sich selbst gefallen, verliert er, was ihn vor dem Tier auszeichnet. *»An und für sich«*, wie Salomo sagt, d. h. bloß auf sich selbst bezogen, ist er ein Tier (Pred 3,18). Der Mensch, der in noch so hohem Ansehen stehen mag und die Einsicht nicht hat, sein Leben auf Gott auszurichten, *»gleicht dem Vieh, das vertilgt wird«* (Ps 49,12.21). Auch die Heiligen Gottes können in ihrem Denken und Urteilen werden wie Asaph, der von sich bekennen musste: *»Als mein Herz erbittert war und es mich stach in den Nieren, war ich dumm und verstand nichts; ein Tier war ich bei dir«* (Ps 73,21-22).

»Sieben Zeiten« sind eine Woche von Jahren, denn *»Zeiten, Zeit und eine halbe Zeit«* sind eine halbe Woche, d. i. dreieinhalb Jahre (7,25; Offb 12,14). In der Weissagung von den siebzig Wochen (in 9,24-27) wird eine einzelne Woche besonders herausgehoben, nämlich die letzte der siebzig. Das heißt, dass während der letzten sieben Jahre vor dem Kommen des Herrn keine Regierung mehr sein wird, die anerkennt, dass Gott über allen Regierungen steht; denn dann wird ein *»Niedrigster der Menschen«* (4,14), ein Tier (Offb 13,1), das Regiment ausüben mit der Gewalt, die der Drache ihm gegeben hat (Offb 13,4).

»bis du erkennst, dass der Höchste Herrscher ist über das Königtum der Menschen«: Das bedeutet, dass Nebukadnezar bis dahin nicht hatte anerkennen wollen, dass über ihm Gott, der Höchste, steht und dass er diesem Gehorsam und Ehre schuldete. Vielmehr tat er so, als ob sein Verstand und seine Kraft ihm sein Reich gebaut hätten. Darum musste er erniedrigt werden, denn anders hätte er nie anerkannt, dass Gott Gott ist und über ihm waltet, dass Gott das Königtum **»verleiht, wem er will«**. Das alles wusste Nebukadnezar zwar schon (2,37-38), wollte es aber nicht wahrhaben. Doch der Herr im Himmel überlässt den trotzigen König nicht seinem Trotz, sondern sucht ihn in seiner Gnade heim und lehrt ihn, was keiner dem Menschen beibringen kann als Gott allein: *»Siehe, Gott ist erhaben in seiner Macht; wer ist ein Lehrer wie er?«* (Hi 36,22; siehe auch Hi 35,11).

24 Darum, o König, lass dir meinen Rat gefallen und brich mit deinen Sünden durch Gerechtigkeit und mit deinen Missetaten durch Barmherzigkeit gegen Elende, wenn deine Wohlfahrt Dauer haben soll.

Daniel hat den Traum ausgelegt, und nun wagt er es gar, den stolzen König zur Buße zu rufen. Er scheut sich nicht, offen zu sagen: **»deine Sünden«** und **»deine Missetaten«**, und er fordert den König auf, mit allen Formen der Sünde zu brechen **»durch Gerechtigkeit«**. Nur das ist wahre Buße, wo man Sünde bekennt und dann lässt (Spr 28,13; Joh 8,11). Nebukadnezar sündigte mit seiner Selbstherrlichkeit gegen Gott, und er sündigte mit seiner Herzlosigkeit gegen den Nächsten. Nur wenn er umkehrt, kann seine **»Wohlfahrt Dauer haben«**; denn eine Regierung kann nur Bestand haben durch Gerechtigkeit (Spr 16,12; 25,5). Gottes Thron ist gegründet auf Gerechtigkeit (Ps 89,15), und alle irdischen Regenten regieren an Gottes statt. Daher fordert er von Königen, dass sie gerecht regieren und niemandem Unrecht tun. Das zeigt sich besonders daran, wie sie die Schwachen, die Wehrlosen und die Armen behandeln. Den vollkommenen König, den Messias Israels, wird besonders auszeichnen, dass er *»den Elenden des Volkes Recht verschaffen ..., die Kinder des Armen retten und den Bedrücker zertreten«* wird (Ps 72,4; vgl. Jes 11,4; siehe auch Spr 31,8-9). Jeder Herrscher, jeglicher Regent, der diesem Vorbild nicht entspricht, macht sich schuldig und hat Grund, sich täglich vor dem Gott des Himmels zu demütigen und ihn um Vergebung anzuflehen.

4. Gott, der Höchste, erniedrigt Nebukadnezar (4,25-30)

25 Das alles kam über den König Nebukadnezar.
26 Nach Verlauf von zwölf Monaten wandelte er umher auf dem königlichen Palast zu Babel.
27 Der König fing an und sprach: Ist das nicht die große Babel, welche ich zum königlichen Haus erbaut habe durch die Stärke meiner Macht und zu Ehren meiner Hoheit?
28 Noch war das Wort im Mund des Königs, da fiel eine Stimme vom Himmel: Dir wird gesagt, König Nebukadnezar: Das Königtum ist von dir gewichen!
29 Und man wird dich von den Menschen fortstoßen, und bei den Tieren des Feldes wird deine Wohnung sein, Kraut wie den Rindern wird man dir zu essen geben; und sieben Zeiten werden über dir vergehen, bis du erkennst, dass der Höchste Herrscher ist über das Königtum der Menschen und es verleiht, wem er will.
30 In derselben Stunde wurde das Wort über Nebukadnezar vollzogen; und er wurde von den Menschen fortgestoßen, und er aß Kraut wie die Rinder, und sein Leib wurde benetzt vom Tau des Himmels, bis sein Haar groß war wie Adlerfedern und seine Nägel wie Vogelkrallen.

»Das alles kam über den König Nebukadnezar«, alles, was Gott durch den Traum angekündigt und er durch seinen Knecht Daniel dem König ausdrücklich gesagt hatte. Was Gott spricht, geschieht. Doch erst **»nach Verlauf von zwölf Monaten«**; so lange *»harrte die Langmut Gottes«*, wie sie einst auch in den Tagen vor der großen Flut lange zugewartet hatte mit dem Gericht (1Petr 3,20); denn Gott ist *»barmherzig und gnädig und langsam zum Zorn«* (Ps 103,8). Doch der Sünder *»verachtet den Reichtum seiner Güte und Geduld und Langmut«* (Röm 2,4) und nimmt seine Gnade und Güte zum Anlass, weiter zu sündigen. Er beobachtet, dass der Gottlose *»hundertmal Böses tut und doch seine Tage verlängert«* (Pred 8,12), und darum *»preisen wir nun die Übermütigen glücklich. Nicht nur sind die Täter der Gottlosigkeit aufgebaut worden, sondern sie* *haben auch Gott versucht und sind davongekommen«* (Mal 3,15). Auf diese Weise verkehrt der Gottlose *»die Gnade unseres Gottes in Ausschweifung«* (Jud 4). Aber das *»Gericht zögert nicht«*, noch *»schlummert ihr Verderben«* (2Petr 2,3). Am Tag, den Gott bestimmt hat, steht der Richter auf und bringt das längst verdiente Verderben auf den Kopf der Gottlosen.

Nebukadnezar wandelt in Sorglosigkeit **»umher auf dem königlichen Palast zu Babel«** und labt sich am Anblick seiner Bauwerke und sonnt sich in ihrem Glanz. **»Die große Babel«** hatte er tatsächlich erbaut, und dafür, dass er das getan hatte, kann niemand ihn tadeln.

> »Der größte Chaldäerfürst (Nebukadnezar) hat uns keine Kriegsberichte hinterlassen … Seine Leidenschaft ist nicht der Krieg, sondern das Bauen, und so sind denn die umfangreichen von ihm erhalten gebliebenen Inschriften fast ausschließlich Berichte über sein Werk an Babyloniens Heiligtümern.«[96]

Der deutsche Archäologe Robert Koldewey, der die Ausgrabungen des alten Babylon leitete, schreibt in seiner Publikation von der Arbeit und den Ergebnissen derselben über den Palast Nebukadnezars:

> »Es war ein aus vielen großen und kleinen Zimmern und Höfen bestehendes Gebäude, ein Palast auf einem etwa 18 m hohen Unterbau … Der Fußboden bestand … aus Sandsteinplatten, auf deren Seitenflächen die Inschrift steht: ›Palast Nebukadnezars, Königs von Babylon, Sohnes Nabupolassars, Königs von Babylon‹.«[97]

Zum Palast ließ der König eine Inschrift aufstellen folgenden Inhalts:

> »An der Ziegelsteinmauer, gegen Norden, trieb mich das Herz, einen Palast zum Schutze Babylons zu bauen … aus Erdpech und Ziegelsteinen ließ ich ihn erbauen … gewaltige Zedernstämme legte ich zur Bedachung darüber. Türflügel aus Zedernholz mit einen Überzug aus Bronze, Schwellen und Angeln, aus Kupfer gefertigt, errichtete ich in

96 Hartmut Schmökel, *Ur, Assur und Babylon*, S. 148.
97 Koldewey, S. 23.

> seinen Toren. Jenes Gebäude nannte ich ›Nebukadnezar möge leben, es möge alt werden der Ausstatter von Esagila[98] mit Namen.«[99]

Dass der König beim Betrachten seiner großen Bauwerke sich in zweifacher Weise verstieg, war Torheit und Sünde. Erstens, dass er sich rühmte, er habe sie erstellt **»durch die Stärke [s]einer Macht«**, und zweitens, dass er all das tat **»zu Ehren [s]einer Hoheit«**. Dass er Gott alle Stärke und Macht verdankte, bedachte er nicht, und noch viel weniger, dass es seine Pflicht gewesen wäre, alle seine Macht und Stärke zur Ehre Gottes zu verwenden. Gott aber hat gesagt: *»... meine Ehre gebe ich keinem anderen ...«* (Jes 42,8), und wenn er das gesagt hat, dann gibt er sie keinem anderen. Wer ihm die Ehre raubt und damit sich zuschreibt, was allein Gottes ist, den wird Gott erniedrigen: **»Noch war das Wort im Mund des Königs, da fiel eine Stimme vom Himmel«**, die Stimme Jahwes, und diese ist gewaltig, bricht Zedern (Ps 29,4-5). Nebukadnezar wird von seinem Thron gestürzt: **»Das Königtum ist von dir gewichen!«**, und dieses Wort wird **»in derselben Stunde ... vollzogen«**. Wer sich selbst erhöht, wird erniedrigt (siehe Spr 16,18; Jes 14,12-15; Lk 1,52; 14,11; 1Petr 5,5). Gott nimmt dem König, was er ihm gegeben hatte, und erfüllt das Wort, das Nebukadnezar dreimal gehört hatte: **»... man wird dich von den Menschen fortstoßen ...«** Wer gegen Gott sündigt, verdirbt sich selbst; der Himmel straft den Hochmütigen mit Entwürdigung, Vereinsamung, Verlust der Gemeinschaft der Menschen. In seiner Gottvergessenheit wird Nebukadnezar zu den Tieren gesellt: **»... bei den Tieren des Feldes wird deine Wohnung sein ...«** (siehe V. 22).

> »In dem Augenblick, wo er (der Mensch) wie Nebukadnezar sagt: ›Ich habe gebaut‹, verliert er sittlicher Weise die Beziehung zu Gott; er überhebt sich, und alles wahrhaft Hohe geht in ihm zugrunde, er wird ein Tier. Er mag sehr stark sein, äußerlich mächtig; allein, was ihn rechtmäßig erhebt, was in ihm überhaupt das Hehrste ist, das besteht in der Fähigkeit, Beziehung mit Gott zu unterhalten. Hierbei aber muss Gott unverändert Gott bleiben, d. h. wenn der Mensch seine echte Würde behalten soll, muss er sich stets Gott unterworfen

98 Esagila war der Tempel des Marduk, des Hauptgottes Babylons.
99 Koldewey, S. 23-24.

beweisen. Gibt er diese Unterwerfung auf, so wendet er Gegenständen, die niederer sind als er selbst, seine Neigungen zu, und damit entwürdigt er sich.«[100]

Gott ist langsam zum Zorn, aber wenn das Sündenmaß voll ist (vgl. 8,23; 1Mo 15,16; Mt 23,32; Offb 18,5), fällt sein Zorn. In seiner Geduld hat er zu Nebukadnezar durch zwei Träume gesprochen, diese Träume zweimal zuverlässig deuten lassen. Als Nebukadnezar das Bekenntnis der Freunde Daniels hörte und dann sah, wie Gott sie rettete, wurde sein Gewissen aufgerührt (Kap. 3), aber es hatte sich in seinem Innern nichts geändert. Darum wurde nun das Gerichtswort vollstreckt. Salomo schrieb: *»Ein Mann, der, oft zurechtgewiesen, den Nacken verhärtet, wird plötzlich zerschmettert werden ohne Heilung«* (Spr 29,1). Doch in seiner Gnade knickt Gott den König zwar, doch zerschmettert er ihn nicht, und er begrenzt die Zeit der Erniedrigung auf sieben Jahre, und dann erfuhr Nebukadnezar wahre Heilung.

5. Gott, der Höchste, erhöht Nebukadnezar (4,31-34)

31 Und am Ende der Tage erhob ich, Nebukadnezar, meine Augen zum Himmel, und mein Verstand kehrte zu mir zurück, und ich pries den Höchsten, und ich rühmte und ehrte den ewig Lebenden, dessen Herrschaft eine ewige Herrschaft ist und dessen Reich von Geschlecht zu Geschlecht währt.
32 Und alle Bewohner der Erde werden wie nichts geachtet, und nach seinem Willen tut er mit dem Heer des Himmels und mit den Bewohnern der Erde; und da ist niemand, der ihm die Hand hemmte und zu ihm spräche: Was tust du?

Der Ausdruck **»am Ende der Tage«** bezieht sich zunächst auf das Ende der angegebenen Zeit, der sieben Jahre.[101] Doch wie bereits in 2,28 und

100 C.A. Auberlen, *Der Prophet Daniel*, S.37.
101 Entsprechend übersetzt Louis Segond »Après le temps marqué, moi, Nebucadnetsar, je levai les yeux vers le ciel, et la raison me revint« (»Nach der angegebenen Zeit erhob ich, Nebukadnezar, die Augen zum Himmel, und der Verstand kam mir wieder.«)

wieder in 10,14 verweist er auf die Zeit, in der alle Nationen das tun werden, was der heidnische König hier tut: **»... erhob ich, Nebukadnezar, meine Augen zum Himmel, und mein Verstand kehrte zurück, und ich pries den Höchsten ...«** (siehe Zeph 3,9). Das ist wahrer Verstand: zu Gott aufschauen und ihn preisen. Mit diesen Worten wird Nebukadnezar zum Menschen, wahren Menschen. Er nennt Gott **»den ewig Lebenden«** und erkennt damit an, dass nicht er *»ewig lebt«*, wie seine Untertanen von ihm in ihren Huldigungen stets sagen (3,9); und er bezeugt, dass Gottes **»Reich von Geschlecht zu Geschlecht währt«**, während sein eigenes Reich durch ein anderes abgelöst werden muss (2,39) und schließlich alle Reiche der Welt dem ewigen Reich weichen müssen (2,44). Endlich hat die Wahrheit, die ihm verkündigt worden war, nicht nur seinen Verstand unterwiesen, sondern auch seinen Willen geneigt.

Hat ein des Verstandes Beraubter die Macht, sich den Verstand wiederzugeben? Dann hat auch Münchhausen die Macht, sich an seinem eigenen Schopf aus dem Sumpf zu ziehen. Es war Gottes Gnade, die Nebukadnezar aus der Nacht des Wahnsinns herausführte. Er hätte ihn gerechterweise in der Finsternis belassen können, denn Nebukadnezar hatte es verdient; er hatte sich wissend gegen den Gott des Himmels erhoben, und doch gab ihm Gott seinen Verstand wieder. So handelt der gnädige Gott an Sündern.

Darum bekennt der König, dass niemand da ist, der Gott **»die Hand hemmte«**, wie auch Hiob bekannte, nachdem Gott ihn erniedrigt und dann durch sein Reden überführt hatte: *»Ich weiß, dass du alles vermagst und kein Vorhaben dir verwehrt werden kann«* (Hi 42,2). Nebukadnezar konnte Gott nicht daran hindern, ihn zu stürzen. Es konnte aber auch niemand Gott daran hindern, **»nach seinem Willen«** Nebukadnezar aus der Niedrigkeit zu erhöhen. Der Gott Daniels ist der Gott Israels, der sein Volk unter die Macht und Willkür der Heiden erniedrigt hat, um sie für das große Heil zu erziehen, das er ihnen bereitet hat. Am Ende der Zeiten der Nationen werden sie Jahwe, ihren Gott, bitten: *»Nicht uns, HERR, nicht uns, sondern deinem Namen gib Ehre ...!«*, und sie werden fragen: *»Warum sollen denn die Heiden sagen: Wo ist denn ihr Gott?«* Dann werden sie den Heiden antworten: *»... unser Gott ist im Himmel; alles, was ihm wohlgefällt, tut er«* (Ps 115,1-3). Er wird zuerst Israel und danach auch die Nationen erhöhen, und niemand wird das aufhalten können.

33 In derselben Stunde kehrte mein Verstand zu mir zurück, und zur Ehre meines Königtums kehrten zu mir zurück Hoheit und Glanz; und meine Räte und meine Gewaltigen suchten mich auf, und ich wurde wieder in mein Königtum eingesetzt, und ausnehmende Größe wurde mir hinzugefügt.

Damit, dass Nebukadnezar wahren **»Verstand«** bekommen hatte, kam er auch **»zur Ehre [s]eines Königtums«**. So wie es die Schande des Menschen ist, wenn er Gott vergisst und verachtet, ist es seine Ehre, wenn er gelernt hat, Gott zu fürchten; das allein ist wahrer Verstand, wie Salomo lehrt: *»Die Furcht des HERRN ist der Weisheit Anfang; und die Erkenntnis des Heiligen ist Verstand«* (Spr 9,10). Gott hatte den Menschen in seinem Bild erschaffen und ihn zum Herrscher gesetzt über die ganze Schöpfung; das war die **»Hoheit«** und der **»Glanz«** des Menschen. Die Sünde hat ihm das genommen; er ist zum sterblichen Wurm geworden. Aber wie Nebukadnezar soll der Mensch wieder in **»[s]ein Königtum eingesetzt«** werden, wenn Christus wiederkommt, und dann wird ihm **»Größe hinzugefügt«** werden, d.h. er wird eine höhere und bessere Stellung haben als jene, die Adam mit der Sünde verlor.

34 Nun rühme ich, Nebukadnezar, und erhebe und ehre den König des Himmels, weil alle seine Werke Wahrheit und seine Wege Recht sind und weil er zu erniedrigen vermag, die in Hochmut wandeln.

»Nun rühme ich … und erhebe und ehre den König des Himmels«: Damit, dass er Gott verherrlicht, verhält er sich jetzt in einer Weise, die auch ihn ehrt. Er nennt den Herrn hier passenderweise *»König des Himmels«*, womit er anerkennt, dass er selbst als König nichts ist und dass er nichts hat ohne den, der als König über allen Königen steht. Zudem bekennt er, dass alle Werke Gottes **»Wahrheit und seine Wege Recht sind«**, dass Gott also in Wahrheit und mit Recht gehandelt hatte, als er ihn erniedrigte. Wer sich unter Gottes züchtigende Hand erniedrigen kann, indem er bekennt, dass sie ihn zu Recht geschlagen hatte, zeigt damit, dass in seinem Inneren eine Veränderung geschehen ist. Wer auch einsehen kann, dass man **»in Hochmut«** einhergegangen war, und sogar bekennt, dass es Gott war, der ihn erniedrigte, muss ein neuer Mensch geworden sein.

Diese Worte sind gleichzeitig die letzte Nachricht, die wir von Nebukadnezar haben. Wir hören nicht mehr wie nach den vorangegangenen Episoden von einem Zurückfallen in sündiges Denken, Reden und Tun. Wir dürfen daraus wohl folgern, dass Nebukadnezar bleibend verändert worden war.

Lehrreiches und Denkwürdiges zu Kapitel 4

V. 27 – »Das alles geschieht nicht, weil Nebukadnezar ein besonders böser Mensch war … Vielmehr kommt bei Nebukadnezar eine Ur-Versuchung aller Mächtigen, ja, die Urtendenz aller Reiche dieser Welt zum Ausdruck: sich selbst als das Maß aller Dinge zu setzen, sich selbst zu vergotten. Weil sie dieser Versuchung erliegen, ja, weil sie diese Tendenz wollen, stehen die Reiche dieser Welt dem ewigen Gottesreich grundsätzlich feindlich gegenüber. Schon deshalb kann es keinen ›christlichen Staat‹ geben« (G. Maier, S. 192).

V. 29 – »Von den Menschen ausgestoßen: Weil der König sich nicht demütigt, demütigt ihn Gott … Soeben hatte er sich seinen Regierungsgeschäften gewidmet … Nun ist alles vorbei!« (W. Mücher, S. 113).

V. 34 – »Wenn wir Nebukadnezar hören, wie er Gott erhöht, und das mit seinen Worten vergleichen, während er die Pracht seiner Stadt bewunderte …, können wir nur rufen: ›Der Herr hat Großes getan!‹ Er hatte tatsächlich seine Macht gezeigt, wie er den Menschen, der in Hochmut wandelt, zu erniedrigen vermag, und als er dies tat, hat er dazu auch das Herz des Alleinherrschers so wirkungsvoll verändert, dass er sich willig der Hand unterordnete, die ihn geschlagen hatte, und bekannte, dass alle Werke Gottes Wahrheit und seine Wege Recht sind. Damit rechtfertigt er Gott, und das ist ein sicheres Zeichen von Bekehrung.« (E. Dennet, S. 64-65).

Sprachliche Anmerkungen zu Kapitel 4

V. 1 – **»hatte Gedeihen«**: **raᶜanân**, wörtlich »grünend« (Segert, *Glossar*; Marti, *Glossar*), das heißt, Nebukadnezar stand in schöner Blüte seiner Macht und Pracht. Gesenius: »im blühenden Glücke lebend«, Bauer / Leander, *Glossar*: »froh lebend«; Keil: »frisch gedeihend«.

»Palast«: **hêjkal** (auch in V. 26; 5,5; 6,19; Esr 4,14), vom sumerischen Wort **e-gal** (= großes Haus), das in die semitischen Sprachen Akkadisch, Aramäisch, Hebräisch und auch Arabisch eingegangen ist. Es wird auch verwendet für »Tempel« (5,2); so auch im Hebräischen (1Sam 1,9; Jer 7,4).

V. 20 – **»sieben Zeiten«**: **šibᶜâh ᶜiddânîn**, wobei »Zeit« hier »Jahr« bedeutet wie auch in 7,25 und 12,7. LXX übersetzt den Ausdruck *hepta etē*, »sieben Jahre«.

Kapitel 5 – Prophetisch: Das Gericht über das endzeitliche Babylon

1. **Belsazar fordert den höchsten Gott heraus (5,1-4)**
2. **Gott schreckt Belsazar und lässt die Weisen dumm werden (5,5-9)**
3. **Daniel verkündigt den Untergang Belsazars und seines Reiches (5,10-28)**
4. **Der höchste Gott richtet Belsazar (5,29-30)**

Vom babylonischen Reich wird uns im Buch Daniel nur der erste und der letzte König vorgestellt. An diesen beiden Königen des ersten der vier Weltreiche können wir erkennen, dass nicht lediglich in der Abfolge der Weltreiche eine Degenerierung erfolgt (siehe 2,39), sondern dass auch ein jedes dieser Reiche in seiner inneren Geschichte eine Abwärtsentwicklung durchmacht. Der Niedergang ist nicht ein ökonomischer oder kultureller, sondern ein sittlicher: Belsazar fürchtet nicht den Gott, der ihn auf den Thron gesetzt hat, noch lernt er angesichts des Handelns Gottes an seinem Vater Gottesfurcht (V. 22). Hier bewährt sich das Prinzip, das gemäß den Worten des Herrn Jesus auch den Juden seiner Tage galt: *»Ihr macht voll das [Sünden-]Maß eurer Väter«* (Mt 23,32). Alle Gerichte, die Gott über die Väter gebracht hatte, berührten das Gewissen der Zeitgenossen Christi nicht, und darum war ihre Sünde größer, denn sie sündigten gegen größere Erkenntnis, und aus diesem Grund kam über sie alles unschuldige Blut, das ihre Vorfahren vergossen hatten (Mt 23,35).

Bemerkenswert ist die Tatsache, dass sowohl über den Anfang und Aufstieg zur Weltmacht als auch über den Untergang des babylonischen Reiches ein jüdischer Prophet die himmlische Deutung der jeweils von Gott gesandten Botschaften gibt. Ohne die jüdischen Propheten haben die Völker der Welt kein Licht über Herkunft, Entwicklung und Ende der Nationen.

Dieses Kapitel enthält auch eine sittliche Lektion für uns: Daniel, der Mann, der das Kommen des Reiches des Menschensohnes gesehen und angekündigt hat, muss sich als der Mann erweisen, den die Schau vom ewigen Gottesreich von allem Glanz und allem Reichtum der irdischen Reiche so gründlich entwöhnt hat, dass diese für ihn keinerlei Anziehungskraft mehr haben. Belsazar will den Knecht des HERRN zum Dritten im Reich promovieren und ihm eine goldene Kette um den Hals hängen. Darauf gibt dieser die Antwort, die zeigt, dass er vollkommen auf der Höhe seiner Berufung und Erkenntnis ist: *»Deine Gaben mögen dir verbleiben, und deine Geschenke gib einem anderen …«* (V. 17).

1. Belsazar fordert den höchsten Gott heraus (5,1-4)

Die in diesem Kapitel beschriebene Torheit Belsazars und die dazugehörige Weisheit Daniels wollen uns sagen: Wer sich über den Gott des Himmels erhebt (siehe V. 23), zieht den Zorn Gottes auf sich; Unbußfertigkeit ist das sichere Zeichen vom bevorstehenden Untergang.

> **1 Der König Belsazar machte ein großes Mahl seinen tausend Gewaltigen, und er trank Wein vor den Tausend.**
> **2 Belsazar befahl beim Genuss des Weins, dass man die goldenen und die silbernen Gefäße bringe, die sein Vater Nebukadnezar aus dem Tempel in Jerusalem herausgenommen hatte, damit der König und seine Gewaltigen, seine Gemahlinnen und seine Nebenfrauen daraus tränken.**

»Der König Belsazar« regierte von 548 bis 539 v. Chr. Im vorliegenden Kapitel stehen wir unmittelbar vor dem Ende Belsazars und damit dem Ende des babylonischen Reiches. Bereits im ersten Jahr Belsazars hatte Gott seinem Knecht Daniel offenbart, dass dieses Reich verdrängt werden sollte durch ein Reich, das wie ein Bär (7,5) Babylon verschlingen würde. Von der Macht des Königs geben uns **»seine tausend Gewaltigen«** einen Eindruck, und diesen macht er ein Mahl, und dabei **»trank er Wein vor den Tausend«**. Er ist also ein König, der zuerst in der Genusssucht allen vorangeht und ihnen dann vormacht, wie man den Gott der Hebräer lästern kann. Dabei sind er und die hohen Herren an seinem Tisch die ganze Zeit in der Hand Jahwes, des Gottes Israels, der in Jeremia 51,57 sagt: *»… ich berausche seine [= Babels] Fürsten und seine Weisen, seine Statthalter und seine Vorsteher und seine Helden,* *dass sie entschlafen zu ewigem Schlaf und nicht mehr erwachen ...«* Es ist Gott, der den Gottlosen dem Rausch dahingibt, in welchem er immer frecher gegen den Himmel lästert, um dafür die gerechte Vergeltung des Himmels auf seinen Kopf herabzuziehen. Wie Jeremia es geweissagt hatte, geschah es: *»In derselben Nacht«*, der Nacht des Gelages, nahmen die Perser die Stadt ein, und Belsazar wurde getötet (V. 30) – um am Ende der Tage wieder auferweckt zu werden; denn dann muss er aus dem Mund des Richters das Urteil vernehmen: Er wird wie alle, die nicht im Buch des Lebens stehen, dem zweiten Tod, dem Feuersee, übergeben (Offb 20,14-15).

»Beim Genuss des Weins«, biṭᶜêm ḥamrâ᾽, oder unter der Wirkung des Weins – erst da wagte er es, die heiligen Geräte herbeizubefehlen. Sein Gewissen hatte ihm noch immer gesagt, dass diese etwas mit dem allein wahren Gott zu tun hatten und dass man sie besser nicht anfasse. Nicht nur durch Rauschtrank, sondern auch unter der berauschenden Wirkung von Erfolg, Zerstreuung, Vergnügen, Genuss oder auch steter Indoktrinierung stumpft das Gewissen der Menschen ab, bis sie sich zu Freveltaten hinreißen lassen, die sie sonst nie gewagt hätten.

»die goldenen ... Gefäße ..., die sein Vater Nebukadnezar aus dem Tempel in Jerusalem herausgenommen hatte«: Diese Gefäße lenken unsere Gedanken wieder zum Anfang des Buches. Diese waren nach Babylon gebracht worden, als Gott Babylon eben erst zum Weltreich gemacht hatte (1,2), und jetzt, da Babylon stürzen soll, rücken sie wieder ins Zentrum des Geschehens. Ja, die Juden hatten, solange sie noch in ihrem Land lebten, durch ihre Sünden die heilige Gefäße und damit den Namen des Gottes, dem sie geheiligt waren, entweiht, und dennoch blieben diese Gottes, und Gott blieb der Heilige Israels. Das demonstriert er nun gegenüber den Heiden, wie er einst gegenüber den Philistern getan hatte, in deren Hände er wegen der Sünden Israels die Bundeslade gegeben hatte (1Sam 5). Auch an ihnen demonstrierte er, dass er der Heilige blieb, wenn auch sein Volk seine Heiligkeit verachtet hatte.

3 Dann brachte man die goldenen Gefäße, die man aus dem Tempel des Hauses Gottes in Jerusalem herausgenommen hatte; und der König und seine Gewaltigen, seine Gemahlinnen und seine Nebenfrauen tranken daraus.

4 Sie tranken Wein und rühmten die Götter von Gold und Silber, von Kupfer, Eisen, Holz und Stein.

»Der König« ging voran, und **»seine Gewaltigen, seine Gemahlinnen und seine Nebenfrauen«** folgten ihm und **»tranken daraus«**, und sie alle **»rühmten die Götter von Gold und Silber, von Kupfer, Eisen, Holz und Stein«**. In Offenbarung 9,20-21 erfahren wir, dass die Menschen der letzten Tage sich weigern, zum Gott des Himmels umzukehren, und nicht aufhören, *»die Dämonen und die goldenen und die silbernen und die kupfernen und die steinernen und die hölzernen Götzenbilder«* anzubeten, und dass sie *»nicht Buße taten von ihren Mordtaten noch von ihren Zaubereien, noch von ihrer Hurerei, noch von ihren Diebstählen«*. Offenbarung 17,2 erklärt dieses Geschehen: *»Die Könige der Erde«* haben *»Hurerei getrieben ...; und die auf der Erde wohnen, sind trunken geworden von dem Wein ihrer Hurerei«*. Die Könige, die Regenten, die Parlamente, die gesetzgebenden Versammlungen werden in ihrer Raserei der Öffentlichkeit vorangehen und diese zur gleichen Trunkenheit verleiten. Die Religion der letzten Tage ist wie die Religion Babels die Anbetung des Geschaffenen anstelle des Schöpfers. Wer hat denn das Gold, das Silber, das Kupfer, das Holz und den Stein gemacht? Sie selbst etwa? Vielmehr sind sie von Gott erschaffen, damit man den Erschaffer aller Materie anbete. Wer die Stimme des Gewissens erstickt und sich weigert, den durch die Schöpfung in seiner Gottheit Offenkundigen zu ehren, wird ein Tor und gibt am Ende dem Geschöpf die Ehre, die allein dem Schöpfer zukommt, und in seinem gerechten Zorn gibt ihn Gott dahin (Röm 1,19-28).

Belsazar geht in der Sünde gegen den Gott des Himmels weiter als sein Vater Nebukadnezar. Der hatte in Torheit und Selbstgefälligkeit gesündigt, also zum Teil aus Schwäche; Belsazar sündigt mit erhobener Hand. Entsprechend richtet Daniel an ihn nicht wie an seinen Vater einen Ruf zur Buße (4,24), sondern kündigt nur dessen Untergang an.

2. Gott schreckt Belsazar und lässt die Weisen dumm werden (5,5-9)

5 In demselben Augenblick kamen hervor Finger einer Menschenhand und schrieben, dem Leuchter gegenüber, auf den Kalk der Wand des königlichen Palastes; und der König sah die Hand, die schrieb.
6 Da veränderte sich dem König die Gesichtsfarbe, und seine Gedanken erschreckten ihn; und die Gelenke seiner Hüften lösten sich, und seine Knie schlugen aneinander.
7 Der König rief mit Macht, dass man die Zauberer, die Chaldäer und die Wahrsager hereinbringe; und der König fing an und sprach zu den Weisen von Babel: Jeder, der diese Schrift lesen und ihre Deutung mir anzeigen wird, der soll mit Purpur bekleidet werden samt einer goldenen Kette um seinen Hals und als Dritter im Reich herrschen.
8 Dann kamen alle Weisen des Königs herbei; aber sie konnten die Schrift nicht lesen noch ihre Deutung dem König kundtun.

»In demselben Augenblick«: Gott hatte jahrelang zugewartet mit dem Gericht; doch als das Maß des beharrlichen Frevelns voll war, fiel an einem bestimmten Tag und in einem festgelegten Augenblick Gottes Urteilsspruch über Belsazar. Plötzlich sieht dieser **»Finger einer Menschenhand«**, die mit einem Mal **»hervorkamen«**, wo zuvor nichts gewesen war.

»hervorkamen« ist das gleiche Verb wie *»herausnehmen«* in den Versen 2 und 3. Einst hatte ein babylonischer König die heiligen Geräte *»herausgenommen«*, und nun *»kamen«* die Finger der Hand dessen, dem diese gehören, *»hervor«*. Und diese **»schrieben«**, was an 2. Mose 31,18 denken lässt, wo gesagt wird, dass die Gesetzestafeln mit dem Finger Gottes geschrieben waren. Die *»Menschenhand«* gehört dem Menschensohn, dem Gott das Gericht über alle Menschen übergeben hat (Joh 5,27); er ist es, der dem König den Urteilsspruch an die Wand schreibt, **»dem Leuchter gegenüber«**, also in hellem Licht, **»auf dem Kalk der Wand«** und damit grell hervortretend, und zwar auf der Wand **»des königlichen Palastes«**. Da, wo der König in seiner Selbstsicherheit vor allen Tausend

seiner Gewaltigen saß, wird das Urteil geschrieben, das der Richter über den Frevler gefällt hat. **»Und der König sah die Hand«**, und als er sie sah, wusste er, dass es die Antwort Gottes war auf seine Lästerworte. **»Da«**, im selben Augenblick, **»veränderte sich dem König die Gesichtsfarbe«**, **zîw**[102]. So markierte Gott vor den Augen aller, die mit dem König getrunken und gelästert hatten, dass er angefangen hatte, dem selbstherrlichen König das Leben zu entziehen, das im Blut ist (3Mo 17,11). Belsazar hatte nicht die Macht, das Blut in seinen Adern fließen zu lassen und alle seine Glieder mit Leben zu erfüllen, und nun Gott es ihm zurückzog, wurde sein Gesicht weiß wie das eines Toten. Plötzlich spürte er Gottes Hand, **»und seine Gedanken erschreckten ihn«**, und gleichzeitig **»lösten sich die Gelenke seiner Hüften«**, und damit verlor Belsazar die Herrschaft über seine Beine, und darum **»schlugen seine Knie aneinander«**. Unter den Blicken aller Anwesenden war er zum hilflosen Haufen geworden, der nicht einmal mehr das Vermögen hatte, gerade auf den Beinen zu stehen, und damit nahm ihm Gott etwas, was zur Würde des Menschen gehört, der im Gegensatz zu den Tieren aufrecht steht und geht und damit unter allen Geschöpfen auf Erden das einzige ist, das den Blick hinauf zu seinem Schöpfer lenkt und ihn preist. Tut der Mensch das nicht, ist er dem Tier gleich geworden.

Die Kraft über seine Stimme ließ Gott dem König noch einstweilen, und so **»rief der König mit Macht, dass man die Zauberer, die Chaldäer und die Wahrsager hereinbringe«**, und tatsächlich: **»Dann kamen alle Weisen des Königs herbei ...«** Über die hatte er noch Gewalt, aber er hatte keine Macht mehr über sich selbst, und da muss ihm bewusst geworden sein, dass er in Gottes Hand war. Aber der Sünder ist ein unfassbar verstocktes Wesen, und so meint Belsazar immer noch, er könne sich retten, wenn er nur herausfinden kann, was diese unheimliche Schrift an der Wand ihm sagen will. Um sie zur Eile zu treiben, **»sprach«** er **»zu den Weisen«** durch die Boten, welche jene herbeirufen mussten: **»Jeder, der diese Schrift lesen und ihre Deutung mir anzeigen wird, der soll mit Purpur bekleidet werden samt einer goldenen Kette um seinen Hals und als Dritter im Reich herrschen.«** Belsazar will Gott nicht ehren, will nicht anerkennen, dass Gott auch der ist, der ihm die Macht und Ehre eines Königs gegeben hatte, aber er will

102 Zu den weiteren Belegen und zur Bedeutung dieses Wortes und des entsprechenden hebräischen **hôd** siehe sprachliche Anmerkungen zu 10,8.

andere mit Ehre überhäufen, falls sie sich ihm als nützlich erweisen. Die **»Weisen des Königs kamen herbei«**, und zu gerne hätte er einem von ihnen den Lohn gegeben, **»aber sie konnten die Schrift nicht lesen«**. Wie sein Vater wiederholt erfahren hatte und wie Belsazar wohl wusste, können keine Weisen der Welt die Sprache Gottes verstehen.

9 Da fiel der König Belsazar in großen Schrecken, und seine Gesichtsfarbe veränderte sich an ihm; und seine Gewaltigen wurden bestürzt.

»Da«, wo er erkennt, dass aus seiner Hoffnung nichts geworden ist, fällt **»der König Belsazar in großen Schrecken«**. Die Erwartung, von den Weisen Hilfe zu bekommen, hatte wohl seinem Gesicht wieder etwas Farbe verliehen, doch jetzt **»veränderte sich seine Gesichtsfarbe«** wieder. Vergeblich hatte er von seinen Weisen etwas erwartet; die waren vor ihm *»dumm geworden«* wie die Weisen Zoans vor dem Pharao (Jes 19,11). Wie hätte es auch anders sein können? *»Wer sollte dich nicht fürchten, König der Nationen? Denn dir gebührt es. Denn unter allen Weisen der Nationen und in allen ihren Königreichen ist gar niemand dir gleich, sondern sie sind allzumal dumm und töricht; die Unterweisung der Nichtigkeiten ist Holz«* (Jer 10,7-8). Und als die **»Gewaltigen«** sahen, wie ihrem König geschah, da wurden auch sie **»bestürzt«**, waren sie doch dem König gefolgt und hatten mit ihm die heiligen Geräte entweiht und die babylonischen Götter gepriesen (V. 3-4).

3. Daniel verkündigt den Untergang Belsazars und seines Reiches (5,10-28)

10 Die Königin trat infolge der Worte des Königs und seiner Gewaltigen in das Haus des Gelages. Die Königin fing an und sprach: König, lebe ewig! Lass deine Gedanken dich nicht erschrecken, und deine Gesichtsfarbe verändere sich nicht!
11 Es ist ein Mann in deinem Königreich; in dem ist der Geist der heiligen Götter, und in den Tagen deines Vaters fanden sich bei ihm Erleuchtung und Einsicht und Weisheit gleich der

Weisheit der Götter; und der König Nebukadnezar, dein Vater, setzte ihn zum Obersten der Magier, der Zauberer, der Chaldäer und der Wahrsager, dein Vater, König,
12 weil ein außergewöhnlicher Geist und Kenntnis und Einsicht gefunden wurde, um Träume zu deuten, Rätsel zu erklären und Knoten zu lösen, bei Daniel, dem der König den Namen Beltsazar gegeben hatte. So werde nun Daniel gerufen, und er wird die Deutung anzeigen.
13 Darauf wurde Daniel vor den König geführt. Der König fing an und sprach zu Daniel: Bist du dieser Daniel, einer der Weggeführten von Juda, die der König, mein Vater, aus Juda hergebracht hat?

»Die Königin« ist nicht eine der Frauen Belsazars, denn *»seine Frauen«* hatten beim Gelage mitgetrunken (V. 2-4). Es muss also die Königinmutter gewesen sein, und da sie Rat weiß, sagt sie dem König, seine Gedanken müssten ihn **»nicht erschrecken«** und es liege kein Grund vor, warum ihm die Farbe aus dem Gesicht weichen müsse. Damit zeigt die Königinmutter, dass sie gleich gottlos ist wie ihr Sohn. Der sollte dem lebendigen Gott Hohn sprechen und sich danach nicht ängstigen?

Sie weiß ihrem Sohn zu sagen: **»Es ist ein Mann in deinem Königreich; in dem ist der Geist der heiligen Götter«**, und in ihm wurde **»in den Tagen deines Vaters«** die Weisheit gefunden, die keiner der babylonischen Weisen besaß. Und diesen hatte Belsazars Vater sogar **»zum Obersten«** aller Weisen im Reich erhoben. Dreimal sagt sie in V. 11 in sehr auffallender Weise **»dein Vater«**, und in V. 18 sagt Daniel **»dein Vater«**, und in V. 22 spricht er Belsazar an mit **»du, … sein Sohn«**. Damit will uns Gott mit seinem geschriebenen Wort einen Wink geben. Da war ein Vater, den Gott gelehrt und erzogen hatte, und auf den folgt ein Nachkomme, der von dem allem nichts weiß, weil er nichts davon wissen will. Die Söhne werden nicht klug aus den Sünden und Lehrstücken der Väter, wie das auch bei den Juden (Mt 23,31-32), ja, bei allen Völkern der Fall ist. Würden die Nachkommen klug, triebe die Welt der Menschen nicht beharrlich weiter weg von Gott und seiner Wahrheit und damit dem göttlichen Gericht am Ende der Tage entgegen. Diese Tatsache lehrte der Gott Israels auch den Propheten Hesekiel (siehe Kap. 18). Hätte Belsazar aus allen Erfahrungen seines Vaters lernen wollen, hätte er Daniel gekannt und im Lauf seiner Regentschaft diesen immer wieder um Rat gefragt; nun aber weiß er gar nicht von ihm. Doch jetzt soll **»Daniel gerufen«** werden; der soll kommen und dem König **»die Deutung anzeigen«**. Belsazar kann wieder etwas leichter atmen.

»Darauf wurde Daniel vor den König geführt«: Wie bei den beiden Träumen Nebukadnezars werden zuerst die Weisen Babels gerufen, und erst als diese sich als ratlos erwiesen haben, besinnt man sich auf Daniel. Nicht anders als die alten Babylonier wollen auch die Menschen unserer Tage nicht wahrhaben, dass die hebräischen Propheten die Einzigen sind, welche Antworten auf die wichtigsten Fragen der menschlichen Existenz haben, und dass nur diese Licht geben können ins Knäuel der Ratlosigkeiten, an denen unsere Kanzler und Präsidenten mitsamt ihren Beratern und Experten sich abarbeiten.

Das Licht, das Belsazar vom Propheten Gottes empfängt, bringt dem König aber keine Hilfe; sie stellt nur seine Sünde und sein sicheres Ende ins Licht. Es ergeht ihm wie allen Gottlosen, wenn Jahwe an seinem Tag aufsteht, *»um die Erde zu schrecken«* (Jes 2,19): *»... wer vor der Stimme des Grauens flieht, fällt in die Grube; und wer aus der Grube heraufsteigt, wird im Netz gefangen«* (Jes 24,18). Allen, die zu spät zur Bibel greifen, um in ihr doch noch einen rettenden Ausgang zu finden, wird es ergehen wie *»wenn jemand vor dem Löwen flieht, und es begegnet ihm ein Bär; und er kommt nach Hause und stützt seine Hand an die Mauer, und es beißt ihn eine Schlange«* (Am 5,19). Sie hatten über Jahre nicht hören wollen, als Gott sie auf hundert Weisen rief, vielmehr kannten sie für die Bibel nichts als Verachtung. Wenn alles einbricht und das Grauen sich tonnenschwer über sie legt, werden sie zu Gott schreien, aber dann bleibt der Himmel stumm. Der Herr im Himmel spottet dann auch (Spr 1,24-30), und als Antwort auf ihr Schreien kommt nicht ein Wort zur Rettung, sondern Gottes Urteilsspruch.

14 Und ich habe von dir gehört, dass der Geist der Götter in dir ist und dass Erleuchtung und Verstand und außergewöhnliche Weisheit sich bei dir gefunden haben.
15 Und nun sind die Weisen, die Zauberer vor mich geführt worden, damit sie diese Schrift läsen, um mir ihre Deutung kundzutun. Aber sie können die Deutung der Sache nicht anzeigen.

16 Ich habe aber von dir gehört, dass du vermagst, Deutungen zu geben und Knoten zu lösen. Nun, wenn du diese Schrift lesen und ihre Deutung mir kundtun kannst, sollst du bekleidet werden mit Purpur samt einer goldenen Kette um deinen Hals, und du sollst als Dritter im Reich herrschen.
17 Da antwortete Daniel und sprach vor dem König: Deine Gaben mögen dir verbleiben, und deine Geschenke gib einem anderen; jedoch werde ich die Schrift dem König lesen und die Deutung ihm kundtun.

Ganz richtig, Belsazar hat »**von**« Daniel, aber nie Daniel selbst gehört, und jetzt will er dem Propheten wohl schmeicheln, indem er dessen wunderhaften Fähigkeiten aufzählt, und dazu verspricht er ihm die gleiche Belohnung, die er den Weisen hingestreckt hatte. »**Da antwortete Daniel und sprach vor dem König**«, und er leitete seine Worte nicht ein mit einer sonst von ihm gebrauchten Anrede wie *»König der Könige«* (2,37) oder *»mein Herr«* (4,16). Da er als Prophet redet, will er nicht den leisesten Anschein erwecken, die Macht oder das Ansehen der angesprochenen Person habe irgendeinen Einfluss auf seine Deutung. Entsprechend ist auch seine Antwort schroff, man kann sagen: kränkend – »Behalt deine Gaben für dich!« Daniel weigert sich, dem Mann, der Gott nicht ehrt, die Genugtuung zu verschaffen, ihm Ehre verleihen zu können. Wäre der stolze Monarch nicht schon durch Gott geknickt worden, hätte er sich das nicht gefallen lassen.

Mit den Worten »**deine Geschenke gib einem anderen**« zeigt Daniel für die Gunst und Gaben des Königs nur Verachtung. Hier haben wir ein weiteres Merkmal derer, die in einer Welt der Selbstanbetung der Menschen ihrem Gott dienen und den Weg der Heiligen Gottes gehen (siehe Auslegung zu 1,8). Sie lassen sich von der Religion, der Macht und dem Glanz der Welt nicht blenden und begehren daher keine Beförderung in dieser Welt der mannigfaltigen Götzendienereien. Abraham begehrte Sodoms Geschenke nicht (1Mo 14,21-24), Elisa wies die Geschenke des Syrers Naaman zurück (2Kö 5,15-16), die Männer, die für den Namen des Herrn ausgegangen sind, nehmen nichts von den Nationen (3Jo 7). So handelt, wer sich des Adels der Heiligen Gottes bewusst ist.

In Kapitel 7 spricht Daniel ausführlich vom Ende der Reiche der Welt: Der Menschensohn wird kommen und sich alles untertan machen, und dann werden die Heiligen Gottes mit ihm erhöht werden. In 7,1 wird uns gesagt, dass Daniel dieses Gesicht im ersten Jahr Belsazars empfing. Hier steht er vor diesem Belsazar und lässt sich durch dessen Angebote nicht blenden, denn er glaubt, was Gott ihm über das Ende Babels offenbart hat.

> **18 Du, König! Der höchste Gott hatte Nebukadnezar, deinem Vater, das Königtum und die Größe und die Ehre und die Hoheit verliehen;**
> **19 und vor der Größe, die er ihm verliehen hatte, zitterten und fürchteten sich vor ihm alle Völker, Stämme und Sprachen. Wen er wollte, tötete er, und wen er wollte, ließ er leben; und wen er wollte, erhöhte er, und wen er wollte, erniedrigte er.**
> **20 Als aber sein Herz sich erhob und sein Geist hart wurde bis zur Vermessenheit, wurde er von seinem königlichen Thron gestürzt, und man nahm ihm seine Ehre.**
> **21 Und er wurde fortgestoßen von den Menschenkindern, und sein Herz wurde dem der Tier gleich, und seine Wohnung war bei den Wildeseln; Kraut gab man ihm wie den Rindern zu essen, und vom Tau des Himmels wurde sein Leib benetzt, bis er erkannte, dass der höchste Gott Herrscher ist über das Königtum der Menschen und darüber setzt, wen er will.**

Daniel fährt fort mit der dürren Anrede »**Du, König!**« und erinnert diesen an Gottes Handeln mit und an Nebukadnezar. Dieses lehrt drei einfache Wahrheiten:

1. Gott war es, der Nebukadnezar »**das Königtum und die Größe und die Ehre und die Hoheit**« gab (V. 18).
2. Als Nebukadnezars »**Herz sich erhob**«, wurde er »**von seinem königlichen Thron gestürzt, und man nahm ihm seine Ehre**« (V. 20), ganz wie beim König von Tyrus, der in seiner Selbstherrlichkeit ebenfalls vergaß, dass er dem Gott des Himmels alles verdankte, und deshalb von Gott erniedrigt wurde (Hes 28).
3. Erst als Nebukadnezar wieder erkannte, »**dass der höchste Gott Herrscher ist über das Königtum der Menschen und darüber setzt, wen er will**«, wurde er wiederhergestellt (V. 21).

22 Doch du, Belsazar, sein Sohn, hast dein Herz nicht gedemütigt, obwohl du dies alles gewusst hast.

Als wahrer Prophet sagt Daniel dem König die Wahrheit, und jetzt spricht er ihn nur noch mit seinem Rufnamen an: »**… du, Belsazar, sein Sohn, hast dein Herz nicht gedemütigt …**« Das war seine große Sünde, und er beging sie, »**obwohl [er] dies alles gewusst**« hatte. Er hatte es offensichtlich so lange verdrängt, bis er es nicht mehr wusste, und damit war er durch seinen eigenen Willen unwissend, wie Petrus von den Menschen sagt, die über jegliches Gericht, das da ein Gott verhängen werde, überlegen lächeln oder offen spotten: *»Nach ihrem eigenen Willen ist ihnen verborgen«*,[103] was sie über Erschaffung der Welt und über Gottes kommendes Gericht einst wussten und nun nicht mehr wissen (2Petr 3,5-7). Darum war das über Belsazar verhängte Gericht gerecht. Das gilt für alle Menschen, wie Paulus in Röm 1,21 sagt: *»… obwohl sie Gott erkannten, haben sie ihn weder als Gott die Ehre gegeben noch ihm Dank dargebracht …«* Darum übergibt sie Gott dem selbst gewählten Unglauben mit allen ihren Folgen (Röm 1,24.26.28), deren äußerste die ewige Verdammnis ist (Röm 2,5.16).

23 Und du hast dich erhoben über den Herrn des Himmels; und die Gefäße seines Hauses hat man vor dich gebracht, und du und deine Gewaltigen, deine Gemahlinnen und deine Nebenfrauen, ihr habt Wein daraus getrunken. Und gerühmt hast du die Götter von Silber und Gold, von Kupfer, Eisen, Holz und Stein, die nicht sehen und nicht hören und nicht wahrnehmen; aber den Gott, in dessen Hand dein Odem ist und bei dem alle deine Wege sind, hast du nicht geehrt.

Belsazar hatte sich »**über den Herrn des Himmel erhoben**«, als er ein heiliges Gefäß aus dem Tempel Jahwes in der Hand hielt und zugleich

103 *»nach ihrem eigenen Willen«*, wörtlich: »ihnen als Wollenden«, θελοντας, *thelontas*, ist es *»verborgen«*. Gott hat die Entstehung der Welt niederschreiben lassen und es damit jedem, der es annehmen will, offenbart. Wenn wir wollen, können wir wissen, dass die Erde am dritten Schöpfungstag aus dem Wasser herausgehoben, später aber der Sünden der Menschen wegen wiederum im weltweiten Gericht unter den Wassermassen ertränkt wurde (1Mo 6–8; 2Petr 3,6). Das bleibt nur dem verborgen, der es nicht wahrhaben will. Er will nichts von einem ehemaligen weltweiten Gericht wissen, er will unwissend bleiben, weil er sein Leben weiterhin nach seinen Lüsten leben und durch keinen Gedanken an irgendein Gericht beunruhigt sein will (B. Peters, *Der zweite Brief des Petrus / Der Brief des Judas*, Bielefeld: CLV, 2013, S. 107).

die Götzen pries. Alles, was Nebukadnezar erfahren und allen Völkern in seinem Reich durch eine amtliche Deklaration bekannt gemacht hatte (3,28-29.31-33), hatte ihn nicht gelehrt, Gott zu fürchten.

»ihr habt Wein daraus getrunken«: Die Gefäße waren Gott geweiht und dazu bestimmt, zur Ehre und zur Freude Gottes gebraucht zu werden. Belsazar hat sie aber nur zu seiner Selbsterhöhung verwendet.

Dass **»die Götter von Silber und Gold, von Kupfer, Eisen, Holz und Stein … nicht sehen und nicht hören und nicht wahrnehmen«**, bezeugen Tempelsänger und Propheten dem Volk Gottes wiederholt (Ps 115,4-7; Jes 46,7; Jer 10,5). Hier wagt es Daniel, vor einem mächtigen König die Götter, die dieser eben gerühmt hatte, als das zu benennen, was sie wirklich sind. Den Gott nicht zu ehren, **»in dessen Hand dein Odem ist«**, ist große Torheit – ebenso, dem die Ehre zu versagen, **»bei dem alle deine Wege sind«**. Mit seiner Sünde und Torheit hat Belsazar beharrlich an seinem eigenen Untergang gearbeitet.

24 Da wurde von ihm diese Hand gesandt und diese Schrift gezeichnet.
25 Und dies ist die Schrift, die gezeichnet worden ist: *Mene, mene, tekel upharsin.*
26 Dies ist die Deutung des Wortes: *Mene* – gezählt hat Gott dein Königtum und macht ihm ein Ende.
27 *Tekel* – gewogen bist du auf der Waage und zu leicht erfunden.
28 *Peres* – zerteilt wird dein Reich und den Medern und Persern gegeben.

»Da«, als Belsazar sich über den Herrn des Himmels erhob, sandte Gott die Schrift. Daniel erklärt ihm, warum das Gericht kommt, er kündigt es im nächsten Atemzug an, doch ruft er ihn nicht zur Umkehr. Belsazar hat Gott so lange getrotzt, bis dessen Herz von Gott in diesem Trotz fest gemacht, d. h. verhärtet wurde; die Zeit, in der er noch hätte umkehren können, war verstrichen. Wir fragen uns, woher Daniel den Mut hatte, so zu reden. Da er nichts vom König begehrte, stand er als freier Mann vor diesem mächtigsten Mann seiner Zeit in der schlichten Würde der Knechte des Allerhöchsten.

»gezählt hat Gott dein Königtum und macht ihm ein Ende«: Gott hatte Nebukadnezar offenbart, dass er die Dauer eines jeden Reiches und einer jeden Regierung begrenzt hat. Ist die Dauer abgelaufen, geht das Reich unter. Das liegt wohl an Gottes Willen, doch ist Gottes Wille nicht Willkür. Babylon ist durch die Gottlosigkeit ihres Königs zum Gericht gereift, Gott hat Belsazar **»gewogen«** in gerechter *»Waage und Waagschalen«* (Spr 16,11), und auf diesen ist der König **»zu leicht erfunden«** worden. Ein solcher König ist des Amtes unwürdig; er muss abgesetzt werden. Der sich für groß und gewichtig hielt, zu groß, um sich vor Gott zu beugen, muss nun einsehen, dass er *»nur Hauch«* ist wie alle *»Menschensöhne ... Sie steigen auf der Waagschale empor, sie sind allesamt leichter als ein Hauch«* (Ps 62,10).

»wird dein Reich ... den Medern und Persern gegeben«: Es erfüllt sich noch in der gleichen Nacht, was Gott König Nebukadnezar in dessen erstem Traum (Kap. 2) offenbart hatte: Das goldene Haupt, das babylonische Reich, wird erniedrigt und abgelöst durch das silberne, das medo-persische Reich. Jesaja 13,17-22 und Jeremia 50–51 haben in ihren Weissagungen den Untergang des babylonischen Weltreiches ausführlich geschildert.

4. Der höchste Gott richtet Belsazar (5,29-30)

29 Darauf befahl Belsazar, und man bekleidete Daniel mit Purpur samt einer goldenen Kette um seinen Hals; und man rief aus über ihn, dass er der dritte Herrscher im Reich sei.
30 In derselben Nacht wurde Belsazar, der König der Chaldäer, getötet.

»Darauf«, auf die Ankündigung von seinem Gericht und Untergang, **»befahl Belsazar«**, und man tat, was er befohlen hatte, und **»bekleidete Daniel mit Purpur samt einer goldenen Kette um seinen Hals«**. Er sucht nicht Vergebung, er bleibt der Alte und fährt fort mit Kommandieren, als ob er noch lange auf seinem Thron sitzen würde. Das wird sich am Ende der Tage wiederholen. Die Menschen werden zunächst in große Ängste versinken, wo ihnen die Zeichen des herannahenden Gerichts erscheinen. Und diese werden noch größer werden, wenn sie gleich Belsazar keine Erklärung für diese Zeichen bekommen; in ihrer

Ratlosigkeit werden sie angesichts der Zeichen am Himmel vergehen vor Furcht (Lk 21,25-26). Doch dann, wenn die Gerichte fallen, werden die Menschen nicht umkehren, sondern fortfahren mit ihren Untaten (Offb 9,20-21), und sie werden den Gott des Himmels immer hemmungsloser lästern (Offb 16,9.11).

Das Reich der Babylonier fiel den Medern und Persern in die Hände während eines Trinkgelages, wie Jes 13,17-19; 21,5 und Jer 51,39.57 vorausgesagt hatten. Jeremia nennt als Ursache für den Untergang, dass es *»ein Land der geschnitzten Bilder«* ist (Jer 50,38), und Jesaja sagt, dass Gott beim Fall Babels *»alle geschnitzten Bilder seiner Götzen zu Boden geschmettert hat«* (Jes 21,9). Vor dem lebendigen Gott *»krümmt sich Bel, sinkt Nebo zusammen«* (Jes 46,1).

»In derselben Nacht«, an einem bestimmten Tag des Gerichts, **»wurde Belsazar, der König der Chaldäer, getötet«**. Dieser Tag weist in die Zukunft auf einen großen Tag, an dem alles, was sich gegen den Hohen und Erhabenen erhebt, für immer erniedrigt werden soll: *»Die hochmütigen Augen der Menschen werden erniedrigt, und der Hochmut der Herren wird gebeugt; und Jahwe wird hoch erhaben sein, er allein, an jenem Tag. Denn Jahwe der Heerscharen hat einen Tag über alles Hochmütige und Hohe und über alles Erhabene, und es wird erniedrigt werden«* (Jes 2,11-12). Dabei wird auch das letzte Babylon niedergeworfen, um nie wieder aufzustehen: *»Und ein starker Engel hob einen Stein auf wie einen großen Mühlstein und warf ihn ins Meer und sprach: So wird Babylon, die große Stadt, mit Gewalt niedergeworfen und nie mehr gefunden werden«* (Offb 18,21).

Der Untergang Babels ist von Jesaja (Kap. 13; 14; 21; 46; 47) und Jeremia (Kap. 25; 50; 51) angekündigt worden. In Jes 13,17 und 21,2 erfahren wir, dass die Meder Babylon erobern werden; in Jes 21,5 erfahren wir, was auch in Jer 51,57 steht (siehe oben Auslegung zu V. 1), dass Babylon erobert wurde, während man in der Stadt ein Trinkgelage hielt. Davon berichten die beiden griechischen Historiker Xenophon und Herodot:

> »Als Kores hörte, dass ein solches Fest in Babylon sei, bei dem alle Babylonier die ganze Nacht trinken und feiern, nahm er zahlreiche

> Männer … ›Jetzt fallen wir sie an, während viele schlafen und viele trunken, aber zum Kampf ungerüstet sind‹ …«[104]

> »Weil Babylon so groß ist, wussten, wie man dort im Lande erzählt, die Leute inmitten der Stadt noch nichts vom Eindringen der Feinde, als die äußeren Stadtteile bereits in Feindeshand waren. Man feiere gerade ein Fest, tanze noch und war guter Dinge, bis die Kunde endlich auch zu ihnen drang.«[105]

Jeremia weissagte ferner, dass der Fluss, der durch die Stadt floss, eine weitere entscheidende Rolle spielen würde bei der Eroberung Babylons: *»Darum, so spricht Jahwe: … ich werde sein Meer austrocknen und seine Quelle versiegen lassen«* (51,36). Herodot, der Babylon aus eigener Anschauung kannte, schreibt:

> »Die Stadt besteht aus zwei Teilen, mitten hindurch aber fließt der Fluss, der Euphrat heißt.«[106]

Beide, Xenophon und Herodot, schreiben, dass Kores die uneinnehmbar scheinende Stadt dadurch bezwingen konnte, dass er den Euphrat umleitete, sodass die medopersischen Truppen im trockengelegten Flussbett mühelos in die Stadt hineinziehen konnten:

> »Inzwischen waren die Gräben ausgehoben … Kores nahm eine große Anzahl Männer und öffnete die Gräben zum Fluss hin. Sobald das geschehen war, floss das Wasser durch die Gräben ab in der Nacht.«[107]

> »Er (Kores) leitete durch einen Graben den Fluss in den See ab … So machte er, da das Wasser seitwärts floss, das Flussbett gangbar. Und durch das Flussbett drangen nun die Perser, die Kores am Flussufer aufgestellt hatte, in Babylon ein … So wurde Babylon zum ersten Mal erobert.«[108]

104 Xenophon, *Kyrupädie* VII, 5,15.25.26.
105 Herodot, *Historiae* I, 191.
106 Herodot, a. a. O., I, 180.
107 Xenophon, a. a. O., VII, 5,15.16.20.
108 Herodot, a. a. O., I, 191.

Lehrreiches und Denkwürdiges zu Kapitel 5

V. 5 – »›**Finger**‹: Mit seinen Fingern schuf Gott einmal das ganze Weltall (Ps 8,4). Er brachte mit seinem Finger aus dem Staub der Erde die Stechmücken der dritten Plage hervor (2Mo 8,15). Mit seinem Finger beschrieb er die Tafeln aus Stein (2Mo 31,18). Durch den Finger Gottes trieb der Herr Jesus die Dämonen aus (Lk 11,20). Er schrieb mit dem Finger zum Gericht auf die Erde (Joh 8,6). Hier kündigen die Finger Gottes Belsazar das Gericht an« (W. Mücher, *Der Prophet Daniel*, S. 125).

Sprachliche Anmerkungen zu Kapitel 5

V. 2.3 – **»herausgenommen«**: **hanphêq**; das ist der Kausativstamm (Haphel), der im Grundstamm **nəphaq** lautet, »herauskommen« oder »hervorkommen« (V. 5). Das Verb ist auch belegt in 2,14; 3,26; 7,10, wo es mit »ausgehen« bzw. »ausziehen« übersetzt ist. Für eine Erklärung des irregulären Haphel (mit *nun*) siehe Ben Zion Bergman, *Journal of Near Eastern Studies* 27 (1968), S. 69-70.

Kapitel 6 – Prophetisch: Die Selbstvergottung des Tieres

1. **Daniel als treuer königlicher Beamter (6,1-3)**
2. **Der Anschlag gegen Daniel (6,4-10)**
3. **Der treue Diener Gottes und des Königs wird verurteilt und errettet (6,11-25)**
4. **Daniels Gott wird von den Heiden geehrt (6,26-29)**

In Kapitel 3 wurde falscher Gottesdienst erzwungen; diesen muss man verweigern. Hier soll der wahre Gottesdienst unterdrückt werden; diesen muss man fortwährend üben. Wird falscher Gottesdienst erzwungen, kann man durch Absenz das Verbot umgehen, ohne gegen das Gesetz zu verstoßen; wird der wahre Gottesdienst verboten, kann man sich auf keine Weise dem Verbot entziehen; denn wir müssen allezeit und allerorts dem wahren Gott dienen, und tun wir es, machen wir uns immer und überall vor dem Staat schuldig. Es ist also die Verordnung des Darius schlimmer als die des Nebukadnezar. Und während Nebukadnezar lediglich einen falschen Gegenstand der Anbetung aufstellte (seinen Staat), machte sich Darius selbst zu Gott. Er tut damit für begrenzte Zeit, was 9,27 ankündigt und das Tier von Offenbarung 13 tun wird: Es verbietet jeglichen Gottesdienst, der nicht ihm gilt. *»Der Mensch der Sünde«* wird sich dann in den Tempel Gottes setzen und sich selbst darstellen als Gott (2Thes 2,3-4).

Wie in Kapitel 3, so sind auch hier Denunzianten zur Stelle, welche die Männer verklagen, die sich dem Befehl des Königs widersetzen. Der Mut der Treuen reizt die Anpasser; sie ertragen nicht den Anblick von Leuten, die sich der Verehrung der Macht und der Mächtigen verweigern. Das Gewissen sticht sie, doch durchbohrt Licht ihre Herzen nicht zur Buße (vgl. Apg 2,37), sondern zum Zorn und zur Mordlust (vgl. Apg 7,54). Und wie bei den Denunzianten von 3,12, so spielt auch hier der Neid auf den Angezeigten eine Rolle (V. 4-5).

Und wie in Kapitel 3 der König die drei Gefährten persönlich aus dem brennenden Ofen gerufen hatte, so rief Darius den Mann aus der Grube, in die er ihn hatte werfen lassen.

Die Parallelen der Geschehnisse wollen uns zeigen, dass in den heidnischen Weltreichen eine Kontinuität des Bösen besteht. Worin Babel gefrevelt hatte, frevelten alle nachfolgenden Reiche.

Als letztes paralleles Geschehen steht der Befehl des Darius, man müsse den Gott der Hebräer fürchten. Beide, die einen solchen Aufruf durch ihr Reich ergehen ließen, blieben nach ihrer momentanen Regung zur Gottesfurcht die gleichen Götzendiener, die sie zuvor gewesen waren. Was ist der Mensch ohne Gottes Gnade?

1. Daniel als treuer königlicher Beamter (6,1-3)

1 Und Darius, der Meder, bekam das Königreich, als er gegen zweiundsechzig Jahre alt war.
2 Es gefiel Darius, über das Königreich hundertzwanzig Satrapen zu setzen, die im ganzen Königreich sein sollten,
3 und über diese drei Vorsteher, von denen Daniel einer war, damit jene Satrapen diesen Rechenschaft gäben und der König keinen Schaden leide.

»Darius, der Meder,[109] **bekam das Königreich«**, d. h. es wurde ihm von jemandem gegeben. Der es ihm unterstellte, war Kores, der Großkönig über das vereinte Reich der Perser und Meder; doch hatte er es vermittels des Großkönigs von Gott selbst empfangen. *»Das Königreich«* des Darius war ein Reich innerhalb des gesamten medo-persischen Herrschaftsgebiets, das sich über die heutigen Staaten Iran, Irak, Syrien, Jordanien, Libanon, Israel, Ägypten, das nördliche Saudi-Arabien und die Türkei erstreckte. Zum Reich des Darius gehörten das Zweistromland, in welchem die Stadt Babel stand, Nordarabien, Syrien, Phönizien und Palästina.

Um sein Reich zu verwalten, setzte Darius **»über das Königreich hundertzwanzig Satrapen«** und **»über diese drei Vorsteher, von denen Daniel einer war«**. Das babylonische Reich war untergegangen,

109 Die Bibelkritik hat vollmundig deklariert, »Darius, der Meder« sei eine erfundene Gestalt, hier liege einer der vielen Irrtümer im Buch Daniel vor. Eine hilfreiche Erklärung mit weiterführender Literatur zu dieser historischen Gestalt findet sich bei R. Liebi, *Weltgeschichte*, S. 17-18.

Daniel war noch immer da (1,21; 6,29). Die Reiche der Welt vergehen, die Heiligen Gottes aber bleiben bestehen (siehe 7,18). Wie kommt das? Weil sie Gott und seinem Wort vertrauen. Der Himmel und die Erde werden vergehen, aber Gottes Worte vergehen nicht, und darum können auch die Seinigen nicht vergehen (Mt 24,34-35).

2. Der Anschlag gegen Daniel (6,4-10)

4 Da übertraf dieser Daniel die Vorsteher und die Satrapen, weil ein außergewöhnlicher Geist in ihm war; und der König sann darauf, ihn über das ganze Reich zu erheben.
5 Da suchten die Vorsteher und die Satrapen eine Ursache zu finden gegen Daniel vonseiten der Regierung; aber sie konnten keine Ursache und keine schlechte Handlung finden, weil er treu war und kein Vergehen und keine schlechte Handlung an ihm gefunden wurde.

In Daniel war **»ein außergewöhnlicher Geist«**. Damit ist nicht der Heilige Geist gemeint, sondern sein eigener Geist, wobei *»Geist«* für sein inneres Wesen, für seinen Charakter steht. Der fiel auf, und deswegen wollte Darius ihn **»über das ganze Reich erheben«**. Offensichtlich besaß Daniel den Adel der Heiligen Gottes, die Wesenszüge und das Verhalten, das auch den Christen auszeichnen soll (siehe Eph 4,1).

In Kapitel 1 hatte Daniel bewiesen, dass er sich nicht richtete nach den Möglichkeiten, die sich ihm im Leben auftaten, sondern nach den Weisungen des Wortes Gottes (1,8). Das zeichnet Daniel aus als einen Mann von sittlichem Adel, der weit mehr ist als bloßer Geburtsadel und dem schäbigen Geldadel erst recht himmelhoch überlegen ist. Wer wahren Adel besitzt, der richtet sein Leben aus nach hohen sittlichen Prinzipien und fordert von sich selbst viel ab, wie Jesaja sagt: *»... der Edle entwirft Edles, und auf Edlem beharrt er«* (Jes 32,8). Also wählte Daniel nicht den Weg des geringsten Widerstandes, er ordnete nicht alles der Karriere unter; aus Treue zu seinen Überzeugungen war er bereit, aus der hohen Schule für die hohen Beamten des Staates entlassen zu werden.

Das fiel auf, und wenn auch seine Altersgenossen, die zur gleichen Eliteschule berufen worden waren, darüber den Kopf geschüttelt haben mögen, hatten sie Respekt vor diesem jungen Mann, der sein Leben nach festen Grundsätzen führte.

In Kapitel 2 zeigt sich, dass Daniel verstand, dass Gott ihm seine besondere Weisheit geschenkt hatte (siehe 1,17.20), damit er sie anwende. Er antwortete dem königlichen Beamten mit Verstand (2,14), und er hatte bereits solch moralisches Gewicht, dass der König ihm jene Frist gewährte, die er den übrigen Gelehrten in Babel verweigert hatte (siehe 2,8.12). Dann teilt Daniel seinen Freunden alles mit, und er beginnt zusammen mit ihnen Licht bei dem zu suchen, bei dem allein das Licht wohnt (2,17-18).

In Kapitel 4 hat Daniel den Mut, dem König seine Sünden vorzuhalten und ihn zur Umkehr aufzurufen (4,24).

In Kapitel 5 zeigt sich erneut der Adel Daniels: Er verschmäht die Gaben des Königs Belsazar (5,17), wie vor ihm Abraham (1Mo 14,22-24) und Elisa (2Kö 5,15-16) und nach ihm die Diener des Herrn, die für dessen Namen ausgegangen waren (3Jo 7).

Das lateinische Wort für »edel« ist *nobilis* und für »Adel« *nobilitas*. Das Adjektiv *nobilis* kommt von »kennen«, »erkennen«, bedeutet also wörtlich: »erkennbar«. Männer, die sittlichen Adel besitzen, werden erkannt als wahrhaftig, treu, mutig, zuverlässig, klug, hilfsbereit, unbestechlich. Mit diesen Eigenschaften gewinnen sie Vertrauen und damit Autorität, und so werden sie zu wahren Edelleuten. (Zum Gegensatz zwischen dem gemeinen Menschen, der sich mit der Masse gehen lässt, und dem Edlen lese man den ganzen Abschnitt Jes 32,6-8.)

»Da suchten die Satrapen eine Ursache gegen Daniel«, als sie gehört hatten, dass der König **»darauf sann, ihn über das ganze Königreich zu erheben«**. Es war der Neid auf den Erfolgreicheren, der sie dazu antrieb (siehe Pred 4,4). Aber sie konnten an Daniel nichts finden, keine Ursache zu Tadel oder gar Anklage, **»weil er treu war«**. Wer seinem Gott treu ist, der weiß, dass er Amt und Rang von Gott bekommen hat, und entsprechend führt er sein Amt.

6 Da sagten diese Männer: Wir werden gegen diesen Daniel keine Ursache finden, außer wir finden im Gesetz seines Gottes einen gegen ihn.

In Diktaturen ist es stets so gewesen, und ebenso wird es sein in der sich bei uns bereits anbahnenden Gewissensdiktatur, die unter dem Tier total sein wird. Man will die Gottesfürchtigen loswerden und muss daher einen Anklagegrund gegen sie finden, und den wird man finden **»in dem Gesetz … Gottes«**, in den Geboten und Ordnungen, an welche die Gottesfürchtigen sich binden. In diesem wird man die Gründe finden, mit denen man die Gläubigen aussondern wird aus der Volksgemeinschaft. Ja, das, was dieser Begriff unseligen Gedenkens meinte, nimmt in den nach- und widerchristlichen Ländern des Westens wieder Gestalt an.

Die Rivalen Daniels hatten erkannt, dass Daniel täglich seine Gebetszeiten hielt, beständig, ohne Unterlass (wie auch der König Darius festgestellt hatte, siehe V. 17.21). Da würden sie ihn zu Fall bringen können, wenn der König sich bewegen ließe, ein Gesetz herauszugeben, von dem sie wussten, dass Daniel es brechen würde. Sie kannten ihn, sie wussten: Er wird nie aufhören, etwas zu tun, von dem er überzeugt war, dass es zu seinen Pflichten gehörte.

7 Dann eilten diese Vorsteher und Satrapen zum König, und so sagten sie ihm: König Darius, lebe ewig!
8 Alle Vorsteher des Reiches, die Statthalter und Satrapen, die Räte und Landpfleger, haben beratschlagt, dass der König eine Satzung setze und ein Verbot befestige, dass jeder, der binnen dreißig Tagen von irgendeinem Gott oder Menschen eine Bitte erbittet außer von dir, König, in die Löwengrube geworfen werde.

Die **»Vorsteher«** samt Gesinnungsgenossen **»eilten … zum König«**, und das werden sie noch einige Male tun (V. 12.16). Wer Böses im Sinn hat, weiß, dass es böse ist, und darum kann er nicht ruhig sein und warten, bis sich die Zeit für sein Vorhaben einstellt. Er muss die Sache schnell hinter sich bringen. Wenn Daniels Feinde sagen, **»alle Vorsteher«** seien übereingekommen, war das gelogen, denn Daniel, einer der wichtigsten Vorsteher im Reich, war nicht dabei gewesen, als man beratschlagte. Und es ist höchst zweifelhaft, ob wirklich alle **»Statthalter und Satrapen, … Räte und Landpfleger«** zusammen beraten hatten. Doch dem König soll der Eindruck gegeben werden von einer großen, geschlossenen Bewegung im Reich. Mit bösem Tun geht stets Lüge einher.

9 Jetzt, König, setze das Verbot fest und verfasse eine Schrift, die nicht zu verändern ist gemäß dem Gesetz der Meder und Perser, welches nicht vergeht.
10 Deshalb verfasste der König Darius die Schrift und das Verbot.

»Jetzt, König«, ohne Verzug, **»setze das Verbot fest …«**! Den Männern kann es nicht schnell genug gehen; ihr schlechtes Gewissen treibt sie zur Eile.

Der König soll das Verbot in einer **»Schrift«** verfassen, damit es ein offizielles und verbindliches Gebot wird, das **»gemäß dem Gesetz der Meder und Perser«** nicht verändert werden darf (siehe dazu auch Est 1,19; 8,8). Der König ließ sich drängen; er **»verfasste … die Schrift und das Verbot«**. Was mag ihn veranlasst haben, einen so törichten Vorschlag seiner Minister anzunehmen? Das Verbot hob ihn hoch empor über alle Sterblichen, und das schmeichelte ihm sehr.

Eine kleine Zwischenbetrachtung zur persischen Regierungsform

Dem König wird unterbreitet, zu tun, was die beiden Rivalen Daniels zusammen mit den übrigen hohen Beamten im Reich ausgebrütet haben, und er fügt sich der Stimme seiner Minister. Wir haben hier also so etwas wie eine konstitutionelle Monarchie. Die ganze Geschichte zeigt, dass diese weder besser noch schlechter ist als absolute Monarchie. Wie sollte sie es auch? Die Summe der Meinungen mehrerer kann ja auf längere Sicht nicht besser sein als die Meinung eines jeweils allein Bestimmenden, da ja die Meinung der vielen sich zusammensetzt aus Einzelmeinungen, die aus genau gleich sündigen und törichten Herzen aufsteigen wie die Meinung eines einzigen Monarchen. Als einzigen Vorzug der Demokratie kann man den Umstand nennen, dass jede irgendwie geartete demokratische Mitsprache das Böse, das in den Einzelnen und in immer durch eine Mischung aus Zufall und Laune entstehenden Cliquen wohnt, sich gegenseitig ausbalanciert, sodass es seltener zu extremen Entscheidungen kommt. So bleiben Demokratien eine Zeit lang grosso modo mittelprächtig bis halb übel, und gleichzeitig schlittern die ganzen mit solchen Rechten geschmückten Gemeinschaften die gleiche Bahn abwärts wie absolute Königreiche oder Diktaturen. Vielleicht soll uns gerade dieses Kapitel die Illusion nehmen, es gebe Regierungsformen, die das Böse auf die Dauer aufhalten können, denn ausgerechnet in der eingeschränkten Monarchie der Perser kommt es zur unüberbietbaren sittlichen Monstrosität, zum *»Verbot …, etwas zu erbitten«* außer vom König. Die Übertretung des Verbots wird mit der Höchststrafe belegt, dazu soll diese in besonders grausamer Form vollstreckt werden: Man soll den Schuldigen vor die Löwen werfen.

---

3. Der treue Diener Gottes und des Königs wird verurteilt und errettet (6,11-25)

11 Und als Daniel erfuhr, dass die Schrift verfasst war, ging er in sein Haus; und offene Fenster hatte er in seinem Obergemach gegen Jerusalem hin; und dreimal des Tages kniete er auf seinen Knien und betete und lobpries vor seinem Gott, weil er es vor diesem so getan hatte.

»Als Daniel erfuhr, dass die Schrift verfasst war«, und damit wusste, was sie enthielt, **»ging er in sein Haus«**, nicht in das Haus des Königs, um diesem seine Bitten vorzulegen; denn er wusste, dass es besser ist, auf Gott zu vertrauen als auf Fürsten (Ps 118,8-9). Er glaubte, dass alles von Gott gefügt ist. Gott ist Herr, er sitzt auf dem Thron; er setzt Könige ein und ab (2,21), und er lenkt die Herzen der Könige (Spr 21,1). Darum tat Daniel an jenem Tag, was er immer getan hatte: **»… dreimal … kniete er auf seinen Knien und betete«**. Er betet zu **»seinem Gott«**, weil er wusste, dass der alles vermag, dass alles in dessen Hand ist und dass er aus aller Bedrohung einzig durch Gott befreit werden kann. Gerade das

Verbot zu beten ließ ihn empfinden, wie nötig er Gebet hatte und welch Glück es ist, diesen Zugang zu haben zum Gott seines Volkes, zum lebendigen, alles wirkenden und lenkenden Gott. Und er betete *dreimal*, wie David: *»Abends und morgens und mittags muss ich klagen und stöhnen, und er hört meine Stimme«* (Ps 55,18). Das zeigt, dass Daniel wie auch David beteten, wie der Herr später die Jünger lehrte: *»... dass sie allezeit beten und nicht ermatten sollten ...«* (Lk 18,1). Auf diese Weise zeigten diese Beter, dass sie Glauben hatten; sie wussten und sie vertrauten, dass Gott ihnen antwortet, und sie ließen vom Gebet nicht ab, *bis* die Antwort kam. So betete auch der Verfasser von Psalm 123:

> *»Ich erhebe meine Augen zu dir,*
> *der du thronst im Himmel.*
> *Siehe, wie die Augen der Knechte auf die Hand ihres Herrn,*
> *wie die Augen der Magd auf die Hand ihrer Herrin,*
> *so sind unsere Augen gerichtet auf Jahwe, unseren Gott,*
> ***bis** er uns gnädig ist.«* (Ps 123,1-2)

Wer mit Glauben anfängt zu beten, betet so lange und so oft um eine Sache, bis Gottes Geist in ihm durch Gottes Wort die Gewissheit wirkt, dass Gott die Bitte angenommen und erhört, er also das Erbetene empfangen hat (vgl. Mk 11,24). Er betet wie Jakob, der vom Ringen mit Gott nicht ließ, bis der ihn segnete (1Mo 32,27). Ob wir wirklich mit Glauben beten, erweist sich daran, dass wir nicht ablassen, *bis* Gott antwortet – auch wenn die Antwort ein Nein ist wie beim Herrn im Garten Gethsemane oder wie beim Apostel Paulus, als er um Befreiung bat von seinem Pfahl im Fleisch (2Kor 12,8-9).

Daniel *»kniete«* vor Gott, weil er wusste und empfand, dass Gott erhaben und er hilflos ist. Das Empfinden seiner Hilflosigkeit konnte ihn nicht davon abhalten, trotz königlichen Verbots, seinem Gott zu dienen; doch weil er ebenso empfand, wie sehr er Gottes Beistand und bewahrende Macht nötig hatte, flüchtete er zu ihm. Im Obergemach waren **»offene Fenster ... gegen Jerusalem hin«**, denn um die heilige Stadt kreisten alle seine Sehnsüchte, und um ihre Wiederherstellung muss er in seiner täglichen Fürbitte immer inniger gefleht haben, wie wir aus seinem Buß- und Bittgebet in Kapitel 9 schließen können. Und schließlich: Daniel lobpries seinen Gott. Das ist eine Frucht, die aus dem Gebet des Glaubens erwächst, denn wenn die verlangende Seele sich Gott naht, naht sich Gott ihr (Jak 4,8), und dann ergreift die Gegenwart Gottes den Beter. In Gottes Licht sieht er das Licht (Ps 36,10), erkennt er den Erhabenen und Gnädigen, den allein Weisen, den Bewahrer seiner Geliebten, und da kann er nicht anders, als ihn zu loben und anzubeten.

Daniel wusste, dass das königliche Verbot nur dreißig Tage bestand. Er hätte sich sagen können, dass er diese Tage abwarte, er könne ja im Stillen beten, in Gedanken, was Gott ja auch annehme. Es komme ja ohnehin nur darauf an, dass alles aus dem Herzen kommt, wenn wir beten oder singen. Aber diese Sorte Räsonieren wies der Gottesknecht ab. Er wusste, dass seine Widersacher ihn aufgrund seines Glaubens fällen wollten, und er wusste, dass sie ihn genau beobachteten, wie er sich nun verhalten werde. Er durfte auf keinen Fall die guten Ordnungen und heiligen Gewohnheiten, die Gott ihn durch sein Wort gelehrt hatte, dem Druck der Umstände anpassen. Es galt jetzt, den Weg des Glaubens vor Gott weiterzugehen und damit vor den Augen der Feinde zu demonstrieren, dass der Heilige an seinem Gott hängt und dieser größer ist als alle Großen in der Welt.

12 Da eilten jene Männer herbei und fanden Daniel bittend und flehend vor seinem Gott.
13 Dann nahten sie und sagten vor dem König über das königliche Verbot: Hast du nicht ein Verbot aufgezeichnet, dass jedermann, der binnen dreißig Tagen etwas erbitten würde von irgendeinem Gott oder Menschen außer von dir, König, in die Löwengrube geworfen werden soll? Der König antwortete und sagte: Das Wort steht fest nach dem Gesetz der Meder und Perser, welches nicht vergeht.
14 Hierauf antworteten sie und sagten vor dem König: Daniel, einer der Weggeführten von Juda, achtet nicht auf dich, König, noch auf das Verbot, das du aufgezeichnet hast; sondern dreimal am Tag betet er sein Gebet.

Kaum hatte Daniel wie gewohnt auch ein drittes Mal seine Gebetskammer aufgesucht, »**da eilten jene Männer herbei**«, und was fanden sie? Sie hatten es ja gewusst: Da lag dieser Daniel auf den Knien,

»bittend und flehend vor seinem Gott«, und damit konnten sie gleich zum König eilen und ihm Bericht erstatten. Hier wird bereits zum zweiten Mal von diesen Männern gesagt, dass sie eilten, und in V. 16 ein drittes Mal. Während Daniel ruhig und beherrscht in sein Haus und in seinem Haus in die Gebetskammer geht (V. 11), haben es diese Leute eilig, denn es treibt sie die Sorge, sie könnten das Erstrebte nicht erreichen.

Die Männer fingen jedoch nicht gleich mit ihrer Berichterstattung an, sondern stellten dem König zuerst eine Frage, die er nur auf *eine* Weise beantworten konnte, und hatte er das getan, war er gefangen in seiner eigenen Verordnung: Ob der König das Verbot erlassen habe und ob das Gesetz befehle, dass jeder, der es breche, vor die Löwen geworden werden müsse? Ja, **»das Wort steht fest nach dem Gesetz der Meder und Perser, welches nicht vergeht«**. Nun konnten die Männer losschießen mit ihrer Nachricht: Dieser Daniel, **»einer der Weggeführten von Juda«**, der verachte des Königs Gebot und damit den König selbst, wie wenn dieser Luft wäre, und, sie hätten es mit eigenen Augen gesehen, **»dreimal am Tag betet er sein Gebet«**. Jetzt hatten sie den Mann in der Falle, und dem König, der von diesem Minister so viel hielt (siehe V. 4), waren die Hände gebunden.

15 Als der König die Rede hörte, verdross es ihn sehr, und er richtete sein Sinnen darauf, Daniel zu retten; und bis zum Untergang der Sonne strengte er sich an, ihn zu befreien.
16 Darauf eilten jene Männer zum König und sagten dem König: Wisse, König, dass die Meder und Perser ein Gesetz haben, dass kein Verbot und keine Satzung, die der König gesetzt hat, zu verändern ist.
17 Darauf befahl der König, und man brachte Daniel und warf ihn in die Löwengrube. Der König fing an und sagte zu Daniel: Dein Gott, dem du dienst ohne Unterlass, er rette dich!
18 Und ein Stein wurde gebracht und auf die Öffnung der Grube gelegt; und der König versiegelte ihn mit seinem Siegelring und mit dem Siegelring seiner Gewaltigen, damit hinsichtlich Daniels nichts verändert würde.

Anders als Nebukadnezar, der angesichts der Verweigerung der drei Freunde Daniels zornig wurde (3,13), **»verdross«** es den König, als er

»die Rede hörte«, denn jetzt erkannte er, dass diese ihn so beflissen umschwärmenden Männer von Anfang an den leidigen Erlass dem König aufgeschwatzt hatten, weil sie Daniel aus dem Weg räumen wollten. Einige Jahrhunderte später reute es einen anderen Herrscher, dass er sich durch ein törichtes Versprechen gebunden hatte (Mt 14,6-9). Beides, die Trauer des Herodes und der Verdruss des Darius, waren Formen einer *»Betrübnis der Welt«*, doch diese wirkt im Gegensatz zur *»Betrübnis Gott gemäß«* keine innere Umkehr und damit auch kein Heil (2Kor 7,10).

Beides, der Zorn des Nebukadnezar und der Verdruss des Darius, waren verschiedene Äußerungen des Eigeninteresses. Es waren in beiden Fällen Dinge geschehen, die gegen die Staatsräson gingen: Daniels Freunde gefährdeten Nebukadnezars Plan, durch geeinte Religion seine Macht über das Volk zu stärken; das Todesurteil über Daniel schadete dem König, weil Daniel sein bester Minister war. Entsprechend richtete der König **»sein Sinnen darauf, Daniel zu retten«**, also einen Weg zu finden, auf dem er Daniel trotz eines unwiderruflichen Gebots das Leben erhalten könne. Dabei **»strengte er sich an bis zum Untergang der Sonne«**, denn spätestens dann musste er Daniel der von ihm festgesetzten Strafe übergeben.

Als **»jene Männer«** merkten, dass der König zögerte und mit der ersehnten Hinrichtung wartete, **»eilten«** sie wieder zum König und erinnerten ihn an die Regeln, die er nur zu gut kannte: Er durfte **»kein Verbot und keine Satzung«**, die er, der König, **»gesetzt«** hatte, verändern, und so ging der Befehl hinaus, **»und man brachte Daniel und warf ihn in die Löwengrube«**. Wenn wir bedenken, dass der Mann, der das durchmachte, selbst den Bericht davon verfasst hat, sind wir sehr erstaunt über dessen Knappheit. Daniel verliert kein Wort der Klage über das Unrecht, das ihm da widerfuhr, noch sagt er etwas über seine Empfindungen und Gedanken.

Darius hatte Daniel nicht retten können, und nun ruft er dem Verurteilten nach: **»Dein Gott …, er rette dich!«** Es ist bezeichnend, dass Darius nicht sagen kann »mein Gott«, doch kann er eine Art Hoffnung auf Daniels Gott ausdrücken. Es kommt immer wieder vor, dass ungläubige Menschen an Gläubigen beobachten können, dass Gott mit ihnen ist, und sie sogar anerkennen, dass ihr Gott ihnen beisteht, aber selber das Vertrauen auf diesen Gott setzen? Das ist doch eine ganz andere Sache. Darius sagt ausdrücklich von Daniel, dass dieser seinem

Gott »**ohne Unterlass**« dient, und er wird es noch einmal sagen (V. 21). Es muss ihn sehr beeindruckt haben, als er beobachtete, wie Daniel sich durch nichts irremachen oder einschüchtern ließ, sondern das Angesicht Gottes suchte, wie er es immer getan hatte, auch als er wusste, was das für ihn bedeuten konnte.

Auf die Öffnung der Grube wird ein Stein gelegt, »**und der König versiegelte ihn mit seinem Siegelring und mit dem Siegelring seiner Gewaltigen**«, was eben, wie oben vermerkt, zeigt, dass das medopersische Königtum kein absolutes war. Höhere Beamte konnten dem König Gesetze aufnötigen, und die in ihnen enthaltenen Sanktionen wurden zwar vom König befohlen (V. 17), doch mussten sie auch durch Minister bestätigt werden.

An Daniels Lage konnte nun »**nichts verändert**« werden; er war ganz in Gottes Hand.

19 Darauf ging der König in seinen Palast, und er übernachtete fastend und ließ keine Nebenfrauen zu sich hereinführen; und sein Schlaf floh von ihm.
20 Dann stand der König auf bei der Morgenröte, sobald es hell wurde, und ging in Eile zur Löwengrube.
21 Und als er sich der Grube nahte, rief er mit trauriger Stimme nach Daniel. Der König fing an und sagte zu Daniel: Daniel, Knecht des lebendigen Gottes, konnte dein Gott, dem du ohne Unterlass dienst, dich retten von den Löwen?
22 Da sagte Daniel zum König: König, lebe ewig!
23 Mein Gott hat seinen Engel gesandt und hat den Rachen der Löwen verschlossen, dass sie mich nicht verletzt haben, weil vor ihm Unschuld gefunden wurde an mir; und auch vor dir, König, habe ich kein Verbrechen begangen.
24 Da wurde der König seinethalben sehr froh, und er befahl, Daniel aus der Grube herauszuholen. Und Daniel wurde aus der Grube herausgeholt; und keine Verletzung fand sich an ihm, weil er auf seinen Gott vertraut hatte.

Der König »**übernachtete fastend**« und verzichtete auf »**Nebenfrauen**«; es hatte der König so viel Kummer wegen Daniel, dass sogar »**sein Schlaf von ihm floh**«; und »**sobald es hell wurde**«, ging er »**in**

Eile zur Löwengrube«. Er hatte keine Ruhe, bis er endgültig wusste, was mit Daniel geschehen war. Er rief in seiner Ungewissheit und Sorge **»mit trauriger Stimme«**, und dann sagte er, indem er in die Löwengrube hineinrief: **»Daniel, Knecht des lebendigen Gottes, konnte dein Gott, dem du ohne Unterlass dienst, dich retten von den Löwen?«** Es ist bemerkenswert, dass Darius in Daniels Gott den *»lebendigen Gott«* erkennt. Zu dieser Einsicht musste er gelangt sein, als er Daniels Standhaftigkeit beobachtet hatte, der, wie Darius nun zum zweiten Mal sagt, seinem Gott *»ohne Unterlass«* diente. Kein von Philosophen postuliertes göttliches Prinzip noch eine von Menschen ausgedachte Gottheit kann Menschen, wie wir sind mit all unseren Gemütsbewegungen, Ängsten und Sorgen, solche Festigkeit geben. Die Antwort Daniels zeigt, dass er keine Bitterkeit gegen den König hegte, obwohl er Grund genug dazu gehabt hätte. Er spricht ihn mit aller Höflichkeit an: **»König, lebe ewig!«** Dann fährt er fort und bezeugt, dass Gott **»seinen Engel gesandt hat«**, den *»Engel seines Angesichts«* (Jes 63,9; siehe oben 3,28), und der **»hat den Rachen der Löwen verschlossen«** (woran der Schreiber des Hebräerbriefes erinnert, Hebr 11,33). Rund 600 Jahre später widerfuhr Paulus etwas Ähnliches. Er war ebenfalls der Todesstrafe verfallen, weil er, im Gewissen gebunden, nicht aufgehört hatte, das Evangelium zu predigen, und der Herr rettete ihn aus dem Rachen des Löwen (2Tim 4,17).

Daniel kann bekennen, dass **»vor ihm«**, vor dem alles sehenden und alles beurteilenden Gott, **»Unschuld an mir gefunden wurde«**. Ein oberster Richter waltet über den Richtern der Erde und sorgt dafür, dass am Ende allen Recht widerfährt: Jede Missetat empfängt dann ihr gerechtes Strafmaß, keiner wird zu Unrecht irgendeine Strafe hinnehmen müssen. Dieses Gesetz regiert Gottes moralisches Universum, und nichts und niemand kann es umstoßen. Dem Gottesfürchtigen ist es eine große Freude zu wissen, dass nach allen Jahrtausenden von Willkür und Unrecht *»das Gericht zurückkehren wird zur Gerechtigkeit«* (Ps 94,15; siehe auch 72,1-3; 96,12-13). Gleichzeitig wissen wir aus dem Neuen Testament, dass im endgültigen und vollkommenen Sinn nur unschuldig vor Gott stehen kann, wer glaubt, dass der Schuldlose für seine Schuld gelitten und ihm auf diesem Weg die Gerechtigkeit Gottes erworben hat (2Kor 5,21).

Außerdem kann Daniel mit gutem Gewissen vor dem König bekennen, dass er gegen ihn **»kein Verbrechen begangen«** hat. Dass

Daniels Gott seinen Knecht rettete, war dem heidnischen König eine große Freude, und er **»befahl … und Daniel wurde aus der Grube herausgeholt«**, und wie bei den drei Männern, die aus dem brennenden Ofen herausgingen (3,27), **»fand sich keine Verletzung an ihm«**, und Daniel hat in den von ihm gemachten Aufzeichnungen selber den Grund genannt: **»weil er auf seinen Gott vertraut hatte«**. Hebr 11,35 lehrt uns, dass der Glaube nicht immer dieses Ergebnis hat, denn viele sind ihres Glaubens wegen hingerichtet worden (wie Paulus, 2Tim 4,6), aber sie blieben dabei im wirklich entscheidenden Sinn heil: Sie wurden einer *»besseren Auferstehung«* teilhaftig, der Auferstehung zum ewigen Leben und zur ewigen Herrlichkeit.

25 Und der König befahl, und man brachte jene Männer, die Daniel angezeigt hatten, und man warf sie in die Löwengrube, sie, ihre Kinder und ihre Frauen; und sie hatten den Boden der Grube noch nicht erreicht, da bemächtigten sich ihrer die Löwen und zermalmten alle ihre Gebeine.

Durch den Befehl des heidnischen Königs demonstriert Gott die Gerechtigkeit seiner Regierung. Was wir anderen zugedacht haben und das Maß, das wir für diese festgelegt haben, wird uns zugeteilt und zugemessen werden (5Mo 19,18-20; Mt 7,1-2; Ps 7,16; 9,16-17; Spr 26,27; Est 7,10), so fordert es das *Ius talionis*, das Gesetz der Vergeltung von Gleichem mit Gleichem. Allerdings geht Darius über das hinaus, indem er nicht nur die schuldigen Männer der Todesstrafe übergibt, sondern auch deren Familien. Nach dem Gesetz Gottes dürfen Kinder nicht bestraft werden für die Missetaten der Väter (5Mo 24,16; Hes 18,1-4).

Wie die Löwen sich mit Heißhunger so schnell über die Verurteilten stürzen, dass diese **»den Boden der Grube«** nicht einmal erreichen, unterstreicht das Wunder der rettenden Macht Gottes, die Daniel erfahren hatte. Obwohl es die Löwen drängte, den Gottesmann auf der Stelle zu verschlingen, konnten sie ihm nichts antun. Das erinnert an 1Sam 6,7-12, wo von zwei säugenden Kühen berichtet wird, deren Kälber man ihnen weggenommen und die man an einen Wagen gespannt hatte, die geradeaus gingen, immer weiter weg von ihren Kälbern, und die im Gehen brüllten, weil ihre Natur sie mit Gewalt zu den Kälbern zog. Doch Gottes Hand hielt sie und führte sie dorthin, wo er sie haben wollte.

4. Daniels Gott wird von den Heiden geehrt (6,26-29)

26 Darauf schrieb der König Darius an alle Völker, Stämme und Sprachen, die auf der ganzen Erde wohnten: Euer Friede sei groß!
27 Von mir wird Befehl gegeben, dass man in der ganzen Herrschaft meines Reiches bebe und sich fürchte vor dem Gott Daniels; denn er ist der lebendige Gott und bleibt in Ewigkeit, und sein Reich wird nicht zerstört werden, und seine Herrschaft währt bis ans Ende;
28 der da rettet und befreit und Zeichen und Wunder tut im Himmel und auf der Erde: Denn er hat Daniel errettet aus der Gewalt der Löwen.

Während Nebukadnezar lediglich befohlen hatte, niemand dürfe Unrechtes sprechen gegen den Gott Sadrachs, Mesachs und Abednegos (3,29), geht Darius' Befehl weiter: Alle Menschen in seinem ganzen Reich sollen »**beben und sich fürchten vor dem Gott Daniels**«. Er, der zuerst jeden wahren Gottesdienst verboten hatte, befiehlt nun, dass jeder dem allein wahren Gott dienen müsse. So wird Gott am Ende der Zeit alles wenden. Während über Jahrtausende in allen Reichen der Welt Glaube und Gottesfurcht bekämpft, behindert und verboten worden sind, wird Gott dafür sorgen, dass jedes Knie sich beugen und jede Zunge bekennen muss, dass Jesus Christus Herr ist, zur Verherrlichung Gottes, des Vaters (Phil 2,11).

»**Denn er hat Daniel errettet**«: Wie in Kapitel 3 wird uns auch am Ende dieser Episode gezeigt, wie das Zeugnis mutiger Bekenner im Angesicht von Todesdrohung besonders große Wirkung hat. Das ist einer der Gründe, warum Gott immer wieder gottlosen Herrschern Gewalt gegeben hat, seine Heiligen mit ihren Beschlüssen zu bedrängen. Bis heute ist den meisten noch bewusst, dass es das Blut der Märtyrer war, das die Botschaft der Bekenner, das Evangelium der Gnade Gottes, in den ersten Jahrhunderten unwiderstehlich machte.

29 Und dieser Daniel hatte Gedeihen unter der Regierung des Darius und unter der Regierung des Persers Kores.

»Dieser Daniel«, wie in V. 4, ist ebender Mann, der alle anderen hohen Beamten übertraf. Warum Daniel hier noch einmal diese Bezeichnung verwendet, erklärt C. F. Keil so:

> »Durch das Pronomen *dieser* Daniel wird die Selbigkeit der Person accentuiert: Derselbe Daniel, den seine Neider verderben wollten, hatte Glück (d. h. Gedeihen).«[110]

Er **»hatte Gedeihen unter der Regierung des Darius und unter der Regierung des Persers Kores«**. Der Perser Kores, der Herrscher über das gesamte medo-persische Reich, regierte von 551 bis 530 v. Chr. 539/538 hatte er Babylon erobert. Daniel gibt uns als letzte Zeitangabe seines eigenen Lebens in 10,1 das *»dritte Jahr des Kores«* an, und das heißt, dass er 536 oder 535 v. Chr. sein letztes Gesicht empfing. Wie lange er danach noch lebte, wissen wir nicht.

Daniel war bereit gewesen, sein Leben zu verlieren, um seinem Gott die Treue zu halten, und damit gehörte er zu denen, die ihr eigenes Leben nicht geliebt haben bis in den Tod (Offb 12,11). So fand er das wahre Leben: *»Denn wer irgend sein Leben erretten will, wird es verlieren; wer aber irgend sein Leben verliert um meinetwillen, wird es finden«* (Mt 16,25). Und in der Kraft dieses Lebens war er lange Jahrzehnte ein lebendiges Zeugnis seines Gottes, welcher alle, die ihm vertrauen, zu retten und zu bewahren vermag. Noch im Greisenalter sind die Heiligen Gottes saftig und grün, um zu verkünden, dass er gerecht ist (Ps 92,15-16), denn bis in ihr Greisenalter bleibt Gott derselbe (Jes 46,4).

Fassen wir abschließend zu diesem letzten biografischen Kapitel im Buch Daniel die Hauptlektionen zusammen, die wir an der Biografie

110 Keil, *Biblischer Commentar über den Propheten Daniel*, S. 183. G. Maier sagt es so: »Daniel hätte sich selbst kaum als ›dieser Daniel‹ bezeichnet. Wir haben also eine Formulierung des persischen Archivs vor uns.« Diese Erklärung schafft ein unnötiges Problem. Wenn wir daran festhalten, dass Daniel das ganze Buch schrieb, warum sollte er dann auf ein persisches Archiv zurückgreifen, um diesen letzten Vers des Kapitels zu schreiben? Daniel nennt sich selbst bereits in V. 4 »dieser Daniel«. Es ist ganz natürlich, dass er es hier wieder tut. Und wenn wir V. 29 wie G. Maier erklären, müsste das auch für 1,21 gelten.

Daniels zur Haltung der Heiligen gegenüber den Reichen der Welt lernen wollen:

Das Wesen der Welt zeigt sich in sechsfacher Weise:

- Die Welt betört durch verlockende Angebote (Kap. 1).
- Die Weisen der Welt sind ratlos (Kap. 2).
- Die weltliche Herrschaft wird zur Einheitsreligion (Kap. 3).
- Die Großen der Welt verfallen der Selbstüberhebung (Kap. 4).
- Die Welt lästert den allein wahren Gott (Kap. 5).
- Die Mächte der Welt vergotten sich selbst (Kap. 6).

Diesen sechs Äußerungen des Bösen entsprechen das Tun und die Haltung der Heiligen:

- Absonderung: das Unreine abweisen (Kap. 1).
- Abhängigkeit: Licht bei Gott suchen (Kap. 2).
- Widerstand: das Böse verweigern (Kap. 3).
- Zeugnis: das Böse verurteilen (Kap. 4).
- Selbstverleugnung: die Gaben des Bösen verachten (Kap. 5).
- Beharrlichkeit: am Guten festhalten (Kap. 6).

Lehrreiches und Denkwürdiges zu Kapitel 6

V. 11 – »Daniels Beständigkeit im Wandel und Bekenntnis ist im ganzen Buch deutlich geworden, und hier erfahren wir die geheime Triebfeder: Obwohl er ein viel beschäftigter hoher Beamter war, zog er sich dreimal am Tag zurück zum Gebet« (J. F. Walvoord, *Daniel*, S. 138).

V. 17 – »›**Man brachte Daniel**‹ ist die kürzeste Formel sowohl für die Verhaftung wie für die Verurteilung. Man ›**warf ihn in die Löwengrube**‹: Das ist die Ausführung des Urteils. Es fällt auf, dass sowohl beim Prozess Daniels als auch beim Prozess Jesu die Ausführung des Todesurteils in knappster Form erzählt wird (bei Matthäus genügt in Kapitel 27,35 ein Nebensatz!). An solchen Stellen zeigt es sich, dass die Bibel keine Romane, sondern Geschichtsberichte enthält. Was macht Daniel hier durch! Doch über seine Empfindungen und Gedanken fällt kein Wort« (G. Maier, *Der Prophet Daniel*, S. 248).

Sprachliche Anmerkungen zu Kapitel 6

V. 19 – **»Nebenfrauen«**: **daḫawân**, ein Wort ungewisser Bedeutung, das im biblischen Aramäisch nur an dieser Stelle vorkommt. Andere übersetzen »Beischläferinnen« (C. F. Keil; Textbibel; Buber), »Essen« (Luther), »Speisen« (G. Maier). Gesenius und auch Koehler / Baumgartner geben an: »Beischläferinnen«, Koehler / Baumgartner auch »Speisen«, »Musikinstrumente«, »Tische«.

Kapitel 7

Erst mit diesem Kapitel beginnen Daniels Gesichte. Es ist bemerkenswert, dass die Beschreibung der Gesichte in der Schilderung seines Lebens erst so spät auftreten. Sollten wir diesem Umstand nicht ablesen, dass das Glaubensleben der Propheten mindestens so wichtig ist wie die Botschaft der Propheten – dass Gott ihnen seine Gedanken offenbart, wenn sie wandeln, wie es diesen Offenbarungen geziemt? Daniel musste zuerst reifen in der Schule Gottes, ehe Gott ihm seine Wege mit Israel und den Nationen enthüllte. *»Das Geheimnis Jahwes ist für die, so ihn fürchten, und sein Bund, um ihnen denselben kundzutun«* (Ps 25,14).

1. **Das erste Gesicht: Babylon, Persien, Griechenland (7,1-6)**
2. **Das zweite Gesicht: Rom (7,7-12)**
3. **Das dritte Gesicht: Der Menschensohn empfängt das Reich (7,13-14)**
4. **Die Gesichte werden gedeutet durch den Boten Gottes (7,15-28)**

Die Gesichte Daniels, die im siebten Kapitel beschrieben werden, entsprechen dem Traum Nebukadnezars im zweiten Kapitel. Damit stehen am Anfang und am Ende des aramäischen Teils des Buches zwei Botschaften, die den Aufstieg und den Niedergang der Heiden beschreiben. Das passt zum Umstand, dass diese sechs Kapitel exemplarisch sind für die ganze Zeit, in der heidnische Völker herrschen und die Juden ein Untertanenvolk sind.

Der heidnische König hatte in seinem Traum die Weltreiche in ihrer äußeren Macht und Pracht gesehen, der heilige Seher sieht die gleichen Weltreiche in ihrem inneren Wesen. Das Standbild im Traum Nebukadnezars *»war gewaltig und sein Glanz außergewöhnlich ... und sein Aussehen schrecklich«* (2,31). So erscheinen die Mächte der Welt dem Heiden. Der Heilige nimmt zwar auch wahr, dass sie groß sind – er sieht *»vier große Tiere«* aus dem Meer steigen (V. 3), und eines davon ist *»schrecklich und furchtbar«* (V. 7) –, aber einen Glanz kann er an ihnen nicht ausmachen, ganz im Gegenteil: Sie sind gottlos, darum werden sie als vierfüßige Tiere dargestellt. Die Gottlosigkeit ist die Schande dieser Reiche und gleichzeitig ihre fatale Schwäche, an der sie bei aller zeitweiligen Machtentfaltung untergehen müssen. Zudem sind sie rücksichtslos, darum werden sie nicht mit irgendwelchen Vierfüßern verglichen, sondern mit Raubtieren. Das sind Merkmale, die den heiligen Seher abstoßen.

1. Das erste Gesicht: Babylon, Persien, Griechenland (7,1-6)

1 Im ersten Jahr Belsazars, des Königs von Babel, sah Daniel einen Traum und Gesichte seines Hauptes auf seinem Lager. Dann schrieb er den Traum auf, die Summe der Sache berichtete er.

Wie der Abschnitt mit den historischen Berichten (Kap. 1–6), so werden auch die Kapitel mit den prophetischen Botschaften (Kap. 7–12) nach heidnischen Herrschern datiert. Wir befinden uns hier **»im ersten Jahr Belsazars, des Königs von Babel«**, mithin im Jahre 548 v. Chr.[111] Wir sind also zeitlich zurückgegangen vor das Kapitel 5, welches in Belsazars letztem Jahr handelt. Während gottlose Herrscher herrschen und die Herrschaft der Heiden unerschütterlich scheint, offenbart Gott seinem Knecht das Ende dieser Herrschaft und das Ziel, das er hat mit der Welt, die seine Welt ist. Das erklärt uns die Freimütigkeit und Glaubensruhe Daniels vor dem letzten babylonischen Herrscher: Er hatte das Ende seines Reiches längst geschaut, und Gott hatte ihm dabei auch Einsicht gegeben über das Wesen und damit über die Ursache von dessen Ende.

Im Jahre 548 muss Daniel etwa 70 Jahre alt gewesen sein, und er war, wie wir aus 5,11.13 schließen konnten, nicht mehr als Beamter am Hof des Königs. Dem gereiften Mann, der fern vom Treiben der Tagespolitik sich in Gottes Wort versenken und Gottes Angesicht im Gebet suchen konnte (und der bis in die letzten Jahre seines Lebens ein Beter blieb, siehe 6,11), gab Gott weitere Offenbarungen über den Gang der Reiche

111 So nach G. Maier, *Daniel*, S. 260; Vanheiden, S. 257.

der Welt und vor allem, was ihn am stärksten ergriff, über das Ergehen der Heiligen Gottes in der allerletzten Zeit, bevor das ewige Gottesreich kommt.

Nachdem er das Traumgesicht empfangen hatte, **»schrieb er den Traum auf«**, um ihn für sich und für alle nachfolgenden Zeiten festzuhalten. Er verzeichnete dabei nicht jede Einzelheit, sondern lediglich **»die Summe der Sache«** oder »der Worte«, »der Rede«, **millîn** (wie in V. 28).

2 Daniel fing an und berichtete: Ich schaute in meinem Gesicht bei Nacht, und siehe, die vier Winde des Himmels brachen hervor auf das große Meer.

Daniel empfängt ein **»Gesicht bei Nacht«**, wie der Seher Sacharja, dem Gott in acht Nachtgesichten den Weg offenbarte, den sein Volk vor sich hatte (Sach 1,7–6,15).

»die vier Winde des Himmels brachen hervor auf das große Meer«: Das *»Meer«* wird in der Sprache der Propheten verwendet für die Menge der heidnischen Völker (Jes 17,12-13). Die *»vier Winde des Himmels«* (wie in Jer 49,36; Sach 6,5) stehen zunächst für die vier Himmelsrichtungen (siehe 8,8; Mt 24,31), aus denen die Winde wehen. Doch ist es Gott, der die Winde in seiner Faust hält (Spr 30,4) und der sie herausführt aus ihren Kammern (Ps 107,25; 135,7; Jona 1,4). Er lenkt alle jene innerweltlichen Bewegungen und Kräfte, welche dazu führen, dass die großen Tiere, die Könige und ihre Reiche, sich aus dem Meer erheben. Er hat *»die Wasser in ein Tuch gebunden«* (Spr 30,4), er hat Gewalt über sie, und er ist es, *»der das Meer erregt, und seine Wogen brausen«* (Jes 51,15). Über allem und allezeit herrscht der Himmel (4,23). Es ist der Gott des Himmels, der Könige absetzt und einsetzt (2,21), der den Niedrigsten der Menschen auf den königlichen Thron erhöht (4,14) und den erniedrigt, der in seinem Hochmut einhergeht (4,34).

3 Und vier große Tiere stiegen herauf aus dem Meer, eins verschieden vom anderen.

»Vier große Tiere« sind vier Weltreiche, wie der Engel in V. 23 erklärt, und sie stehen auch für die Herrscher dieser Reiche (V. 17). Es sind vier, weil sie Wesen und Gang aller Reiche der Welt vertreten; sie sind groß, denn ihnen wird über die anderen Reiche große Macht verliehen. Warum werden menschliche Herrscher und Reiche samt ihren Herrschern mit Tieren verglichen (Offb 13,1)? Wir verstehen aus Stellen wie Ps 49,13; 73,22; Pred 3,18; Lk 13,32; Phil 3,2, dass Menschen dann als Tiere bezeichnet oder mit Tieren verglichen werden, wenn sie Gott vergessen (wie Asaph für eine Zeit lang, Ps 73,22), wenn sie nur auf das Irdische sinnen (Phil 3,2.19), Gott offen leugnen oder am Ende gar lästern (Offb 13,5-6).

> »Ohne Divinität ist auch keine Humanität möglich, sondern sie wird zur Bestialität. Drum finden wir die widerspenstigen Heidenvölker auch vor Daniel schon als Tiere bezeichnet (Ps 68,31); der ägyptische Weltherrscher heißt in Hes 29,3; 32,2 der große Drache, der zwischen seinen Strömen liegt, der Löwe unter den Heiden« (C.A. Auberlen, S.37).

Das bedeutet, dass die heidnischen Weltreiche den Gott des Himmels aus ihrem Urteilen und Planen verbannen, während sie ihren selbst gemachten Göttern huldigen, heißen die nun Ahura Mazda, das Seiende, Allah, Wirtschaftswachstum, militärische Schlagkraft (11,38; Jes 10,13-14; Hab 1,10-11), Schönheit, Wissenschaft oder der Staat. Wie der Mensch, so werden Regierungen ohne Gott unmenschlich, hemmungslos, rücksichtslos. Wer in seinem Inneren sagt, es sei kein Gott, der wird zwangsläufig vom Bösen regiert und wird Böses tun (Ps 14,1).

Daniel sieht die Weltreiche nicht als Haustiere, sondern als Raubtiere. Das bedeutet, dass die Weltreiche rücksichtslos, gewalttätig und grausam sind. Weil sich der Hass der gottlosen Reiche immer wieder in Gewalttaten gegen die Heiligen entlädt, werden die Feinde des Volkes Gottes als Raubtiere bezeichnet (Ps 74,19; Hos 13,7-8; Am 3,12)[112]. Dass sie immer wieder das Volk Gottes bedrängen und schließlich besiegen durften, bezeichnet 3Mo 26,21-22 als ein göttlich verhängtes Gericht.

112 Über das Tier von Offenbarung 13 und sein Reich habe ich an anderer Stelle geschrieben: »Der Charakter dieses Reiches ist ein doppelter: Es ist wie ein Tier, das anders als der Mensch seinen Blick nie über den Horizont des Geschaffenen erhebt, nicht die Zwiesprache und Gemeinschaft mit seinem Schöpfer begehrt. Das letzte Weltreich wird den Schöpfer radikal leugnen (Vers 6) und aus dem Geschöpf alles machen (Vers 12). Dieses Reich ist nicht irgendein Tier, sondern ein Raubtier. Es wird also mit roher Gewalt, mit Drohung, Zwang und Mord sein Regiment führen (Verse 7.15.17). Gottlosigkeit und Gewalttat werden wie in den Tagen vor der Flut überhandnehmen (1Mo 6,11)« (B. Peters, *Geöffnete Siegel*, S. 126).

Entsprechend sagte der HERR selbst von sich durch Hosea: *»So wurde ich ihnen wie ein Löwe; wie ein Leopard lauere ich am Weg. Ich werde sie anfallen wie eine Bärin …«* (Hos 13,7-8; siehe auch Jer 4,7; 5,6). Als Tiere die Herrschaft bekamen über das Volk Gottes, überschwemmte das Meer, die Heidenwelt, Israel (siehe 9,27; Jes 8,7-8; 28,15.18), welches, anfangend mit Abraham, einst wie eine Insel aus dem Meer herausgehoben worden war.[113]

Das erste Reich, Babel

> **4 Das erste war wie ein Löwe und hatte Adlersflügel; ich schaute, bis seine Flügel ausgerissen wurden, und es wurde von der Erde aufgehoben und wie ein Mensch auf seine Füße gestellt, und ihm wurde eines Menschen Herz gegeben.**

Der Löwe ist Babylon (Jer 4,7; 50,17); mit ihm geschieht das Umgekehrte von dem, was Nebukadnezar widerfuhr. Dieser wurde vom Menschen zum Tier (Kap. 4). Was will nun dieses Gesicht sagen? Babylon war eine furchterregende, übermenschlich erscheinende Macht. Sie wird von Gott erniedrigt; die Flügel sprechen von ihrer militärischen Macht (Jes 8,7-8) und von der Schnelligkeit, mit der sie ein Reich nach dem anderen sich unterwarf (Jes 5,26-29; Jer 4,13; 48,40.41; 49,22; Hab 1,6-8). Doch **»seine Flügel wurden ausgerissen«**, die militärische Macht wird ihm genommen, und er wird zunächst auf gewöhnliche Menschengröße reduziert: Er wird gleich anderen schwach und furchtsam. *Xenophon*[114] schreibt in seiner Kyrupädie,[115] dass Belsazar vor Kores solche Angst gehabt habe, dass er sich in seiner scheinbar uneinnehmbar befestigten Stadt Babylon einschloss, was eine ziemlich treffende Umschreibung von Jer 51,30 ist. Xenophon berichtet ferner, die stolzen babylonischen Krieger seien nach der Eroberung Babylons genötigt worden, ihre Waffen abzugeben, die Felder zu bestellen und die per-

113 »Gott hatte durch Abrahams Berufung aus dem großen Völkergewoge, wie eine Insel aus dem Meere (Dan 7,2) ein Geschlecht abgesondert und zu seinem Eigentum erwählt, um dasselbe zum priesterlichen Vermittler seiner Offenbarungen an die Menschheit zu machen und so die Verbindung zwischen Himmel und Erde aufs Neue anzuknüpfen, auf welcher die ganze Zukunft der Menschheit beruht (1Mo 12,1-3; 2Mo 19,4-6)« (C.A. Auberlen, S. 16-17).

114 griechischer Staatsmann und Schriftsteller (ca. 430–354 v. Chr.)

115 Das griechische Wort *Kyrupädie* bedeutet »Erziehung des Kyrus (= Kores)«; die Schrift ist eine Darstellung des Perserkönigs Kores II. als eines idealen Herrschers.

sischen Eroberer stets als ihre Herren und Meister zu grüßen. Auch das hatte Jeremia in seiner Weissagung vom Untergang Babels geweissagt: *»... vertilgt sein ganzes Heer!«* (Jer 51,3), und somit können wir sagen, dass Xenophons Nachricht korrekt ist. Jesaja hat angekündigt, dass der König von Babylon wie alle anderen Menschen enden wird: *»Auch du bist ... geworden wie unsereiner«* (Jes 14,10; vgl. auch: *»Ich habe gesagt, ihr seid Götter...! Doch wie ein Mensch werdet ihr sterben ...«*, Ps 82,6-7). Wenn nun Daniel im Gesicht sieht, wie der Löwe **»von der Erde aufgehoben und wie ein Mensch auf seine Füße gestellt«** wird, dann hat das im vorliegenden Zusammenhang eine ganz besondere Bedeutung. Die Weltreiche werden als Raubtiere dargestellt, weil sie wie diese stark und furchteinflößend sind. Wird nun Babel wie ein Mensch auf seine beiden Füße gestellt, bedeutet das, dass er alle Größe und Macht verliert und zum bloßen, zum schwachen Menschen wird, ausgedrückt durch die Tatsache, dass der Löwe **»eines Menschen Herz«** bekommt. So müssen die stolzen Babylonier wie vor ihnen die Ägypter erkennen, dass sie *»Menschen sind und nicht Gott«* (Jes 31,3).

Das zweite Reich, Medo-Persien

5 Und siehe, ein anderes, zweites Tier, war gleich einem Bären; und es war aufgerichtet nach einer Seite, und es hatte drei Rippen in seinem Maul zwischen seinen Zähnen; und so sprach man zu ihm: Steh auf, friss viel Fleisch!

Das zweite Tier, der Bär, steht für Medo-Persien. Der Bär **»war aufgerichtet nach einer Seite«**, denn das medo-persische Reich war einseitig: Es bestand aus dem stärkeren persischen und dem schwächeren medischen Teil. In 8,3 wird das gezeigt anhand der zwei ungleich langen Hörner des Widders, der in jenem Gesicht Medo-Persien symbolisiert (siehe 8,20). Der Bär hat **»drei Rippen in seinem Maul«**, Zeugen von den vielen Menschen, welches dieses gefräßige Reich verschlungen hat. Dass es gerade drei Rippen sind, wird in 8,4 so erklärt, dass das Perserreich sich durch Eroberungen in drei Himmelsrichtungen vergrößert, indem es der Reihe nach Kleinasien, dann Babylon und schließlich Ägypten bezwingt, nämlich in den Jahren 546, 538 und 525 v. Chr.

Der Befehl »**Steh auf, friss viel Fleisch!**« soll wahrscheinlich auf die Grausamkeit der medo-persischen Eroberer hinweisen. In Jer 50,42 wird vom Eroberer Babels, den Medo-Persern, gesagt: *»Bogen und Wurfspieß führen sie, sie sind grausam und ohne Erbarmen ...«* In seinen Eroberungskriegen verschlang der Bär viel Fleisch, und im Feldzug von König Xerxes gegen Griechenland (siehe 11,2) fraß er seine eigene Armee fast ganz auf.[116]

Das dritte Reich, Griechenland

> **6 Nach diesem schaute ich, und siehe, ein anderes, wie ein Leopard; und es hatte vier Flügel eines Vogels auf seinem Rücken; und das Tier hatte vier Köpfe, und Herrschaft wurde ihm gegeben.**

Das dritte Reich ist das griechische Weltreich, das sich Alexander der Große innerhalb von zehn Jahren zusammeneroberte. Das Gesicht von Kapitel 8 sagt ausdrücklich, dass es das griechische Reich war, welches das Reich der Meder und Perser zertrat (8,2-8.20-21). Der »**Leopard**« steht für die Schnelligkeit (siehe Hab 1,8), mit der Alexander von Sieg zu Sieg eilte: Nach dem Sieg über die Perser bei Issos (333 v.Chr.) eroberte er Palästina (333) und Ägypten (332-331), nach dem Sieg bei Gaugamela (331) die persischen Kernlande (331-330), und auf dem Zug nach den zentralasiatischen persischen Provinzen Sogdien (Transoxanien, d.h. Usbekistan, Tadschikistan, Kirgistan) und Baktrien (Oxanien, d.h. Afghanistan) stieß er schließlich vor bis nach Indien (329-326). Die »**vier Flügel**« auf dem Rücken des Tieres stehen für vier Armeen unter vier Generälen Alexanders, und »**vier Köpfe**« für die Herrscher der vier Nachfolgereiche, in die das Weltreich nach dem Tod Alexanders zerfiel (siehe Näheres dazu in 8,8.21-22; 11,4). Zwei dieser Nachfolgereiche hatten länger Bestand und spielten in der Geschichte der erwählten Nation eine wichtige Rolle (siehe Kapitel 8 und 11), nämlich das Ptolemäerreich im Süden (Ägypten) und vor allem das Seleukidenreich

116 Herodot spricht von einem Millionenheer, was sicher übertrieben ist. Nach realistischen Schätzungen dürfte das Heer des Xerxes zwischen 100 000 und 200 000 Mann stark gewesen sein; dazu segelte eine persische Flotte mit 600 Schiffen gegen Griechenland. Ein Großteil der Krieger fiel in den Schlachten gegen die Griechen.

im Norden (Syrien). Da Griechenland in Kapitel 8 und 11 ausführlich behandelt wird, können die Informationen über das dritte Reich im vorliegenden Kapitel sehr knapp sein.

2. Das zweite Gesicht: Rom (7,7-12)

Dieses wird von den drei vorhergehenden Reichen gesondert behandelt, weshalb der Verfasser die Verse über das vierte Reich (V. 7-12) einleitet mit den Worten *»Ich sah in Gesichten der Nacht«*, mit denen er das gesamte Gesicht eingeleitet hatte (V. 2) und die er wiederum verwendet, als er das Kommen des ewigen Gottesreiches ankündigt (V. 13). Damit hebt er es bereits als etwas Besonderes hervor, was er in V. 7 mit den Worten ausdrückt: *»... es war verschieden von allen Tieren, die vor ihm gewesen waren ...«* Dass dieses Tier verschieden war von allen, muss großes Gewicht haben, denn Daniel wiederholt es noch zweimal (V. 19.23). Die Verschiedenheit des Reiches äußerte sich bereits im Traum Nebukadnezars. Es ist das einzige Reich, das aus zwei Stoffen, aus Eisen und Ton, besteht; und es ist im vorliegenden Gesicht das einzige Reich, das keinem Tier gleicht, das es auf der Erde gibt.

In 2,33 hatten wir gesehen, dass das Eisen bis zu den Füßen des Standbilds reicht, an welche der Stein vom Himmel schlägt und es zertrümmert. D.h., dass Rom in einer gewissen Weise fortbestehen wird bis zum Kommen des Menschensohnes, der es im Zornesgericht wegfegen wird. Wenn Daniel nun im Gesicht sieht, dass dem Löwen, dem Bären und dem Leoparden die Herrschaft zwar weggenommen, ihnen aber *»Verlängerung des Lebens gegeben wurde«* (V. 12), heißt das eben, dass im letzten Reich alle Eigenschaften der vorangegangen Reiche zusammenfließen. In Offb 13,2 wird das dem Johannes in der Weise enthüllt, dass das Tier aus dem Meer Merkmale des Löwen, des Bären und des Leoparden in sich vereint. Diese Tatsache ist es, welche das vierte Tier verschieden macht von den vorhergehenden. Es endet auch anders als jene. Babel, Medo-Persien und Griechenland kamen an ihr Ende, als eine andere irdische Macht sie besiegte. Das letzte Tier wird sein Ende finden, wenn der Herr vom Himmel erscheint, Krieg führt gegen dasselbe und es in den Feuersee wirft (V. 11; Offb 19,11.19-20).

Im vierten Tier vollendet sich der sündige Mensch; darum heißt das Haupt des letzten Weltreiches *»der Mensch der Sünde«* (2Thes 2,3). Mit der Sünde verlor der Mensch seinen Adel; indem er die Lüge Satans aufnahm, der in Gestalt eines Tieres zu ihm redete, nahm er tierisches Wesen in sich auf. Dieses entfaltet sich immer mehr, setzt sich am Ende vollständig durch, bis der Mensch sich im großen Tier vollkommen repräsentiert findet, vor ihm niederfällt und in ihm sich selbst anbetet (Offb 13,4).

Und noch ein Letztes, welches das vierte Weltreich abhebt von den früheren: Rom war als Republik entstanden, und es bezeichnete sich unter der Alleinherrschaft der Kaiser noch immer als Republik. So wird das letzte Reich demokratisch entstehen und sich im letzten, im totalitären Stadium noch immer als Volksherrschaft ausgeben. Das endzeitliche Rom wird die äußerste Vollendung der Idee der *Dēmokratia*, der Volksherrschaft, sein. Es wird also dem Namen nach nicht monarchisch sein wie Babel, Medo-Persien und Griechenland. Die Menschen, die in diesem letzten Weltreich leben, werden sich für frei halten, haben sie doch selber die Herrschaft des Tieres begehrt. Es wird die Vollendung jenes totalen Staates sein, auf die jede Demokratie unaufhaltsam zustreben muss, wenn diese so geworden ist, wie sie inzwischen in den europäischen Demokratien ist: ganz Gott-los.[117]

> **7 Nach diesem schaute ich in Gesichten der Nacht: Und siehe, ein viertes Tier, schrecklich und furchtbar und ausnehmend stark, und es hatte große Zähne von Eisen; es fraß und zermalmte, und den Rest zertrat es mit seinen Füßen; und es war verschieden von allen Tieren, die vor ihm gewesen waren, und es hatte zehn Hörner.**

Das **»vierte Tier«**, das Römische Reich, ist **»schrecklich, furchtbar und ausnehmend stark«**: Ihre militärische Schlagkraft machte das historische Rom zur Herrin der Welt, und die römischen Legionen erhielten dem Reich diesen Rang für lange Jahrhunderte.

117 Diese Entwicklung haben kluge Beobachter ihrer Zeit wie etwa der französische Politikwissenschafter Alexis de Tocqueville (1805–1859), der israelische Historiker J.L. Talmon (1916–1980) und die jüdische Gesellschaftswissenschaftlerin Hannah Arendt (1906–1975) kommen sehen und beschrieben.

»Es hatte große Zähne von Eisen«, und das entspricht dem Eisen, das in Nebukadnezars Traum das vierte Reich darstellte. Die eisernen Zähne, die alles fressen, stehen für die römischen Legionen, die durch halb Europa, durch Nordafrika und Vorderasien marschierten und das Imperium Volk um Volk, Land um Land vergrößerten durch Krieg, oder wie die Römer in ihrer Sprache sagten: *ferro ignique*, durch *Eisen* und *Feuer*.

Dieses vierte Tier **»war verschieden von allen Tieren«**, von allen vorher genannten (siehe auch V. 19.23), ja, es glich überhaupt keinem Tier, das es auf der Erde gibt. Das Tier steht damit für ein Reich, das zwar in der Folge der vorangegangenen Reiche emporkommt und damit zu diesen in erkennbarer Kontinuität steht, aber dennoch keinem von ihnen gleicht.

In Offb 13,2 wird es näher beschrieben, und dort erfahren wir, dass es eine *Chimäre* ist, ein Mischwesen, das wie ein Leopard aussieht, aber Füße hat wie ein Bär und ein Maul wie ein Löwe. Mithin wird das vierte Reich in sich alle Eigenschaften der vorangegangen Weltreiche vereinen, gleichzeitig aber in einer ganz entscheidenden Weise von diesen verschieden sein: Während die drei ersten Reiche zwar Raubtiere und als solche von Gott abgewandt waren, waren sie doch in ihrer Gestalt als solche von Gott erschaffen: Sie hatten das Reich und die Gewalt von Gott empfangen (siehe oben 2,21.37). Das vierte Reich hingegen gleicht keinem vom Gott erschaffenen Wesen, d. h. es wird nicht nur wie jene von Gott abgewandt sein und ganz auf das Diesseitige sinnen (siehe Phil 3,19), sondern es wird auch ganz satanisch sein: »... der Drache gab ihm seine Macht und seinen Thron ...« (Offb 13,2). Entsprechend wird es das jeder Obrigkeit von Gott gegebene Mandat, das Böse zurückzuhalten und das Gute zu stärken, systematisch und bewusst ins Gegenteil verkehren. Es wird damit auch anders sein als die heutigen immer antichristlicher werdenden Staaten, welche noch in gewissen Bereichen das Gute schützen und das Böse zurückhalten.[118] Vielmehr wird Gott das Tier und dessen Untertanen *vollständig* sich selbst und damit vollständig der Macht des Bösen überlassen, sodass es *nur* Böses wirkt und überall durchsetzt und gleichzeitig Krieg führt

118 Sie schützt beispielsweise noch das Recht auf Besitz, und sie schützt (jedoch nur zum Teil) das Recht auf Leben, das Recht auf Arbeit, auf Familie, auf eigene Kinder. Und sie bestraft noch immer Diebstahl, teilweise wenigstens noch Mord.

gegen *alles* und *jegliches* Gute. Dieses böse Tun wird darin zusammengefasst, dass es den Mund auftut, um Gott zu lästern (Offb 13,6), und dass es Krieg führt gegen alle, die Gott, den allein Guten, suchen, ihn ehren, ihm dienen und damit das einzig wahrhaft Gute tun (Offb 12,17; 13,7; 17,14).

Es ist in der Natur des Bösen begründet, dass das antichristliche Weltreich dort entsteht, wo das Evangelium vom Christus Gottes seine stärkste Ausbreitung erfahren und die größte Kraft auf Denken und Handeln der Menschen entfaltet hat: in den Ländern Europas. Denn das Böse, das Widergöttliche, will das Gute verdrängen, die Wahrheit und damit den Gott der Wahrheit selbst aus der Welt schaffen und sich an dessen Stelle setzen. Darum kann der Antichrist und das antichristliche Reich nicht in der Welt des Buddhismus, des Hinduismus oder des Islam erstehen. Den Bösen drängte es über alle Jahrtausende stets, die höchste Spitze seines Einflusses und seiner Macht dort zu erreichen, wo sein großer Feind seine größte Macht aufgerichtet hatte. Zur Zeit des Alten Testaments war das im Volk Israel, in neutestamentlicher Zeit in den Ländern der Christenheit. Über Jerusalem musste Gott durch den Propheten Hesekiel klagen: *»... es war widerspenstig gegen meine Rechte in Gottlosigkeit, ... mehr als die Länder, welche rings um es her sind; denn meine Rechte haben sie verworfen, und in meinen Satzungen sind sie nicht gewandelt«* (Hes 5,6). Und von den Ländern der alten Christenheit muss man sagen, dass ihre Bewohner es in allen Gräueln ärger treiben als in irgendeinem nichtchristlichen Land. Das ist der Abfall, den der Apostel angekündigt hat, der Abfall von dem einen wahren Gott und dem Glauben an ihn; und es ist dort, wo dies geschehen ist, dass *»der Mensch der Sünde«* sich offenbaren muss, *»der widersteht und sich selbst erhöht über alles, was Gott heißt«* (2Thes 2,3-4).

Das große Untier **»hatte zehn Hörner«**, wie das Tier von Offenbarung 13,1. Diese Hörner sind zehn Könige (V. 24; Offb 17,12). Das vierte Reich wird durch einen Zusammenschluss mehrerer Reiche entstehen, das auch Offenbarung 17,12-13 ankündigt.

8 Ich gab acht auf die Hörner, und siehe, ein anderes, kleines Horn stieg auf zwischen ihnen, und drei von den ersten Hörnern wurden ausgerissen vor ihm; und siehe, Augen wie Menschenaugen waren an diesem Horn und ein Mund, der große Worte redete.

»Ich gab acht«: Wenn der Prophet eine geistliche Schau empfängt, ist er nicht passiv, nicht in Trance versunken. Er ist vielmehr hellwach und gibt acht auf alles, was er sieht, denn der Heilige Geist, der ihn erfüllt und lehrt, schaltet den Verstand nicht aus, im Gegenteil: Er macht in außergewöhnlicher Weise tüchtig, klar zu sehen und zu denken, und danach befähigt er ihn, alles, was er gesehen hat, wahrheitsgetreu und ohne Irrtum aufzuschreiben.

»ein anderes, kleines Horn stieg auf«: Das Aufsteigen eines Hornes steht für das Aufkommen und Erstarken eines Herrschers, wie wir aus Ps 132,17 verstehen, wo Gott sagt: *»Dort will ich das Horn Davids wachsen lassen ...«* Es ist *»ein anderes«* Horn, das nicht zu den zehn gehört und auch dem Wesen nach verschieden ist von diesen (siehe V. 24), so wie das Tier als Ganzes verschieden war von allen vorangegangenen. Das zeigt, dass im kleinen Horn das Wesen des letzten Reiches seine vollendete Gestalt, seine totale Personifizierung findet.

Es ist ein *»kleines Horn«*, eine Herrschergestalt von niedriger Herkunft (vgl. 4,14), doch es handelt wie das Tier, indem es sich über alle erhebt (siehe V. 20) und alle vertilgt, die ihm im Weg stehen: **»... drei von den ersten Hörnern wurden ausgerissen vor ihm«**. Auf diese Weise wird es zum Haupt des Tieres, ja, zum Tier selbst, wie Daniel auf folgende Weise ausdrückt: Was das Horn sieht, sieht das Tier, und was das Horn redet, redet das Tier, das gerichtet wird *»wegen der Stimme der großen Worte, die das Horn redete«* (V. 11).

Das kleine Horn hat **»Menschenaugen«**, d.h. großes Wissen und große Intelligenz. Das unbegrenzte Wissen, mit dem Gott von seinem Thron aus die Welt regiert, wird dargestellt durch die unzähligen Augen, welche die vier lebendigen Wesen vorn und hinten und inwendig haben (Offb 4,6.8). Hier haben wir also ein Tier mit großer Kraft, gepaart mit großer Intelligenz. Mit seinen Augen nimmt es alles wahr, was in seinem Reich geschieht und was ein jeder seiner Untertanen tut. Heute sprechen wir von Überwachung.

Zudem hat das Tier im kleinen Horn einen **»Mund, der große Worte redete«**: Zur Kraft und Intelligenz gesellt sich als Drittes das Vermögen, seine Gedanken zu äußern und zu verbreiten. Wir nennen das Propaganda. Die Substanz seiner Propaganda ist eine einzige *»Lästerung... wider Gott«* (Offb 13,6), d. h. es wird alles Reden von einem jenseitigen Gott und einer jenseitigen Welt aus dem öffentlichen Diskurs und damit aus dem Denken der Menschen austreiben. Der Mensch sei alles; in seine Hand sei alles gegeben; er schaffe sich seine Welt und sein Paradies. Das ist die Stimme der alten Schlange, die im Garten die Mutter aller Menschen verführte, indem sie verhieß, *»dass ... ihr sein werdet wie Gott«* (1Mo 3,5).

9 Ich schaute, bis Throne aufgestellt wurden und ein Alter an Tagen sich setzte, sein Gewand weiß wie Schnee und das Haar seines Hauptes wie reine Wolle, sein Thron Feuerflammen, dessen Räder loderndes Feuer.

»Ich schaute, bis Throne aufgestellt wurden«: So lässt der Herr im Himmel auch das Tier 42 Monate gewähren (Offb 13,5), und dann macht er dem Lästern des Tieres ein Ende. Dieses stellt die absolute Spitze aller Gottlosigkeit dar, die äußerste Erhebung des Menschen gegen Gott, den Schöpfer und Herrn. Daniel sieht im Gesicht, wie das letzte Weltreich besteht, *bis* es in den Gerichten der letzten Zeit untergeht. Anders als Nebukadnezar, der nur sehen kann, dass es die überlegene Macht des Himmels ist, welche die Reiche der Welt zerschlägt, sieht Daniel als ein Heiliger, dass es Gottes Heiligkeit ist, die im Gericht alles Unheilige heimsucht.

Gott heißt hier **»ein Alter an Tagen«**, denn er ist von alters her, und von Ewigkeit her hat er seine Ratschlüsse gefasst (Jes 46,9-10). Nach diesen erstehen die Reiche und gehen sie unter (2,21). Sein ewiger Vorsatz ist, dass sein Sohn Haupt sein soll über alle Reiche und Mächte der Welt. Darum wird er im Zorn jede Macht niederwerfen, die sich gegen ihn und seinen Sohn erhebt (Ps 2,1-9).

Das **»Gewand«** des *»Alten an Tagen«* war **»weiß wie Schnee«**. Das Gewand und das wie Wolle weiße Haar (Offb 1,14) sind ein Ausdruck der Heiligkeit des Richters. Er ist von Ewigkeit her; er ist in seinem Sohn in dieser Welt erschienen, und seinem Sohn hat er Herrschaft und

Gericht übergeben (Joh 5,27; Apg 17,31), und der wird das Reich des Tieres zerschlagen, weil es gegen alles, was heilig heißt, Krieg geführt hat (Offb 13,7; 17,14).

Der **»Thron«** des Richters ist **»Feuerflammen«**, denn wenn der heilige Gott sich mit Sünde befasst, ist er ein verzehrendes Feuer (1Mo 19,24-25; 5Mo 4,24; Hebr 12,29). Ehe der Menschensohn seine Herrschaft auf dieser von Sünde verdorbenen Erde aufrichtet, wird Gott die Gottlosen im Feuer des Gerichts von der Erde fegen (Ps 50,2-3; 97,1-3; 104,35; 119,119; Jes 66,15; Zeph 1,14-18; 2Thes 1,8).

»dessen Räder loderndes Feuer«: Wie sein Zeitgenosse Hesekiel, der ebenfalls in babylonischer Gefangenschaft ist, sieht Daniel die Räder des Thrones Gottes (vgl. Hes 1,15-16). Räder bedeuten, dass der, welcher auf dem Thron sitzt, der Lebendige ist, dessen Werk nie stillsteht. Wir meinen zwar immer wieder, Gott handle nicht, er schaue nur zu. Das dachte auch der Prophet Habakuk, als er sah, wie die Gottlosigkeit in Jerusalem überhandnahm (Hab 1,1-4), bis Gott ihm offenbarte, dass er die ganze Zeit am Wirken war und die Waffen seines Zornes bereitet und schon in Bewegung gesetzt hatte gegen ein sündiges Volk (Hab 1,5ff.).

Gott hat einen Vorsatz mit den Völkern, mit seinem Volk und mit jedem Einzelnen aus seinem Volk, und den treibt er voran in einer Welt der Sünde, des Unglaubens und der Finsternis. Obwohl Gott Licht ist und in einem unzugänglichen Licht wohnt, ist *für uns* sein Thron in Dunkel gehüllt (Hi 26,9; Ps 18,10; 97,2), sodass wir ihn nicht sehen und deshalb Gottes Wege nicht verstehen können. Nur durch den Blick des Glaubens wissen wir: Der, der auf dem Thron sitzt, wirkt; er weiß, was er tut, und er führt alles zur bestimmten Zeit zum bestimmten Ziel und Ende.

Dein ewge Treu und Gnade,
o Vater, weiß und sieht,
was gut sei oder schade
dem sterblichen Geblüt.
Und was du dann erlesen,
das treibst du, starker Held,
und bringst zum Stand und Wesen,
was deinem Rat gefällt.
(Paul Gerhardt)

10 Ein Strom von Feuer strömte und ging aus von ihm; tausendmal Tausende dienten ihm, und zehntausendmal Zehntausende standen vor ihm. Das Gericht setzte sich, und Bücher wurden aufgetan.
11 Dann schaute ich wegen der Stimme der großen Worte, die das Horn redete: Ich schaute, bis das Tier getötet und sein Leib zerstört und dem Brand des Feuers übergeben wurde.

»Ein Strom von Feuer« geht aus vom Thron Gottes, denn er ist heilig; er ist ein verzehrendes Feuer (Hebr 12,29). Seine Augen sehen alles; er wägt alles mit der Waage des Heiligtums und teilt einem jeden das gerechte Gericht zu. Gott, der Richter, sendet seinen Sohn, und der wird kommen *»in flammendem Feuer, wenn er Vergeltung gibt denen, die Gott nicht kennen, und denen, die dem Evangelium unseres Herrn Jesus Christus nicht gehorchen«* (2Thes 1,8).

»Dem Richter aller« (Hebr 12,23) dienen **»tausendmal Tausende … und zehntausendmal Zehntausende«**. Engel (siehe Offb 5,11) stehen vor ihm und lassen sich senden, um seine Gerichte zu vollstrecken (Ps 78,49-50; Offb 14,18-19; 18,21; 20,1-3). Sie dienen ihm (Ps 104,4; Hebr 1,7), sie sind gehorsam seinen Befehlen (Ps 103,20), sie beten ihn an (Hebr 1,6), weil er heilig ist und seine Gerichte gerecht sind (siehe Offb 15,4).

»Bücher wurden aufgetan«, in denen verzeichnet sind die Werke der Menschen, die gerichtet werden sollen (Offb 20,12). Gott muss nicht in Büchern nachlesen, um zu wissen, was ein jeder getan hat, sondern den Gerichteten müssen ihre Taten vor Augen gestellt werden, denn nur zu gern vergisst und verdrängt der Mensch seine Untaten, beschönigt und entschuldigt seine Unterlassungen. Darum muss er sie im grellen Licht Gottes sehen, bevor er gerichtet wird, und so wird er erkennen und bekennen müssen, dass sein Gericht verdient ist und dass es gerecht ist. Das kleine Horn muss erkennen, was sein Lästern vor Gott bedeutet hat, und es wird bekennen, dass Gott gerecht ist, wenn er es **»wegen der Stimme der großen Worte«** verdammt, wenn er **»das Tier«** tötet und dessen **»Leib zerstört«**. Das Reich des Tieres geht unter, es wird **»dem Brand des Feuers übergeben«**; das Tier wird beim Kommen des Herrn in den Feuersee geworfen (Offb 19,20).

12 Und die übrigen Tiere: Ihre Herrschaft wurde weggenommen und Lebensdauer ihnen gegeben bis auf Stunde und Zeit.

Anders als beim Untergang des letzten Reiches bedeutete der Untergang der vorangegangenen Reiche nicht, dass diese vernichtet wurden. Als Reiche hatten sie bestanden **»bis auf Stunde und Zeit«**, und dann war ihnen **»ihre Herrschaft ... weggenommen«** worden, womit aber die Menschen, welche diese Reiche bevölkert hatten, nicht aufhörten zu existieren. Sie und ihre Kultur lebten unter den neuen Herrschern weiter, und schließlich mündete alles, was aus ihren Reichen die Jahrhunderte überdauerte, in das Reich des Tieres.

Der große Althistoriker Theodor Mommsen (1817–1903) schreibt in seiner *Römischen Geschichte*, dass Rom die Griechen nicht wie die anderen Untertanenvölker latinisierte, sondern vielmehr die griechische Eigenart »so wie sie war, sich eingefügt, ohne sie äußerlich mit sich zu verschmelzen. Wohin der römische Legionär kam, dahin folgte der griechische Schulmeister, in seiner Art nicht minder ein Eroberer, ihm nach«.[119]

> »Die Herrschaft Roms über Griechenland ist im Grunde eine offizielle Konservierung der griechischen Nationalität, obwohl es Bestandteil des Römischen Reiches wurde. Auch Babel, die aramäischen Völker und auch Persien behielten ihr Eigenleben, da sie nicht Bestandteil des Römischen Reiches wurden. In Dan 7,12 heißt es folgerichtig: ›Ihre Herrschaft wurde weggenommen, aber Verlängerung des Lebens ward ihnen gegeben bis auf Zeit und Stunde.‹«[120]

Erst am Ende der Tage wird alles weggefegt werden, woraus das Reich des letzten Tieres bestand. Der Traum von Kapitel 2 verdeutlicht das, indem der Stein an die Füße des Standbilds schlägt (2,34) und erst damit alle anderen Teile des Standbilds, das Gold, das Silber und das Kupfer, zertrümmert (2,35.45).

---

119 Theodor Mommsen, *Römische Geschichte*, Fünftes Buch, 11. Kapitel, S. 48, München: Deutscher Taschenbuch Verlag, 1984. Zitiert in: Ulrich Hilliges, *Sobald du erkannt haben wirst, dass die Himmel herrschen*, Berlin, August 1987, S. 10.

120 Ulrich Hilliges, a. a. O., S. 10.

3. Das dritte Gesicht: Der Menschensohn empfängt das Reich (7,13-14)

In diesem Gesicht wird dem Propheten das große Ziel der Weltgeschichte offenbart: Ein vollkommener Mensch bekommt die Herrschaft über die ganze Schöpfung; es ist der Mensch Christus Jesus. Somit sind alle vorangegangenen Reiche durch das Wirken des Himmels aufgekommen und haben die ihnen verordneten Jahre Bestand gehabt, um Gottes endgültigen Absichten zu dienen. Mit allem, was diese Reiche unternahmen, mussten sie, ohne dass sie das wussten, dazu beitragen, dass das Reich des Menschensohnes kommt. Denn Gott hat bestimmt, dass einst in Christus alles unter ein Haupt zusammengefasst werden muss, seien es die Dinge im Himmel oder die Dinge auf der Erde (Eph 1,9-10). Das Kommen Jesu und seines Reiches ist die große zusammenfassende Aussage aller Prophetie: *»... das Zeugnis Jesu ist der Geist der Weissagung«* (Offb 19,10).[121]

Mit der Herrschaft des Menschensohnes wird endlich die Absicht erfüllt, mit der Gott den Menschen erschaffen hatte. Dieser sollte über die ganze Schöpfung herrschen (1Mo 1,26). Was er mit der Sünde verlor, hat ihm der vollkommene Mensch Jesus wieder erworben. Mit ihm wird der Erlöste über die Erde herrschen (Offb 5,10). So sehen wir: Während der sündige Mensch mit der Sünde tierisches Wesen in sich aufnahm und im Tier seine Vollendung findet, hat der Erlöste im Glauben göttliches Wesen, *»die göttliche Natur«* (2Petr 1,4), in sich aufgenommen und ist damit wahrer Mensch geworden, der im Menschen Jesus seine Vollendung findet. Somit können wir sagen: Was am Tag des Sündenfalls begann, findet am Ende der Geschichte ihr Ziel und Ende: Der Same der Schlange entfaltet und offenbart sich vollkommen im großen Tier, der Same der Frau im Menschensohn.

13 Ich schaute in Gesichten der Nacht: Und siehe, mit den Wolken des Himmels kam einer wie eines Menschen Sohn; und er gelangte zu dem Alten an Tagen und man brachte ihn vor denselben.

121 So wie Jesus, der kommende Menschensohn, das Zeugnis der Propheten ist, so ist er auch Ziel und Zweck des Gesetzes (Röm 10,4). Dieses treibet nicht nur Christum (nach Luthers schöner Ausdrucksweise), sondern es treibt vor allem *zu Christus*.

Das ewige Reich wird durch einen Menschen dargestellt, und das bildet den denkbar stärksten Kontrast zu den vorangegangenen Reichen, die mit Tieren verglichen worden waren. Der Mensch erhebt seinen Blick zu Gott im Himmel und preist den, der ihn erschaffen hat. Das Tier erhebt den Blick nie zum Himmel, da es nicht so erschaffen worden ist, dass es nach Gott fragen kann. Wo der Mensch wie Nebukadnezar nur sich selbst sieht und die Werke seiner Hände statt Gott anbetet, wird er zum Tier (4,27-30). So wie das babylonische Reich waren alle nachfolgenden Weltreiche gottlos und werden deshalb als Tiere dargestellt. Nun kommt endlich ein Reich, in welchem ein wahrer, ein vollkommener, ein sündloser Mensch auf dem Thron sitzt, ein Mensch, der ganz so ist, wie Gott den Menschen gewollt hat. Der Titel **»eines Menschen Sohn«** bedeutet zunächst, dass er vollkommen Mensch ist; aber ferner lernen wir aus dieser Stelle und aus dem Neuen Testament, dass der Titel »Menschensohn« für den Messias steht in seiner Würde als Richter aller (Ps 72,1-2; Jes 11,1-5; Joh 5,27; Apg 17,31; Offb 1,13-16) und als Herrscher aller (Ps 72,8-11; Offb 19,16), wie der Vers 14 zeigt. Er kam **»mit den Wolken des Himmels«** (Mt 24,30; 26,64; Offb 1,7), d.h. mit den himmlischen Heeren (Offb 19,14), mit den Engeln des Himmels (2Thes 1,7) und mit *»seinen Heiligen«*, den Erlösten (Sach 14,5; 1Thes 3,13). Das Wort »Wolke« wird in der Bibel häufig verwendet für große Menschenmengen (Hebr 12,1) wie etwa Armeen (Jes 60,8; Jer 4,13; Hes 38,9).

14 Und ihm wurde Herrschaft und Herrlichkeit und Königtum gegeben, und alle Völker, Stämme und Sprachen dienten ihm; seine Herrschaft ist eine ewige Herrschaft, die nicht vergeht, und sein Königtum ein solches, das nicht zerstört wird.

»alle Völker … dienten ihm«: Endlich geht dann in Erfüllung, was den Völkern längst befohlen war – *»Lobt Jahwe, alle Nationen! Rühmt ihn, alle Völker!«* (Ps 117,1) – und Ps 86,9 verheißen hatte: *»Alle Nationen, die du gemacht hast, werden kommen und vor dir anbeten, Herr, und deinen Namen verherrlichen.«* Dann wird Jahwe König sein über die ganze Erde und sein Name allein wird gerühmt werden (Sach 14,9).

Endlich wird dann diese arme Erde von der Knechtschaft des Verderbens befreit (Röm 8,21), und dann werden zusammen mit den

Menschen Erde und Meer samt ihrer Fülle, die Felder und alle Bäume des Waldes vor Gott, ihrem Schöpfer, frohlocken (Ps 96,10-12; Offb 5,13).

Wie kommt es, dass dieses **»Königtum … nicht zerstört wird«**? Alle vorangegangenen Reiche waren auf Sünde gebaut und durch Sünde aufrechterhalten worden, und darum mussten sie untergehen. Das gilt für Israel (Mi 3,9-12) und für jedes heidnische Reich wie Assur (Nah 3,1-7) oder Babel (Hab 2,12-13). Das Reich des Menschensohnes ist das erste und einzige Reich, das auf Gerechtigkeit ruht (Ps 89,15; 97,2) und dessen Herrscher in Gerechtigkeit regiert (Jes 11,1-5). Darum bleibt es ewig (Ps 45,7; Spr 16,12).

Zum Schluss wollen wir noch einmal bedenken: Käme nicht ein vollkommener Mensch und herrschte über die Erde, wäre Gottes Absicht mit dem Menschen, über diese Schöpfung zu herrschen, nie ausgeführt worden. Dann hätte der Satan diesen Vorsatz Gottes vereitelt. So etwas ist selbstverständlich ausgeschlossen. Darum kommt eben der Menschensohn und erfüllt, was Gott verordnet hat, und regiert über diese Schöpfung, die in Raum und Zeit besteht. Das ist das *»Reich der Welt des Herrn und seines Christus«* (Offb 11,15), ja, *»der Welt«*, denn es muss in dieser Welt, auf dieser Erde aufgerichtet werden. Und dessen Dauer ist genau bestimmt: tausend Jahre (Offb 20,4.5.6). Und mit ihm werden regieren alle, die durch den Glauben an ihn mit ihm einsgemacht worden sind (Offb 5,10; 20,6).

4. Die Gesichte werden gedeutet durch den Boten Gottes (7,15-28)

Hier sehen wir zum ersten Mal, wie ein Bote Gottes dem Daniel als Antwort auf sein Gebet ein Gesicht erläutert oder ihm eine Botschaft Gottes überbringt. Das wiederholt sich in 8,15-18; 9,20-27 und 10,10–12,13. Im Buch der Offenbarung begegnen wir einem ähnlichen Umstand. Gott hat die Offenbarung Jesu Christi seinem Knecht Johannes durch seinen Engel gezeigt (Offb 1,1).

Durch die Deutung des Gesichts verstehen wir es erst richtig, und zudem hören wir Dinge, die im Gesicht selbst noch nicht erkennbar waren. Besonders auffällig ist, dass wir erst hier erfahren, wie das letzte Weltreich sich gegen die Heiligen des Höchsten verhalten wird.

15 Ich, Daniel – betreten wurde mein Geist im Innern des Leibes, und die Gesichte meines Hauptes schreckten mich.

»Ich, Daniel – betreten wurde mein Geist im Innern des Leibes«: vgl. V. 28; 8,27; 10,8. Den Empfängern der göttlichen Botschaften ist es immer wieder wie Daniel ergangen: Jes 6,5; 16,11; 21,4; Jer 4,19; Hes 9,8; Hab 3,2.16; Offb 1,17.

»die Gesichte ... schreckten mich«: Wie könnte einer sehen, was Daniel sah, und es schreckte ihn nicht? Dass wir diese Weissagungen lesen und meist unberührt bleiben, zeigt, wie stumpf unsere Herzen, wie trüb unsere Augen und wie schwerhörig unsere Ohren für die Offenbarungen Gottes sind, die von entsetzlichen Wirklichkeiten sprechen, welche über die Menschen in dieser Welt kommen werden.

16 Ich nahte einem der Dastehenden, um von ihm Gewissheit zu erbitten über dies alles. Und er sprach zu mir, und die Deutung der Sache tat er mir kund:

Sind wir wie Daniel ergriffen worden, suchen wir Licht über das Offenbarte; sind wir nicht ergriffen, bewegen uns die Dinge nicht weiter. Es ist das Vorrecht der *»Vielgeliebten«* Gottes (siehe 9,23), dass sie von ihm Verständnis und Gewissheit über seine Offenbarungen erbitten dürfen – etwas, was auch Sacharja immer wieder tat (Sach 1,9; 2,2; 4,11; 5,10; 6,4). Das ist ein großes Vorrecht, das in seiner Größe nur übertroffen wird vom Skandal, dass es uns so wenig bedeutet und wir dieses deshalb so wenig nutzen.

17 Diese großen Tiere, deren vier waren: Vier Könige werden von der Erde aufstehen.
18 Aber die Heiligen des Höchsten werden das Reich empfangen und werden das Reich besitzen bis in Ewigkeit, ja, bis in die Ewigkeit der Ewigkeiten.

Mit diesen Worten gibt der Engel eine Zusammenfassung des gesamten Gesichts. In den nachfolgenden Versen nennt er Einzelheiten zur letzten Wegstrecke, welche die Heiligen Gottes gehen müssen, bis sie das Ziel erreichen.

Zunächst erklärt der Engel, dass »**diese großen Tiere … vier Könige**« sind. In V. 23 erfahren wir, dass sie auch für ihre Reiche stehen. Als Nächstes nennt der von Gott gesandte Ausleger das Ziel und Ergebnis der langen Zeit, in welcher heidnische Reiche die Weltherrschaft innehaben: »**… die Heiligen … werden das Reich empfangen**«, denn es hat dem Vater gefallen, ihnen das Reich zu geben, obwohl sie eine kleine und dazu bedrängte Herde sind. Wenn alle Geschichte zur Herrschaft des Menschensohnes führt, bedeutet das gleichzeitig, dass auch die Heiligen am Ende der Zeit zur Herrschaft gelangen. Niemand kann das verhindern. Dass die Gerechten hier *»Heilige«* genannt werden, ist nicht zufällig. Gottes Regiment ist ein sittliches Regiment. Er erhebt Gottlose auf Königsthrone, doch wenn sie den Gott, der sie erhöht hat, nicht fürchten und hochmütig werden, erniedrigt Gott sie. Die Heiligen aber werden, nachdem sie durch Gottes Gnade gelernt haben, sich unter seine mächtige Hand zu demütigen (1Petr 5,6), und danach zur Herrschaft gelangt sind, »**das Reich besitzen bis in Ewigkeit**«, denn diese hat er gelehrt, ihn zu fürchten, und indem er die Furcht vor ihm in ihr Herz gelegt hat, sorgt er dafür, dass sie nie abweichen und abfallen (Jer 32,39-40).

Es sind die Heiligen »**des Höchsten**«, die das Reich besitzen werden. Dies ist der zweite Titel Gottes in diesem Kapitel. Er ist nicht nur *»der Alte an Tagen«*, der Ewige, sondern er ist auch *»der Höchste«*, dem alles untertan ist, der über allem herrscht, dessen Willen sich am Ende alles fügen muss. Wenn alle Heilszeiten verstrichen sind und Gottes Heil vollendet ist, werden seine Knechte ihm dienen, und sie werden sein Angesicht sehen, und er wird über ihnen leuchten. Im Licht der vollen Erkenntnis ihres Gottes werden sie ihm ewig in Liebe ergeben sein und darum nie gegen ihn sündigen können, und so werden sie herrschen von Ewigkeit zu Ewigkeit (Offb 22,4-5).

19 Darauf begehrte ich Gewissheit über das vierte Tier, das verschieden war von allen anderen, ausnehmend schrecklich, dessen Zähne von Eisen und dessen Klauen von Kupfer waren, welches fraß, zermalmte und den Rest mit seinen Füßen zertrat, 20 und über die zehn Hörner auf seinem Kopf und über das andere Horn, das aufstieg und vor dem drei fielen. Und das

> **Horn hatte Augen und einen Mund, der große Worte redete, und sein Aussehen war größer als das seiner Gefährten.**

»Darauf begehrte ich Gewissheit«, schon zum zweiten Mal nach V. 16, und zwar diesmal besonders **»über das vierte Tier, das verschieden war von allen anderen«**. Daniel versteht aus dem eben empfangenen Gesicht, dass das vierte Reich von ganz entscheidender Bedeutung sein muss. Besonders muss ihn der Umstand bewegt haben, dass aus diesem Reich ein Horn emporstieg, das große Worte redete gegen seinen Gott, und dass es dieser Worte wegen *»dem Brand des Feuers übergeben wurde«* (V. 11). Wer ist dieser Herrscher, und was ist das für ein Reich, das einen solchen Herrscher hervorbringt? Wie die Schau von diesem Tier Daniel erschüttert haben muss, lässt sich daran ablesen, dass er die Eigenschaften und das Handeln des Tieres, die er im Gesicht gesehen hatte, Punkt für Punkt wiederholt: Es war **»ausnehmend schrecklich«**, es hatte **»Zähne von Eisen und … Klauen von Kupfer«**, es **»fraß«**, es **»zermalmte«**, und was es nicht ganz zermalmt hatte, **»zertrat«** es **»mit seinen Füßen«**.

Ebenso ergriff den Seher die Tatsache, dass da ein Tier war, das **»zehn Hörner auf seinem Kopf«** hatte, etwas Furchterregendes. Besonders bewegt ihn daran **»das andere Horn, das aufstieg«**, ein Starker, ein Machthaber, vor dem drei Hörner **»fielen«**, und was bei Daniel Schauer erregt haben muss, waren die **»Augen«** des Horns, und dann war da dieser **»Mund, der große Worte redete«** – das Schlimmste von all dessen schlimmem Tun. Daniel erinnert sich, dass das kleine Horn, das emporstieg (V. 8), nach dem **»Aussehen größer war«** als seine Gefährten: Es hatte durch seine Klugheit und seine Rednergabe alle Rivalen ausgestochen. Wir dürfen nicht vergessen, dass es der Heilige Gottes ist, dem Gott das Tier in dieser Weise zeigt; Nebukadnezar hatte an den vier Weltreichen zwar auch Erschreckendes gesehen, doch auch Macht, Glanz und Größe (2,31). In Offb 13,4 lesen wir, dass die Menschen das Tier bewundern, ja, anbeten werden, weil es so mächtig ist, dass niemand gegen es Krieg zu führen wagt. Sie werden in ihm auch einen wunderbaren Versorger sehen, der ihnen aus seinem Füllhorn alle nur erdenklichen Konsumgüter ausschüttet (Offb 13,17). Was fragt da einer noch nach dessen Charakter und sonstigem Tun?

21 Ich schaute: Dieses Horn führte Krieg gegen die Heiligen und überwand sie,
22 bis der Alte an Tagen kam, und das Gericht wurde den Heiligen des Höchsten gegeben, und die Stunde kam, und die Heiligen nahmen das Reich in Besitz.

Daniel ergänzt seine Beschreibung des Gesichts: **»Ich schaute: Dieses Horn führte Krieg gegen die Heiligen …«** In Offb 13,7 wird nicht vom kleinen Horn, sondern vom Tier gesagt: *»… ihm wurde gegeben, mit den Heiligen Krieg zu führen und sie zu überwinden …«* Das zeigt noch einmal, dass das kleine Horn das endzeitliche Tier ist.

Wir fragen, wie der Gott der Heiligen vom Himmel zuschauen könne, während das Tier gegen seine Heiligen Krieg führt und sie tötet. 11,35 gibt uns eine erste Erklärung dafür: Wie die Juden durch die Drangsale zur Zeit Antiochos' IV. gereinigt wurden, so dient die Drangsal der letzten Tage der Reinigung und damit der Errettung Jakobs (siehe Jer 30,7). Eine weitere Erklärung wird in Offb 20,4-6 gegeben: Die Märtyrer der Drangsalszeit werden teilhaben an der ersten Auferstehung und damit höhere Segnungen empfangen als die Gläubigen, die am Leben bleiben und ins Reich des Menschensohnes eingehen.

Daniel ruft sich in Erinnerung, was der große Trost aller Gerechten ist: Der ewige Gott, *»das Alpha und das Omega, … der Herr, Gott, der da ist und der da war und der da kommt, der Allmächtige«* (Offb 1,8) wird erscheinen. Dann wird sich endlich erfüllen, wonach bedrängte Heilige sich alle Jahrtausende gesehnt haben: *»… zur Gerechtigkeit wird zurückkehren das Gericht …«* (Ps 94,15). Das Tier mag wüten, doch nur, *»bis der Alte an Tagen«* kommt. Mit diesem *»bis«* macht Daniel einmal mehr deutlich – wie oben in V. 9 –, dass die Herrschaft des vierten Tieres ihr Ende erst beim zweiten Kommen des Herrn findet. Damit kommt **»die Stunde«**, in der **»die Heiligen … das Reich in Besitz«** nehmen. Niemand kann umstoßen, was der Herr und Hirte den Seinen versprochen hat: *»Fürchte dich nicht, du kleine Herde! Denn es hat eurem Vater wohlgefallen, euch das Reich zu geben«* (Lk 12,32). Und wenn sie das Reich empfängt, wird auch **»das Gericht … den Heiligen des Höchsten gegeben«**. Die Heiligen werden die Welt richten, wie auch Paulus gelehrt hat (1Kor 6,2). In V. 9 wurde lediglich gesagt, dass *»Throne aufgestellt wurden«*; in Offb 20,4 lesen wir, dass

»sie«, die Heiligen, auf diesen Thronen sitzen, um zusammen mit dem Herrn Gericht zu halten (Mt 19,28).

23 Er sprach so: Das vierte Tier – ein viertes Reich wird auf Erden sein, das von allen Reichen verschieden sein wird; und es wird die ganze Erde fressen und sie zertreten und sie zermalmen.

Jetzt antwortet **»er«**, der Engel, auf die zweite Bitte Daniels, und **»sprach so«**: Das vierte Reich, das **»auf Erden sein wird«**, wird **»von allen Reichen verschieden sein«**, was wir nun schon zum dritten Mal hören (nach V. 7 und V. 19).

Worin war das Römische Reich der Antike verschieden von allen vorherigen Reichen? Es war der erste Weltstaat der Weltgeschichte: **»... es wird die ganze Erde fressen«**, wobei wir diesen Ausdruck zunächst aus dem Zusammenhang des Daniel-Buches verstehen müssen. Wenn vom Reich des Menschensohnes gesagt wird, dass es *»die ganze Erde«* füllt (2,35), dann muss das im umfassenden Sinn verstanden werden. Wenn hingegen von Griechenland, dem kupfernen Reich, in 2,39 gesagt wird, dass es *»über die ganze Erde herrschen wird«*, und es entsprechend von Alexander heißt, dass er vom *»Westen her über die ganze Erde«* rannte (8,5), dann kann das nicht im umfassenden Sinn gemeint sein. Alexander unterwarf sich alle vorderorientalischen Reiche und drang östlich vor bis nach Zentralasien und ins Indus-Tal. Und Nebukadnezar gibt eine Botschaft allen Völkern und Sprachen, *»die auf der ganzen Erde wohnen«* (3,31), d.h. allen Völkern, die zu seinem Reich gehörten. Darius *»schrieb ... an alle Völker..., die auf der ganzen Erde wohnen«* (6,26), und meinte damit ebenfalls nur die Völker seines Reiches. Im Neuen Testament wird vom Kaiser des Römischen Reiches gesagt, dass er *»den ganzen Erdkreis«* einschreiben ließ (Lk 2,1), d.h. die Länder seines ganzen Reiches, und in Offb 16,14 werden alle Könige, die zum Reich des Tieres gehören, *»die Könige des ganzen Erdkreises«* genannt, die gesammelt werden zum Krieg gegen die *»Könige, die von Sonnenaufgang her kommen«* (Offb 16,12).

Die *»ganze Erde«* ist also im vorliegenden Vers das endzeitliche Römische Reich. Das antike Rom war ein geeintes, zentral regiertes Vielvölkerreich mit einheitlichem Bürgerrecht, einheitlicher Rechtsprechung, einheitlicher Währung. Dieser Staat, der *Orbis Romanus*, die

Oikoumene, wie der Grieche Lukas sie nennt (Lk 2,1; Apg 11,28; 19,27), war der Kreis aller Völker und Nationen, welche im Römischen Reich zusammengebunden waren, und dieser war pluralistisch, synkretistisch, multikulturell – und doch eins.

Die große Bedeutung als »friedlicher Weltintegrator« gewinnt Rom[122], indem es mit dem Übergang von der republikanischen Phase der Eroberungen zum Kaiserreich den

> »Wandel von der Weltmacht zum Weltstaat vollzieht … Aus der militärisch zusammengeraubten, politisch unförmigen Landmasse wird ein Reichsverband, und das in sich unzusammenhängende Konglomerat von Völkerschaften findet zu staatlicher Homogenität …
>
> Die Rede ist hier von der dem Imperium Romanum als Fundament und stützende Außenmauern dienenden einheitlichen rechtlichen und politischen Ordnung … ferner ist die Rede von dem auf dieser Ordnung gründenden und in ihrem Rahmen sich frei entfaltenden, in *einer* Währung abgewickelten, weder staatlich diktierten noch protektionierten Warenverkehr weltwirtschaftlichen Zuschnitts, von dem alle, selbst noch die Außen-Bezirke profitieren …; die allen Reichsbewohnern (natürlich nicht den Sklaven) gewährte persönliche und arbeitsrechtliche Freizügigkeit; die ihnen (und den freigelassenen Sklaven) gebotenen gesellschaftlichen Aufstiegschancen; die weitgehende Gemeinsamkeit in Sprache und Zivilisation; und die *wechselseitige*, niemand wegen seiner ethnischen Herkunft oder seines Glaubensbekenntnisses diskriminierende Toleranz zwischen den verschiedenen ›Rassen‹ und Religionen … Und schließlich ist noch ein letztes Bindeglied des römischen Völkerbundes zu erwähnen: der Herrscherkult, der indirekt – über die Person des Kaisers – dem Staat selbst gilt …
>
> Die Begriffe ›Rom‹ und ›Antiker Erdkreis‹ werden für die Zeitgenossen zu austauschbaren Synonymen, verschmelzen in dem des ›Orbis Romanus‹, der genau ausdrückt, was das Imperium Romanum von den anderen Welt-Reichen ab- und über sie hinaushebt:

122 Helga Gesche, *Rom – Welteroberer und Weltorganisator*, S. 14.

> die Verwirklichung staatlicher Unität bei gleichzeitiger Universalität.«[123]

Einen solchen Weltstaat hat es seit dem Untergang des antiken Rom nicht mehr gegeben; doch können wir immer klarer sehen, dass das vereinigte Europa genau das werden will. Rom wird wieder erstehen, und es wird wieder ein Weltstaat sein. Das ist ein erstes Merkmal, durch das dieses Reich *»verschieden«* ist von allen vorangegangenen. Ein weiteres Merkmal wird uns in Offenbarung 13,2 gesagt: *»... der Drache gab ihm seine Macht und seinen Thron und große Gewalt«* (siehe Auslegung zu V. 7).

> **24 Und die zehn Hörner: Aus jenem Reich werden zehn Könige aufstehen; und ein anderer wird nach ihnen aufstehen, und der wird verschieden sein von den vorigen, und drei Könige wird er erniedrigen.**

Hier erklärt der Engel die symbolische Bedeutung der **»zehn Hörner«**: Diese stehen wie auch in 8,20 für Könige; hier sind es deren **»zehn«** (siehe Offb 17,12), die im einen Reich zusammengebunden sind. Das kleine Horn ist **»ein anderer«** König, der erst nach den **»zehn Königen«** aufkommt, dann aber **»drei Könige ... erniedrigen«** wird und sich damit zum Herrscher über diese aufschwingt, zum Haupt des Reiches. Könnten mit den drei Hörnern etwa die drei Gewalten gemeint sein, welche in den Demokratien die Geschicke des Staates lenken sollen – also die Legislative, die Exekutive und die Judikative? Wenn Hörner für Herrscher stehen können, dann können sie wohl auch für die Körperschaften stehen, die im modernen Rechtsstaat zusammen die Gewalt ausüben. Das kleine Horn würde diese drei Gewalten also wegfegen, um so zum totalen Herrscher zu werden, zur einzigen Stimme, auf die alles zu hören habe.

123 Gesche, S. 14-17.

25 Und er wird Worte reden gegen den Höchsten und die Heiligen des Höchsten vernichten; und er wird darauf sinnen, feste Zeiten und Gesetz zu ändern, und sie werden in seine Hand gegeben werden eine Zeit und Zeiten und eine halbe Zeit.

»Und er wird Worte reden gegen den Höchsten«, siehe V. 8.20 und Offb 13,6, **»und die Heiligen des Höchsten vernichten«**, siehe V. 21 und Offb 13,7. Er tut also genau das, was vom endzeitlichen Tier gesagt wird, ist also selbst das Tier – oder vielmehr das Haupt desselben.

Zudem wird er **»feste Zeiten und Gesetze … ändern«**, d. h. die bestimmten Zeiten des jüdischen Gottesdienstes, die *»Feste Jahwes«* (3Mo 23), und die Gesetze, die den Gottesdienst und insbesondere die Darbringung der Opfer regeln. Diese werden **»in seine Hand gegeben«**, d. h. er wird die Macht haben, Opfer und Speisopfer aufhören zu lassen (9,27) und einen neuen Gottesdienst einzuführen, und das für **»eine Zeit und Zeiten und eine halbe Zeit«**, für ein Jahr und zwei Jahre und ein halbes Jahr. Der gleiche Ausdruck wird in Offb 12,14 verwendet. Dreieinhalb Jahre ist nach Offb 13,5 die Zeit der totalen Herrschaft des Tieres: *»… es wurde ihm Gewalt gegeben, 42 Monate zu wirken.«*

26 Aber das Gericht wird sich setzen, und man wird seine Herrschaft wegnehmen, um sie zu vernichten und zu zerstören bis zum Ende.

»Aber das Gericht wird sich setzen, und man wird seine Herrschaft wegnehmen«: Im Gesicht hatte man bereits erkennen können, dass das Tier gerichtet und ihm seine Herrschaft genommen wird. Nun wird uns gezeigt, dass das Gericht sich setzen wird, nachdem die in V. 25 genannten *»Zeit und Zeiten und eine halbe Zeit«* abgelaufen sind. Das in V. 11 angekündigte Gericht über das Tier geschieht bei der Wiederkunft Christi (Offb 19,11-16): Dann wird das Tier in den Feuersee geworfen (Offb 19,20).

27 Und das Reich und die Herrschaft und die Größe der Reiche unter dem ganzen Himmel wird dem Volk der Heiligen des Höchsten gegeben werden. Sein Reich ist ein ewiges Reich, und alle Gewalten werden ihm dienen und gehorchen.

Erneut (nach V. 18 und V. 22) hört Daniel, dass **»das Reich … dem Volk der Heiligen … gegeben werden«** wird, und dieses Reich **»ist ein ewiges Reich«** (siehe Auslegung zu 2,44 und oben zu V. 14; ferner Ps 145,13). Erst dann, wenn der Herr gekommen ist und sich auf den Thron Davids gesetzt hat, **»werden alle Gewalten ihm dienen und gehorchen«**. Der Befehl Gottes an alle Nationen, ihn zu loben (Ps 117), wird noch in Erfüllung gehen. Wenn unter der Herrschaft Christi die ganze Erde voll sein wird von der Herrlichkeit des HERRN (Ps 72,19) und wenn nicht nur die Seraphim um Gottes Thron diese erkennen (Jes 6,3), sondern auch die Menschen auf der Erde (Jes 11,9; Hab 2,14), dann werden sie endlich tun, was sie Gott immer geschuldet hatten: Sie werden kommen, sich vor ihm beugen und ihn anbeten (Ps 22,28; 72,11; Offb 15,4). Und beachten wir, dass der Engel dem Daniel sagt, dass das Reich, das den Heiligen gegeben wird, **»unter dem … Himmel«** ist, dass es also nicht ein bloß geistliches, nicht ein unsichtbares, sondern ein irdisches, von allen Menschen mit allen Sinnen wahrgenommenes Reich ist.

28 Bis hierher das Ende der Rede. Ich, Daniel – mich schreckten meine Gedanken sehr, und meine Gesichtsfarbe veränderte sich an mir; und ich bewahrte die Rede in meinem Herzen.

»Bis hierher das Ende der Rede«, oder »der Sache« wie in V. 1. Nach allem, was Daniel geschaut hatte, war er ganz betreten (V. 15), und auf die Worte des Engels hin muss er sogar bekennen: **»… mich schreckten meine Gedanken sehr …«** Der Prophet Daniel war ein Mann, der sein Volk liebte und deshalb darunter litt, dass es so tief gesunken war, dass Gott es unter heidnische Herrscher stellen musste. Und weil er es liebte, ängstigten ihn die Gedanken daran, was seinem Volk noch bevorstand, ehe es endlich für immer gesegnet und erlöst sein würde. Auch seine **»Gesichtsfarbe veränderte sich«**, wie später dem König Belsazar (5,9). So geschieht es, wenn das Leben, das im Blut ist, sich zurückzieht. Bei Belsazar war es die Angst um das eigene Leben, das dessen Gesicht weiß gemacht hatte wie das eines Toten; bei Daniel war es die Angst um sein geliebtes Volk – eine Art Sterben, das Daniel widerfuhr.

> »Daniel hatte Gesichte Gottes gesehen, doch diese brachten Tod in seine Seele, und damit wurde er von Gott befähigt, der Kanal dieser göttlichen Enthüllungen zu sein.«[124]

Daniel **»bewahrte die Rede«** (oder »die Sache«) **»in [s]einem Herzen«** wie Maria (Lk 2,19), und er wurde durch den Geist getrieben und befähigt, das Gesehene und Gehörte wahrheitsgetreu niederzuschreiben (siehe 2Petr 1,19-21).

Mit dem letzten Vers dieses Kapitels endet der mit 2,4b beginnende aramäische Teil des Buches Daniel.

Denkwürdiges und Lehrreiches zu Kapitel 7

V. 3 – »Die vorliegende Vision stimmt nämlich mit dem Traumbilde Nebukadnezars Kap. 2 nicht nur mehrfach überein, sondern hat denselben Gegenstand zum Inhalte. Aber dieser Inhalt, die Gestaltung der Weltmacht in ihren Hauptformen, wird in beiden Kapiteln verschieden dargestellt. In Kap. 2 nach ihrer einheitlichen Natur als ein Menschenbild ..., in Kap. 7 unter der Gestalt von vier Raubtieren ... Die Unterschiede haben ... ihren Hauptgrund in der Verschiedenheit der Empfänger der Gottesoffenbarung – Nebukadnezar, der Gründer der Weltmacht, schaut diese Macht in ihrer imponierenden Größe und Herrlichkeit, Daniel, der Prophet Gottes, schaut sie in ihrer widergöttlichen Gestalt gewaltiger Raubtiere« (C.F. Keil, *Biblischer Commentar über den Propheten Daniel*, S. 186-187).

V. 13-14 – »Das kolossale Menschenbild Nebukadnezars stellt die Menschheit in ihrer eigenen Kraft und Größe dar; aber so glanzvoll es ist, so sieht es doch nur äußerlich aus wie ein Mensch. Ihrem inneren Wesen nach aber ist nach Daniels Gesicht die von Gott losgerissene Menschheit

124 E. Dennet, *Daniel, the Prophet*, S. 119.

zur wilden, vernunftlosen Tierheit herabgesunken, der dumpfen Naturmacht verfallen; nur im Reiche Gottes erreicht der Mensch wirklich sein Wesen und seine Bestimmung, nur von oben her kann der lebendige, vollkommene Menschensohn kommen« (C.A. Auberlen, S. 36).

V. 28 – »Daniel hat das Geschaute nicht nur aufgezeichnet, sondern er *›behielt die Rede‹* auch in seinem *›Herzen‹* … D.h. er ließ das Gesagte nicht mehr aus seinem Gedächtnis schwinden, er hütete es als kostbaren Schatz. Damit konnte er ›die Rede‹ auch zuverlässig überliefern. Hier wird die Zuverlässigkeit der Bibel unterstrichen« (Gerhard Maier, *Der Prophet Daniel*, S. 295).

Sprachliche Anmerkungen zu Kapitel 7

V. 12 – **»Stunde und Zeit«**: **zəman** und **ᶜiddân**, wobei Ersteres für die bestimmte, die festgesetzte Zeit, also den Termin steht (siehe 3,8 und Esr 5,3), ähnlich dem griechischen *kairos*; Letzteres bedeutet Zeit als Dauer, entsprechend dem griechischen *chronos*.

V. 18 – **»die Heiligen des Höchsten«**: **qaddišêj ᶜæljônîn**. Dass der Titel *»der Höchste«* die aramäische Pluralendung **-în** hat, die nicht zum Attribut **ᶜæljôn** zu passen scheint, ist wahrscheinlich eine Analogiebildung vom hebräischen Wort für »Gott«, **ᵓælôhîm**, das stets eine Pluralendung hat.

V. 25 – **»feste Zeiten und Gesetz«**: **zimnîn wədât**, wobei Ersteres der Plural ist von **zəman**, das hier verwendet wird für bestimmte Tage der vom HERRN verordneten Feste (siehe 3Mo 23).

»eine Zeit, Zeiten und eine halbe Zeit«: **ᶜiddân, ᶜiddânîn** und eine halbe **ᶜiddân**, womit ein Jahr, zwei Jahre und ein halbes Jahr gemeint ist; so auch in Dan 4,20.22.29; 12,7. LXX übersetzt in 4,20.22.29 jeweils mit *etos*, »Jahr«.

Kapitel 8

Mit dem Kapitel 8 wechselt die Sprache wieder ins Hebräische. Die Kapitel 2 bis 7 waren alle auf Aramäisch abgefasst, in der Sprache der Heiden, und in diesen war auch das Aufkommen und Untergehen der heidnischen Reiche das Thema gewesen. Von diesem Kapitel an ist wiederum das Ergehen der erwählten Nation und ihrer Stadt der Hauptgegenstand, und daher ist die Sprache Hebräisch.

1. **Das Gesicht vom Widder und vom Ziegenbock: Der Aufstieg des 3. Weltreiches (8,1-7)**
2. **Der Ziegenbock und das »kleine Horn« (8,8-14)**
3. **Die Auslegung des Gesichts vom »kleinen Horn« (8,15-27)**

Nach dem ersten Gesicht, das Daniel im ersten Jahr des Königs Belsazar geschaut hatte, folgt dieses Gesicht im dritten Jahr Belsazars. Der Heilige seufzt unter der Erniedrigung der heiligen Nation unter das götzendienerische Babel, aber er muss in diesem Gesicht erkennen, dass das Volk mit der Befreiung vom babylonischen Joch nicht vom Bösen frei sein wird. Im Gegenteil: Es wird im heiligen Land selbst zu einem unsäglichen Gräuel kommen: Das Haus des höchsten Gottes wird entweiht werden. Das ist schlimmer noch als das lästerliche Handeln Belsazars, der sich in der letzten Nacht seines Erdenlebens über den Gott des Himmels erhoben hatte (Kap. 5).

1. Das Gesicht vom Widder und vom Ziegenbock: Der Aufstieg des 3. Weltreiches (8,1-7)

Dieses Gesicht enthält Weissagungen, die in Kapitel 11 wiederkehren. Hier wie dort erfahren wir, dass Alexander die persische Macht zertrümmert, dass aus seinem Reich kleinere Nachfolgereiche entstehen und dass aus einem dieser Nachfolgereiche ein maßlos frevelhafter Fürst aufsteht: Antiochos IV. Der bildet hier wie dort den Hauptgegenstand des Interesses. Man beachte aber wohl, dass der Engel dem Daniel eröffnet, dass die Weissagung über Antiochos *»auf die Zeit des Endes«*, *»die letzte Zeit des Zornes«*, *»auf die bestimmte Zeit des Endes«* geht (V. 17.19). Das bedeutet, dass die Weissagung in der näheren Zukunft, im zweiten vorchristlichen Jahrhundert, nur eine vorläufige Verwirklichung erfuhr, um erst in der fernsten Zukunft in Erfüllung zu gehen.

In Kapitel 9 werden Daniel die Etappen des Weges enthüllt, die bis zu diesem Ende führen; in Kapitel 11 finden sich erneut Weissagungen über Antiochos IV. (V. 21-35), der zwar in seinem Charakter und Handeln dem endzeitlichen König der Juden, dem Antichristen, ähnlich ist (11,36-39), der jedoch als ein historischer König des Nordens seine Entsprechung nicht im Antichristen findet, sondern im endzeitlichen König des Nordens, dem großer Verwüster Israels (11,40-45).

1 Im dritten Jahr der Regierung des Königs Belsazar erschien mir ein Gesicht, mir, Daniel, nach demjenigen, welches mir im Anfang erschienen war.

»**Im dritten Jahr der Regierung des Königs Belsazar**«, also zwei Jahre nach dem Gesicht, das ihm »**im Anfang erschienen war**«, im Anfang der Regierung Belsazars (7,1), da erschien Daniel »**ein Gesicht**«. Damit verknüpft Daniel dieses Gesicht mit dem Gesicht von den vier Weltreichen, die er als Raubtiere geschaut hatte. Das neue Gesicht gibt uns weitere Einsicht in das zweite und dritte Reich. Zunächst wird Daniel gezeigt, wie das zweite Reich, Medo-Persien, sich ausbreitet und danach durch das dritte abgelöst wird (V. 2-7), durch Griechenland. Danach erfährt er wichtige Einzelheiten über das griechische Reich (V. 8-14), und schließlich wird ihm das Gesicht ausgelegt (V. 15-27).

2 Und ich sah im Gesicht; und es geschah, als ich sah, da war ich in Susan in der Burg, die in der Provinz Elam ist; und ich sah im Gesicht, und ich war am Fluss Ulai.

Daniel schaut im Gesicht, wie er »**in Susan in der Burg**« ist. *Susan* war eine der drei Königsstädte des medo-persischen Reiches. In Nehemia 1,1.11; 2,1 erfahren wir, dass Nehemia dort im Palast des Perserkönigs Artasasta (= Artaxerxes) Mundschenk war. Laut einer in Susan gefundenen Inschrift wurde die Burg von Darius I. (549–486 v.Chr.)

gegründet und von Artasasta (464–425 v. Chr.) fertiggestellt. Das Buch Esther handelt vom Perserkönig Ahasveros (= Xerxes; 486–465 v. Chr.), der ebenfalls in Susan seine Residenz hatte (Est 1,2.5; 2,3.5.8; 3,15; 8,14; 9,6.11.12). Daniel war nicht im Leib, sondern lediglich **»im Gesicht«** dort, so wie Hesekiel *»in Gesichten Gottes nach Jerusalem«* gebracht wurde (Hes 8,1-3). Dabei wurde Daniel wohl deshalb im Gesicht in eine der Residenzen der Perserkönige getragen, weil ihm das Wachsen und Untergehen des Perserreiches gezeigt werden sollte. Susan lag in der **»Provinz«**, **mədînâh** – so hießen die Verwaltungseinheiten im Perserreich (Est 1,1; Esr 2,1; Neh 1,3) – **»Elam«**.[125]

Danach sah Daniel, wie er **»am Fluss Ulai war«**, was für das Verständnis des Gesichts wichtig sein muss. Sonst hätte er es nicht ausdrücklich vermerkt.

Der *Ulai* »war ein Fluss östlich von Susan, der *Eulaeus* der antiken Geografen. Er mündet in den Karun, der bei Basra in den Schatt al-Arab fließt«[126] und damit die Stadt Susan mit dem Meer verband. Diesen Wasserweg habe Alexander der Große auf seinen Zügen benutzt.

3 Und ich erhob meine Augen und sah: Und siehe, *ein* Widder stand vor dem Fluss, der hatte zwei Hörner; und die zwei Hörner waren hoch, und das eine war höher als das andere, und das höhere stieg zuletzt empor.

Daniel sieht einen **»Widder«**, **ᵓajil** (Plural **ᵓejlîm**), das im Alten Testament auch im bildlichen Sinn verwendet wird für Führer oder allgemein mächtige Personen (2Mo 15,15; 2Kö 24,15; Hes 34,17). Zur Bedeutung des Widders in der persischen Tradition schreibt C. F. Keil:

»Im Bundehesch[127] erscheint der Schutzgeist des persischen Reiches unter der Gestalt eines Schafbocks … und der Perserkönig

125 Die Elamiter waren – wie auch Assur und Aram – Nachkommen Sems (1Mo 10,22), die im Nordosten Babylons ihre Heimat fanden. In 1Mo 14,1 erscheint Elam in einer Koalition von fünf Königen, die sich zu einem Feldzug zusammentaten. Elamiter kämpften als Söldner in der Armee der Assyrer (Jes 22,6), also noch bevor Babylon zur Weltmacht wurde. Aus dem Nordreich verschleppten die Assyrer von den Israeliten auch einen Teil nach Elam (siehe Jes 11,11), und später siedelte der Assyrerkönig *Osnappar* auch Elamiter um nach Samarien (Esr 4,9-10). Als Assyrien unterging, kam Elam unter die Herrschaft der Meder und Perser, und Elamiter zogen mit diesen im Jahre 539 v. Chr. in den Krieg gegen Babylon (Jes 21,2.9).

126 Fritz Rienecker, *Lexikon zur Bibel*, Stichwort *Ulai.*

127 eine altpersische mythologische Schrift

> trägt, wenn er an der Spitze des Heeres steht, statt des Diadems einen Widderkopf.«[128]

Dieser ***»eine«*** Widder (Daniel verwendet das Zahlwort **ʾæḥad**, »eins«) steht für das *eine* Reich, das aus den beiden Reichen der Meder und Perser bestand. Und dieser Widder, den Daniel sah, **»stand vor dem Fluss«**, der hier zum zweiten und in V. 6 zum dritten Mal erwähnt wird. Er **»hatte zwei Hörner«**, welche, wie Gabriel (V. 16) dem Daniel auslegt, für *»die Könige von Medien und Persien«* (V. 20) stehen, was bedeutet, dass dieses Reich zwei Könige hatte. Dass **»das eine höher war als das andere«**, bedeutet, dass die Perserkönige stärker waren als die Mederkönige. Mit dieser Aussage bestätigt die Bibel die historischen Berichte, nach denen in diesem Doppelkönigtum die Perser den Vorrang hatten. Entsprechend sagt die Bibel stets, dass es nicht die Meder-, sondern die Perserkönige waren, welche Erlasse zur Rückkehr von verschleppten Völkern herausgaben (2Chr 36,22-23; Esr 1,1-3; Jes 44,28). Dass **»das höhere zuletzt emporstieg«**, bestätigt ebenfalls den in der weltlichen Geschichtsschreibung überlieferten Umstand, dass zuerst die Meder die Stärkeren waren, ehe sie von den Persern bezwungen wurden.

> »Die Darstellung der beiden Hörner, welche für die Meder und die Perser stehen, ist sehr exakt, da die Perser zuletzt groß wurden und, durch das größere Horn dargestellt, auch den Vorrang hatten.«[129]

> »550–549 v.Chr. rebellierte Kores gegen Astyages, seinen medischen Herrn … Kores erwies sich als großzügiger Sieger … die medische Hauptstadt (Susan) wurde verschont und wurde eine der Hauptstädte des medo-persischen Reiches. Viele der medischen hohen Beamten behielten ihre Posten.«[130]

Man beachte wohl, wie ich mich ausgedrückt habe: Es sind weder die weltlichen Historiker noch auch die archäologischen Zeugnisse, welche die Bibel bestätigen, sondern es ist die Bibel, welche alle solchen Zeugnisse beurteilt und entweder bestätigt oder verwirft. Stimmen sie mit dem

128 C.F. Keil, *Biblischer Commentar über den Propheten Daniel*, S. 243.
129 John F. Walvoord, *Daniel*, S. 182.
130 Charles F. Pfeiffer, *Old Testament History*, S. 501.

Wort Gottes überein, sind sie korrekt; wenn nicht, irren sie. Wir müssen immer bedenken, dass die Bibel Gottes Wort ist, und dieses benötigt selbstverständlich keine von außen kommenden Stimmen, welche ihre Zeugnisse bestätigen oder verwerfen.

> »Wenn das Wort Gottes von einer außerhalb von ihr liegenden Autorität bestätigt werden müsste oder könnte, dann wäre es nicht Gottes Wort. Hätte die Bibel einen außerhalb von ihr stehenden Zeugen nötig, der ihre Glaubwürdigkeit bestätigte, wäre sie nicht das Wort dessen, der der Erste und Oberste, der Urheber aller Dinge ist; denn: Das autoritative Wort, welches das Wort Gottes beglaubigen wollte, müsste selbst höher sein als Gottes Wort, und das ist ein Unding.«[131]

> »Die Bibel ist viel zu groß, um ihre Wahrhaftigkeit auf menschliche Apologetik zu gründen. Die Wahrheit Gottes beruht auf dem Zeugnis Gottes selbst in den Herzen der Menschen: Gott beweist sich selbst und bedarf keiner Apologetik … Sie mögen viel Halt in meinen Vorträgen gefunden haben, aber alle Apologetenkünste sind nichts gegen die Kunst der Überredung und Überzeugung, die der Geist übt. Die Wahrheit der Schrift entsteht im Menschen durch die Neugeburt aus Wasser und Geist (Joh 3,5); wer diese nicht erlebt, wird mit den besten Gründen umfallen.«[132]

4 Ich sah den Widder gegen Westen und gegen Norden und gegen Süden stoßen, und kein Tier konnte vor ihm bestehen, und niemand rettete aus seiner Hand; und er tat, was er wollte, und wurde groß.
5 Und ich gab acht, und siehe, ein Ziegenbock kam von Westen her über die ganze Erde, und er berührte die Erde nicht; und der Bock hatte ein ansehnliches Horn zwischen seinen Augen.

Der Widder stößt **»gegen Westen und gegen Norden und gegen Süden«**; das entspricht den drei Rippen, die der Bär von Kapitel 7 im Maul hatte (7,5). Der Widder stieß gegen Westen: Die Perser eroberten

131 B. Peters, *Inspiration und Autorität der Bibel*, Berlin: EBTC Media, 2014, S. 27.
132 Adolph Zahn, *Von Gottes Gnade und des Menschen Elend*, Hrsg. Wolf Christian Jaeschke, Bonn: Verlag für Kultur und Wissenschaft, 2005, S. 407.

Babel (538 v. Chr.). Davor wandten sie sich nach Norden und eroberten das Lyderreich (546 v. Chr.), und zuletzt stießen sie gegen Süden, nach Ägypten (525 v. Chr.), das in 11,5.6 etc. »Süden« genannt wird.

»Und ich gab acht«: Während Daniel sah, wie der Widder **»tat, was er wollte, und groß wurde«**, sah er die Macht heraneilen, welche das Reich zerstören sollte. Das war Gottes Antwort an ein Reich mit dessen Herrscher, der, weil er groß geworden war, *»tat, was er wollte«*. Der Herr im Himmel erniedrigt früher oder später alle, *»die in Hochmut einhergehen«* (4,34).

Der Widder hatte mit seinen Hörnern *»gegen Westen«* gestoßen, und **»von Westen her«** kam der Gegenstoß. Der **»Ziegenbock«** ist, wie V. 21 sagt, *»der König von Griechenland«*, nämlich Alexander der Große. Im Jahre 334 v. Chr. brach Alexander mit seinem Heer aus Griechenland auf und begann seinen Zug Richtung Osten mit dem festen Vorsatz, das Perserreich zu zerschlagen.

Der Ziegenbock **»berührte die Erde nicht«**: Alexander flog mit atemverschlagender Geschwindigkeit über die Erde, indem er von Sieg zu Sieg eilte. 334 v. Chr. schlägt er am Fluss Granikos in Kleinasien die Armee eines persischen Satrapen. Das Ergebnis dieses ersten Sieges fasst Gustav Droysen zusammen in seiner dreibändigen, längst klassisch gewordenen Geschichte des Hellenismus:

> »Mit dem Sieg am Granikos war die Macht Persiens diesseits des Tauros vernichtet, die Streitmacht der Satrapien, welche die Vormauer des Reiches bildeten, zerstreut, entmutigt, so zusammengeschmolzen, dass sie nicht wieder im offenen Felde mit den Makedonen zusammenzutreffen wagen durfte; auch die persischen Besatzungen der einzelnen großen Städte, zu klein, um einer siegreichen Armee zu widerstehen, konnten als überwunden gelten.«[133]

333 v. Chr. schlägt Alexander am Golf von Issos den Perserkönig Darius III. in die Flucht. Diese Schlacht hat nach den Worten des deutschen Althistorikers Hermann Bengtson »über das Schicksal Vorderasiens entschieden«[134], denn mit diesem Sieg ist dem Alexander der Weg durch den Libanon und Palästina bis Ägypten aufgetan: 332 überrennt

133 J. G. Droysen: *Geschichte des Hellenismus, Band 1: Geschichte Alexanders des Großen*, S. 128.
134 Hermann Bengtson, *Griechische Geschichte*, S. 313.

er Syrien, Palästina und Ägypten, wo er *Alexandria* gründet, die schnell zur Weltstadt emporblüht. Danach marschiert er mit seiner Armee ins Zweistromland und bezwingt im Jahre 331 bei Gaugamela die Armee, die Darius wieder aufgerüstet und kampfbereit gemacht hat in den zwei Jahren nach der Schlacht bei Issos. »Bei Gaugamela ist am 1. Oktober 331 v. Chr. die Entscheidung über die Zukunft Asiens gefallen.«[135] Alexander unterwirft sich in den Jahren 330 bis 328 ganz Persien, Baktrien, Transoxanien,[136] und 327 v. Chr. fällt er, über den Khyberpass von Oxanien (heute Afghanistan) kommend, im Indus-Tal ein. Damit ist er tatsächlich **»über die ganze Erde«**, die damals bekannte Welt, gestürmt.

Das eine **»Horn«** des Ziegenbocks steht für die militärische Stärke des geeinten Reiches der Griechen, das Alexander von seinem Vater Philipp von Makedonien geerbt hatte.

6 Und er kam bis zum Widder mit den zwei Hörnern, den ich vor dem Fluss stehen sah; und er rannte ihn an in der Glut seiner Kraft.
7 Und ich sah ihn neben dem Widder ankommen, und er erbitterte sich gegen ihn, und er stieß den Widder und zerbrach seine beiden Hörner; und im Widder war keine Kraft, um vor ihm zu stehen. Und er warf ihn zu Boden und zertrat ihn, und niemand rettete den Widder aus seiner Hand.

Der Ziegenbock **»kam bis zum Widder …, den ich vor dem Fluss stehen sah«**. Wir haben gehört, dass Daniel selbst *»am Fluss war«* (V. 2) und dass er *»vor dem Fluss«* (V. 3) den Widder sah. Und nun hören wir, dass der Ziegenbock den Widder anrennt, der *»vor dem Fluss«* steht. Während Daniel an diesem Fluss steht, sieht er das medo-persische Reich aufkommen und untergehen und das griechische Reich groß werden und auseinanderbrechen (V. 8). Wie die Wasser dieses Flusses fließt die Zeit dahin, in der die Reiche der Welt aufsteigen und ins Völkermeer zurücksinken. In V. 16 hört Daniel eine *»Menschenstimme zwischen den Ufern des Ulai«*, also von einem Menschen, der nicht vom Fluss der Zeit getragen und schließlich weggespült wird, sondern der über ihm steht

135 H. Bengtson, *Griechische Geschichte*, S. 318.
136 das Land jenseits (trans-) des Flusses Oxus, des heutigen Amu-Darja, also das Gebiet der heutigen Länder Usbekistan und Tadschikistan.

und damit den Wechselfällen irdischer Reiche und Geschicke nicht unterworfen ist. Dieser Mensch ist der *Menschensohn*, der König jenes Reiches, das nie untergehen wird (siehe 7,13-14). In Kapitel 12 wird Daniel ihn sehen, wie er über einem anderen Fluss steht und dort über das Ende spricht, bei dem alle Reiche der Welt untergehen und die erwählte Nation erhöht werden wird zum Haupt über alle Völker auf Erden.

»Er rannte ihn an in der Glut seiner Kraft«, das heißt in glühendem Zorn und mit seiner ganzen Kraft. Alexanders Krieg war ein Rachefeldzug gegen die Perser. Als Kores Lydien eroberte (546 v. Chr.), »begann der welthistorische Zusammenstoß der Perser mit den Griechen«,[137] der im Versuch des Xerxes gipfelte, sich ganz Griechenland zu unterwerfen (480–479 v. Chr.). Diese Kriege der Perser entfachten in den Griechen einen Perserhass, der im 4. Jahrhundert unvermindert glühte. Philipp von Makedonien, der Vater Alexanders, hatte seine Regentschaft über ein zum ersten Mal geeintes Griechenland diesem einen großen Ziel untergeordnet,

> »... dass seine Waffen dem großen nationalen Kampf geweiht sein würden; sein eigenes Interesse hatte ihm von Anfang her diese Politik vorgezeichnet, die Kraft Griechenlands zu sammeln, um den Kampf gegen die Persermacht wagen zu können.«[138]

Philipp hatte im Jahre 337 gegenüber den Vertretern der verschiedenen griechischen Staaten

> »in einer Kriegssitzung den Antrag auf Führung der Perserkriege gestellt. Indem der Makedone in geschickter Weise den Rachegedanken propagierte – die Griechen sollten Vergeltung üben für die einst von Xerxes zerstörten Heiligtümer –, wurde der Perserkrieg als ein Rachekrieg proklamiert.«[139]

Das erklärt den großen Zorn, die **»Glut«**, mit der sich Alexanders Armee in drei Schlachten über die Perser warf und sie **»zertrat«** (am Fluss Granikos 334 v. Chr.; am Golf von Issos 333 v. Chr.; bei Gaugamela 331 v. Chr.).

137 Nöldeke, S. 20.
138 Droysen, *Geschichte des Hellenismus*, Bd. 1, S. 35.
139 Bengtson, *Griechische Geschichte*, S. 302-303.

Alexander **»stieß den Widder und zerbrach seine beiden Hörner«**, brach die militärische Macht der Medo-Perser, und dann warf er den Widder **»zu Boden und zertrat ihn«**. Er zerschlug das riesige Weltreich der Perser, **»und niemand rettete … aus seiner Hand«**. Das Gleiche hatten wir in V. 4 von den Hörnern des Widders gelesen.

> »In dem Schlusssatze V. 7 wird die völlige Vernichtung mit den Worten des 4. Verses geschildert, um die Idee der gerechten Vergeltung auszudrücken. Wie Medo-Persien die anderen Reiche zertreten hatte, so wurde es nun selbst zertreten.«[140]

2. Der Ziegenbock und das »kleine Horn« (8,8-14)

> **8 Und der Ziegenbock wurde groß über die Maßen; und als er stark geworden war, zerbrach das große Horn, und vier ansehnliche Hörner wuchsen an seiner statt nach den vier Winden des Himmels hin.**

»Der Ziegenbock«, der König von Griechenland (wie V. 21 ausdrücklich sagt), **»wurde groß über die Maßen«**. Das Alexanderreich erstreckte sich von Griechenland bis ins Indus-Tal, von Transoxanien bis nach Ägypten.

»und als er stark geworden war, zerbrach das große Horn«: Auf der Höhe seiner Macht wurde der erst knapp 33-jährige Alexander im Jahre 323 durch ein Fieber weggerafft. Wir erinnern uns an die Worte der Verse 4 und 5: Als Persien groß und darüber hochmütig geworden war, sandte Gott ihnen einen Verderber. Dieser hemmungslos in die Höhe strebende Stolz wird sich bei allen nachfolgenden Reichen wiederholen und wird im letzten Großreich die höchste Höhe der Anmaßung und des Frevels gegen den Gott des Himmels erreichen. Darauf wird der Gott des Himmels, wenn er seinen Tag hat, alles Hohe und Erhabene erniedrigen und für immer wegfegen (Jes 2,12-17; Offb 18,21; siehe auch oben Auslegung zu 5,30).

140 C. F. Keil, *Biblischer Commentar über den Propheten Daniel*, S. 244-245.

»und vier ansehnliche Hörner wuchsen an seiner statt«: Der V. 22 erklärt, dass aus dem Reich Alexanders *»vier Königreiche ... aufstehen«*, die sogenannten Diadochenreiche[141]; diese wuchsen **»nach den vier Winden des Himmels hin«** (Makedonien, Kleinasien, Syrien und Ägypten). Droysen schließt seine Schilderung vom Ende Alexanders mit den Worten:

> »Mit seinem letzten Atemzuge begann der Hader seiner Großen, die Meuterei seines Heeres, das Zusammenbrechen seines Hauses, der Untergang seines Reiches.«[142]

Von den vier Diadochenreichen sollten nur die Reiche im Norden und im Süden, nämlich Syrien (das Seleukidenreich) und Ägypten (das Ptolemäerreich), für die spätere Geschichte des Volkes Daniels von Bedeutung werden, und das ist der einzige Grund, warum sie in Daniels Weissagungen überhaupt Platz finden. Das Nordreich sollte zur großen Gefahr für das Weiterbestehen der erwählten Nation werden, wovon die nächsten Verse künden.

> **9 Und aus dem einen von ihnen ging ein kleines Horn aus; und es wurde überaus groß gegen Süden und gegen Osten und gegen die Zierde.**

»Aus dem einen von ihnen«, nämlich aus Syrien, erstand **»ein kleines Horn«**, der Seleukidenkönig Antiochos IV. (175–164 v.Chr.), der sich den klingenden Namen *Theos Epiphanæs*, der »sichtbare, offenbarte Gott«, beilegte.

141 von gr. διαδοχη, *diadoché*, »Nachfolge«, »Übernahme«, »Ablösung«.
142 Droysen, *Geschichte des Hellenismus*, Bd. 1, S. 467.

Münze mit dem Abbild Antiochos' IV. Auf der Rückseite Apollon auf einem Omphalos, einem Stein, der den Nabel der Welt markiert. Die griechische Aufschrift lautet ANTIOXOY ΘΕΟΥ ΕΠΙΦΑΝΟΥ ΝΙΚΗΦΟΡΟΥ = [Bildnis] des Antiochos, des geoffenbarten Gottes, des Siegbringenden.

Dieses Horn **»wurde überaus groß«**. Das Wachsen des Hornes steht für das Aufkommen und Wachsen eines Herrschers wie in 7,8.20.24, doch die bloße Tatsache, dass wir diesem Ausdruck in Kapitel 7 begegnet sind, besagt nicht, dass es sich um die gleiche historische Persönlichkeit handelt. Es besteht zwischen den beiden eine Ähnlichkeit: Sie erheben sich aus verhältnismäßiger Bedeutungslosigkeit zu großer Macht; doch es bestehen auch Unterschiede: Das in Kapitel 7 genannte Horn ist ein Herrscher, der in Rom aufkommen wird, während das hier genannte kleine Horn aus dem dritten Weltreich, aus Griechenland, hervorgeht. Und vom kleinen Horn Antiochos heißt es, dass er aus einem der vier Hörner, d. h. der vier Reiche, die aus dem Alexanderreich hervorgegangen waren, aufsteigt, also in der Linie der vor ihm herrschenden Könige steht. Anders das kleine Horn, welches sich zum Herrscher über das vierte Tier aufschwingt, von dem es ausdrücklich heißt, dass es *»ein anderes«* Horn war (7,8) als die bereits bestehenden zehn Hörner, also nicht zu jener Allianz von zehn Königen gehörte, die dem Tier alle ihre Macht gegeben hatten (Offb 17,12-13); vielmehr ist das kleine Horn ebenjenes Tier selbst. Die beiden Hörner haben allerdings dieses Besondere gemeinsam, dass sie den jüdischen Gottesdienst abschaffen (7,25; 8,11; 9,27; 11,31).

Das Horn **»wurde … groß gegen Süden und gegen Osten und gegen die Zierde«**. Es weitete seine Macht aus gegen Ägypten im Süden und das Zweistromland und darüber hinaus im Osten und überzog *»die Zierde«*, das ist Israel (siehe 11,16.41.45 sowie Jer 3,19; Hes 20,6.15), mit Krieg (11,31). Sein Wirken im Heiligen Land und sein Wüten gegen die Juden geben ihm eine heilsgeschichtliche Bedeutung, von der das Horn nichts wusste, über die Daniel aber sein Volk aufklärte (11,32-35). Denn die Treuen im Volk, die sich nicht zum Abfall verleiten ließen, mussten Daniels Weissagungen kennen und verstehen, um den Kampf gegen Antiochos zu wagen und zu bestehen, und das musste um des Heils der Welt willen geschehen.

10 Und es wurde groß bis zum Heer des Himmels, und es warf von dem Heer und von den Sternen zur Erde und zertrat sie.

Das **»Heer des Himmels«**, **ṣəbâ haššamajîm**, steht zuweilen für die Sterne am Himmel (Jes 34,4; 40,26), aber auch für die himmlischen Heere, die Engel (1Kö 22,19), die **Jahwe ṣəbaᵓot**, dem HERRN der Heerscharen (Jes 6,3), ohne Unterlass dienen. Das Wort **ṣâbâᵓ** kann auch eine Bezeichnung des Volkes Israel sein wie *»die Heere Jahwes«*, **ṣəbâᵓôt Jahwæh**, in 2Mo 12,41. Wenn das Heer hier ausdrücklich als das Heer *»des Himmels«* bezeichnet wird, dann ist jener Teil des Volkes gemeint, der dem Herrn im Himmel dient, die Priesterschaft. Die Tatsache, dass der Griechenkönig **»von dem Heer und von den Sternen zur Erde warf«**, beschreibt also nicht ein kosmisches Geschehen, bei dem die Sterne des Himmels zur Erde fallen.[143]

Wir müssen bedenken, dass Daniel beschreibt, was er im Gesicht sah, und das sind Symbole, und die müssen wir als solche deuten. In Gesichten spricht Gott durch Zeichen,[144] wie wir einleitend zum Buch der Offenbarung (1,1) lesen. Die Sterne stehen zuweilen für die einzelnen Kinder des Volkes (Ps 147,2-4), im vorliegenden Vers für die religiösen Führer desselben. Diese heißen *»Sterne«*, denn sie sind dazu bestimmt, wie die Sterne am Himmel im Dunkel der Welt dem eigenen Volk Lichter zu sein (siehe 12,3), dazu auch den Nationen (5Mo 4,6-9; vgl. Phil 2,15). Der Fürst dieser Welt sucht beständig, das Licht auszulöschen, das aus dem Volk Gottes in die Welt leuchtet. Er ist es also, der Antiochos zu seinem Frevel drängt.

143 Es ist auch nicht das gemeint, was in Offenbarung 12,4 in symbolhafter Sprache geschildert wird, dass der Satan Sterne vom Himmel, also gefallene Engel, mit sich fortreißt.

144 Das Verb »zeigen« in Offb 1,1 ist σημαινω, *sēmainō*, abgeleitet vom Hauptwort σημειον, *sēmeion*, »Zeichen«, also »durch Zeichen kundtun«.

11 Selbst bis zu dem Fürsten des Heeres wurde es groß; und es nahm ihm das beständige Opfer weg, und die Stätte seines Heiligtums wurde niedergeworfen.

»Selbst bis zu dem Fürsten des Heeres wurde es groß«: Schon damit, dass Antiochos das Heer des Himmels niederriss, frevelte er gegen den Gott dieses Heeres. Nun aber erhebt er sich direkt gegen den Fürsten der Heere des Himmels, wobei man beim Fürsten zunächst an den Hohenpriester denken könnte. Aber sowohl der Begriff als auch die Aussagen im Vers zeigen, dass Gott gemeint ist. Der Hohepriester hieß weder in vorexilischer noch in nachexilischer Zeit »Fürst«, **sar** (Einzahl). Die Hohenpriester werden im Gesetz als *»Fürsten«* bezeichnete Männer von den Priestern unterschieden (2Mo 34,31; 3Mo 4,22; 4Mo 1,16). An einigen Stellen ist auch von *»Fürsten«* (oder »Obersten«) der Priesterschaft die Rede (1Chr 24,5; Esr 8,29; 10,5), jedoch immer in der Mehrzahl; denn es sind religiöse Führer gemeint, von denen aber niemand den Titel »der Fürst« besitzt. Hingegen heißt Christus *»der Fürst der Fürsten«*, **sar sârîm** (8,25); auch *»der Fürst des Heeres Jahwes«*, **sar ṣəbâʾ Jahwæh** (Jos 5,14.15), und *»der Fürst des Friedens«*, **sar šâlôm** (Jes 9,5). Also ist »der Fürst des Heeres«, **sar haṣṣâbâʾ**, hier Christus.

Sodann heißt es, dass das Horn dem Fürsten **»das beständige – tâmîd – Opfer wegnahm«**, nämlich das in 2Mo 29,38-42 und 4Mo 28,3-4 gewiesene Morgen- und Abendopfer: *»Dies ist das Feueropfer, das ihr Jahwe darbringen sollt: zwei einjährige Lämmer ohne Fehl, täglich, als* ***beständiges*** *Brandopfer. Das eine Lamm sollst du am Morgen opfern, und das zweite Lamm sollst du zwischen den zwei Abenden opfern ...«* (4Mo 28,3-4; siehe auch 2Chr 31,3). Und zudem wurde **»die Stätte seines Heiligtums ... niedergeworfen«**, jenes heilige Haus, das Gott geheiligt war. Der Hass des Hornes auf Gott ist der wirkliche Grund für seinen Versuch, die Religion der Juden auszulöschen. Es soll niemand mehr den Gott Israels verehren, kein Heiligtum darf stehen, das diesem Gott geweiht ist.

Das alles entspricht dem beharrlichen Ansinnen des Feindes Gottes: Er will jeden Gedanken an den Gott des Himmels und vor allem an das eine große Opfer, das Sünder mit Gott versöhnen kann, aus dem Denken der Menschen tilgen; denn ist das geschehen, wird niemand glauben und gerechtfertigt werden und Gott nahen können. Als Antiochos das

Heiligtum niederwarf, verschloss er den Juden den einzigen Ort, an dem sie ihrem Gott begegnen konnten. Und so verfährt der Teufel bis heute. Er will die Wahrheit aus der Welt schaffen, dass Gott allen Menschen einen Weg bereitet hat, auf dem sie in seine Gegenwart treten und ewig glückselig werden können.

12 Und das Heer wurde im Frevel dahingegeben samt dem beständigen Opfer. Und es warf die Wahrheit zu Boden und handelte und hatte Gelingen.

»Und das Heer«, die Priesterschaft, **»wurde im Frevel dahingegeben«**, und mit ihm das **»beständige Opfer«**. Antiochos entweihte den Tempel in Jerusalem, indem er aus dem Brandopferaltar einen Zeus-Altar machte und Schweine auf ihm opferte. Er verbot den Gottesdienst des allein wahren Gottes, verbrannte Torah-Rollen, stellte das Halten des Sabbats und die Beschneidung unter Todesstrafe und nötigte den Juden die Anbetung des Zeus Olympios auf.[145] Dagegen standen die Juden auf und griffen unter der Führung des Judas Makkabäus zu den Waffen, und damit entbrannte ein Krieg, in welchem in den Jahren 167–163 v. Chr. viele Juden fielen, da sie lieber den Tod wählten, als dass sie sich den Verboten und Geboten des griechischen Tyrannen ergeben hätten.

»Die Wahrheit« war das in Gesetz und Propheten den Juden gegebene Gotteswort. Dieses **»warf«** Antiochos **»zu Boden«**, indem er den von Gott gestifteten Opferdienst abschaffte und alle im Gesetz gegebenen Vorschriften zum rechten Gottesdienst verbot. Und bei diesem Tun **»hatte [er] Gelingen«**. Es ist ein erschütternder und unbegreiflicher Sachverhalt, dass ein böser Herrscher die Macht bekommt, die Wahrheit niederzuwerfen. Wie verträgt sich das mit der Gerechtigkeit und der Allmacht Gottes? Wie kann Gott zusehen, während ein Gottloser mit seinem gottlosen Tun Gelingen hat? In 2Thes 2,10-12 lernen wir, dass Gott dem Irrtum dann freie Bahn gibt, wenn die Menschen die Wahrheit, die sie kannten, verworfen haben. Dann übergibt er sie dem Irrtum, *»damit [sie] alle gerichtet werden«* (V. 12). Unter den Juden müssen im 2. Jahrhundert v. Chr. so viele schon das Licht aus Gesetz und Propheten

145 Eine Schilderung der Freveltaten des Antiochos findet sich im 1. Kapitel des 1. Buches der Makkabäer, das zwar nicht zur Heiligen Schrift gehört, doch als historische Quelle recht zuverlässige Nachrichten enthält.

verworfen haben, dass Gott als Gerichtswerkzeug einen gottlosen Herrscher sandte (vgl. Jes 10,5-6), dem er durch dessen *Klugheit* und dessen *Trug* Gelingen gab (V. 25): Das Volk wählte dessen Lügen und verwarf die Wahrheit über Gott, und damit konnte dieser Gottlose das Haus Gottes einem großen Abgott weihen.

Gott bleibt aber nicht passiv. Er gibt den Gottlosen seinen Gelüsten dahin, wacht über dessen Wüten und bestimmt die Zeit, an dem er ihn für sein Freveln richten wird (vgl. Jes 10,7-19). Gerade der Umstand, dass Antiochos die Wahrheit zu Boden werfen konnte, war ein Beweis dafür, dass Gott im Regiment ist. Das verstehen wir nicht nur im Licht von 2Thes 2,10-12, sondern auch von Röm 1,21-32. Wenn Gott einem Menschen die Erfüllung seiner sündigen Wünsche gewährt, bedeutet das nicht, dass Gott abgedankt hätte. Er hat diesen vielmehr zum Gericht ausgesondert.

> **13 Und ich hörte *einen* Heiligen reden; und *ein* Heiliger sagte zu jenem, welcher redete: Bis wann geht das Gesicht vom beständigen Opfer und von dem verwüstenden Frevel, das Hingeben des Heiligtums und auch des Heeres zur Zertretung? 14 Und er sagte zu mir: Bis zu zweitausenddreihundert Abend Morgen; dann wird das Heiligtum in den rechten Stand gesetzt sein.**

»Und ich hörte *einen* Heiligen reden«: Es wird hier das Zahlwort **ʾæḥad** verwendet, denn da sind nur zwei Engel, und *einer* spricht mit *einem* anderen. Zwei Heilige sprechen über dieses unbegreifliche Geschehen, denn es sind nur Heilige, die darüber verwirrt und entsetzt sind, dass das Heiligtum entweiht und die Wahrheit niedergeworfen werden konnte. Ein Heiliger fragt: **»Bis wann ...?«** Wann kommt die Herrschaft des Bösen über die Wahrheit an ihr Ende? Es muss ein *»bis«* geben (siehe Ps 6,4; 13,2). Er will nun wissen, wie lange dieser entsetzliche Zustand dauern mag. Es sollte **»zweitausenddreihundert Abend Morgen«**, **ʿæræb bôqær**, dauern; tatsächlich ohne das Bindewort **wə**, »und«, dazwischen, was im ganzen Alten Testament einmalig ist. Was bedeutet das?

C.F. Keil deutet den Ausdruck von den Worten des Schöpfungsberichtes her, *»Und es wurde Abend –* **ʿæræb** *– und es wurde Morgen –* **bôqær** *–, ein Tag«*, und folgert:

> »Wir müssen daher die Worte nehmen, wie sie lauten, d. h. von 2300 ganzen Tagen verstehen.«[146]

Wenn der Engel das gemeint hätte, dann hätte er wohl gesagt »2300 Tage«. Aber er spricht vom **tamîd**, vom **»beständigen Opfer«**, bei dem man am Morgen und am Abend je eines darbrachte. Was die Dauer so schlimm machte, war eben die Tatsache, dass ganze 2300 Gott geschuldete Opfer, am Morgen eines und am Abend eines, nicht dargebracht werden konnten. **»Abend Morgen«** sind also die Zeitpunkte, an denen das beständige Opfer hätte dargebracht werden sollen, und das bedeutet, dass der Frevel ganze 1150 Tage lang dauerte. Richtig Otto Zöckler:

> »›Morgen‹ und ›Abend‹ sollen also getrennt gezählt werden; die vom Schriftsteller bezeichnete Zeit beträgt 1150, nicht 2300 Tage.«[147]

Nach Ablauf der angekündigten Frist **»wird das Heiligtum in den rechten Stand gesetzt sein«**. Nach der Tempelweihe am 4. Dezember 164 v. Chr. dauerte es bis Ende Januar 163 v. Chr., bis der Zionsberg durch die Makkabäer befestigt worden war[148], und das sind genau 1150 Tage nach dem 6. Dezember 167 – dem Tag, an dem Antiochos IV. den Tempel entweihte.

Während dieser ganzen Zeit konnte man im Heiligtum nicht opfern, doch nach dem Sieg der Juden über die griechischen Heere konnte der Tempel endlich neu geweiht werden. Seit damals feiern die Juden bis zum heutigen Tag das Fest der Tempelweihe, *Chanukka* (siehe Joh 10,22).[149] Die auf 1150 Tage festgelegte Zeit musste verstreichen, ehe das Heiligtum wieder gereinigt war. Die Heiligen, die über 400 Jahre nach Daniel in den Tagen der Schändung des Tempels lebten, benötigten diese Weissagung. Sie gab ihnen den Mut, den Kampf aufzunehmen, und den Glauben, durchzustehen gegen den Frevler und den Frevel. Ohne Verheißungen ist kein Glaube möglich, und ohne Glauben zu kämpfen, wäre religiöser Fanatismus. Die Makkabäer waren aber

146 C. F. Keil, *Biblischer Commentar über den Propheten Daniel*, S. 253.
147 Otto Zöckler, *Der Prophet Daniel*, S. 162-163.
148 »Und sie bauten feste Mauern und Türme um das Heiligtum auf dem Berge Zion, dass die Heiden das Heiligtum nicht einnehmen und zertreten könnten wie zuvor« (1. Makkabäer 4,60).
149 »Und Judas und seine Brüder und alles Volk Israel beschlossen, dass man jährlich vom 25. Tage an des Monats Chislew acht Tage des neuen Altars Fest halten sollte mit Freude und Danksagung« (1. Makkabäer 4,59).

keine Fanatiker; sie fürchteten Gott und glaubten seinen Verheißungen, denn im Volk waren *»Verständige«* (11,33), welche die Juden unterwiesen und ihnen auf diese Weise den Glauben nährten und den Willen zum Gehorsam stärkten.

Gott beschränkte die Dauer des Frevels auf diese Zeitspanne, denn ungeachtet der Tatsache, dass die Juden nicht mehr Haupt der Nationen waren und Jerusalem nicht mehr Nabel der Welt, standen sie beständig unter Gottes Schutz, denn Gott bewahrt sich dieses Volk auf für zwei Dinge: erstens für die Geburt des Messias und zweitens für eine zukünftige große Errettung. Obwohl Israel Jesus, den Christus, verwarf, wird Gott alle den Erzvätern gegebenen Verheißungen noch an ihnen erfüllen, *»denn die Gnadengaben und die Berufung Gottes sind unbereubar«* (Röm 11,29).

Noch etwas Allgemeines zu dieser Zahlenangabe: Hier wird dem Daniel zum ersten Mal eine auf den Tag genau bestimmte Dauer eines prophetischen Geschehens angegeben (schon in 7,25 wird die Dauer eines zukünftigen Geschehens genannt, aber in etwas verhüllter Form: *»eine Zeit, Zeiten und eine halbe Zeit«*). So wie zur Zeit der Makkabäer werden die Heiligen der Drangsalszeit genaue Zeitangaben nötig haben, um im Kampf nicht zu verzweifeln, und ihnen werden sie deshalb auch gegeben (siehe 12,11-12; Offb 11,3). Um der Auserwählten willen verkürzt der Herr die Tage, d.h. er begrenzt das Wüten des Tieres auf 42 Monate (Offb 11,2; 13,5). Täte der Herr das nicht, würde kein Fleisch gerettet (Mt 24,22). Das ist bezeichnend für Gottes Handeln mit seinem Volk Israel. Ihm werden Jahre und Tage genannt, bis Gott eingreift. Ihm wurde offenbart, wie lange es dauern sollte, bis Israel für immer erlöst sein würde (9,24), in welchem Jahr und in welchem Monat der Messias Israels hingerichtet werden sollte (9,26) und auf den Tag genau, wie lange die Zeit der Drangsal dauern würde, bis alles vollendet ist (12,11-12). Umso auffälliger ist die Lücke in 9,26-27 zwischen der 69. und der 70. Jahrwoche. Wie viele Jahre zwischen Israels 69. und 70. Woche verstreichen, wird nicht gesagt. Wir erfahren also nicht, wie lange die Zeit der Gemeinde dauern wird, und das ist bezeichnend für die Gemeinde, der Gott keine Termine offenbart hat (Apg 1,7). Ihr sind keine Jahre, Monate oder Tage genannt, die verstreichen müssen, ehe sie vollendet wird. Als Teilhaber der himmlischen Berufung (Hebr 3,1) warten wir täglich auf das Kommen des Herrn (1Thes 1,9-10). Er hat uns gesagt, dass er bald kommt, d.h. es kann jederzeit geschehen. Dieses Wissen genügt dem Gottesfürchtigen.

3. Die Auslegung des Gesichts vom »kleinen Horn« (8,15-27)

15 Und es geschah, als ich, Daniel, das Gesicht sah, suchte ich Verständnis darüber; und siehe, da stand etwas **vor mir wie das Aussehen eines Mannes.**
16 Und ich hörte eine Menschenstimme zwischen den Ufern des Ulai, welche rief und sagte: Gabriel, gib diesem das Gesicht zu verstehen!

Wie bereits in 7,16 suchte Daniel, als er »**das Gesicht sah, ... Verständnis darüber**«. Er will verstehen, was Gott ihm offenbart hat, macht Gebrauch von einem Vorrecht, das nur die Heiligen Gottes kennen; und er sucht nicht umsonst: »**... da stand** etwas **vor mir wie das Aussehen eines Mannes**[150].« Er ist kein Mann, aber er hat das Aussehen eines Mannes, und er erklärt Daniel das Gesicht. Warum hat er wohl das Aussehen eines Mannes, d.h. eines Menschen? Gott muss uns Menschen so begegnen und so zu uns reden, dass wir Menschen es verstehen können. Entsprechend heißt es in V. 16: »**... ich hörte eine Menschenstimme ...**« Das ist die Stimme des Menschensohnes, den Daniel in 7,13-14 hatte kommen sehen mit den Wolken des Himmels und der ihm in seinem letzten Gesicht persönlich erscheinen wird (10,5-9). Er ist die Stimme, der Logos Gottes. Alles Reden Gottes zur Zeit der Väter, von dem das vorliegende ein Beispiel ist, geschah durch den Sohn und fand seine Vollendung im Sohn (Hebr 1,1-2). Mit der Menschwerdung Christi kam einer, der nicht nur das Aussehen eines Mannes hatte, sondern der wahrhaft Mensch ist. In ihm und durch ihn enthüllt Gott alle seine Gedanken des Heils, des Gerichts und der Vollendung.

Daniel empfängt dieses Gesicht am Fluss Ulai (V. 2), und nun hört er eine Stimme von jemandem, der »**zwischen den Ufern des Ulai**«, also

150 nicht das gewöhnliche Wort für »Mann«, **ʾîš**, sondern **gæbær**, »starker Mann«.

über den Wassern des Flusses steht. Diesem begegnen wir wiederum in 12,6, wo es ausdrücklich heißt, es sei ein *»in Leinen gekleideter Mann, welcher oben über dem Wasser des Stromes war«* (wobei dort der Strom ein anderer ist, nämlich der Hiddekel – d. h. der Tigris –, wie wir aus 10,4 wissen).

Dass es im vorliegenden Vers Christus sein muss, ergibt sich aus der doppelten Tatsache, dass die Gestalt über dem Wasser des Stromes steht, also den Kräften der Natur und dem Strom der Zeit nicht unterworfen ist, und dass sie Gabriel, einem Engelfürsten, befehlen kann. Nur Gott kann den Engeln befehlen, er allein ist es, der seinen Engeln befiehlt (Ps 91,11), und diese sind *»gehorsam der Stimme seines Wortes«* (Ps 103,20).

»Gabriel« wird hier zum ersten Mal in der Bibel erwähnt; er und Michael, der im Buch Daniel ebenfalls genannt wird (10,13.21; 12,1), sind die einzigen Engel, von denen wir die Namen kennen. Gabriel ist gesandt, dem Daniel **»das Gesicht zu verstehen«** zu geben. In 9,21ff. begegnen wir ihm ein zweites Mal, und in 10,10–12,13, obwohl er dort nicht mit Namen erwähnt wird, zum letzten Mal im Alten Testament. Jedes Mal erfüllt er die Aufgabe des Überbringers oder Auslegers der göttlichen Absichten mit seinem Volk, wie auch in Lk 1,19.26, wo er von Gott zuerst zu Zacharias und dann zur Jungfrau Maria gesandt wird. Mit seiner letzten Botschaft, den Ankündigungen der Geburt des Sohnes Gottes, des Retters der Welt, hatte Gabriel alles mitgeteilt, was dem Volk Gottes mitgeteilt werden musste. Danach hören wir von ihm nichts mehr.

17 Und er kam dahin, wo ich stand; und als er kam, befiel mich Schrecken, und ich fiel auf mein Angesicht. Und er sagte zu mir: Merke auf, Menschenkind! Denn auf die Zeit des Endes geht das Gesicht.

Als Gabriel direkt **»dahin kam«**, wo Daniel stand, fiel der auf sein **»Angesicht«**. Gabriel ist lediglich ein Geschöpf Gottes, aber die himmlische Herrlichkeit, die den vom Himmel Abgesandten umstrahlt, ist so groß, dass Daniel dessen Anblick nicht erträgt. Das erinnert uns an Johannes, der vor der Erscheinung des Menschensohnes ebenfalls zu Boden fiel, aber anders als Daniel, der zwar ganz benommen, ja, *»betäubt«* war (siehe V. 18), aber doch bei Bewusstsein blieb, war Johannes vor der größeren Herrlichkeit des Menschensohnes wie tot (Offb 1,17).

»auf die Zeit des Endes geht **das Gesicht«**: Zunächst fand das Gesicht in der historischen Gestalt von Antiochos IV. (11,21-35) eine erste Verwirklichung, doch geht es über jene Zeit hinaus *»auf die Zeit des Endes«*. So wie Antiochos einer der »Könige des Nordens« war (siehe 11,6.7.8.11.13.15), so wird in der Zeit des Endes wiederum ein König des Nordens kommen und Israel verheeren (11,40-41). Der Prototyp des endzeitlichen Feindes und Bedrängers aus dem Norden ist Assyrien, die erste Macht, welche Juda bedrängte (siehe Jes 36–37). Ein König des Nordens wird Israel *»in der ... Zeit des Zornes«* (V. 19), des Zornes Gottes über Juda, wieder bedrängen, doch wenn der Herr durch diese seine Rute des Zorns (Jes 10,5) *»sein ganzes Werk am Berg Zion und an Jerusalem vollbracht hat«* (Jes 10,12), wird sich Gottes Zorn gegen den König des Nordens richten (11,45; siehe auch Jes 10,24-25; 30,27-32; 31,8).

18 Und als er mit mir redete, sank ich betäubt auf mein Angesicht zur Erde. Da rührte er mich an und stellte mich auf meinen Standort.

»sank ich betäubt«: **nirdamtî**, vom Verb **nirdam**, »in einem Tiefschlaf liegen« oder »betäubt sein« (wie nochmals in 10,9; siehe auch Ps 76,7).

»auf mein Angesicht zur Erde«: So stark war die Wirkung der Worte Gabriels auf den Propheten.

»Da rührte er mich an«: In 10,10 berührt Gabriel ihn wieder und stärkt ihn. Nachdem der Sohn Gottes Mensch geworden war, konnte er selbst direkt zu seinen Knechten reden und sie mit seiner eigenen Hand berühren (Offb 1,17). Daniel wie Johannes wurden durch die Berührung belebt und mit göttlicher Kraft gestärkt, um die Erscheinung und die mit ihr einhergehende Botschaft zu ertragen und zu verstehen.

19 Und er sagte: Siehe, ich will dir kundtun, was geschehen wird in der letzten Zeit des Zornes; denn es geht **auf die bestimmte Zeit des Endes.**

»in der letzten Zeit des Zornes«: Vergleichen wir diesen Ausdruck mit Jes 5,25; 9,11-12.16.20; 10,4, müssen wir folgern, dass Juda gemeint ist. Gottes Zorn wird sich in der letzten Zeit nicht nur gegen die gottlosen Nationen, sondern auch gegen Juda richten. Was zur Zeit Jesajas geschah, war eine Ankündigung von Gottes Handeln zur Zeit des Endes. In Jes 28,14-22 lesen wir von einer überflutenden Geißel (V. 18), die Gott am Ende der Sünde Judas wegen gegen Jerusalem senden wird. Das weissagt auch 9,27, wo wir ebenfalls lesen, dass Gott der Beschirmung der Gräuel wegen einen Verwüster senden wird, der in Israel einfällt, wie wir in 11,40-45 erfahren.

»es geht auf die bestimmte Zeit des Endes«: Man beachte, wie dieser Ausdruck sich geringfügig unterscheidet von der letzten Wendung in V. 17. Hier wird nicht nur von der *»Zeit«*, sondern von der *»bestimmten Zeit«* des Endes gesprochen, und das bedeutet, dass die Zeit, in welcher der König des Nordens in jener Zeit wütet, begrenzt ist. Ihr Anfang und ihre Länge sind bestimmt (wie wir in 9,27 und 12,6-7 erfahren), und das Ende ist schon festgelegt. Das sollen die in jener Zeit äußerster Not bedrängten Heiligen immer wieder hören und bedenken.

20 Der Widder, den du sahst, mit den zwei Hörnern sind die Könige von Medien und Persien.
21 Und der zottige Ziegenbock ist der König von Griechenland; und das große Horn, das zwischen seinen Augen war, ist der erste König.
22 Und dass es zerbrach und vier an seiner statt aufstanden: Vier Königreiche werden aus dessen Nation aufstehen, aber nicht mit seiner Macht.

»Der Widder … mit den zwei Hörnern sind die Könige von Medien und Persien«: Hier wird zunächst die symbolische Bedeutung der Hörner, die in Daniels Gesichten vorkommen, noch einmal gegeben: Es sind Könige (siehe auch 7,24). Hier erfahren wir, wer die Könige im eben empfangenen Gesicht sind.

»Der König von Griechenland« ist jener Ziegenbock, der den Perserkönig bezwang, also Alexander der Große. Folglich müssen die **»vier Königreiche«**, die **»aus dessen Nation aufstehen«**, die Nachfolgereiche des Alexanderreiches sein.

23 Und am Ende ihres Königtums, wenn die Frevler das Maß voll gemacht haben, wird ein König aufstehen mit frechem Angesicht und kundig in Ränken.

»am Ende ihres Königtums«: Das Auftreten Antiochos' IV. fällt zeitlich nicht mit dem Ende des seleukidischen Königtums zusammen,[151] aber es steht für dessen *moralisches* Ende, weshalb die präzisierende Umschreibung angefügt wird: **»wenn die Frevler das Maß voll gemacht haben«**.[152] Auch in Kapitel 11 wird die Geschichte der Ptolemäer und Seleukiden nur bis auf Antiochos geführt (11,21-35). Mit ihm ist ein Höhepunkt des Frevels erreicht. Sein Beispiel ist darum typisch für das absolute Ende der Geschichte. Wir begegnen hier dem sittlichen Prinzip, das zum ersten Mal in 1Mo 15,16 formuliert wird. Gott richtete die Amoriter erst, als ihre Gottlosigkeit ihr Vollmaß erreicht hatte, und in Offb 18,5 lesen wir, dass Gott Babylon, die große Hure und große Stadt, erst dann heimsuchen wird, wenn ihre Sünden bis an den Himmel aufgehäuft sind.

Die Charakterisierung **»mit frechem Angesicht und kundig in Ränken«** passt natürlich auf Antiochos (siehe 11,23, wo von dessen Ränken und Trug gesprochen wird). Sie passt aber auch auf den Assyrer, den Prototyp des gottlosen und gewalttätigen Bedrängers des Volkes Gottes (Jes 7,17; 8,7-8; siehe auch Nah 1,11), der aus dem Norden kam, und damit gilt sie auch für den endzeitlichen König des Nordens, der ins Land einfallen wird (11,40-41).

24 Und seine Macht wird stark sein, aber nicht durch seine eigene Macht; und er wird erstaunliches Verderben anrichten und Gelingen haben und handeln; und er wird Starke und das Volk der Heiligen verderben.
25 Und wegen seiner Klugheit wird der Trug in seiner Hand gelingen; und er wird großtun in seinem Herzen und

151 Das Seleukidenreich wurde erst 65 v.Chr. von den Römern endgültig zerschlagen.

152 C.F. Keil schreibt zu dieser Stelle, dass es sich um den Frevel des Volkes Israel handle, und erklärt das wie folgt: »Die Abtrünnigen sind nicht die Heiden, denn **pæšaᶜ** bezeichnet den Abfall von Gott, der nur von Israeliten, nicht aber von Heiden ausgesagt wird.« Keil lässt hier das Wort **pæšaᶜ** nur »Abfall« bedeuten, und von dem kann man mit Recht sagen, dass den nur das Volk Gottes begehen kann. **pæšaᶜ** bedeutet aber ganz allgemein »Frevel«, »Vergehen«, »Übertretung«, und solches begehen auch Heiden. Die Verse 12 und 13 sprechen vom Frevel, den Antiochos begeht. Jes 24,20 spricht vom Frevel der ganzen Erde; Hiob, der kein Israelit war, spricht immer wieder vom Frevel, den er begangen haben soll (z.B. Hi 7,21; 13,23; 31,33).

unversehens viele verderben. Und gegen den Fürsten der Fürsten wird er aufstehen, aber ohne Menschenhand zerbrochen werden.

Die Macht des Antiochos **»wird stark sein, aber nicht durch seine eigene Macht«**. In Kapitel 10 erfahren wir, dass Engelfürsten der Finsternis gegen Gottes Absichten kämpfen und versuchen, die Herrscher der heidnischen Völker zum Bösen zu drängen. Es ist *»der Fürst von Griechenland«* (10,20), der Antiochos die Kraft geben wird, **»erstaunliches Verderben an[zu]richten«**, nämlich gegen den Herrn im Himmel großzutun und das Heiligtum zu entweihen (siehe V. 10-12) und **»das Volk der Heiligen [zu] verderben«**. Er wird einerseits einen Teil des Volkes zum Abfall verführen, andererseits die Standfesten bekämpfen. Und doch war es Gott, der den bösen Engeln diesen Einfluss auf Antiochos gewährte, denn er sollte das Werkzeug sein, das Gottes Volk bedrängte, um es so zu läutern (11,35). Die besondere Bestimmung des endzeitlichen Königs des Nordens wird es sein, die *»Drangsal für Jakob«* herbeizuführen, die ebenfalls der Läuterung dieses Volkes dienen wird und aus welcher Jakob errettet werden soll (Jer 30,7). Damit wird die Bedrängnis der Juden in der zweiten Hälfte der 70. Jahrwoche vollständig sein: Von innen werden sie in der Person des angemaßten Königs der Juden, des Antichrists (11,36), einen Feind haben, und von außen wird als Verderber *»der König des Nordens«* (11,40-41) mit seinen Armeen sie überfallen. Es wird sie niemand anders retten können als ihr Herr und Gott. Erst die unbeschreibliche Not wird sie lehren, sich ganz in dessen Arme zu werfen.

»Er wird großtun in seinem Herzen und unversehens – bəšalwâh – viele verderben«, also während die Juden nichts Böses ahnen, diese überfallen und viele hinmorden.[153]

»Und gegen den Fürsten der Fürsten wird er aufstehen«, gegen den, der in V. 11 *»Fürst des Heeres«* genannt wird. Diese Auflehnung gegen den Herrn selbst ist die Erklärung für das Ende des Syrerkönigs: Er wird **»ohne Menschenhand zerbrochen werden«**, also direkt von

153 1. Makkabäer 1,29-30 beschreibt das Geschehen: »Zwei Jahre darnach sandte der König einen Obersteuereinnehmer in die Städte Judas; der kam nach Jerusalem mit gewaltiger Heeresmacht und redete in hinterlistiger Weise friedliche Worte zu ihnen, sodass sie ihm Glauben schenkten. Dann aber überfiel er plötzlich die Stadt, brachte ihr eine große Niederlage bei und tötete viele Menschen in Israel« (Textbibel).

Gott selbst, nicht durch ein menschliches Gerichtswerkzeug. Auch der endzeitliche König des Nordens wird durch den Herrn selbst vernichtet werden (was in 11,45 angedeutet wird). Man vergleiche den Ausdruck *»ohne Menschenhand«* auch mit *»bis ein Stein sich losriss ohne Hände«* (2,34).

26 Und das Gesicht von den Abenden und von den Morgen, das gesagt wurde, ist Wahrheit; und du, verschließe das Gesicht, denn es geht auf viele Tage.

»verschließe das Gesicht«: sâtam, »verschließen«, »verstopfen«, wie in 12,4.9 (auch 2Kö 3,19). Das Gesicht soll gut verwahrt bleiben, **»denn es geht auf viele Tage«**. Wie eine wichtige Urkunde soll es sicher verwahrt bleiben, damit es nach den angekündigten vielen Tagen, zur Zeit des Endes, gelesen und verstanden werden kann.

27 Und ich, Daniel, war dahin und war krank über Tage. Dann stand ich auf und verrichtete die Arbeit des Königs, und ich war entsetzt über das Gesicht, und keiner gab Verständnis.

Hier bekommen wir Einblick in die Empfindungen des Propheten. Das Wissen um den Frevel am Heiligtum Gottes kann er nicht unberührt hinnehmen; vielmehr ist während mehrerer Tage seine Seele davon so beschwert, dass er zur Arbeit unfähig ist. Wenn es vom Hohenpriester heißt, er müsse jemand sein, der mit den Irrenden Nachsicht und mit den Schwachheiten des Volkes Mitgefühl haben muss (Hebr 5,1-2), dann gilt das auch für den Propheten. Er muss etwas empfinden vom Elend der Sünden seines Volkes, wenn er ein rechter Diener desselben sein will. Gott erzog Daniel zu diesem Mitempfinden, indem er ihn teilhaben ließ an den Folgen der Sünden Judas, an der Erniedrigung und am Elend des Exils, denn erst das machte ihn tüchtig zu seiner besonderen prophetischen Aufgabe: Er sollte seinem Volk Licht und Wegweisung geben für die langen Jahrhunderte, ja, Jahrtausende der Zerstreuung unter alle Völker, damit es durch die ihm bevorstehenden großen Versuchungen und Leiden den Weg in den Hafen des ewigen Heils finden würde (vgl. Ps 107,23-30). Der Prophet **»war dahin und war krank über Tage«**. Und dann machte er sich wieder an **»die Arbeit des Königs«**, des gottlosen Belsazar, der gerade im dritten Jahr seiner Regentschaft stand (V. 1). Doch verflog ihm über der täglichen Arbeit sein inneres Leiden nicht; vielmehr blieb er **»entsetzt über das Gesicht«**, und was ihm die Last noch schwerer machte, war die Tatsache, dass **»keiner Verständnis gab«**, **lôᵓ mêbîn**. Daniel musste sich begnügen mit dem, was er aus dem Gesicht und den Erläuterungen Gabriels begreifen konnte. In 12,4 wird Daniel wie oben in V. 26 gesagt, er solle das Gesicht der Kapitel 10–12 verschließen **(sâtam)**, denn es muss sicher verwahrt bleiben, damit die Heiligen zur Zeit des Endes es durchforschen können. Und die werden mehr verstehen als Daniel, denn die inzwischen geschehenen Erfüllungen von anderen Weissagungen und die Umstände der letzten Tage werden auf dessen Worte Licht werfen, das bis dahin noch niemand gehabt hatte.

Sprachliche Anmerkungen zu Kapitel 8

V. 14 – **»in den rechten Stand gesetzt«**: **niṣdâq** (gemäß Koehler / Baumgartner, *Lexicon in veteris testamenti libros*, und Gesenius, *Hebräisches und aramäisches Handwörterbuch zum Alten Testament*: »zurechtgestellt, in den rechten Stand gesetzt werden«). Es ist eine im Alten Testament nur an dieser Stelle belegte Nifal-Form des Verbums **ṣâdaq**, »gerecht sein«; »im Recht sein«; »recht haben«. Kautzsch und Weizsäcker, *Textbibel*: »Dann wird das Heiligtum wieder in den rechten Stand gesetzt werden«; Tur-Sinai, *Die Heilige Schrift*: »Dann kommt das Heiligtum zu seinem Recht«; Zürcher 2007: »Dann wird das Heiligtum zu seinem Recht kommen« (so auch Rabbiner Ludwig Philippson, *Die Schriften*); Buber: »Dann wird der Heiligkeit ihr Recht«; Jantzen / Jettel, *Die Bibel in deutscher Fassung*: »Dann wird das Heiligtum zurechtgestellt werden.«

V. 18 – **»sank ich betäubt«**: **nirdamtî**, vom Verb **râdam**, »in einen komaartigen Schlaf sinken«. Das Verb kommt noch vor in 10,9; Ri 4,21; Ps 76,7; Spr 10,5; Jon 1,5.6. Von diesem Verb wird gebildet das Nomen **tardêmâh**, »Tiefschlaf«, »Koma«, das belegt ist in 1Mo 2,21; 15,12; 1Sam 26,12; Hi 4,13; 33,15; Spr 19,15; Jes 29,10.

V. 25 – **»unversehens«**: wörtlich »in **šalwâh**«, »in Ruhe«, »in Sicherheit« (wie in 11,21.24; außer in Daniel nur noch in Ps 122,7; Spr 1,32; 17,1; Jer 22,21; Hes 16,49), also »während alles ruhig schien«.

V. 27 – **»keiner gab Verständnis«**: **lôʾ mêbîn**, das der Form nach ein Hifil ist, also wie in 11,33 veranlassende Bedeutung hat, wo es heißt, dass die *Maskilim »den Vielen Verständnis geben werden«*. Das Hifil des Verbums **bîn** wird allerdings nicht immer im veranlassenden Sinn verwendet, sondern hat zuweilen auch die Bedeutung der Grundform: »verstehen« (z. B. in 9,23; 10,11; Neh 8,12). Darum übersetzen Elberfelder 2003, Schlachter 2000: »niemand verstand es«; Buber: »keiner war, der verstünde«; Philippson: »ich verstand es nicht«; Textbibel: »ohne es zu verstehen«; Zürcher 2007: »ich … verstand sie nicht«. Hingegen Luther 1912: »niemand war, der mir's auslegte«; G. Maier: »keiner war da, der mir zum Verständnis verhalf«. JPS Hebrew-English Tanakh: »no one could explain it« (»niemand konnte es erklären«); Vulgata: »nemo erat qui interpretaretur« (»niemand war, der es ausgelegt hätte«).

Kapitel 9

Im ersten Teil des Buches stand (nach dem einleitenden Kapitel 1) am Anfang Nebukadnezars Traum von den vier Weltreichen (Kapitel 2), und den Abschluss bildeten Daniels Nachtgesichte von ebendiesen Reichen (Kapitel 7). Dazwischen eingeschoben berichteten die Kapitel 3 bis 6 von Glaubensprüfungen, denen Daniel und seine Freunde durch die Mächtigen der heidnischen Reiche ausgesetzt wurden. Diese Prüfungen sind modellhaft für allerlei Versuchungen, die das Volk Gottes in seiner ganzen Geschichte bis zum Ende würde bestehen müssen. Der zweite Teil des Buches beginnt ebenfalls mit einer göttlichen Offenbarung über die nähere Zukunft des Volkes Gottes unter den heidnischen Reichen (Kapitel 8), und er wird abgeschlossen durch eine Offenbarung, die über die nähere Zukunft (das Ende der persischen und die Zeit der griechischen Herrschaft, 11,1-35) hinausgeht, indem sie die letzten sieben Jahre vor dem Ende beschreibt (11,36 – 12,13). Dazwischen steht das Kapitel 9, das fast nur vom Volk Daniels handelt und das die Offenbarung enthält über jenes Geschehen, das Dreh- und Angelpunkt der Geschichte des Volkes Gottes ist und dazu aller Reiche der Welt und der Menschen in ihr: den Kreuzestod des Christus Gottes (V. 26). Das geschlachtete Lamm steht in der Mitte des Thrones Gottes. Er ist die Nabe aller Wege und Werke Gottes zur Erlösung der Welt (Offb 5,6).

1. **Daniel entdeckt die Weissagung von den 70 Jahren (9,1-2)**
2. **Daniels Gebet (9,3-19)**
3. **Daniel empfängt die Weissagung von den 70 Wochen (9,20-27)**

In Kapitel 8 hat Daniel erfahren, dass das Heiligtum verunreinigt werden wird. In Kapitel 9 betet Daniel dennoch um die Wiederaufrichtung von Stadt und Heiligtum. Er erfährt daraufhin, dass die Stadt zwar wieder aufgebaut, aber mitsamt Heiligtum wieder zerstört werden wird. Doch ihm wird auch zugesagt, dass am Ende von alldem endlich eine ewige Gerechtigkeit eingeführt werden wird. Wir verstehen, dass der Prophet immer neu erschüttert war über alles, was Gott ihm enthüllte, und wir können ahnen, welche unbeschreibliche Freude ihm das Wissen bereitet haben muss, dass trotz allem die Übertretung einen Abschluss, die Sünden ein Ende finden und die Ungerechtigkeit gesühnt werden würde (V. 24).

1. Daniel entdeckt die Weissagung von den 70 Jahren (9,1-2)

1 Im ersten Jahr Darius', des Sohnes Ahasveros', aus dem Samen der Meder, der über das Reich der Chaldäer zum König eingesetzt wurde,
2 im ersten Jahr seiner Königsherrschaft merkte ich, Daniel, in den Schriften auf die Zahl der Jahre, worüber das Wort Jahwes an den Propheten Jeremia ergangen war, voll zu machen siebzig Jahre für die Verwüstung Jerusalems.

»**Im ersten Jahr seiner Königsherrschaft**[154]«, nämlich im Jahre 538 v. Chr., als die Perser und Meder Babylon eroberten, wurde der Meder Darius »**über das Reich der Chaldäer zum König eingesetzt**«, und zwar durch Kores, den Großkönig, den Herrscher über das gesamte medo-persische Weltreich. Darius war also Unterkönig über einen Teil des Reiches, über das einstige Reich der Babylonier.

Das babylonische Weltreich war untergegangen. Diese Umwälzung wird Daniel zum Anlass, die Schriften zu untersuchen, ob sie etwas dazu sagen. Der Heilige ist in den heiligen Schriften verankert; er geht mit wachen Sinnen durch die Zeit, misst alles Geschehen der Zeit an den lebendigen Aussprüchen Gottes.

So wie Daniel die Schrift studiert und darin die Dauer des noch fortwährenden Exils erkennt, so wird der Überrest in den letzten Tagen die Schriften erforschen und dadurch ihre Kenntnis mehren (12,4). Er wird dann ebenso erkennen, wie weit das Gericht fortgeschritten ist und wie viele Jahre oder bloß noch Monate und Tage es noch dauern muss, bis ihr viel längeres Exil zu Ende ist und der Messias erscheint.

Nach Gottes Verordnung sollten »**siebzig Jahre für die Verwüstung Jerusalems**« erfüllt werden (Jer 25,12 und 29,10), und diese siebzig Jahre

154 **målkô**, wörtlich: seines Königseins.

waren nun fast um. Daniel war im Jahre 606 v. Chr. verschleppt worden, Darius wurde im Jahre 538 König über Babylon. Wenn hier wie in den vorangegangenen Kapiteln die babylonische Art, die Regierungsjahre zu zählen, verwendet wird, dann befinden wir uns im 2. Jahr Darius', dem 1. Jahr nach der Thronbesteigung, das die Babylonier ja gesondert zählten. Das erste Jahr Darius' ist auch das erste Jahr Kores', und in dessen erstem Jahr erging der Erlass, der den Juden die Rückkehr in die Heimat erlaubte (Esr 1,1)[155]. Das nachfolgende Gebet Daniels zeigt, dass der Erlass noch nicht ergangen war, als er diese Weissagung Jeremias las, aber er muss kurze Zeit später ergangen sein. An dieser Zeitangabe sollen wir zwei Dinge lernen:

a. Gottes Weissagung an Jeremia war wörtlich gemeint. Die siebzig Jahre waren nicht eine symbolische Zeitangabe. An dem Volk, zu dem die Weissagung gemacht wurde, nämlich dem Volk der Juden, wird die Weissagung sich erfüllen. Dieses Beispiel gibt uns einen wichtigen Schlüssel zur rechten Auslegung der alttestamentlichen Weissagungen in die Hand: Sie erfüllen sich alle buchstäblich. Die Juden wurden buchstäblich als Folge ihrer Sünden aus Jerusalem verschleppt und nach 70 Jahren zurückgeführt. Jesus kam buchstäblich in diesem Volk und in dieser Stadt zur Welt und wirkte buchstäblich all das, was die Propheten von ihm geweissagt hatten. Er starb buchstäblich, nachdem 69 Wochen, d. h. 483 Jahre, verflossen waren, seit der Erlass des Perserkönigs Artasasta zum Wiederaufbau Jerusalems ergangen war. Die Juden wurden nach ihrer Sünde am Messias buchstäblich aus dem Land verschleppt und in alle Länder der Erde zerstreut, und sie werden am Ende der Tage aus all den Ländern zurückgeführt werden in genau jenes Land und in genau jene Stadt (siehe z. B. Jer 32,36-37), in welchem sie ihren Messias zum Tod verurteilt hatten.
b. Auch während all der Jahre und Jahrhunderte, in denen die Geschichte nach heidnischen Königen datiert wird (2,1; 7,1; 8,1; 9,1; 10,1), führt Gott seinen Heilsrat fort, der untrennbar

155 Die Bedeutung dieses Erlasses fasst Theodor Nöldeke in folgenden Worten zusammen: »Gleich im ersten Jahr seines babylonischen Königtums (538) gab Cyrus den in Babylon in der Verbannung lebenden Judäern die Erlaubnis zur Rückkehr (2Chr 36,22-23; Esr 1,1ff.). Nur verhältnismäßig wenige machten von dieser Erlaubnis Gebrauch, aber diese wenigen bildeten den Ausgang einer für die ganze Weltgeschichte unendlich wichtigen Entwicklung« (*Aufsätze zur persischen Geschichte*, S. 23).

verbunden ist mit dem Volk Israel und mit dessen irdischem Geschick. Ziel und Erfüllung aller von Gott diesem Volk gegebenen Verheißungen ist, dass die Israeliten in dem Land, das ihnen verheißen und gegeben worden war und das sie durch ihre eigene Schuld verloren hatten, unter der Regierung des Sohnes Davids gesegnet werden sollten.

2. Daniels Gebet (9,3-19)

a. Daniel bekennt seine und des Volkes Sünden (9,3-10)

Daniel war ein Beter. Als Antwort auf sein Beten hatte ihm Gott die Geheimnisse seiner himmlischen Regierung und seines kommenden Reiches offenbart (2,17-23). An 6,11 können wir ablesen, dass ein Mann, der wie Daniel sein Leben lang ein Beter gewesen ist, vom Beten nicht mehr lassen kann. Es ist ihm zur zweiten Natur geworden, so natürlich wie das Atmen. Er kann und er will nicht mehr sein ohne die Zwiesprache mit seinem Gott und das beharrliche Flehen für sein Volk – lieber will er sterben. In 9,1-3 sehen wir, wie der Beter wohl weiß, dass die Heilsgeschichte so verläuft, wie Gott es sich vorgesetzt und offenbart hat (Jer 25,11-12; 29,10), dass er aber verstanden hat, dass Gott will, dass seine Heiligen ihn darum bitten, seinen Vorsatz zu erfüllen (9,17-18). So hat Gottes Sohn uns gelehrt, dass sein Volk deshalb beharrlich beten muss, dass Gottes Reich komme und Gottes Wille geschehe (Mt 6,10). An Abraham können wir bereits sehen, wie Gott über die Gebete der Heiligen sein Werk an den Königen der Welt tut und sie so lenkt (1Mo 20). Das letzte Buch der Bibel bestätigt diese im ersten Buch der Bibel gelehrte Wahrheit: Das Ende der Reiche der Welt in den göttlichen Gerichten wird ausgelöst durch die Gebete, welche die Heiligen gebetet haben durch all die Jahrhunderte bis in die allerletzte Zeit (Offb 8,4-6).

Das Buch Daniel hat zum Hauptthema die Reiche der Welt und das kommende Reich des Menschensohnes. Dass gerade der Prophet, der diese Botschaften empfing, sich in besonderer Weise als Beter auszeichnet, bestätigt das eben Gesagte: Die Weltgeschichte, die ja nichts ist als der äußere Rahmen für die eigentliche Geschichte, nämlich die

Heilsgeschichte, geht von Gottes Thron aus durch die erhobenen Hände seiner betenden Knechte.

Daniel erkennt, dass das babylonische Reich durch das persische abgelöst worden war nach Gottes Vorsatz und zur von Gott vorher bestimmten Stunde (Jer 25,11-12). Das wiederum lehrt ihn zu fragen, wie diese Umwälzung in der Welt der heidnischen Reiche mit Gottes Vorsatz für sein Volk zusammenhängt, und er findet die Antwort in der Bibel, in Jeremia 29,10: *»Denn so spricht Jahwe: Sobald siebzig Jahre für Babel voll sind, werde ich mich euer annehmen und mein gutes Wort an euch erfüllen, euch an diesen Ort zurückzubringen.«* Und so wirft er sich vor Gottes Angesicht nieder und beginnt für sein Volk zu beten und Gott zu bitten, es wieder zurückzuführen. Sollten wir als Christen nicht auch in der gleichen Weise offene Augen haben für Gottes Walten in der Geschichte und darin das göttliche Lenken aller Umstände sehen, das seinen Heilsrat vorantreibt und auf die Vollendung seines Volkes zustrebt? Stellen diese Wirklichkeiten die Aufforderung von 1Tim 2,1-4 nicht erst in seinen eigentlichen, nämlich heilsgeschichtlichen Zusammenhang?

Und schließlich lernen wir in Kapitel 9, dass dem Fürbeter weitere und tiefere Einsichten in Gottes Wege offenbart werden: Auf die Fürbitte Daniels für sein Volk antwortet Gott, indem er einen Engel sendet, der Daniel den weiteren Gang der Geschichte seines Volkes enthüllt (V. 20-27).

3 Und ich richtete mein Angesicht zu Gott, dem Herrn, um zu suchen Gebet und Flehen in Fasten und Sack und Asche.

Daniel hält hier so etwas wie seinen persönlichen Tag der Sühnungen. Der von Gott verordnete reguläre »Tag der Sühnungen« *(Jom hakippurîm)* konnte nur ein solcher sein, weil er ein Tag ist, an dem man seine Seele beugt, sich demütigt vor dem Heiligen (3Mo 23,27.32). An jenem jährlich wiederkehrenden Tag sollte Gottes Volk seine Sünden vor Gott bekennen und daran lernen, dass es vollkommen abhängig war von Gottes Vergebung, und daran begreifen, dass es ganz verloren war ohne ihn, ohne seinen Schutz, seine Versorgung und seine Führung. Daniel tut in seinem Kämmerlein genau das, was jener im Gesetz genau reglementierte Tag mit seinen Äußerlichkeiten das Volk lehren wollte und nur ganz wenige verstanden. Doch die Drangsal der letzten Tage wird dem Volk Einsicht geben, und dann wird das Volk Israel endlich seinen wahren *Jom ha-kippurîm* halten, seinen Tag der Erkenntnis und des Erschreckens über seine Sünde (Sach 12,10-14), des Klagens über dieselbe und damit auch der unendlich beglückenden Erkenntnis, dass die von ihm betriebene Tötung des Sohnes Gottes die Quelle ist, die sie reinwäscht von dieser und damit von aller Sünde (Sach 13,1).

Beachten wir, was Daniel sagt. Er wendet sein Angesicht zum Herrn, **»um zu suchen Gebet und Flehen«**; er sagt nicht: »um den Herrn im Gebet und Flehen zu suchen«. Er versteht, dass man mit Ernst und Entschlossenheit den Ort, d. h. die innere Verfassung suchen, um sie ringen muss, bis man recht beten und flehen, bis man im Glauben bitten und empfangen kann (Mt 7,7; Mk 11,24).

Ist das nicht der eigentliche Kampf, den wir jeden Tag neu gewinnen müssen, damit wir recht beten können? Wir müssen uns dazu zwingen, alles andere abzulegen, alle Gedanken auf den Herrn zu richten, um vor ihm zu liegen, bis Gottes Geist uns ganz zur Ruhe gebracht hat vor Gottes Angesicht und bis er uns den Glauben und die Freimütigkeit ins Herz gesenkt hat. Dann können wir mit Freude (Phil 1,4) und anhaltend beten (Eph 6,18). Es ist eben so, wie die heiligen Schreiber der heiligen Schriften gelehrt haben: Es ist nur *»durch [den] einen Geist«*, dass wir wahrhaft vor Gott treten können (Eph 2,18). Und recht beten können wir nur *»im Heiligen Geist«* (Jud 20), das man auch übersetzen kann *»durch den Heiligen Geist«*[156], und das heißt »vermöge des Heiligen Geistes«.

Wir haben bereits gesehen, dass Daniel ein Mann des Wortes Gottes war (siehe 1,8). Neben dem Untersuchen der Schriften ist Gebet das Zweite, das den Knecht des Herrn auszeichnet. Er ist kein Politiker, kein Diplomat und kein Manager; er ist ein Beter, denn die Waffen seines Kampfes sind nicht fleischlich, sondern göttlich mächtig (2Kor 10,4). Es besteht zudem ein unauflöslicher Zusammenhang zwischen dem Bibellesen und dem Gebet: Das Wort Gottes weckt den Glauben und nährt den Glauben, der uns befähigt, mit Gewissheit zu beten. Und das Wort Gottes enthüllt uns die Absichten Gottes, sodass wir nach seinem Willen beten können. Gott erhört niemandes Gebet, der nicht mit Glauben betet (Jak 1,6-7);

156 *en pneumati hagiō*, wobei hier die Präposition *en* + Dativ wie so häufig instrumental verstanden werden kann: »durch den Heiligen Geist«.

Gott gibt aber nur den Glauben für Dinge, die er selbst gesprochen hat und die daher nach seinem Willen sind (siehe 1Jo 5,14-15).

> **4 Und ich betete zu Jahwe, meinem Gott, und bekannte und sagte: Ach, Herr! Du großer und furchterregender Gott, der den Bund und die Verheißungstreue bewahrt denen, die ihn lieben und seine Gebote halten!**

Daniel sagt: »**... ich betete zu Jahwe, meinem Gott ...**« Ist das nicht selbstverständlich, dass man zu Gott betet? Nein, das ist es nicht. Der Pharisäer von Lukas 18 ist nicht der Einzige, der *»bei sich selbst betete«* (V. 11). Allzu oft beten auch wir bei uns selbst, breiten mit unseren Worten unsere Wünsche vor unseren Augen aus und hängen ihnen eine Weile nach und hoffen, dass sie sich erfüllen. Wir haben immer und jedes Mal das Wirken des Heiligen Geistes nötig, dass wir zu dem HERRN, unserem Gott, beten können, dass wir mit Ernst unsere Worte an ihn richten und wir uns jedes Wortes, das wir zu ihm sagen, bewusst sein können und entsprechend darauf achten, in welcher Weise und wann er auf unsere Bitten antwortet. Allzu oft sind unsere Gebete nicht viel mehr als Worte, mit denen wir uns etwas Trost oder Mut in die Seele träufeln. Das muss uns beschämen. Und wir müssen zusehen, dass sich das ändert, sonst werden wir nie lernen, zu bitten und daraufhin zu empfangen (Mt 7,7).

Daniel »**bekannte und sagte: ... Du großer und furchterregender Gott ...**« Daniel beginnt sein Gebet, indem er bekennt, dass Gott groß und darum zu fürchten ist. Er ist der Herr im Himmel, der alles tut, was ihm wohlgefällt (Ps 115,3). Er schuldet uns nichts; wir können keine Wohltaten von ihm einfordern. Und doch ist er – der Unumschränkte – der Gott, »**der den Bund und die Verheißungstreue bewahrt**«. Während wir untreu sind, bleibt er treu (2Tim 2,13); während wir alle Abmachungen brechen, hält er sich an alle Vereinbarungen, an die Strafen wie an die Verheißungen. Israel mag sein Gesetz brechen und wähnen, es komme damit davon (siehe Mal 3,15), doch Gott hält den Bund und bringt alle Gerichte des Bundes über es. Das soll das Volk lehren, die Stärke seines Zornes zu fürchten (siehe Ps 90,11), aber auch seiner großen Verheißungstreue zu vertrauen.

Daniel setzt sein Gebet fort mit einem Bekenntnis der Wahrheit, der Wahrhaftigkeit, das ist: der Gerechtigkeit Gottes.

5 Wir haben gesündigt und uns vergangen und gefrevelt und uns aufgelehnt und sind abgewichen von deinen Geboten und von deinen Rechten.

Alle Sünden des Volkes Gottes, die Daniel in seinem Gebet bekennt, hatten bereits der Reihe nach die Propheten, die vor ihm weissagten, dem Volk vor Augen gestellt und zu Bekenntnis und Umkehr aufgerufen. Daniel sagt nicht, das Volk habe gesündigt; nein: **»Wir haben gesündigt …«** Die Sünde des Volkes ist seine Sünde, und seine Sünde ist die Sünde des ganzen Volkes. Gott ist gerecht, wir sind schuldig. Gott ist würdig, wir sind unwürdig. Das sind die Wahrheiten, auf denen jedes Gebet des Glaubens ruhen muss. Beachten wir auch den Zusammenhang dieses Gebets innerhalb des Buches Daniel. In Kapitel 8 hatte Daniel die verstörende Mitteilung empfangen, dass ein gesetzloser Herrscher die Wahrheit zu Boden werfen werde. Wie leicht beginnen wir, angesichts solcher Tatsachen über das Verhältnis von Gottes Gerechtigkeit und Allmacht zu philosophieren, darüber, wie sich Gottes Allmacht und Gerechtigkeit mit dem Bösen in der Welt vertrage; warum Gott denn solches überhaupt zulassen könne, usw.! Daniel ist ein Heiliger Gottes; er philosophiert und disputiert nicht, sondern er bekennt: Wir haben gesündigt. Wir haben Böses getan, und du bist gerecht in all deinem Tun.

»Wir haben … uns aufgelehnt«, wir sind aufgestanden gegen den Gott, dem wir alles verdanken, und wir **»sind abgewichen von deinen Geboten und von deinen Rechten«**. Als Dank dafür, dass Gott uns heilige und gute und gerechte Gebote und Satzungen gegeben hat, haben wir seine Gebote für nichts geachtet.

6 Und wir haben nicht gehört auf deine Knechte, die Propheten, die in deinem Namen redeten zu unseren Königen, unseren Fürsten und unseren Vätern und zu allem Volk des Landes.
7 Dein, Herr, ist die Gerechtigkeit, unser die Scham des Angesichts, wie es **an diesem Tag** ist, **der Männer Judas und der Bewohner Jerusalems und ganz Israels, der Nahen und der**

Fernen in allen Ländern, wohin du sie verstoßen hast wegen der Vergehungen, womit sie sich an dir vergangen haben.
8 Jahwe, unser ist die Scham des Angesichts, unserer Könige und unserer Fürsten und unserer Väter, die wir gegen dich gesündigt haben.

»... wir haben nicht gehört auf deine Knechte, die Propheten, die in deinem Namen redeten«, durch die Gott selbst zu uns rief. Andere Völker ließ er gehen in ihren Verirrungen, doch uns wandte er sich zu in seinem Erbarmen und rief uns Mal um Mal zu sich (2Chr 36,15), aber wir wandten ihm den Rücken zu (Jer 2,27; 7,24; 32,33), wir alle, **»unsere Könige, unsere Fürsten, unsere Väter und ... alles Volk«**, zu dem er sprach. Darum sind wir alle schuldig. Darum müssen wir bekennen: **»Dein, Herr, ist die Gerechtigkeit, unser die Scham des Angesichts«**, du bist gerecht, und wir müssen uns darum umso mehr schämen über diese Schändlichkeit. Wir haben es verdient, dass du die **»Männer Judas und die Bewohner Jerusalems und ganz Israels«**, sie alle, ohne Ausnahme **»verstoßen hast«**, denn sie haben mit ihren **»Vergehungen ... sich an dir vergangen«**.

»die wir gegen dich gesündigt haben«: Daniel liegt vor Gottes Angesicht, und Gottes Geist lässt ihn alle seine und des Volkes Sünden sehen, eine nach der anderen, und jede Äußerung und Form der Sünde tritt ihm vor Augen. Immer tiefer erkennt und empfindet er das Ungeheuerliche der Sünde. Sie ist gegen Gott, gegen den Heiligen und gleichzeitig Gnädigen, und das macht die Sünde erst zur Sünde. Als David sich an Bathseba versündigt und damit auch an Urija, ihrem Mann, bekannte er: *»Gegen dich, gegen dich allein habe ich gesündigt ...«* (Ps 51,6). Sünde richtet sich gegen den unendlich Guten, und darum ist die Schuld der Sünde unendlich groß. Daraus versteht Daniel, dass keine Strafe zu groß sein kann für dieses Vergehen.

9 Des Herrn, unseres Gottes, sind die Erbarmungen und die Vergebungen; denn wir haben uns aufgelehnt gegen ihn,
10 und wir haben nicht gehört auf die Stimme Jahwes, unseres Gottes, um zu wandeln in seinen Gesetzen, die er uns vorgelegt hat durch seine Knechte, die Propheten.

Die Schuld der Sünde ist so groß, dass das Volk sie nie abtragen kann. Daniel flieht darum zu Gott selbst, indem er bekennt: **»Des Herrn, unseres Gottes, sind die Erbarmungen und die Vergebungen …«** Er begründet diese Worte, indem er fortfährt: **»… denn wir haben uns aufgelehnt gegen ihn …«** Damit bezeugt auch seine Einsicht, dass wir kein Erbarmen verdient haben und darum kein Erbarmen einfordern können. Alles Erbarmen ist *»unseres Gottes«*, es ist in Gottes Hand. Daniel kann sich nur auf das stützen, was Gott sein Volk gelehrt hat: Er ist *»barmherzig und gnädig …, langsam zum Zorn und groß an Güte«* (Ps 103,8). Er vertraut in seiner Sündennot diesem Wort, und wer das tut, versteht und erfährt: *»Wie ein Vater sich über die Kinder erbarmt, so erbarmt sich Jahwe über die, welche ihn fürchten«* (Ps 103,13).

b. Daniel bekennt, dass die Strafe über ihn und sein Volk gerecht ist (9,11-14)

Daniels Sündenbekenntnis wäre nicht vollständig gewesen, hätte er nicht bekannt, dass Gottes Strafen gerecht waren und dass er gerecht ist, wenn er uns schlägt, uns demütigt, uns erniedrigt, uns scheitern lässt.

11 Und ganz Israel hat dein Gesetz übertreten und ist abgewichen, sodass es nicht gehört hat auf deine Stimme. Und so hat sich über uns ergossen der Fluch und der Schwur, der geschrieben steht im Gesetz Moses, des Knechtes Gottes, weil wir gegen ihn gesündigt haben.
12 Und er erfüllte seine Worte, die er geredet hat über uns und über unsere Richter, die uns richteten, dass er ein großes Unglück über uns brachte, desgleichen nicht geschehen ist unter dem ganzen Himmel, wie es geschehen ist an Jerusalem.
13 So wie es geschrieben steht im Gesetz Moses, ist all dieses Unglück über uns gekommen. Wir aber flehten Jahwe, unseren Gott, nicht um Gnade an, um uns abzukehren von unseren Missetaten und verständig zu werden in deiner Wahrheit.
14 Und so wachte Jahwe über das Unglück und brachte es über uns. Denn gerecht ist Jahwe, unser Gott, in allen seinen Taten, die er tut. Aber wir hörten nicht auf seine Stimme.

Zum dritten Mal nach V. 6 und V. 10 bekennt Daniel, dass Israel **»nicht gehört hat auf deine Stimme«** und dass deshalb sich **»der Fluch und der Schwur«** über sie ergoss gemäß 5Mo 28,15: *»... wenn du auf die Stimme Jahwes, deines Gottes, nicht hörst ..., so werden alle diese Flüche über dich kommen ...«* Im Gericht über Jerusalem **»erfüllte er seine Worte«**, die er durch Mose sprach **»über unsere Richter, die uns richteten«**, und entsprechend brachte er **»ein großes Unglück über uns ..., desgleichen nicht geschehen ist unter dem ganzen Himmel, wie es geschehen ist an Jerusalem«**. Daniel urteilt richtig, dass das Unglück, das Jerusalem befallen hat, größer ist als das Unglück, das je eine andere Stadt befallen hat. Warum kann er das so bestimmt sagen? Das Unglück misst sich an der Fallhöhe. Keine Stadt war so erhöht worden wie Jerusalem; daher war ihr Sturz schlimmer, als der Sturz einer Stadt je gewesen ist. Die lange Liste furchtbarer Flüche, die über das Land, die Stadt und den König kommen würden, die in der Vertreibung der Juden aus ihrer Heimat gipfelten, gerade, **»wie es geschrieben steht im Gesetz Moses«**, kann man nachlesen in 5Mo 28,15-68. Und die Propheten haben diese Worte nacheinander durch mehrere Jahrhunderte wiederholt bestätigt (z. B. Jes 5,24-30; Jer 7,30-34), doch es war umsonst. Die Herzen blieben stumpf, **»wir aber flehten Jahwe, unseren Gott, nicht um Gnade an«**, demütigten uns nicht, suchten nicht Vergebung und Hilfe bei ihm. Und schließlich kam es so weit, wie einer der traurigsten Sätze in der ganzen Bibel bezeugt: *»Und Jahwe wollte nicht vergeben«* (2Kö 24,4). Er wachte nicht mehr über sein Volk, um es zu bewahren, sondern er **»wachte über das Unglück und brachte es über uns«**, sah zu, dass keine irdische Macht sein Gerichtswerkzeug daran hindern konnte, das Land zu verwüsten und Stadt und Tempel zu zerstören. Er nennt sein Gerichtswerkzeug *»Nebukadnezar, den König von Babel, meinen Knecht«* (Jer 25,9; 27,6; 43,10). Daniel schließt sein Bekenntnis, indem er zum vierten Mal gegen sich und sein Volk zeugt: **»... wir hörten nicht auf seine Stimme.«**

Und gerade dieses Bekennen, dass Gott in all seinem Strafen gerecht ist, gibt Daniel den Glauben, dass Gott seine Gerechtigkeit auch darin erweisen wird, dass er alle seine Worte des Erbarmens, der Vergebung und Wiederherstellung erfüllen wird (Jer 29,10).

c. Daniel betet um Wiederherstellung Jerusalems und des Heiligtums (9,15-19)

15 Und jetzt, Herr, unser Gott, der du dein Volk herausgeführt hast aus dem Land Ägypten mit starker Hand und dir einen Namen gemacht hast, wie es an diesem Tag ist: Wir haben gesündigt, wir haben gefrevelt.
16 Herr, nach allen deinen Gerechtigkeiten möge doch dein Zorn und dein Grimm sich wenden von deiner Stadt Jerusalem, deinem heiligen Berg! Denn wegen unserer Sünden und der Vergehen unserer Väter sind Jerusalem und dein Volk zum Hohn geworden allen denen, die uns umgeben.
17 Und jetzt höre, unser Gott, auf das Gebet deines Knechtes und auf sein Flehen; und lass dein Angesicht leuchten über dein verwüstetes Heiligtum, um des Herrn willen!
18 Neige, mein Gott, dein Ohr und höre! Öffne deine Augen und sieh an unsere Verwüstungen und die Stadt, über die dein Name genannt ist! Denn nicht um unserer Gerechtigkeiten willen legen wir unser Flehen nieder vor deinem Angesicht, sondern um deiner vielen Erbarmungen willen.
19 Herr, höre! Herr, vergib! Herr, merke auf und handle! Verzieh nicht, um deinetwillen, mein Gott! Denn dein Name ist genannt über deine Stadt und dein Volk.

»Und jetzt«, wə ᶜattâh – mit diesem Wort setzt Daniel an zu seinen drei großen Bitten:

- **»… möge doch dein Zorn und dein Grimm sich wenden von deiner Stadt Jerusalem!«**
- **»… lass dein Angesicht leuchten über dein verwüstetes Heiligtum …!«**
- **»Öffne deine Augen und sieh an unsere Verwüstungen und die Stadt, über die dein Name genannt ist!«**

Bevor Daniel eine einzige Bitte vorbringt, erinnert er daran, dass **»du dein Volk herausgeführt hast aus dem Land Ägypten mit starker Hand«**. Damit hatte der Gott Israels sich **»einen Namen gemacht …,**

wie es ist an diesem Tag«, hatte seine Ehre gebunden an das Ergehen seines Volkes. Als er das Volk rettete, erfüllte er die an die Erzväter gemachten Verheißungen – bedingungslose Verheißungen, die allein an Gottes Gnade hingen (2Mo 3,7-8; 6,2-8). Auf diese von Gott an seinem Volk erwiesene Treue und Gnade stützt Daniel seinen Appell an Gottes Gerechtigkeit: **»Herr, nach allen deinen Gerechtigkeiten möge doch dein Zorn und dein Grimm sich wenden …!«** Daniel hat seine und des Volkes Sünden bekannt (V. 4-14), zuletzt noch einmal in V. 15. Gott hat in seinem eigenen Wort jedem Bußfertigen, der seine Sünde bekennt, wenn er sein Sündopfer bringt, verheißen: *»… und es wird ihm vergeben werden«* (3Mo 4,26). Und wenn Gottes Fluch das Volk getroffen hat, und es nimmt es zu Herzen und kehrt um, hat Gott versprochen, dass er dessen Gefangenschaft wenden und sich seiner erbarmen wird (5Mo 30,1-4; siehe auch 1Kö 8,33-34). Ja, Daniel und sein Volk haben gesündigt, sie sind abgewichen, haben sich als verdreht und verkehrt erwiesen (5Mo 32,5), doch Gott ist treu, er verändert sich nicht; er ist *»der treue Gott, der den Bund und die Güte … bewahrt«* (5Mo 7,9; siehe auch Dan 9,4). All das, woran Daniel, der Bibelleser, gedacht haben muss, gibt ihm die Gewissheit, dass Gott, wenn die Seinen ihre Sünden bekennen, *»treu und* ***gerecht*** *ist, dass er … die Sünden vergibt«* (1Jo 1,9). Und entsprechend bittet er: **»… nach allen deinen Gerechtigkeiten möge doch dein Zorn und dein Grimm sich wenden von deiner Stadt Jerusalem«**, von der Stadt, die du erwählt hast, um deinen Namen dorthin zu setzen (5Mo 12,5; Ps 132,13a), und **»deinem heiligen Berg«**, dem Berg Zion, den du begehrt hast zu deiner Wohnstätte (Ps 132,13b).

»um des Herrn willen«: nicht um Daniels und des Volkes willen. Daniels Gebet ist eines der zahlreichen Beispiele davon, dass Gesetz und Propheten Gottes Gerechtigkeit zur Errettung seines Volkes offenbarten, wie Paulus in Röm 3,21 sagt. Zunächst ist es unerwartet, dass Daniel den Herrn darum bittet, dass er nach *all seinen Gerechtigkeiten* seinen Zorn von seinem Volk abwenden möchte. Ist es denn nicht umgekehrt so, dass Gott gerade wegen seiner Gerechtigkeit das Volk im Zorn heimgesucht hat, wie Daniel in V. 7 und V. 14 auch bekannt hat? Doch Daniel gründet seine Bitte auf den Herrn. Er bittet ihn, *»um des Herrn willen«* seinen Zorn abzuwenden. Gott tut das wirklich. Er tut es um des Herrn, um seines Sohnes willen, der in der Fülle der Zeit Mensch werden und in seinem Tod Gottes Zorn auf sich nehmen sollte, um so *»die Sünden des Volkes zu sühnen«* (Hebr 2,17). Darum konnte Gott Daniels Gebet erhören; darum kann er auch unsere Gebete erhören, und darum kann er dem Sünder gnädig sein und dabei gerecht bleiben (Röm 3,25-26).

»Und jetzt höre, unser Gott, auf das Gebet deines Knechtes«: Viermal hat Daniel bekannt, dass er und dass sein Volk nicht gehört hatten auf die Stimme Gottes (V. 6.10.11.14). Ohne dieses Bekenntnis hätte er die Freiheit nicht gehabt, von Gott zu erbitten, dass er nun auf seine Stimme hören wolle.

»lass dein Angesicht leuchten über dein verwüstetes Heiligtum«: Wenn Gott seinem Volk zürnt, verbirgt er sein Angesicht vor ihm (5Mo 32,20). Wenn Gott sein Volk segnet, wendet er ihm wieder sein Angesicht zu und lässt es über ihm leuchten (4Mo 6,24-26). Gott hat im Zorn das Heiligtum niedergerissen; er wolle nun segnen und schenken, dass es wieder gebaut werde.

Gottes Wort und Geist geben Daniel die Gewissheit, dass Gott vergibt und nach seiner Treue handeln wird, und entsprechend kann er seinen Gott mit erstaunlicher Freimütigkeit, ja, Zudringlichkeit bitten: **»Neige … dein Ohr und höre!«** Das ist nicht eine bloße Redensart. Gott, der in der Höhe wohnt, kommt zu ihm herab in seine Niedrigkeit und hört auf ihn, er neigt sich herab, *»um … auf die Erde zu schauen«* (Ps 113,5-6).

»Öffne deine Augen und sieh an unsere Verwüstungen«: Jesaja hatte neben der äußeren auch die innere, die sittliche Verwüstung beklagt (Jes 1,5-7), wie auch Daniel zunächst tat (V. 4-10), doch nun bittet Daniel Gott, dass er sich über die Verwüstung der Stadt Jerusalem und des Landes Juda erbarme. Daniel gehört zu den Knechten Jahwes, die *»Gefallen haben an [Zions] Steinen und Mitleid mit seinem Schutt«* (Ps 102,15), und wenn er das hat, ist er gewiss, dass das für Gott noch viel mehr gilt, denn es ist **»die Stadt, über die dein Name genannt ist«**. Daniel erinnert hier nach V. 15 zum zweiten Mal daran, dass Gott seinen Namen und seine Ehre mit seinem Volk und dessen Ergehen verbunden hat.

Daniel hatte in seinem Gebet zuerst an Gottes Gerechtigkeit appelliert (V. 16), jetzt wirft er sich und sein Volk auf die **»vielen Erbarmungen«** Gottes, denn das ist es, was das Volk nötig hat. Es ist schuldig, es ist elend, es ist hilflos; erbarmt Gott sich nicht über das Volk, ist alles verloren. Doch Gottes Wort gibt Daniel große Gewissheit, und so kann er mit ebenso großer Zudringlichkeit bitten: **»Herr, höre! Herr, vergib! Herr merke auf und handle! Verzieh nicht …!«** Kein Sterblicher dürfte es wagen, so zu beten, hätte nicht Gott selbst sein Volk aufgefordert, zu bitten, zu suchen, anzuklopfen (Mt 7,7), ja, sogar mit einem Gleichnis gelehrt, mit *»unverschämtem Geilen«* (Lk 11,8 nach Luther 1912) zu bitten. Und zum dritten Mal verweist Daniel auf Gottes Namen und Ehre: **»Denn dein Name ist genannt über deine Stadt und dein Volk.«**

3. Daniel empfängt die Weissagung von den 70 Wochen (9,20-27)

Daniel hat um die Wiederherstellung Judas und Jerusalems gebetet, und Gott sendet ihm den Engel Gabriel, der ihm den Weg enthüllt, den das Volk noch gehen muss, bis es zusammen mit Stadt und Heiligtum wiederhergestellt sein wird, und der wird viel länger sein, als Daniel wohl erwartet hatte: Nicht nur siebzig Jahre, sondern siebzigmal sieben Jahre wird es dauern, bis das Volk endgültig erlöst ist. Sodann erfährt er, dass der Messias, wenn er endlich kommt, die Bösen und das Böse nicht richten und sein Reich nicht aufrichten wird, vielmehr muss er vernehmen, dass die bisherigen Sünden des Volkes, die schlimm genug gewesen waren, durch eine noch größere Sünde übertroffen werden wird: Man wird den Messias, wenn er endlich kommt, umbringen, und darum werden Stadt und Heiligtum abermals zerstört werden, und dann wird ein weit längeres und viel schlimmeres Exil folgen als jenes, das die Juden nach der Niederlage gegen Babylon erleiden mussten (V. 26-27).

Der Dreh- und Angelpunkt der Weissagung der 70 Wochen ist die Hinrichtung des Messias, die in V. 26 geweissagt wird. Das ist von außerordentlicher Bedeutung für die Aussage des ganzen Buches Daniel. Es behandelt ja, wie wir gesehen haben, die Geschichte der Nationen und den Gang des Volkes Israels durch diese Zeit. Wir haben gesehen, dass Gott der Herr der Geschichte ist, der Könige einsetzt und absetzt, Reiche aufkommen und untergehen lässt. Hier aber erfahren wir, dass der Herr nicht nur *über* der Geschichte *waltet*, sondern dass er selbst *eintritt in die Geschichte*, in eine Geschichte der Sünde und der Sünder: Er wird Mensch und lebt als Mensch ein vollkommenes Leben, und am Ende gibt er als ein sündloses Lamm dieses Leben dahin, um so die Sünde der Welt wegzunehmen (Joh 1,29). Im Licht von Golgatha erkennen wir, dass Gott in seiner Hoheit die Geschicke der Völker in vollkommener Weisheit und absoluter Gerechtigkeit lenkt, dabei aber in all seinem Wirken von vollkommener Liebe getrieben wird. In der Geschichte der Menschen verwirklicht er seinen Vorsatz, den Menschen zum ewigen Heil zu führen.

20 Während ich noch redete und betete und meine Sünde und die Sünde meines Volkes Israel bekannte und mein Flehen niederlegte vor Jahwe, meinem Gott, für den heiligen Berg meines Gottes,
21 während ich noch redete im Gebet, da kam der Mann Gabriel, den ich gesehen hatte am Anfang im Gesicht, als ich ganz ermattet war, zu mir heran zur Zeit des Abendopfers.

Indem Daniel **»betete und [s]eine Sünde und die Sünde [s]eines Volkes Israel bekannte«**, bereitete er seine große Bitte vor: Er legte vor Jahwe, seinem Gott, sein Flehen nieder **»für den heiligen Berg … Gottes«** (siehe auch V. 16). Das war sein alles andere verdrängendes Verlangen. Er hatte gesehen, wie gottlose Könige über Juda herrschten und Gott sie erniedrigte (siehe 1,1), wie das babylonische Reich groß wurde und wegen seiner Gottlosigkeit wieder unterging. Er hatte dessen Könige gesehen in ihrem Hochmut (4,27) und wie sie sich über den Herrn des Himmels erhoben (5,23) – und wie später einer der persischen Könige gar den Platz Gottes einnehmen wollte (6,8-10). All das machte sein Sehnen nach dem wahren König immer größer. Gott hat einen Ort erwählt, auf dem sein Sohn als König herrschen soll: auf Zion, seinem heiligen Berg (Ps 2,6; 15,1). Möchte der König doch bald kommen, möchte Gott das Volk doch zurückführen in *»die Stadt des großen Königs«* (Ps 48,3) und es vorbereiten auf dessen Kommen! Und dass das Haus Gottes wieder erstehe in Zion, dem Ort, den Gott erwählt hat zu seiner Wohnstätte (Ps 132,13-14)!

Während Daniel **»noch redete im Gebet, da kam der Mann Gabriel«** mit der Antwort auf seine Bitten. Es mag uns außergewöhnlich erscheinen, dass Daniel sie sogleich empfing; doch sollte es uns nicht überraschen. Hat denn der Herr uns nicht gelehrt: *»Alles, was ihr betet und bittet – glaubt, dass ihr es empfangen habt, und es wird euch werden«* (Mk 11,24)? Wenn wir als Christen mit Glauben beten, bekommen wir schon während des Betens eine Antwort auf unsere Bitten: Gottes Geist gibt uns die Gewissheit, dass Gott uns hört, und wir warten dann mit Zuversicht, bis die Zusage sich verwirklicht. Und wenn die Antwort »Nein« lautet, ist das eine Antwort auf unsere Bitte. Zuweilen beten wir wie Paulus umsonst um eine bestimmte Sache, und Gott gibt uns nicht, was wir erbeten, sondern etwas Besseres (2Kor 12,9). Oder wir bekommen beim Beten die Gewissheit, dass Gott uns das Erbetene gibt, wenn auch die Verwirklichung erst später kommt, manchmal erst nach Jahren oder Jahrzehnten.

»zur Zeit des Abendopfers« (2Mo 29,39; Esr 9,4; Ps 141,2): Warum vermerkt, ja, warum merkt Daniel überhaupt, dass es gerade diese Zeit war? Weil er zu dieser Tageszeit stets daran dachte, dass jetzt in Jerusalem, wenn das Heiligtum noch stünde, das Abendopfer dargebracht werden müsste. Und gerade in jener Stunde kommt der von Gott gesandte Bote mit der Nachricht von der kommenden Wiederherstellung. Welch freundlicher Wink Gottes!

22 Und er gab Einsicht und redete mit mir und sagte: Daniel, jetzt bin ich ausgegangen, um dir Verständnis zu geben.
23 Am Anfang deines Flehens ging ein Wort aus, und ich bin gekommen, um es kundzutun; denn ein Vielgeliebter bist du. So achte auf das Wort und gib acht auf das Gesicht:

Gabriel war **»ausgegangen«**, um Daniel **»Verständnis zu geben«**, und Daniel kann bekennen: **»... er gab Einsicht ...«** Und dann fährt Gabriel fort und enthüllt ihm, worüber Daniel Verständnis erlangen soll, über **»ein Wort«**, das von Gott ausging, als Daniel anfing zu flehen – ein Wort, das Daniel zusagt, dass alle Bitten für sein Volk, die Stadt und das Heiligtum in Erfüllung gehen werden.

Daniel ist **»ein Vielgeliebter«**, **ḥamûdôt**, ein Geliebter des Himmels, ein mit Gunst Beschenkter. Gott liebt Daniel; Daniel ist nur ein Empfangender: Er hat nicht geliebt; er wird geliebt. Das bekennen auch wir: *»... nicht dass wir Gott geliebt haben, sondern dass er uns geliebt und seinen Sohn gesandt hat ...«* (1Jo 4,10). Weil Gott Daniel liebt, enthüllt er ihm seine Absichten mit dem Volk; weil der Herr Jesus uns, seine Jünger, liebt, hat er uns alles kundgetan, was er von seinem Vater gehört hat (Joh 15,15).

Das Volk sollte alles empfangen, worum Daniel gebetet hatte, er selbst empfing lediglich die Zusage und damit die Gewissheit der Erfüllung. Doch das genügte ihm; er liebte sein Volk und konnte darum nur dann glücklich sein, wenn er wusste, dass sein Volk das ihm von Gott bestimmte Teil erlangen würde. Er gehörte zu den vielen alttestamentlichen Heiligen, die *»im Glauben gestorben sind und die Verheißung nicht empfangen haben, sondern sie von fern sahen und begrüßten«* (Hebr 11,13). Doch auch er würde zu seiner Zeit alles empfangen, was Gott ihm bereitet hatte. Am Ende seines Laufes bekam er die Zusage: *»... du wirst ruhen und wirst auferstehen zu deinem Los am Ende der Tage«* (12,13).

»So achte auf das Wort und gib acht auf das Gesicht«: Gabriel ist gekommen, um Daniel Verständnis zu geben. Der erste Schritt dazu ist, dass er gut aufpasst. Wir müssen genau darauf achten, was Gott in seinem Wort sagt, sonst werden wir nie verstehen, was Gott uns gesagt hat. Wer das tut, bei dem erfüllt sich der Befehl: *»... gib acht ...«*, der in V. 25 mit einem anderen Verb wiederholt wird: *»... wisse und verstehe ...«* Der Gott, der uns durch seine Boten, die Propheten und die Apostel, seine Gedanken offenbart hat, erwartet von uns, dass wir sein Wort aufnehmen, nie infrage stellen, es fleißig lesen, es gründlich studieren, auf jedes Wort achten. Tun wir es, gibt er uns wachsendes Verständnis, denn er hat uns sein Wort nicht gegeben, um uns zu verwirren, sondern um uns Gewissheit und damit Freude zu geben.

24 Siebzig Wochen sind bestimmt über dein Volk und über deine heilige Stadt,
um den Abfall abzuschließen
und die Sünden zu Ende zu bringen
und die Schuld zu sühnen
und ewige Gerechtigkeit zu bringen
und Gesicht und Propheten zu erfüllen
und ein Allerheiligstes zu salben.

Daniel hatte um die Wiederherstellung der Stadt gefleht (V. 16.18), und jetzt wird ihm zugesagt, dass sie nach siebzig Wochen wiederhergestellt sein wird. Er hatte seine Sünden und die Sünden seines Volkes bekannt, und er bekommt die Antwort, dass den Sünden ein Ende bereitet werden soll. Er hatte seine und des Volkes Schuld bekannt, und er bekommt die

Antwort, dass die Schuld gesühnt werden wird. Er hatte bekannt, dass das Volk auf die Propheten nicht gehört hatte, und er bekommt die Antwort, dass Gesicht und Propheten sich dennoch erfüllen werden. Er hatte gebetet, dass Gott sein Angesicht wieder leuchten lasse über sein verwüstetes Heiligtum (V. 17), und er bekommt die Antwort, dass ein Allerheiligstes noch gesalbt werden soll.

»siebzig Wochen«: Jeremias Weissagung von den siebzig Jahren war der Anlass für das Bußgebet Daniels gewesen. Als Antwort auf seine Gebete enthüllt ihm nun der Bote Gottes, dass nach dem Ende des siebzigjährigen Exils eine Periode von siebzig Wochen über das Volk bestimmt ist, also nicht siebzig, sondern siebzigmal sieben Jahre müssen vergehen, ehe das ersehnte Ziel erreicht sein wird. Im Hebräischen steht **šabuᶜîm šibᶜîm**, buchstäblich »Siebenheiten siebzig«. Gemeint sind Siebenheiten von Jahren, also 490 Jahre. Daniel soll wissen, wann alles, was er erbeten hatte, in Erfüllung gehen sollte.

»sind bestimmt über dein Volk und über deine heilige Stadt«: Die Weissagung betrifft das Volk und die Stadt, für die Daniel gebetet hatte, als der Engel zu ihm kam – also Juda und Jerusalem. Am Ende dieser Zeit wird Gott folgende Dinge gewirkt haben:

1. Er hat den Abfall zum Abschluss gebracht,
2. er hat die Sünden vollendet,
3. er hat die Schuld gesühnt,
4. er hat eine ewige Gerechtigkeit eingeführt,
5. er hat Gesicht und Propheten erfüllt,
6. er hat ein Allerheiligstes gesalbt.

Diese Verheißungen gehen weit über alles hinaus, was Daniel hatte erbeten und erdenken können (vgl. Eph 3,20). Und beachten wir einmal mehr den Ausdruck *»bestimmt«*. Was geschehen soll, wann es geschehen soll und innerhalb welcher Zeitspanne es geschehen soll, ist alles bestimmt. Gott verordnet das Ende des Weges und führt auch selbst dieses Ende herbei.

Keines dieser Dinge geschah in den Jahren nach dem babylonischen Exil. Sie geschahen auch nicht mit dem ersten Kommen des Messias.

Die Sünde und die Ungerechtigkeit sind noch in der Welt; noch sind die Menschen in der Knechtschaft der Sünde gefangen, noch ist Israel nicht erlöst. Sünde und Ungerechtigkeit in Israel und in der Welt nehmen erst mit dem zweiten Kommen des Messias ein Ende. Als der Herr das erste Mal in die Welt kam, wurden zahlreiche Gesichte und Weissagungen der Propheten besiegelt, aber nicht alle. Und ein Allerheiligstes ist seit dem Ausgehen dieses Wortes an Daniel nie gesalbt worden. Er hatte schon das Wissen, dass unter der Herrschaft jenes Reiches, welches das persische ablösen sollte, ein Heiligtum in Jerusalem stehen würde, das ein griechischer König entweihen sollte. Das war ihm bereits zur Zeit der Regierung Belsazars offenbart worden (8,1.10-12). Also musste die Salbung des Allerheiligsten später geschehen. In der Tat: Der Tempel Esras blieb leer; Gottes Herrlichkeit erfüllte ihn nicht, vielmehr verkam er mit der Zeit zur Räuberhöhle (Mt 21,13) und zum Kaufhaus (Joh 2,16). Durch den Propheten Haggai erfuhren die Juden, die aus dem Exil zurückgekehrt waren, dass Gott das Haus, das nun endlich wieder stand, erst nach großen Erschütterungen in der Welt mit Herrlichkeit erfüllen werde (Hag 2,7-9). Durch Hesekiel hat er verheißen, dass ein **»Allerheiligstes«**, **qôdæš qådâšîm**, noch errichtet werden soll (Hes 45,3).[157] Nachdem der Messias Israels zum zweiten Mal zu seinem Volk gekommen ist, wird ihr Gott wieder unter ihnen wohnen. Dann wird all ihre Auflehnung gegen Gott, ihre Hartnäckigkeit und ihre Hurerei, ihre Selbstgerechtigkeit und vor allem ihre große Sünde an ihrem eigenen Messias ihnen vergeben sein.

25 So sollst du wissen und verstehen: Vom Ausgehen des Wortes, Jerusalem wiederherzustellen und zu bauen, bis auf den Messias, den Fürsten, sind sieben Wochen und zweiundsechzig Wochen. Plätze und Gräben werden wiederhergestellt und gebaut werden, und zwar in Bedrängnis der Zeiten.

»So sollst du wissen und verstehen« (siehe oben V. 22-23): Das **»Ausgehen des Wortes, Jerusalem wiederherzustellen«** bestimmt den Anfang jener Zeit, an deren Ende alle sechs großen Werke geschehen werden, die in V. 24. angekündigt sind. Dieses Wort erging noch nicht

157 In Hes 45,3 wird die gleiche Wortverbindung **qôdæš qådâšîm** verwendet wie in Dan 9,24.

unter Kores (539–530 v. Chr.), der Babylon belagert und erobert hatte, denn sein Erlass aus dem Jahr 538 galt dem Wiederaufbau des *Hauses Gottes* in Jerusalem (Esr 1,1-3). Es erging auch nicht unter Darius I. (522–486 v. Chr.), denn dessen brieflicher Befehl betraf die Fortsetzung des unterbrochenen Bauens am Tempel (siehe Esr 4,24; 6,1.15). Das Wort, die *Stadt* Jerusalem wieder aufzubauen, erging erst im 20. Jahr des Perserkönigs Artasasta (464–423 v. Chr.),[158] d. h. im Jahr 445 v. Chr. Und zwar geschah das, wie in Neh 2,1 ausdrücklich steht, im Monat Nisan, das ist im Passah-Monat. Die Chronologie der 70 Wochen beginnt also mit dem Dekret eines heidnischen Herrschers, von dessen Wohlwollen die Juden abhängig waren.

Bedenken wir, was da geschah: Ein heidnischer König geht ein auf die Bitte von einem seiner Hofbeamten, der zu einem unbedeutenden Untertanenvolk gehört, und gibt den Befehl, dass dieser die Stadt, die ihm offensichtlich so viel bedeutet, wieder aufbauen soll. Gott wirkte zuerst in Nehemia die Sorge um die Stadt der Väter, bewegte ihn zum Flehen um das Wohl derselben, und dann führte er den Anlass herbei, an dem Nehemia seine Sorge dem König sagen musste; und schließlich lenkte er das Herz dieses mächtigsten Mannes der Welt zu diesem Dekret.

Gott hatte auch in den Zeiten der Nationen sein Volk nicht verlassen; er waltete über ihm, und er lenkte die Beschlüsse der heidnischen Könige so, dass diese dem Vorsatz mit Israel dienen mussten. Und am Vorbild Israels können wir ablesen, dass Gott auch das sündige Geschlecht Adams nicht sich selbst überlassen hat.

»Bis auf den Messias, den Fürsten, sind sieben Wochen und zweiundsechzig Wochen«, das sind 483 Jahre. Das ist ein erstes Ziel auf dem Weg Israels zu seinem endgültigen Ziel: das Kommen und der Tod des Messias. Das Kommen Christi war das große Ziel, auf das alle Weissagungen im Gesetz und in den Propheten Israel vorbereitete. Sein Erscheinen inmitten seines Volkes hätte der Höhepunkt der ganzen Geschichte der erwählten Nation sein müssen; doch es wurde zu dessen Tiefstpunkt.

Diese Zeit von 69 Wochen sollte in zwei ungleiche Hälften zerfallen. Während der ersten sieben Wochen sollten **»Plätze und Gräben …**

158 in der griechischen Geschichtsschreibung *Artaxerxes Longimanus*.

wiederhergestellt und gebaut werden, und zwar in Bedrängnis der Zeiten«. Diese erste Phase von 49 Jahren würde eine Zeit des Aufbaus sein, eine Zeit auch des geistlichen Aufstiegs, der Erweckung. Das Heiligtum und die Stadt würden wiedererstehen. Die Bücher Esra und Nehemia geben uns einen Eindruck von dieser erwecklichen und auch beschwerlichen Zeit. Die Juden wurden von allen Seiten angefeindet, als sie sich daranmachten, zuerst das Heiligtum und dann die Stadt samt ihren Mauern und ihren Toren aufzurichten.

> **26 Und nach den zweiundsechzig Wochen wird der Messias ausgerottet werden und nichts haben. Und das Volk des kommenden Fürsten wird die Stadt und das Heiligtum zerstören, und das Ende davon wird sein durch die Überflutung; und bis ans Ende: Krieg, Festbeschlossenes von Verwüstungen.**

»nach den zweiundsechzig Wochen«: Auf die ersten sieben Wochen der geistlichen Erweckung und des gesellschaftlichen Aufstiegs würden 62 Wochen oder 434 Jahre des geistlichen Niedergangs folgen, die in der Passahwoche des Jahres 30 mit dem Kreuzestod Jesu Christi endeten.

Die Umrechnung der 69 Wochen = 483 Jahre auf Sonnenjahre:

Das Ausgehen des Wortes, Jerusalem wiederherzustellen, war im Passahmonat 445 v. Chr. Von da an bis auf den Messias sind es 7 Wochen = 49 Jahre plus 62 Wochen = 434 Jahre, also insgesamt 483 Jahre. Nach diesen 69 Wochen = 483 Jahren würde der Messias hingerichtet werden. Der Herr wurde im Passahmonat des Jahres 30 oder 32 n. Chr.[159] gekreuzigt, das sind aber nur 475 Jahre nach dem erwähnten Erlass des Jahres 445 v. Chr. Wir müssen aber beachten: Die biblische Zeitrechnung folgt den Mondläufen, das heißt, dass ein Jahr 360 Tage hat und nicht 365 Tage des Sonnenjahres. Dass die Bibel die Zeit so misst, erkennen wir an folgenden Stellen: Wenn wir 1Mo 7,11 zusammen mit 1Mo 8,3-4 lesen, erkennen wir: 5 Monate = 150 Tage. Aus Offb 11,2-3 erkennen wir: 42 Monate = 1260 Tage;

159 je nachdem, in welchem Jahr man die Geburt des Herrn ansetzt.

und Offb 12,6.14 macht ersichtlich: 3½ Jahre = 1260 Tage. Die 483 prophetischen Jahre sind 476 Sonnenjahre gemäß folgender Rechnung:

483 x 360 Tage = 173 880 Tage; diese müssen wir durch 365 teilen, dann bekommen wir die Anzahl der Sonnenjahre:

173 880 : 365 = 476,3 Jahre, d.h. 476 Jahre und 110 Tage, wobei wir bedenken müssen, dass jedes vierte dieser 476 Jahre ein Schaltjahr war, d.h. dass wir von den 476 Jahren 119 Tage abziehen müssen, und dann kommen wir auf neun Tage weniger als 476 Jahre.

Die hier angestellte Rechnung ist insofern nicht ganz exakt, als die Anzahl der Schaltjahre nicht ganz genau ist. Eine exakte Berechnung, die alle Faktoren berücksichtigt mitsamt dem Jahr der Geburt des Herrn, bietet Roger Liebi, *Jerusalem – Hindernis für den Weltfrieden?*, S. 44-56.

Am Ende der 434 Jahre **»wird der Messias ausgerottet werden«**: Das hebräische Verb für *»ausgerottet werden«* lautet **jikkârêt**, das ist ein Passivum zum Verb **kârat**, »abschneiden«. Dieses Verb wird in den Mose-Büchern für das Ausführen der vom Gesetz verlangten Todesstrafe verwendet (z.B. 3Mo 17,14; 4Mo 15,30). Und tatsächlich wurde Jesus von Nazareth von einem religiösen Gericht verhört und der Gotteslästerung für schuldig befunden und zum Tod verurteilt (Mt 26,63-66). Der Hohe Rat forderte gemäß mosaischem Gesetz (3Mo 24,16) die Todesstrafe und konnte den römischen Statthalter überreden, sie zu vollstrecken. Als Folge der Verwerfung des Messias werden drei Dinge angekündigt:

1. Die Stadt Jerusalem und das Heiligtum werden zerstört (in dessen Folge die Juden aus dem Land vertrieben wurden).
2. Bis ans Ende, d.h. bis zum Abschluss der ganzen Periode der 70 Wochen, werden die Juden von Kriegen und Verwüstungen heimgesucht.
3. Eine Zäsur von unbekannter Länge trennt die 70. von der 69. Woche.

In die zeitliche Lücke zwischen der vorletzten und letzten Woche fällt die Zerstreuung der Juden in die ganze Welt, aber auch die Berufung und Sammlung der Gemeinde aus allen Nationen, was aber weder dem Daniel noch irgendeinem anderen der alttestamentlichen Propheten offenbart wurde, wie Paulus in Eph 3,3-6 lehrt.

»Und das Volk des kommenden Fürsten wird die Stadt und das Heiligtum zerstören«: Man beachte das Bindewort *»und«*: Damit wird angezeigt, dass das Kommen dieses Volkes die direkte Folge des vorher Gesagten ist. Es wurde von Gott gesandt als Gericht über den Unglauben der Juden, der sich darin zeigte, dass sie ihren Messias verwarfen. Es ist zudem auffällig, wie diese heranmarschierende Macht bezeichnet wird. Geradeheraus hätte man sie »Rom« genannt; aber sie wird hier umschrieben als das Volk des Fürsten, der kommen soll, der in der Endzeit auftreten wird. Der kommende Fürst wird Haupt sein über Rom, über das wiedererstandene Römische Reich. Er ist das kleine Horn, das dann emporsteigen wird, wenn das zehnhörnige Römische Reich wiedererstanden ist (7,8). Es war dessen Volk, das im Jahr 70 den Tempel in Jerusalem zerstörte. Dass die Stadt und das Heiligtum zerstört wurden, weil Israel seinen Messias verwarf, zeigen die Worte des Herrn in Mt 23,13–24,7, ebenso das Gleichnis vom König, der seinem Sohn die Hochzeit ausrichtete (Mt 22,1-7). Auch in Lk 19,41-44 kündigt der Herr an, dass Jerusalem von Feinden umzingelt, belagert und zerstört werden sollte, weil die Stadt *»die Zeit [ihrer] Heimsuchung«* nicht erkannte, und er sagt es noch einmal zu seinen Jüngern in einer späteren prophetischen Rede (Lk 21,20). In Lk 21,22 begründet er dieses Geschehen mit den Worten: *»Denn dies sind Tage der Rache, damit alles erfüllt werde, was geschrieben steht.«*

»und bis ans Ende: Krieg, Festbeschlossenes von Verwüstungen«: Die hier genannten Dinge kennzeichnen die Zeit von der 69. Woche an bis zum Ende der 70. Woche. Es ist eine bemerkenswerte Vorwegnahme der Jahrhunderte seit der Zerstörung der Stadt Jerusalem und des Tempels. Die Juden wurden aus ihrem Land vertrieben und in alle Welt zerstreut und blieben fast zweitausend Jahre lang heimatlos nach dem Wort Gottes durch Mose: *»Und Jahwe wird dich unter alle Völker zerstreuen ... Und unter jenen Nationen wirst du nicht rasten, und deine Fußsohle wird keine Ruhestätte finden ...«* (5Mo 28,64-65). Auch seit die Juden in ihr eigenes Land zurückgekehrt sind, haben sie keinen Frieden gekannt.

Der israelische Historiker Haim Hillel Ben-Sasson (1914–1977) gliedert in seiner *»Geschichte des jüdischen Volkes: Von den Anfängen* *bis zur Gegenwart«* die Zeit nach dem Untergang Judas und Jerusalems in drei Zeitalter. Bevor er seine ausführliche Erörterung anfängt, charakterisiert er jeweils in einer einleitenden Zusammenfassung das Ergehen der Juden in jeder dieser drei Epochen:

- Das Zeitalter der Mischna und des Talmuds (70–640): »Für das Volk der Juden waren diese Jahrhunderte eine Zeit gewaltsamer und oft schmerzlicher Wandlungen politischer und demografischer Art« (Ben-Sasson, S. 377).
- Vom 7. bis zum 16. Jahrhundert. Das Mittelalter: »Während dieser ganzen Zeit lebte das jüdische Volk unter der Herrschaft von Christentum und Islam ... man muss in der Verfolgung und Demütigung der Juden eine vorsätzliche Politik sehen« (S. 473).
- Vom 17. Jahrhundert bis zur Gegenwart: »Das Leben der Gesamtheit der Juden erfuhr beim Übergang vom Mittelalter zur Neuzeit tiefgreifende Veränderungen. Früher waren sie von Ost nach West gewandert, aus den stärker entwickelten Ländern in die rückständigeren, bis am Ende des 17. Jahrhunderts die große Mehrheit im Königreich Polen und im Osmanischen Reich konzentriert war. Dann kehrte sich die Richtung um; im 18. und 19. Jahrhundert begannen Juden von Ost nach West zu ziehen, den großen Wirtschafts- und Kulturzentren Europas und der Vereinigten Staaten entgegen ... Das politische und gesellschaftliche Denken Europas war nicht bereit, das Fortbestehen mittelalterlicher Korporationen hinzunehmen, was zumal für Gruppen wie die jüdische Gemeinschaft galt, die als ›verdächtig‹ angesehen wurden und der europäischen Mentalität unverständlich waren. Die Juden sahen sich nun einer fremden und zumeist feindlich gesinnten Umwelt gegenüber. Trotz der raschen Auflösung der historischen Formen der jüdischen Gesellschaftsstruktur brachte diese Epoche eine Verschärfung der antisemitischen Propaganda« (S. 890-891).

Was die Juden während dieser langen Jahrhunderte erfuhren, waren Wandlungen, Wanderungen, Verfolgungen, Feindschaft, welche ihren Höhepunkt fand im Versuch, sie als gesamtes Volk zu vernichten.[160]

160 Man sollte den von den Nationalsozialisten industriell organisierten und betriebenen Judenmord nicht »Holocaust« nennen (der zurückgeht auf eine amerikanische Fernsehserie, welche *Holocaust* hieß),

Der britische Bibelausleger William Kelly fasste in Vorträgen, die er um 1860 herum über den Propheten Daniel hielt, die damalige Lage des jüdischen Volkes wie folgt zusammen:

> »In unseren Tagen haben wir einen Krieg gesehen, der um diese Stadt … geführt wurde, und niemand kann sagen, wann weitere Kriege folgen werden. Die gleichen Elemente von Bränden und Kämpfen bestehen fort; die Frage ist nicht gelöst. Israel wird zur gegebenen Zeit für die Nationen werden wie Jona auf dem Schiff. Sie werden so lange keine Ruhe haben, sondern nur Stürme, wie sie sich einmischen in die Belange dieses Volkes, mit dem Jahwe eine Auseinandersetzung hat.«[161]

Juden in aller Welt hatten gehofft, dass sie endlich Ruhe von ihren Wanderungen und Anfeindungen finden würden, wenn sie ein eigenes Land hätten. Dieses haben sie seit dem Mai 1948. Doch seit der Staat Israel gegründet wurde, hat er mehrere Kriege mit seinen Nachbarn führen müssen, und er lebt bis heute in ständiger Auseinandersetzung mit seinen Nachbarn, und weder Ruhe noch Friede ist in Sicht.

> **27 Und er wird stark machen einen Bund mit den Vielen für eine Woche; doch zur Hälfte der Woche wird er aufhören lassen Schlachtopfer und Speisopfer. Und wegen der Beschirmung der Gräuel** kommt **ein Verwüster, und zwar bis Vernichtung und Festbeschlossenes über den verwüsteten** Ort **ausgegossen sind.**

Die letzte Woche ist von den vorangegangenen 69 Wochen getrennt. Die Sünde des Volkes, das den Messias verwarf, war groß; daher riss die Kette eine Woche bevor das Volk sein Ziel erreicht hatte. Doch damit ist Gottes Geschichte mit dem Volk Israel nicht beendet. Gott wird es gemäß der Botschaft, die er durch den Boten Gabriel an Daniel richtete, vollenden. Diese Botschaft mit ihrer exakt gegliederten Chronologie ist

denn dieses Wort ist dem griechischen Alten Testament entlehnt, wo es für das »Brandopfer« steht. Man bezeichne den Judenmord als das, was er war: *Schoa*, wie die Juden sagen, das heißt »Untergang«, »Verderben«; auf Schwedisch verwendet man ausschließlich das Wort *förintelsen* = »Vernichtung«.

161 Die Vorträge, die mitstenografiert worden waren, erschienen 1897, mit einem Vorwort von William Kelly versehen, unter dem Titel *Lectures on the Book of Daniel*, zitiert aus der Ausgabe von Bible Truth Publishers, Addison, Illinois, USA, S. 183.

nur dann sinnvoll und verständlich, wenn das Volk, das in den ersten 69 Wochen der Gegenstand von Gottes Handeln war, in der siebzigsten und letzten Woche wiederum zum Gegenstand von Gottes Handeln werden wird. Daniels Weissagung von den siebzig Wochen verbietet die in der Christenheit seit dem 5. Jahrhundert mehrheitlich herrschende Meinung, Israel sei durch die christliche Kirche ersetzt worden und habe als Nation keine Zukunft.

»Für eine Woche«, das ist die noch ausstehende siebzigste, **»wird er stark machen einen Bund mit den Vielen«**. Von diesem Bund spricht Jes 28,15, der dort *»ein Bund mit dem Tod ... ein Vertrag mit dem Scheol«* heißt, denn er soll vor Verderben und Tod schützen, doch er wird gerade das Gegenteil über das Volk bringen: *»... euer Bund mit dem Tod wird zunichtewerden, und euer Vertrag mit dem Scheol wird nicht bestehen: Wenn die überflutende Geißel hindurchfährt, werdet ihr von ihr zertreten werden«* (Jes 28,18).

Dieser *»er«*, der Israel den Bund anbietet und mit ihm schließt, ist der in V. 26 genannte *»kommende Fürst«*, der Fürst jenes Volkes, das im Jahr 70 den Tempel und die Stadt zerstörte. Er ist das Haupt des wiedererstandenen römischen Weltreiches, von dem wir in Offb 13 wiederum lesen. Wer sind *»die Vielen«*? Die große ungläubige Masse des Volkes, welche sich im Gegensatz zum gläubigen Überrest auf die Avancen und Versprechungen Roms einlassen werden und den in Jes 28,15.18 angekündigten Bund mit dem Tier aus dem Meer schließen. Hörte das Volk auf Gottes Gesetz, würde es diesen Bund nie eingehen, denn Gott hatte ihnen durch Mose wiederholt geboten, mit den Heiden und ihren Göttern keinen Bund zu schließen (2Mo 23,32; 5Mo 7,2). Waren sie bei allen Bündnissen mit den umliegenden heidnischen Völkern – Ägypten, Assur oder Syrien – nicht immer wieder zuschanden geworden, und hatten die Propheten sie nicht davor gewarnt, Hilfe bei den Mächtigen der Welt zu suchen anstatt bei ihrem Gott (Jes 31,1; Hos 10,4)? Und hatte nicht gerade der Psalm, der das Kommen des Messias besonders deutlich ankündigt, Israel Folgendes gelehrt?

> *»Besser sich bergen bei Jahwe als sich verlassen auf Menschen.*
> *Besser sich bergen bei Jahwe als sich verlassen auf Fürsten«*
> (Ps 118,8-9).

Was veranlasst das Volk in jener Zeit, dem falschen Messias, dem selbst ernannten König der Juden[162], zu folgen, der sie verleiten wird, dieses Bündnis einzugehen? In den letzten Tagen wird die Feindschaft gegen Israel immer größer werden. Mächtige Nationen werden sich gegen den Judenstaat wenden, und da wird Israel den Schutz nicht beim Gott Israels suchen, sondern wird Umschau halten nach einem starken Verbündeten, nach dem, der die stärkste Armee hat. Deshalb wollen sie die Warnungen der Propheten nicht hören; den Weheruf Jesajas schlagen sie in den Wind: *»Wehe denen, die nach Ägypten hinabziehen um Hilfe, die sich auf Pferde stützen und ihr Vertrauen auf Wagen setzen, weil es viele sind, und auf Reiter, weil sie zahlreich sind; und die nicht auf den Heiligen Israels schauen und nicht nach Jahwe fragen!«* (Jes 31,1).

In den letzten Tagen wird nicht wie einst Ägypten diese Macht sein, sondern das Tier aus dem Meer, und an dieses wird Israel sich hängen, womit es sich in unbeschreibliches Elend stürzt. Hörten sie nur auf Jesaja! *»... die Ägypter sind Menschen und nicht Gott, und ihre Pferde sind Fleisch und nicht Geist. Und Jahwe streckt seine Hand aus, und es strauchelt der Helfer, und es stürzt der, dem geholfen wird; und sie werden alle miteinander zunichte«* (Jes 31,3).

Zunächst scheint alles gut zu gehen; der Antichrist bringt eine Art äußere Ruhe (siehe Offb 6,1-2), sodass die Leute dann sagen »Friede und Sicherheit« (1Thes 5,1-2). Die Juden werden dann ihren ersehnten Tempel bauen und den alttestamentlichen Gottesdienst wieder aufnehmen können.

»doch zur Hälfte der Woche«: Diese *»eine Woche«* zerfällt in zwei Hälften. Wir haben bereits einmal im Buch Daniel im Zusammenhang mit dem letzten Herrscher des Römischen Reiches von einer Zeitspanne gelesen, welche gerade die Hälfte einer (Jahr-)Woche beschreibt (7,25). Auch im letzten Buch der Bibel findet sich wiederholt eine Zeitangabe, welche genau einer solchen Hälfte entspricht (Offb 11,2; 12,6.14; 13,5). Zur Halbzeit der letzten sieben Jahre wird der heidnische Fürst **»Schlachtopfer und Speisopfer aufhören lassen«**, womit er den mit Israel gemachten Bund bricht und damit tut, was David angekündigt hat: *»Er hat seine Hände ausgestreckt gegen die, die mit*

162 In 11,36 wird der Antichrist »der König« genannt, und der Herr sagt von ihm, dass er in seinem eigenen Namen kommen wird (Joh 5,43), also sich selbst ernennt.

ihm in Frieden waren; seinen Bund hat er gebrochen« (Ps 55,21; siehe auch Jes 33,8). Daraufhin wird er das Gleiche tun wie Jahrtausende zuvor Antiochos IV. (siehe 8,11-12). Das zeigt, dass der Syrerkönig in diesem besonderen Handeln eine Art Vorläufer des endzeitlichen *»kleinen Hornes«* ist. Und wie Antiochos wird das Tier den Tempel nicht zerstören, sondern entweihen, indem er wohl im Vorhof des Tempels sein eigenes Bild aufstellen lässt. Der Antichrist hingegen, der selbst ernannte König der Juden, wird sich in das Heiligtum selbst hineinsetzen und sich als Gott verehren lassen (2Thes 2,3-4). Das sind die **»Gräuel«**, **šiqquṣîm** (Mehrzahl), die in diesem Vers angekündigt werden. Das Wort **šiqqûṣ** steht im Alten Testament an vielen Stellen für heidnische Abgötter (z. B. 5Mo 29,16; 1Kö 11,5.7; Jes 66,3; Jer 4,1; Hes 5,11).

In der Mitte der Woche ist der Tag gekommen, von dem an das Tier keinen anderen Gottesdienst mehr dulden wird als die Anbetung seiner selbst und seines Freundes, des Antichrists. Diese Handlung des *»kommenden Fürsten«* leitet die zweite Hälfte der Woche ein, welche eine Zeit noch nie da gewesener Drangsal sein wird. In seiner Endzeitrede auf dem Ölberg hat der Herr das Aufstellen des Gräuelbildes, *»von dem durch Daniel, den Propheten, geredet ist«* (Mt 24,15), als ebendiesen Wendepunkt in den Geschehnissen der letzten Tage markiert. Mit ihm endet die Zeit des *»Anfangs der Wehen«* (Mt 24,8) und beginnt jene Zeit, welche die Zeit der größten Drangsal in der Geschichte der erwählten Nation sein wird (12,1; Mt 24,21; vgl. Jer 30,7).

Es kann nur etwas aufhören, was zuvor vorhanden gewesen ist: ein Tempeldienst mitsamt dazugehörenden Opfern. Seit der Zerstörung des Zweiten Tempels im Jahr 70 n. Chr. haben die Juden in allen Jahrhunderten ihrer Zerstreuung nie geopfert, denn ihre Scheu davor, irgendwo außer am von Gott erwählten Ort (siehe 3Mo 17,3-7; 5Mo 12,4-6) Schlachtopfer darzubringen, ist so groß gewesen, dass sie es nicht wagten – sosehr sie den Verlust empfunden und stets darunter gelitten haben, dass kein Blut zur Sühne ihrer Sünden fließen konnte. Jeder Jude weiß, dass es ohne Blutvergießen keine Vergebung gibt (Hebr 9,22). Nicht einmal die ins Land der Väter zurückgekehrten Juden wagen es, die im Gesetz gewiesenen Opfer zu bringen, denn am von Gott erwählten Ort, an dem der einzige Altar stand, auf dem man opfern durfte, steht kein Heiligtum und kein Altar. Wird aber hier von einem Opferdienst gesprochen, dann müssen wir daraus folgern, dass der

Tempel in Jerusalem wieder gebaut werden wird. Und in der Tat: Seit Jahren schon arbeiten gesetzestreue Juden auf den Tag hin, an dem der Tempelplatz geräumt wird und sie endlich ihr Heiligtum errichten und damit den ganzen von Mose gewiesenen Gottesdienst mit einem Hohenpriester, mit Leviten, Instrumenten, heiligen Geräten, Altar und Schlachtopfern beginnen können. Gott hat ihnen keine solche Weisung gegeben, doch Gott wird sie gewähren lassen. Dass er dieses ganze Haus verwirft, wird er damit zeigen, dass er es nach kurzer Zeit dem gräulichsten Götzendienst hingibt, der in Israel je geschehen ist. In diesem eigenmächtig errichteten Tempel wird man einen bloßen Menschen anbeten.

»wegen der Beschirmung«: **kânâph**, das wörtlich »Flügel« bedeutet, aber in der Bibel häufig steht für den Schutz, den der Gläubige findet, der sich bei Gott birgt (5Mo 32,11; Ruth 2,12; Ps 36,8; 91,4; siehe auch Mt 23,37). Israel sucht am Ende Schutz beim Menschen der Sünde und beim Tier statt bei Gott, und wegen dieser Treulosigkeit gegen Gott sendet er einen Verderber: **»Ein Verwüster kommt«**, wie auch Jeremia 6,22-23.26 ankündigt: *»Siehe, es kommt ein Volk aus dem Land des Nordens, ... gerüstet gegen dich, Tochter Zion, wie ein Mann zum Kampf. ... plötzlich wird der Verwüster über uns kommen.«* In 11,40 heißt er *»der König des Nordens«*; er wird in Israel einfallen an der Spitze einer großen Allianz von Armeen.[163]

Israel ist allen Menschen zur Warnung gesetzt (Hes 5,15), auch uns. Wie oft erliegen wir der Versuchung, Hilfe bei Menschen zu suchen statt beim Gott der Treue! Wir wollen uns am Beispiel Israels warnen lassen und lernen, uns immer enger beim Herrn, unserem Gott, zu bergen. Bei ihm allein sind wir gesichert, und unter seinem Schirm werden wir uns nicht fürchten, wenn auch Übeltäter sich nahen und unser Fleisch fressen wollen (Ps 27,1-3).

»bis Vernichtung und Festbeschlossenes über den verwüsteten Ort ausgegossen sind«: Das Wörtlein *»bis«* ist ein Trostwort. Das Verwüsten wird nicht länger dauern, als *»fest beschlossen«* ist. Gott lenkt auch alle Armeen, die gegen sein Volk aufmarschieren; er bestimmt, wie weit sie gehen und wie lange sie sein Volk niedertreten dürfen. Das bedeutet, dass die *»Drangsal für Jakob«* (Jer 30,7) nicht einen Tag länger dauern wird, als der Herr bestimmt hat. Er hat die Zeit auf 1260 Tage festgelegt, auf

163 siehe Auslegung zu 11,40.

dieses Maß *»verkürzt«*, wie er selber sagt, weil sonst kein Fleisch gerettet würde (Mt 24,22). Davor aber muss *»Festbeschlossenes … ausgegossen werden«*, müssen außer der Verwüstung, welche die heidnischen Armeen im Land anrichten, weitere von Gott verordneten Plagen **»über den verwüsteten Ort«**, über Stadt, Land und Volk kommen. Was das für Plagen sind, wird im Buch der Offenbarung angekündigt in den Posaunen- und Schalengerichten (Offb 8–9; 16).

Lehrreiches und Denkwürdiges zu Kapitel 9

V. 1-9 – »Die Verse 1-9 zeigen uns am Beispiel Daniels, in was für einer Gesinnung wir Prophetie studieren sollten: in einer Gesinnung der Demütigung und des Bekennens von Sünden unter dem Volk Gottes. Es gab eine Vorschrift, nach der der Priester, der jemandem half, ein Sündopfer darzubringen, davon essen musste (3Mo 6,19). Das zeigt uns vorbildlich, wie der Priester sich mit der Sünde einsmachte« (Werner Mücher, *Der Prophet Daniel*, S. 215).

Sprachliche Anmerkungen zu Kapitel 9

V. 1 – **»zum König eingesetzt wurde«**: im Hebräischen durch das bloße Verb in der Form **håmlak** ausgedrückt, ein Hofal des Verbums **mâlak**, »König sein«. Das Hofal ist das Passivum des Kausativstammes Hifil, **himlîk**, »zum König einsetzen«.

V. 23 – **»Vielgeliebter«**: **ḥamûdôt**, das wie ein Adjektiv verwendet wird für schöne Kleider (1Mo 27,15), für Geräte, die *»kostbar wie Gold«* sind (Esr 8,27), für erlesene Speise (10,3), für einen kostbaren und geliebten Menschen (10,11.19). **ḥamûdôt** ist ein Passivum des Verbs **ḥâmad**, *»begehren«* (2Mo 20,17); das Partizip Nifal **næḥmâd** bedeutet *»begehrenswert«* (1Mo 2,9; 3,6; Ps 19,11). Von **ḥâmad** wird das Abstraktum **ḥæmdâh** gebildet, »etwas Begehrtes«, »eine Kostbarkeit« (Hag 2,7), das auch ein hebräischer Frauenname ist.

V. 25 – **»sollst du … verstehen«**, **taskêl** (Imperfekt), das als Partizip im Plural **maskilîm** lautet, ist die Bezeichnung für »die Verständigen« in 11,33.

V. 27 – **»den verwüsteten Ort«**: **šômêm**, ein Aktivpartizip des Verbums **sâmam**, das Jantzen / Jettel zur Anmerkung veranlasst: »Das Wort ist wie Dan 8,13 aktiv aufzufassen.« Doch wird die aktive Form wiederholt in passivischem Sinn verwendet für eine Gegend oder eine Stadt, die verödet oder verwüstet ist, z.B. 9,18: *»unsere **Verwüstungen**«*; 1Mo 47,19: *»das Land **wird wüst**«*; Hes 12,19: *»ihr Land **verödet**«*; Jes 61,4: *»die **Verwüstungen** der Vorzeit«*; Kla 1,4: *»alle unsere Tore sind **verwüstet**«*; Kla 1,13: *»er hat mich zu **Verwüstetem** gemacht«*; Hes 36,4: *»**verwüstete** Trümmerstätten«*. C.F. Keil übersetzt daher: »sich ergießen über den Verwüsteten«, Schlachter 1951: »über die Verwüstung ergossen hat«, und Elberfelder 2003: »über das Verwüstete ausgegossen werden«.

Die meisten verstehen **šômêm** aktivisch wie Zunz: »sich ergießt über den Verwüster«; so auch Buber und Philippson; Rev Elb; Zürcher 2007.

Der **»Verwüster«**, **məšômêm**, den Gott der Gräuel wegen sendet, ist der König des Nordens, und von dem heißt es in 11,45 unbestimmt, dass er *»zu seinem Ende kommt«*. Wie dieses Ende kommt, präzisiert Jes 30,31: *»Assur wird vor der Stimme Jahwes zerschmettert«*, und Jes 31,8 sagt dazu: *»durch ein Schwert, nicht eines Mannes«*. Das heißt doch wohl, dass der König des Nordens nicht durch die Gewalt einer Armee, also nicht durch *»Festbeschlossenes, das ausgegossen wird«* umkommt. Damit ist deutlich gemacht, dass der Schluss des vorliegenden Verses nicht vom *»Verwüster«*, sondern vom *»Verwüsteten«* spricht, über welches militärische Zerstörung kommen wird. Fragen wir uns noch, warum Daniel für den **»Verwüster«** das Verb im Faktitivstamm *(Polel)* verwendet, während er für **»den verwüsteten Ort«** (oder »das Verwüstete«, wie Elberfelder 2003 übersetzt) den Grundstamm *(Qal)* verwendet. Der Grund kann nur der sein, dass er eben die erste Form als eindeutig aktiv markieren wollte, um so die zweite, die beides sein kann, als passiv zu kennzeichnen.

Daniels letztes Gesicht (Kapitel 10 – 12)

Das letzte Gesicht erstreckt sich über die drei letzten Kapitel des Buches. Es enthüllt den Fortgang und das Ende des Perserreiches (dessen Beginn Daniel wenige Jahre davor erlebt hatte), danach den Beginn und den Fortgang des griechischen Reiches. Dieses wird nicht bis zum Ende mitgeteilt, vielmehr schließt die Weissagung mit Antiochos IV. (11,21-35), der als Vorläufer des endzeitlichen Verwüsters Israels überleitet zu den Geschehnissen der letzten Tage, von denen 11,36-45 und das ganze 12. Kapitel handeln. Das dem griechischen folgende Römische Reich wird an zwei Stellen lediglich angedeutet, aber nicht mit Namen genannt (11,18.30). Doch wissen wir aus den Weissagungen von Kapitel 7 und den Berichten und Weissagungen des Neuen Testaments, dass dieses herrschte, als der Sohn Gottes auf die Erde kam, und dass es am Ende der Tage wieder da sein wird (Offb 13,1-5), in jener Zeit, die im letzten Abschnitt des Buches (11,36 – 12,13) behandelt wird.

Kapitel 10

1. **Daniels letztes Gesicht und seine Vorbereitung auf den Empfang desselben (10,1-3)**
2. **Der Menschensohn erscheint Daniel (10,4-9)**
3. **Gabriel kommt mit Gottes Botschaft zu Daniel (10,10-21)**

In diesem Kapitel wird uns die Erscheinung zuerst des Menschensohnes und dann des von Gott gesandten Boten und Auslegers beschrieben. Die Erscheinung des Menschensohnes dient der Vorbereitung auf den Empfang der darauffolgenden Mitteilungen. Lernen wir hier nicht einmal mehr, dass Gott uns nicht Wissen geben will, ohne uns zuerst Gottesfurcht beigebracht zu haben, und dass wir Gott nur so weit fürchten, als wir ihn erkennen? Die Erscheinung des Menschensohnes enthält viele Parallelen zu Offb 1,12-17. Wie Gottes Diener im Alten Testament, so musste Gottes Diener auch im Neuen Testament zuerst dem Herrn in seiner Hoheit und Heiligkeit begegnen, bevor ihm dieser seine Absichten enthüllte. Wann werden wir das begreifen?

Die Weissagung von Kapitel 10 ist darin außergewöhnlich, dass sie uns nicht nur die Zukunft enthüllt, die uns verborgen ist, sondern auch etwas Gegenwärtiges, das uns ebenso verborgen ist, nämlich wie Gott Engel verwendet in seinem Regiment über die Welt. Gottes Engel sind alle gesandt, seinen Willen zu tun (Ps 103,19-21), um Gottes Sache zu fördern und den Erretteten zu dienen (Hebr 1,14). Hier (und im Buch der Offenbarung) erfahren wir, dass Engel auch an Gottes Handeln an den Nationen teilhaben und dass gefallene Engel, denen große Macht gegeben ist, diese ihre Macht gegen Gott wenden und dessen Absichten mit den Völkern und mit dem Volk Gottes zu hintertreiben suchen (10,13.20-21; Eph 6,12; Offb 12,7).

1. Daniels letztes Gesicht und seine Vorbereitung auf den Empfang desselben (10,1-3)

Das Gesicht wurde Daniel im 3. Jahr des Königs Kores gegeben, also im Jahr 535 v. Chr., gerade 70 Jahre nachdem Babylon Assur erniedrigt und damit Herrin des Vorderen Orients geworden war. Inzwischen war Babylon erniedrigt, und die Perser herrschten über den ganzen Vorderen Orient, und deren Herrschaft über die Juden würde dreimal so lange dauern wie die babylonische, nämlich bis ins Jahr 332 v. Chr. Und darauf sollten die Griechen, die das Perserreich zerschlugen, fast dreihundert Jahre über die Juden herrschen, bis die Römer im Jahr 30 v. Chr. die letzten Reste des noch übrig gebliebenen griechischen Weltreiches zertrümmerten. Unter der Herrschaft Roms wurden Juda und Jerusalem verwüstet und die Juden aus dem Land vertrieben, um danach in einem fast zweitausendjährigen Exil heimatlos zu sein.

> **1 Im dritten Jahr des Kores, des Königs von Persien, wurde Daniel, welcher Beltsazar genannt wird, ein Wort offenbart, und das Wort ist Wahrheit und betrifft große Mühsal; und er verstand das Wort und bekam Verständnis über die Erscheinung.**

»Im dritten Jahr des Kores … wurde Daniel … ein Wort offenbart«: Man beachte, wie Daniel hier von sich in der 3. Person spricht, während er in V. 2 wieder wie stets seit Beginn des Kapitels 7 die 1. Person verwendet. Das hebt den V. 1 ab vom Nachfolgenden und zeigt, dass er als eine Art Überschrift über die ganzen Kapitel 10 bis 12 steht. Und er nimmt in diesem Vers mit wenigen Worten vorweg, was der Inhalt des Gesichts ist, das von V. 4 an beschrieben wird: Es wird eine **»große Mühsal«** über sein Volk kommen. In V. 2 spricht Daniel von sich wieder in der 1. Person, und von da an berichtet er in zeitlicher Abfolge zuerst von seiner persönlichen Vorgeschichte zur Erscheinung des Menschensohnes (V. 2-3), dann schildert er die Erscheinung selbst (V. 4-9) und schließlich die vom Erzengel Gabriel dazu gegebenen Erklärungen (von V. 10 an).

Daniel wurde eine *»große Mühsal«*, **ṣâbâ**ʾ (das Wort steht auch in Jes 40,2; Hi 7,1; 10,17; 14,14), offenbart. Dem Volk, das jetzt aufleben durfte, stand noch weit Schlimmeres bevor, als ihnen in den knapp siebzig Jahren Exil widerfahren war: Ein kommender *»großer Krieg«*, wie man das Wort **ṣâbâ᾽** auch übersetzen kann (vgl. 4Mo 31,36)[164], würde im 2. Jahrhundert v. Chr. viele Gottesfürchtige dahinraffen (in den Makkabäerkriegen; siehe 11,33). Aber diese Mühsal würde noch übertroffen werden durch einen Krieg der Juden gegen die Römer, von denen auch unser Herr in einem Gleichnis und in Weissagungen spricht (Mt 23,38; 24,2; Lk 19,43-44; 21,20-24). Doch die wirklich große Not sollte erst unter der von 11,36 an beschriebenen Regierung des Antichrists beginnen. Dann würde eine so große Not erstehen, wie ihresgleichen vorher nie gewesen ist und von welcher der Herr in Mt 24,21 sagt, dass ihresgleichen auch nie mehr sein wird. Es ist die Zeit, die Jeremia als *»eine Zeit der Drangsal für Jakob«* (Jer 30,7) und Johannes als *»die große Drangsal«* (Offb 7,14) bezeichnet.

Und schließlich nimmt Daniel in dieser Überschrift schon vorweg: **»… er verstand das Wort und bekam Verständnis über die Erscheinung«**, **mar᾽æh** (wie in V. 6.18; 8,15.16.26.27; 9,23).

2 In jenen Tagen war ich, Daniel, ein Trauernder drei volle Wochen.
3 Erlesene Speise aß ich nicht, weder Fleisch noch Wein kam in meinen Mund; und mit Salbe salbte ich mich nicht, bis drei Wochen voll waren.

»In jenen Tagen«, nämlich irgendwann im *»dritten Jahr des Kores«*, **»war ich, Daniel, ein Trauernder«**, **mit᾽abbêl**. Er trauerte, wie man trauert über einen Toten (wie in 1Mo 37,34), über eigene oder fremde Sünde (1Sam 15,35; 16,1), über göttliches Gericht (2Mo 33,4).

Im *ersten* Jahr des Kores (538 v. Chr.) hatte Daniel die Offenbarung von den siebzig Wochen empfangen, und in jenem Jahr hatte der Perserkönig allen Juden die Freiheit ausgerufen. Wer wollte, konnte in die Heimat zurückzukehren (Esr 1,1). Das war eine freudige Angelegenheit gewesen, und die Heimkehrer hatten gejubelt (Ps 126). Doch inzwischen konnte Daniel sich nicht freuen. Was war geschehen? Zwei Dinge: Daniel muss aus Jerusalem Nachrichten bekommen haben vom Widerstand der

164 Elberfelder übersetzt »zum Heer«; Schlachter 2000 »ins Feld«; Revidierte Elberfelder »zum Heeresdienst«.

Feinde der Juden gegen den Bau des Hauses Gottes (siehe Esra 4 und 5). Und dazu kommt, dass Daniel wusste, dass das Heiligtum, das die Juden trotz Widerstand wieder aufbauen würden, entweiht werden sollte (siehe 8,11). Und dieses Wissen begann ihn immer mehr zu bekümmern. Denn er muss verstanden haben, dass Gott das nur würde geschehen lassen, wenn das Volk vom Weg abgewichen war. Und das bedeutete, dass Gott den Frevel am Heiligtum als ein Gericht über sein abgefallenes Volk senden würde. Und schließlich: Daniel hatte aus der ihm in 9,24-27 gegebenen Offenbarung noch mehr erfahren als in der Weissagung von Kapitel 8: Sein Volk, das in die heilige Stadt zurückgekehrt war und diese samt Heiligtum wieder aufbauen würde, sollte danach das ungeheuerliche Verbrechen begehen, den Gesalbten Gottes zum Tod zu verurteilen und hinrichten zu lassen (9,26). Das Nachdenken über diese Missetat drückte ihn dergestalt, dass er **»erlesene**[165] **Speise nicht aß«** und **»weder Fleisch noch Wein in [s]einen Mund kam«**, und er **»salbte ... [s]ich nicht, bis drei Wochen voll waren«**. Die Zeit des Fastens und Betens (siehe unten V. 12) wurde damit beendet, dass ihm der Menschensohn erschien.

Dass Daniel durch die Weissagung von Kapitel 8 in dieser Weise gedrängt wurde, sich vor Gott zu demütigen und für sein Volk zu beten, zeigt uns, dass Daniel Prophetie ganz anders auffasste, als wir es meist tun. Sie war ihm nicht ein Feld, das seinem Verstand lediglich die aufregende Aufgabe bot, alle von Gott offenbarten Einzelinformationen zur Zukunft seines Volkes in rechte Beziehung zueinander zu setzen und die entsprechenden Schlüsse zu ziehen. Alle Enthüllungen über die Zukunft der Gemeinde, Israels und der Nationen wollen uns zu einem Leben der Heiligung treiben und uns drängen, uns wegen unserer zahlreichen Mängel zu demütigen und um Gnade und Veränderung zu flehen. Geschieht das nicht, haben sie das vielleicht Entscheidende an uns nicht erreicht.

165 zu »erlesene« siehe sprachliche Anmerkung zu 9,23.

2. Der Menschensohn erscheint Daniel (10,4-9)

4 Und am vierundzwanzigsten Tag des ersten Monats, da war ich am Ufer des großen Stromes, das ist der Hiddekel.

Der **»erste Monat«** des Jahres (siehe 2Mo 12,2) ist der *Nisan*, wie die Juden seit der Zeit des Exils den Passahmonat *Abib* (2Mo 13,4; 23,15) nannten (siehe Neh 2,1; Est 3,7). **»Am vierundzwanzigsten Tag des ersten Monats«** bekam Daniel Gottes Antwort auf sein Flehen, mit dem er am 3. Nisan angefangen hatte. Das Passah mit anschließendem Fest der ungesäuerten Brote dauerte vom 14. bis 21. Nisan; Daniel hatte also die Tage des Passahfestes, die Tage der Erinnerung an die große Befreiung aus Ägypten, in Trauer und Fasten verbracht. Wir können sagen, dass er das tat, wofür die *»bitteren Kräuter«* (2Mo 12,8) stehen, die man mit dem Passahlamm essen sollte.

»Ich war am Ufer des … Hiddekel«, das ist der Tigris, der mit Namen nur hier und in 1Mo 2,14 erwähnt wird und damit an den Garten Eden erinnert. Wie im Gesicht von dem Widder und dem Ziegenbock steht Daniel an einem Fluss (8,2), der in sinnfälliger Weise hindeutet auf den Strom der Geschichte, in welcher die Weltreiche aufkommen und untergehen. Dass Daniel sich nicht im Gesicht dort sah, sondern tatsächlich am Ufer des Flusses stand, zeigt V. 7: Männer waren mit ihm, als mit einem Mal der Menschensohn ihm erschien. Der *»Hiddekel«* kommt in 12,5-6 wieder vor (wird aber nicht so genannt). Der Mann, den Daniel dort über dem Strom wird stehen sehen, kam hier zu ihm am Ufer des Flusses. Auch Daniels Zeitgenosse Hesekiel empfing ein Gesicht, als er an einem Fluss war (Hes 1,3).

5 Und ich erhob meine Augen und sah: Und siehe, ein Mann, gekleidet in Leinen, und seine Lenden waren umgürtet mit Gold von Uphas;
6 und sein Leib war wie ein Chrysolith und sein Angesicht wie das Aufscheinen des Blitzes und seine Augen wie Feuerfackeln und seine Arme und die Gegend seiner Füße wie der Anblick von flüssigem Kupfer und die Stimme seiner Worte wie der Schall einer Menge.

Daniel **»erhob [s]eine Augen«**, d.h. er schaute auf, und da war **»ein Mann«**, **ʾîš**, nicht lediglich etwas *»wie das Aussehen eines Mannes«*, was von Gabriel in 8,15 gesagt wird. Es ist wirklich ein Mann, und dieser ist **»gekleidet in Leinen«**, im Gewand, das der Hohepriester anhatte am Tag der Sühnungen (3Mo 16,4), ein Gewand, das ihn seinen Söhnen gleichmachte (2Mo 28,40-43). Unser Herr wurde in allem den Kindern Gottes, den Brüdern, gleich, damit er ein barmherziger und treuer Hoherpriester sein möchte (Hebr 2,17-18). So will das Leinen daran erinnern, dass der Sohn Gottes als Mensch, als *»ein Mann«*, **ʾîš**, zu uns Menschen kam.[166] (Gabriel hingegen kam in 8,15 in der Gestalt wie eines **gæbær**, eines »Starken«.) Wie der Hohepriester ist er **»umgürtet«**, doch nicht wie jener mit einem *»Gürtel in Buntwirkerarbeit«* (2Mo 28,39), sondern **»mit Gold von Uphas«**. Als der Menschensohn Johannes erschien, war er ebenfalls mit einem goldenen Gürtel umgürtet (Offb 1,13).

Der **»Chrysolith«**, **taršîš**, ist ein Edelstein, der sich auf dem Brustschild des Hohenpriesters fand (2Mo 28,20; 39,13; er wird noch erwähnt in Hes 1,16; 10,9; 28,13; Hl 5,14). In Hes 28,13 wird vom Tarschisch gesagt, dass er im Garten Eden zu finden war, also in dieser Welt, als sie noch von der Sünde unberührt war. Der Herr wurde den Brüdern gleich in ihrem Menschsein, doch nicht in ihrer Sünde (siehe Hebr 4,15). Und der Chrysolith gehört auch zu den Edelsteinen, welche die Mauer des himmlischen Jerusalem schmücken (Offb 21,20). Das bedeutet, dass der Mensch Jesus *»der Himmlische«* (1Kor 15,48-49) blieb, auch als er Mensch wurde. Obwohl der Herr dem Daniel als der barmherzige Priester erscheint, ist er gleichzeitig der Heilige. Er ist Licht (siehe Joh 1,9; 1Jo 1,5): **»Sein Angesicht«** war **»wie das Aufscheinen – marʾæh – des Blitzes«**, d.h. dass es erstrahlte im blendend weißen Licht des Blitzes, das menschliche Augen nicht ertragen. Gott nennt das Schwert seines Gerichts seinen Blitz (5Mo 32,41[167]). Sein Wort stellt blitzartig alles Böse des Menschen ins Licht, und darauf folgt unmittelbar das Gericht. Er entsendet seinen Blitz und zerstreut seine Feinde (vgl. Ps 144,6). Die alles sehenden **»Augen«** des Menschensohnes waren **»wie Feuerfackeln«**. Er, der alle Sünde in seinem Volk sieht, wird diese ausschmelzen, wie man Silber und Gold von allem Unreinen durch Feuer reinigt (vgl. Jes 48,10; Mal 3,2).

166 Jesus wird im Neuen Testament sowohl »Mensch«, ανθρωπσς, *anthrōpos* (1Tim 2,5), als auch »Mann«, ανηρ, *anēr* (Apg 17,31), genannt.

167 wörtl. »das Schwert meines Blitzes«, das mit »mein blitzendes Schwert« gut übersetzt ist.

Feuer des Leidens wird Gott über sein Volk bringen müssen, damit es am Ende der Tage zu Buße, Umkehr und Glauben kommt (Sach 13,9).

»Seine Arme und die Gegend seiner Füße«, margəlôt, waren **»wie der Anblick – ʿên – von flüssigem Kupfer«**, d.h. von Kupfer, das im Ofen geschmolzen ist. Johannes sah die Füße des Menschensohnes *»wie glänzendes Kupfer, als glühten sie im Ofen«* (Offb 1,15). Der lebendige Gott ist, wenn er mit Sünde und Sündern zu tun hat, *»ein verzehrendes Feuer«* (Hebr 12,29). Wenn er erscheint, wird er *»in seinem Zorn heimzahlen in Glut«* (Jes 66,15; siehe oben Dan 7,9-10); er *»verschlingt [seine Feinde] in seinem Zorn, und Feuer verzehrt sie«* (Ps 21,10; siehe auch Mal 3,19; 2Thes 1,8). Mit seinen Füßen wird der Heilige die Gottlosen in der Kelter des Zornes Gottes zertreten (Offb 14,19-20; 19,15). Habakuk weissagt: *»Im Grimm durchschreitest du die Erde, im Zorn stampfst du die Nationen«* (Hab 3,12).

Der Arm und damit die Hand des Herrn ist die Kraft des Herrn, wenn er Heil wirkt (Jes 53,1; 2Mo 6,6; 13,3; Ps 44,4), und sein Arm und seine Hand gehen aus im Zorn, um Sünde und Sünder zu richten (5Mo 4,34; Hi 40,9-11; Ps 89,11; Jes 5,25; 9,11.16.20; 10,4; 14,26-27). Die Füße des Herrn nehmen in Besitz (Sach 14,3-4; Offb 10,1-3) und treten im Zorn alles und alle nieder, die gegen ihn aufstehen.

»Die Stimme seiner Worte [war] wie der Schall einer Menge«, wie tosende Wassermassen (Offb 1,15), d.h. von unwiderstehlicher Macht (Ps 29,4). Es ist die Stimme des ewigen *Logos*, durch den er die Welten ins Dasein rief (Joh 1,1-3).

Was Daniel sieht, entspricht der Erscheinung, die Hesekiel beschreibt in Hes 1,26-27. Zu dieser Erscheinung gehörten auch *»das Aussehen eines Saphirs«*, also eines Edelsteins, das *»Aussehen eines Menschen«* und *»glänzendes Metall wie das Aussehen von Feuer«*. Und von diesem allen sagt Hesekiel: *»Das war die Erscheinung* – **marʾæh** – *des Bildes der Herrlichkeit Jahwes«* (Hes 1,28). Ähnlich wie Daniel, der die Stimme des Herrn selbst vernahm wie den *»Schall einer Menge«*, vernimmt Hesekiel das Rauschen der Flügel der Cherubim *»wie das Rauschen großer Wasser«*, und dieses war *»wie die Stimme des Allmächtigen, das Rauschen eines Getümmels«* (Hes 1,24).

Und schließlich finden wir in Offenbarung 1 die Bestätigung, dass dem Daniel am Fluss Hiddekel der Menschensohn erschien, den er bereits im Gesicht gesehen hatte (7,13-14). Er ist der Gleiche, der sich etwa

600 Jahre später dem Apostel Johannes offenbarte (Offb 1,13): Dieser trägt das lange, bis zu den Füßen reichende Gewand (Offb 1,13), und er ist umgürtet mit Gold (Offb 1,13), seine Augen sind wie eine Feuerflamme (Offb 1,14), seine Füße sind gleich glänzendem Kupfer (Offb 1,15), seine Stimme ist wie das Tosen gewaltiger Wassermassen (Offb 1,15).

7 Und ich, Daniel, allein sah die Erscheinung; die Männer aber, die bei mir waren, sahen die Erscheinung nicht; doch ein großer Schrecken fiel auf sie, und sie flohen und verbargen sich.

»Und ich, Daniel allein sah die Erscheinung«, **mar**ᵓ**âh** (wie V. 8.16), die Männer, die bei ihm waren, **»sahen die Erscheinung nicht«** (vgl. Apg 9,7), **»doch ein großer Schrecken fiel auf sie«**. Der Heilige Gottes sieht, was nicht alle sehen. Er sieht in der Heiligen Schrift den Sohn Gottes; er sieht im Walten der Geschichte und in seinem eigenen Leben die Hand Gottes. Und in den Kriegen der Völker gewahrt er, gelehrt durch die Heilige Schrift und erleuchtet durch den Heiligen Geist, die Schritte des Allmächtigen. Die ungläubigen Menschen werden in der Zeit der kommenden großen Drangsal nur Angst, aber anders als die Knechte Gottes kein Licht haben. Daniels Begleiter **»flohen und verbargen sich«**. In den letzten Tagen *»werden Zeichen an Sonne und Mond und Sternen sein«*, und ein *»Tosen und Wogen des Meeres«*. Angesichts der Kriege unter den Nationen werden die Menschen *»vergehen vor Furcht und Erwartung der Dinge, die über den Erdkreis kommen«* (Lk 21,25-26). Wenn der Herr anfängt, auf diese Weise *»die Erde zu schrecken«* (Jes 2,19), blitzt den Menschen mit einem Mal das Bewusstsein vom Zorn Gottes auf, aber sie haben kein Licht über Gottes Zorn und Gericht, sondern nur namenlose Angst. Und sie werden sich in die Höhlen und die Felsen der Berge verkriechen (Offb 6,15).

8 Und ich blieb übrig, ich allein, und sah diese große Erscheinung; und keine Kraft blieb in mir übrig, und meine Gesichtsfarbe verwandelte sich an mir bis zum Vergehen, und ich behielt keine Kraft.
9 Und ich hörte die Stimme seiner Worte; und als ich die Stimme seiner Worte hörte, sank ich betäubt auf mein Angesicht, mit meinem Angesicht zur Erde.

Als Daniel **»diese große Erscheinung – mar'âh – sah«**, blieb er **»übrig«**, er allein. Daniel ist allein mit seinem Herrn, wie einst Erzvater Jakob allein blieb in jener Nacht, in der sein Gott ihn niederringen musste (1Mo 32,23-29), um ihm zu zeigen, dass er vor Gott ganz hilflos war. Auch Daniel musste eine solche Begegnung mit seinem Gott haben und erfahren, dass ihm vor Gott **»keine Kraft übrig blieb«** (siehe auch V. 16-17; vgl. Hab 3,16). An seinem eigenen Leib erfährt er hier als Prophet, was seinem Volk am Ende der Tage widerfahren muss: Dessen Kraft muss ihm ganz genommen, sie muss zerschmettert werden (12,7), ehe es sich selbst und damit auch seinen Gott erkennen kann. Gott muss auch mit uns so verfahren. Wir müssen zuerst ans Ende aller eigenen Kräfte kommen (2Kor 1,8-10), bis wir empfinden, dass in uns keine Kraft ist und wir auf diese Weise lernen, dass wir nur stark sind, wenn wir schwach sind (2Kor 12,10).

»meine Gesichtsfarbe verwandelte sich an mir bis zum Vergehen«, **ʿad mašḥît**, wörtlich *»zum Verderben«* (wie in 2Mo 12,13; Hes 5,16). Ähnlich war es Daniel bereits ergangen, nachdem der von Gott gesandte Bote ihm das Gesicht in Kapitel 7 ausgelegt hatte (7,28).

Nachdem Daniel schon vom Anblick des Herrn überwältigt worden war, sinkt er jetzt, da er **»die Stimme seiner Worte hörte«**, **»betäubt auf [s]ein Angesicht«**. Johannes erging es ähnlich, als er auf der Insel Patmos war: Als er die Herrlichkeit des Menschensohnes sah und dessen Stimme hörte, fiel er zu dessen Füßen nieder wie tot (Offb 1,17).

Diese Erscheinung war die Antwort auf Daniels dreiwöchiges Beten und Fasten. Der Kummer über sein Volk hatte ihn zum Beten gedrängt, und nun erscheint ihm der Herr in seiner Heiligkeit. Daniel erkennt in dessen Licht sich selbst in einer Klarheit, in der er sich noch nie gesehen hatte. Er bricht unter der Last der Sündenerkenntnis zusammen. Das musste sein; erst diese Erkenntnis machte ihn tüchtig, seinem sündigen Volk zu dienen. Das Gleiche musste auch Mose erfahren. Eines Tages stellte ihm Gott seine verborgenen Sünden vor das Licht seines Angesichts (Ps 90,8). Mose waren seine eigene Sündhaftigkeit und damit auch unzählige seiner Sünden lange verborgen geblieben, bis Gott ihn vor sich stellte, und damit machte er Mose tüchtig, der Mittler und Lehrer eines sündigen Volkes zu sein. Auch der Hohepriester musste lernen, *»Nachsicht mit den Unwissenden und Irrenden«* zu haben, und das lernte er, indem Gott ihm zeigte, dass er selbst voller Sünde war (Hebr 5,1-3).

Wir sollen daraus lernen, dass wir die uns in der Bibel gegebenen Weissagungen nur in dem Maß recht verstehen und damit auf uns selbst anwenden können, in welchem wir etwas von der Heiligkeit, Macht und Gnade Gottes erkannt und in diesem Licht unsere Sündhaftigkeit gesehen haben. Erst wenn wir in dieser Weise gedemütigt worden sind, können wir rechte Diener im Volk Gottes sein.

Daniel **»hörte die Stimme seiner Worte«**, doch was diese Worte waren, erfahren wir erst im nächsten Abschnitt aus dem Mund Gabriels.

3. Gabriel kommt mit Gottes Botschaft zu Daniel (10,10-21)

In diesem Abschnitt wird uns Einblick gewährt in die himmlische Welt, in der heilige Engel Gottes und Engel der Finsternis darum ringen, wer auf die irdischen Könige und deren Reiche den bestimmenden Einfluss ausüben kann. Daran entscheidet sich, ob ein Reich sich den Heilsabsichten Gottes entgegenstemmt oder sie fördert. Wir sollen an diesem Text lernen, dass über dieser Welt und ihrer Geschichte die Welt der Geister steht, auf welche die Bibel an vielen Stellen verweist. Gott verwendet in seinem Regiment die Engel, die seine Befehle ausführen. Und da sind auch Engel, die Gottes Willen und Wegen trotzen und doch beitragen müssen zur Erfüllung seiner Absichten mit den Menschen und insbesondere mit seinem Volk. Wir denken an Stellen wie Hiob 1,7; 2,1; 1Sam 16,14-23; 1Kö 22,19-23; Lk 4,6; Joh 12,31; Apg 13,6-12; 1Kor 10,20; 2Kor 4,4; Eph 6,12; 1Thes 2,18; 2Thes 2,9; 1Tim 4,1-3; Offb 12,7-12.

> **10 Und siehe, eine Hand rührte mich an und rüttelte mich hoch auf meine Knie und Handflächen.**
> **11 Und er sagte zu mir: Daniel, du vielgeliebter Mann! Merke auf die Worte, die ich zu dir rede, und stehe auf deiner Stelle; denn ich bin jetzt zu dir gesandt. Und als er dieses Wort zu mir redete, stand ich zitternd auf.**

»eine Hand rührte mich an«: wie in 8,18. Das ist wohl nicht die Hand dessen, der Daniel erschienen war, sondern wahrscheinlich Gabriel. Was spricht dafür, dass hier ein Engel handelt und dann redet? In den

Versen 5-9 werden, wo es um den Herrn selbst geht, der Leib, das Angesicht, die Augen, die Arme, die Füße, die Stimme der Worte stets mit dem Possessivpronomen näher bestimmt: *»sein Leib«*, *»sein Angesicht«*, *»seine Augen«*, *»seine Arme«*, *»seine Füße«*, *»die Stimme seiner Worte«*. In V. 10 steht jedoch nur *»eine Hand«*. Es ist nicht »seine Hand«, sondern eine Hand, von der wir nicht wissen, wem sie gehört. Erst weiter unten verstehen wir, dass sie Gabriel gehört, der von V. 11 an zu Daniel spricht.

Der Engel berührt Daniel selbstverständlich nur, weil der Herr es ihm befohlen hat, denn Engel sind die *»Täter seines Wortes«*, die Ausführenden *»seines Wohlgefallens«* (Ps 103,20-21). Die Berührung durch diese Hand gibt Daniel die von Gott stammende Kraft, auf seine Knie und Hände emporzuwanken. Dann sagt diese Person zu ihm: **»Daniel, du vielgeliebter**[168] **Mann!«** In 9,23 hatte Gabriel zu ihm gesagt: *»... du bist ein Vielgeliebter«*, womit er bezeugte, dass der Herr im Himmel ihn liebte. Das scheint ein Hinweis darauf zu sein, dass auch hier Gabriel spricht. Das Wissen, dass Daniel von Gott geliebt ist, stärkt ihn, die Aufforderung des Engels zu befolgen: **»Merke auf die Worte, die ich zu dir rede, und stehe auf deiner Stelle ...«** Und schließlich sagt diese Person von sich: **»... denn ich bin jetzt zu dir«**, zu Daniel, **»gesandt«**. Die Worte, die Gott seinem Boten aufgetragen hat, haben die Kraft, das zu wirken, was Gott will. Daniel **»stand ... auf«**. Es erging Daniel wie seinem Zeitgenossen Hesekiel. Auch dieser war vor der Offenbarung der Herrlichkeit und Macht Gottes niedergefallen (Hes 1,28), und auch er stand auf, als Gott es ihm befahl (Hes 2,1-2). Einzig Gottes Wort hat die Macht, das zu wirken, was es sagt. Er befiehlt uns etwas, und das Befehlswort trägt in sich die Kraft, das Befohlene zu wirken in dem, der ihm glaubt.

12 Und er sagte zu mir: Fürchte dich nicht, Daniel! Denn von dem ersten Tag an, da du dein Herz darauf richtetest, Verständnis zu erlangen und dich zu demütigen vor deinem Gott, wurden deine Worte erhört; und ich bin auf deine Worte hin gekommen.

168 zu »vielgeliebter« siehe sprachliche Anmerkung zu 9,23.

Daniel war durch die Erscheinung des Herrn von Furcht erfüllt worden. Nun befiehlt Gabriel: **»Fürchte dich nicht …!«**, und damit weicht die Furcht. Daniel steht und kann alles, was dieser sagt, hören, aufnehmen und später aufschreiben.

»von dem ersten Tag an, da du dein Herz darauf richtetest, Verständnis zu erlangen und dich zu demütigen vor deinem Gott, wurden deine Worte erhört«: Wir lernen hier vier wichtige Wahrheiten über Gebet:

1. Gott erhört uns, wenn wir etwas nach seinem Willen erbeten (1Jo 5,14). Daniel betete nach Gottes Willen, denn er wusste, dass Gott will, dass sein Volk von der Sünde gereinigt und befreit werde und zu einer bleibenden Gerechtigkeit gelange (9,24).
2. Wir müssen unser Herz auf das richten, worum wir beten, d. h. dass wir mit Glauben beten müssen, wie der Herr uns lehrte (Mk 11,24) und Jakobus unterstreicht (Jak 1,6-8). Das ist das Gleiche, wie mit Ernst zu beten, wie ebenfalls Jakobus sagt (Jak 5,16-17), und das wiederum bedeutet, dass wir zudringlich beten (Lk 11,5-8), dass wir im Gebet ausharren und nicht ermatten (Lk 18,1-8).
3. Wir müssen uns vor Gott demütigen (siehe 9,3.20; 10,2-3), vor ihm die Knie beugen (Eph 3,14), d. h. anerkennen, dass wir unwürdig sind, etwas von ihm zu erbeten, dass wir ganz arm sind, nichts haben und nichts vermögen (vgl. Mt 5,3), dass wir vollständig auf Gottes Gnade angewiesen sind.
4. Gott erhört unsere Bitten, bereits während wir beten. Wann das Erbetene, das Gott schon angenommen hat (Mk 11,24), eintrifft, bestimmt er.

13 Und der Fürst des Königreichs Persien stand mir entgegen 21 Tage; doch siehe, Michael, einer der ersten Fürsten, kam, um mir zu helfen, und ich bekam die Oberhand dort bei den Königen von Persien.

»der Fürst des Königreichs Persien stand mir entgegen«: Mit diesem Fürsten kann nicht der Perserkönig Kores gemeint sein, denn dieser heißt *»König«*, nicht *»Fürst«*. Und dass ein bloßer Mensch einem Erzengel so lange hätte entgegenstehen und ihn aufhalten können, ist nicht denkbar. Wenn der Engel Michael als **»einer der ersten Fürsten«** bezeichnet wird, dann verstehen wir, dass im vorliegenden Zusammenhang der *»Fürst«* des Königreichs Persien eine Geistesmacht, ein Dämon, ein gefallener Engel sein muss. In 1Kor 10,20 heißt es: *»... was die Nationen opfern, opfern sie den Dämonen ...«*. Den die Perser in ihrem Kult verehrten, war der Dämon Persiens, ein Fürst der Finsternis, eine geistliche Macht der Bosheit (Eph 6,12).

Dass dieser dem von Gott gesandten Engel widersteht, zeigt eben, dass er ein böser Engel ist, einer der *»Weltbeherrscher dieser Finsternis«* (Eph 6,12). Und so, wie da ein *»Fürst des Königreichs Persien«* war, so vernehmen wir in V. 20, dass *»der Fürst von Griechenland«* kommen wird. Hinter der irdischen Macht der Weltreiche, von denen die Kapitel 2; 7; 8 und 11 sprechen, stehen in der Himmelswelt entsprechende dämonische Fürsten. Jesus nennt den Satan *»Fürst dieser Welt«* (Joh 12,31). Diesem ist laut Lukas 4,6 die Gewalt übergeben worden, Macht über irdische Reiche zu verleihen.

Da ist eine riesige Heerschar von gefallenen Engeln, die Gottes Absichten mit den Völkern, besonders mit dem Volk Gottes und dazu auch mit den einzelnen Erlösten, widerstehen. Aus Röm 8,38 schließen wir, dass Engel und Fürstentümer die Geliebten Gottes von der Liebe Gottes in Christus Jesus zu scheiden suchen (jedoch nicht vermögen). Hier tritt ein Fürst der Finsternis dem von Gott an Daniel gesandten Boten entgegen, um ihn daran zu hindern, diesem Verständnis zu geben über die Zukunft des Volkes Gottes (V. 14). Wenn ihm das gelungen wäre, hätte der Überrest, der *»heilige Same«* aus Israel (Jes 6,13), für die schweren Tage der auf Daniel folgenden Jahrhunderte und vor allem für die alles entscheidenden letzten Jahre vor der Erfüllung ihrer Berufung kein Licht gehabt, das dieser unbedingt benötigte und benötigen wird, um im Kampf bestehen zu können.

Die **»21 Tage«**, die der König von Persien dem himmlischen Boten widerstand, sind gerade die drei Wochen, die Daniel betete und fastete (V. 2-3). Erst als **»Michael ... kam«**, um Gabriel zu helfen, hatte dieser **»die Oberhand«**. Der Name Michael bedeutet: »Wer ist wie Gott?« Er ist *»einer der ersten Fürsten«*, und das bedeutet, dass es unter den Myriaden von Engeln mehrere Fürsten gibt und unter den Fürsten solche, die als »Erste« bezeichnet werden. In 12,1 heißt Michael *»der große Fürst«*, in Jud 9 *»Erzengel«*. All das besagt, dass jeder Engel in einer festen Ordnung, innerhalb einer Hierarchie, seinen von Gott gewiesenen Platz hat. Hier wird Michael zum ersten Mal in der Bibel genannt. In V. 21 heißt er *»euer«*, d. h. Israels Fürst, und in 12,1 wird von Michael gesagt, dass er *»für die Kinder deines Volkes steht«*. In Jud 9 vernehmen wir, dass er mit dem Teufel ein Wortgefecht führte um den Leib des Gesetzgebers Israels. Auch das war ein Einsatz zum Wohl des Volkes Israel; denn wenn es dem Teufel gelungen wäre, den Erzengel daran zu hindern, den Leichnam Moses an einem unbekannten Ort zu begraben[169], hätte das Volk gewiss schon in der ersten Generation nach Mose sein Grab zu einer Kultstätte gemacht. Wie anfällig wir für abgöttische Verehrung von Gräbern, Reliquien oder Kultgegenständen sind, lehrt sowohl die Bibel (vgl. Ri 8,27; 2Kö 18,4) als auch die Geschichte der christlichen Kirche. Ein letztes Mal erscheint Michael in Offenbarung 12,7, und auch dort gilt sein Kampf dem Schutz und der Bewahrung des Volkes Israel, welches der Fürst dieser Welt vernichten will. Was die Gemeinde betrifft, wissen wir von keinem besonderen Engel, der ihr zugeordnet wäre, aber wir erfahren in Hebr 1,14, dass Engel Gottes ausgesandt sind zum Dienst für alle, welche die Seligkeit ererben sollen.

Die **»Könige von Persien«** sind auch hier nicht Kores und die auf ihn folgenden Perserkönige, von denen wir in 11,2-4 hören, sondern Dämonen, die zusammen mit dem *»Fürsten des Königreichs Persien«* darum kämpfen, dass sie die Könige auf dem persischen Thron und damit das Volk der Perser zu ihren Gunsten beeinflussen können.

14 Und ich bin gekommen, um dich verstehen zu lassen, was deinem Volk zustoßen wird am Ende der Tage; denn das Gesicht geht auf noch ferne Tage.

So wie Gabriel gesandt wurde, um Daniel **»verstehen zu lassen«**, will Gott allen seinen Kindern Verständnis geben über seine Absichten, und das wollen die Fürsten der Finsternis verhindern. Uns, den Kindern Gottes, den Freunden des Herrn Jesus, hat der Sohn Gottes alles kundgetan, was er vom Vater gehört hat (Joh 15,15), und er hat uns seinen Heiligen Geist gesandt (Joh 16,7), der uns in alle Wahrheit führt (Joh 16,13). Wir müssen aber zusehen, dass der Satan uns nicht

169 5Mo 34,6 sagt zwar, dass Gott seinen Knecht begrub, doch tat er es durch seinen Diener Michael.

zu Trägheit verleiten oder ins Jagen nach vergänglichen Dingen verstricken kann; denn dann werden wir das uns Offenbarte nicht recht verstehen und anwenden können.

Gabriel enthüllt Daniel, was seinem Volk **»zustoßen wird am Ende der Tage«**. Beachten wir, dass die Weissagungen noch immer **»deinem Volk«**, d.h. dem Volk Daniels gelten. Auch über die Zeit der siebzig Wochen war Daniel ausdrücklich gesagt worden, dass diese seinem Volk gelten (9,24). Und wir müssen auch beachten, dass es um Dinge geht, welche seinem Volk *»am Ende der Tage«* widerfahren werden, also während der letzten der 70 Jahrwochen (9,27). Das aber heißt, dass die Weissagung von den Kriegen zwischen den Königen des Nordens und den Königen des Südens, d.h. zwischen den Seleukiden und den Ptolemäern, die sich vom 4. bis zum 2. Jahrhundert v.Chr. erfüllten, von Dingen sprechen, welche sich in analoger und dazu verschärfter Form in der letzten Zeit wiederholen werden. Das wiederum bedeutet, dass das Volk Gottes im Bericht von den Kriegen zwischen dem König des Nordens und dem König des Südens Lektionen findet, die es beherzigen und lernen muss, um für die Kämpfe und Leiden der letzten Tage gerüstet zu sein.

15 Und als er gemäß diesen Worten mit mir redete, richtete ich mein Angesicht zur Erde und verstummte.
16 Und siehe! Einer, den Menschenkindern gleich, berührte meine Lippen, und ich tat meinen Mund auf und redete und sagte zu dem, der vor mir stand: Mein Herr, ob der Erscheinung überfielen mich Wehen[170], und ich habe keine Kraft behalten.
17 Und wie vermag ein Knecht dieses meines Herrn zu reden mit diesem meinem Herrn? Und ich, von jetzt an besteht in mir keine Kraft mehr, und kein Odem ist übrig in mir.
18 Da berührte mich erneut einer von Aussehen wie ein Mensch, und er stärkte mich.
19 Und er sagte: Fürchte dich nicht, du vielgeliebter[171] Mann! Friede dir! Sei stark, ja, sei stark! Und als er mit mir redete, fühlte ich mich gestärkt und sagte: Mein Herr möge reden, denn du hast mich gestärkt.

170 **ṣîr**: »Wehen« oder »Krämpfe«; nur noch belegt in 1Sam 4,19; Jes 13,8; 21,3.
171 zu »vielgeliebter« siehe sprachliche Anmerkung zu 9,23.

»richtete ich mein Angesicht zur Erde«: Einerseits hatte Daniel die Freimütigkeit, dem Herrn zu nahen im Gebet (2,18-20; 6,11), denn er kannte, was David in Ps 34,6 sagt: *»Sie blickten auf ihn und wurden erheitert, und ihre Angesichter wurden nicht beschämt.«* Und doch musste Daniel jetzt sein Angesicht zur Erde neigen, und er **»verstummte«**. Auch ein Heiliger und von Gott Geliebter wie Daniel verliert vor dem Reden des Boten Gottes die Sprache, denn die Kluft zwischen den heiligen Engeln, die in der Höhe wohnen, und uns Menschen auf der Erde ist groß. Erst wo **»einer, den Menschenkindern gleich«** seine Lippen berührt, gewinnt er die Sprache wieder, denn dieser tut es in einer Weise, die uns Irdischen und Gefallenen angemessen ist: Er ist *»Menschenkindern«* gleich (in 8,16 lesen wir, dass der himmlische Gesandte mit einer *»Menschenstimme«* redet). Er muss sich uns in dieser Gestalt nahen und in der entsprechenden Weise zu uns reden, damit wir ihn überhaupt verstehen können. Daniel erkennt und bekennt seine Zerbrechlichkeit: **»Mein Herr, ob der Erscheinung – marʾâh – überfielen mich Wehen, und ich habe keine Kraft behalten«**, und darum fragt er: **»... wie vermag ein Knecht dieses meines Herrn zu reden mit diesem meinem Herrn?«** Auf diese angemessenen Worte hin berührt ihn abermals **»einer von Aussehen – marʾæh – wie ein Mensch«** und stärkt ihn durch die Worte: **»Fürchte dich nicht ...! Sei stark, ja, sei stark!«** Zum zweiten Mal (siehe V. 12) spricht der Engel von Gott aufgetragen Worte, und weil sie von Gott ausgehen, können sie Daniel die Kraft geben, freimütig zu antworten: **»Mein Herr möge reden, denn du hast mich gestärkt.«** Der eine, von dem gesagt wird, er sei *»den Menschenkindern gleich«*, ist wohl immer noch Gabriel, der bis zum Ende von Kapitel 12 der Redende ist und der von sich sagt, dass er Michael, *»einem der ersten Fürsten«* (V. 13), in dessen Kampf als Helfer beistand (11,1).

20 Da sagte er: Weißt du, warum ich zu dir gekommen bin? Und jetzt kehre ich zurück, um zu kämpfen mit dem Fürsten von Persien. Und ich ziehe aus, und siehe! Der Fürst von Griechenland kommt.
21 Doch will ich dir kundtun, was verzeichnet ist im Buch der Wahrheit. Und es ist keiner, der sich stark erweist mit mir gegen jene, als nur Michael, euer Fürst.

Daniel hatte gehört, **»warum«** Gabriel **»gekommen«** war, nämlich um ihn darüber zu unterrichten, was seinem Volk am Ende der Tage widerfahren wird (V. 14). Nun erfährt Daniel, dass Gabriel zurückkehren muss, um weiterhin **»zu kämpfen mit dem Fürsten von Persien«**, denn solange Perserkönige über die Juden herrschen, wird dieser beständig versuchen, durch diese dem Volk Gottes zu schaden. Danach **»kommt der Fürst von Griechenland«**, denn Griechenland ist das nächste Reich, dem das Volk Gottes unterworfen sein soll, und sobald Griechenland die Herrschaft über die Juden bekommt, beginnt der *»Fürst von Griechenland«*, seine Feindschaft gegen das Volk Israel zu wenden, indem er durch die griechischen Könige versucht, das Volk Israel zu verderben. Doch wie Gabriel mit der Unterstützung Michaels gegen den Fürsten von Persien, so werden sie gegen den Fürsten von Griechenland streiten und damit das Volk vor dem endgültigen und unwiederbringlichen Abfall bewahren (siehe 11,30-35).

Es mag sein, dass der fortgesetzte Kampf mit dem Fürsten von Persien bedeutet, dass dieser sich der göttlichen Verordnung widersetzt, gemäß welcher das Perserreich vor dem griechischen Reich weichen muss. Wie unter uns Sündern, so verhält es sich wohl auch in der Welt der gefallenen Engel: Sie wollen Macht nicht abtreten.

Daniel soll nun erfahren, was noch mehr **»verzeichnet ist im Buch**[172] **der Wahrheit«**. Alle Kriege der künftigen Jahrhunderte, in welche das Volk Gottes hineingezogen wird, sind ein Niederschlag der Kämpfe in der unsichtbaren Welt, und in diesen Kämpfen steht **»Michael, euer Fürst«**, der Fürst des Volkes Daniels (siehe oben Erläuterungen zu V. 13), dem Gabriel zur Seite. Er ist der Einzige, der sich zusammen mit ihm **»stark erweist … gegen jene«**, die Fürsten von Persien und von Griechenland.

Das *»Buch der Wahrheit«* enthält den bereits ausgesteckten ganzen Weg, den Israel bis zu seinem Ziel gehen muss. Gottes Vorsatz geht trotz Widerstand durch sündige Menschen und gefallene Engel in allem in Erfüllung (Jes 46,9-11).

172 **kətâb**, das auch für »Schrift« (Est 3,14; 1Chr 28,19) oder »Verzeichnis« (Esr 2,62; Hes 13,9) verwendet wird.

Lehrreiches und Denkwürdiges zu Kapitel 10

V. 13 – »Die Schrift sieht … das Walten von Engeln in der Geschichte. Wir sehen hier an der Spitze der einzelnen Weltreiche besondere Engel stehen, denen gegenüber an der Spitze des israelitischen Gottesreiches Michael, einer der ersten Fürsten, erscheint … (Gabriel) lässt den Propheten einen Blick tun in die unsichtbaren Kämpfe zwischen den Engelfürsten, in denen es sich entscheidet, wer auf die irdischen Machthaber den bestimmenden Einfluss ausübt, der gottwidrige Geist dieser Welt oder der gute, die Zwecke des Reiches Gottes fördernde Geist« (C.A. Auberlen, *Der Prophet Daniel und die Offenbarung Johannis*, S. 57-58).

»Der Plural ›Könige von Persien‹ bezieht sich weder auf Cyrus und Kambyses, noch weniger auf die von Cyrus besiegten Könige (Krösus und andere) … Der Plural besagt, dass durch Überwindung des Dämons des Perserreiches sein Einfluss nicht bloß auf Cyrus, sondern auf alle folgenden Könige Persiens überwunden war, sodass die ganze Reihe der Perserkönige der Einwirkung des von Gott ausgehenden und das Wohl Israels fördernden Geistes zugänglich wurden« (C.F. Keil, *Biblischer Commentar über den Propheten Daniel*, S. 348).

»In der Oberflächlichkeit unserer Tage vergessen wir leicht, dass wir als Menschen in einen Himmel und Erde umspannenden Kampf hineingestellt sind, der kein Niemandsland kennt. Entweder sind wir auf der Seite Gottes oder auf der Seite seines Widersachers. Es lohnt sich, an dieser Stelle auf Hartenstein zu hören: ›Wir erfahren hier das seltsam tiefe Geheimnis, dass es hinter dem Völkergeschehen, das in unseren Geschichtsbüchern steht, ein unsichtbares Geschehen, einen Geister- und Engelkampf gebe und dass dieses Ringen der Geister und Engel gegen die Mächte der Finsternis die entscheidenden Dinge in der Geschichte seien, sodass die Engelgestalten aufs Engste mit der Politik zusammenhängen. Eine seltsame und geheimnisvolle Geschichte, die in das Lehramt der Kirche nie klar eingegangen ist, von der wir auch nur bescheiden und stammelnd etwas sagen können.‹[173]« (Gerhard Maier, *Daniel*, S. 366).

---

173 K. Hartenstein, *Der Prophet Daniel*, Stuttgart: Evangelischer Missionsverlag, 4. Auflage, 1940.

Sprachliche Anmerkungen zu Kapitel 10

V. 6 – **»das Aufscheinen«**: **marʾæh**, das man auch mit »Anblick«, »Aussehen« übersetzen kann. Es ist vom Verb **raʾâh**, »sehen«, abgeleitet und bedeutet wörtlich »das Zu-sehen-Geben«, »das Erscheinen«. Es wird in den Bibelübersetzungen häufig mit »Gesicht« wiedergegeben (8,16.26.27; 9,23; 10,1) oder mit »Aussehen« (1,4.13.15; 8,15; 10,18).

»die Gegend seiner Füße«: **margəlôt**, von **rægæl**, »Fuß«. Das Wort kommt nur noch vor in Ruth 3,4.7.8.14, wo es heißt, dass Ruth »zu Füßen« des Boas aufdeckte und dort lag.

»wie der Anblick von flüssigem Kupfer«: eine Wendung, die sich in der genau gleichen Form findet in Hes 1,7. Für »flüssig« steht **qalal** = »leicht«, »schnell«, »flüchtig«. Das harte Kupfer wird fließend, flüchtig, wenn man es schmilzt. Quecksilber = »lebendiges Silber« (von *quick* = »lebendig«; daher: »erquicken« = »beleben«, »lebendig machen«) ist etwas, was aussieht wie Silber, was aber fließt wie etwas Lebendiges; lat. *argentum vivum* (»lebendiges Silber«).

»die Stimme seiner Worte war wie der Schall einer Menge«: **qôl hâmôn**, wobei **qôl** auch Lärm von Regen bedeutet (1Kö 18,41), Lärm von einem Getümmel (Jes 33,3). Im Hebräischen wird **qôl** auch verwendet wie ein Adverb in Wendungen wie »ich rufe *mit meiner Stimme*« (Ps 3,5; 142,2), was so viel heißt wie: »Ich rufe laut.«

V. 8 – Daniels **»Gesichtsfarbe«**, **hôd**, das meist für die Hoheit Gottes (Ps 8,2; Hi 37,22), der Stimme Gottes (Jes 30,30) oder eines Königs (Ps 45,4; Sach 6,13) steht. Es meint auch die Pracht, den Glanz eines Ölbaums (Hos 14,7) oder eines Schlachtrosses (Sach 10,3). In Spr 5,9 steht das Wort für die »Frische«, die »Blüte« des Lebens. Entsprechend kann es auch für das blühende Gesicht stehen. Von Belsazar heißt es, dass die Farbe seines Gesichts sich änderte (5,6.9.10), und auch von Daniel (7,28). Da steht jeweils das aramäische Wort **zîw**, das den Glanz des die Weltreiche darstellenden Standbilds und des Königs Nebukadnezar (2,31; 4,33), aber auch die blühende Gesichtsfarbe meint. Das legt nahe, dass man im vorliegenden Vers **hôd** auch für das Blühen des Gesichts anwenden muss. Daniels Gesicht verwelkte gewissermaßen, verlor alle seine Schönheit, als er dem Herrn in dessen Heiligkeit und Macht begegnete.

V. 9 – »**sank ich betäubt**«: **hajîtî nirdâm**, wörtlich »ich war ein in Tiefschlaf Versinkender«. Zur Erklärung des zugrunde liegenden Verbs **râdam** siehe sprachliche Erläuterung zu 8,18.

V. 13 – »**ich bekam die Oberhand**«: **nôtartî**, ein Nifal mit passivischer Bedeutung des Verbums **jâtar**, das im Hifil »übrig lassen« bedeutet (so z. B. in 2Mo 10,15; Jos 11,11), aber auch »den Vorzug haben / bekommen« (1Mo 49,4). Wir bleiben beim überlieferten hebräischen Text und sehen keinen Anlass, statt des Nifal **nôtartî** ein Hifil **hôtartî** zu lesen, wie die Biblia Hebraica Stuttgartensia im Apparat vorschlägt.

V. 14 – »**das Gesicht**«: **ḥâzôn**, wie in 1,17; 8,1.2.13.15.17; 11,14; 1Sam 3,1; Jes 1,1 etc., abgeleitet vom Verb **ḥâzâh**, »schauen« (Jes 1,1; 2,1).

V. 21 – »**was aufgeschrieben ist**«: **ha-râšûm**, ein Passivum des Verbums **râšam**, im Hebräischen nur hier belegt, im aramäischen Teil Daniels als **rəšam** in 5,24.25; 6,9.10.11.13.14; vgl. im Arabischen **rasama / rašama**.

Kapitel 11

1. **Persien wird durch Griechenland niedergeworfen (11,1-4)**
2. **Juda, Spielball zwischen zwei Großmächten (11,5-35)**
3. **Der endzeitliche König der Juden (11,36-39)**
4. **Der letzte Krieg um Jerusalem (11,40-45)**

Der Sturz der babylonischen Macht hatte der persischen den Weg zur Weltherrschaft geöffnet. Aber auch die Zeit der Perserherrschaft und die Anzahl ihrer Könige ist von Gott festgelegt. Nachdem diese ihre Zeit geherrscht haben, muss Persien zertrümmert werden durch einen aus dem Westen kommenden Herrscher.

1. Persien wird durch Griechenland niedergeworfen (11,1-4)

1 Und ich, im Jahr eins Darius', des Meders, stand ihm bei als Helfer und Schutz.

»im Jahr eins Darius', des Meders«: Das ist das Jahr, in dem Daniel durch eine List seiner Feinde in die Löwengrube geworfen wurde. In jenen Tagen stand Gabriel dem Michael bei und drängte den Fürsten von Persien zurück, der Darius zum Bösen drängen wollte. Durch Michaels und Gabriels Wirken suchte Darius Daniels Wohl, richtete die Feinde Daniels und gab nach Daniels Errettung aus der Löwengrube den Befehl aus, dass man in seinem ganzen Reich den Gott Daniels scheuen müsse. Diese Worte sollen dem Volk Gottes in den kommenden Jahrhunderten der Nöte und Anfeindungen die tröstliche Gewissheit geben, dass ihr Gott mit Michael als seinem Diener sie beschützen und durchtragen wird.

Das *»Jahr eins Darius', des Meders«* war das erste Jahr Kores', des Persers, welcher Israel in die Freiheit entsandt hatte. In der Engelwelt war nicht nur ein Kampf um den Sturz Babylons und das Aufkommen Persiens entbrannt, sondern auch um die Kinder Israel. Gottes Vorsatz war, dass in jenem Jahr, als die siebzig Wochen Babylons erfüllt waren (Jer 25,12; 29,10), sein Volk nach Jerusalem zurückkehren und das Haus Gottes wieder aufbauen sollte. Das versuchten die Fürsten der Finsternis zu verhindern, aber Michael, *»euer Fürst«* (10,21), *»der für die Kinder deines Volkes steht«* (12,1), überwand diese mit Gabriels Hilfe. Doch Michael würde gegen den Dämon des Perserreiches auch weiterkämpfen müssen:

> »Das Kriegen mit dem … Israel feindlichen Geiste Persiens bezieht sich auf die Widerwärtigkeiten, welche den Juden von der Hemmung des Tempelbaues unter Cyrus bis auf Darius Hyst. und weiter unter Xerxes und Artaxerxes bis zum Aufbau der Mauern Jerusalems durch Nehemia … bereitet wurden …«[174]

2 Und jetzt tu ich dir die Wahrheit kund: Siehe, noch drei Könige werden in Persien aufstehen, und der vierte wird reich werden mit größerem Reichtum als alle; und wenn er stark geworden ist durch seinen Reichtum, wird er alles aufwecken gegen das Königreich Griechenland.

Die Weissagungen von 11,2-35 reichen von der Zeit des Perserkönigs Kores bis zum Seleukidenkönig Antiochos IV.

Obwohl wir uns erst im dritten Jahr der persischen Herrschaft befinden (siehe 10,1), soll Daniel **»die Wahrheit«** erfahren, die *»im Buch der Wahrheit verzeichnet ist«* (10,21), dass auf Kores, den Reichsgründer, zunächst **»drei Könige«** folgen werden. Diese werden in Esr 4 alle erwähnt, nämlich Ahasveros, Darius und Artasasta (die in der weltlichen Geschichtsschreibung Kambyses, Darius, Smerdis heißen). Auf diese folgt als **»der vierte«** König Xerxes I. (486–465 v. Chr.), der im Buch Esther Ahasveros heißt (Est 1,1). Der **»wird … alles aufwecken gegen das Königreich Griechenland«**. 546 v. Chr. hatten die Perser das Lyderreich erobert, und damit herrschten sie über die griechischen Städte Kleinasiens (Pergamon, Ephesus, Sardes, Milet, Halikarnass etc.). Als die Ionier um 500 v. Chr. anfingen, gegen die Perser aufzustehen, und Athen ihre griechischen Brüder unterstützte, versuchte Xerxes auch

---

174 C. F. Keil, *Daniel*, S. 350.

Griechenland zu unterwerfen und seinem Reich einzugliedern. Für seinen Eroberungsfeldzug stellte er ein riesiges Heer auf die Beine, nach damaliger Überzeugung das größte, das die Welt je gesehen hatte[175], doch er scheiterte. Im Jahre 480 besiegten die Griechen die Perser in der Seeschlacht von *Salamis*, und 479 v. Chr. schlugen sie das persische Landheer bei *Plataiai*. Kurz danach vernichteten sie bei *Mykale* die persische Flotte.

3 Und ein tapferer König wird aufstehen, und er wird herrschen mit großer Macht und tun nach seiner Willkür.

Der »**tapfere König**«, der aufsteht, ist Alexander, der hier unmittelbar nach Xerxes erwähnt wird, obwohl er erst 150 Jahre später gegen Persien marschierte. Es soll auf diese Weise gezeigt werden, dass der Feldzug Alexanders ein Rachefeldzug der Griechen war wegen der von Xerxes an ihnen geübten Gewalttat (siehe Erläuterungen zu 8,6). Auch Alexanders Aufstieg ist vom Himmel beschlossen und damit von Gott gewollt, dies ungeachtet der Tatsache, dass er »**nach seiner Willkür**« handeln wird.[176] Es ist der Himmel, der ihm die Macht gibt (siehe 4,29; vgl. Offb 13,5), und es ist der Himmel, der die Hindernisse und Hemmnisse aus dem Weg räumt, sodass er schließlich nach seinem Gutdünken handeln kann: Er brennt darauf, das Perserreich zu zerschlagen, und Gott verwendet ihn als ein Werkzeug, um den von ihm bestimmten Untergang Persiens zu vollstrecken. Das bedeutet indes nicht, dass Gott die Willkür Alexanders ungestraft lässt: Gott schlägt ihn gerade dann, als er auf der Höhe seiner Macht angelangt ist und all sein Begehr gestillt hat, und sein Reich zerfällt.

Der Aufstieg Alexanders und der nachfolgenden Griechenreiche hat ein ganz bestimmtes (vorläufiges) Ziel: Antiochos IV. muss zur Herrschaft kommen. Darum handelt der größte Teil dieses Kapitels (die Verse 21-35) von diesem einen König, und darum endet die Schilderung der verschiedenen Seleukiden und Ptolemäer und ihrer Kriege

175 Herodot gibt die Größe mit 4 Millionen Mann an, was natürlich übertrieben ist. Vorsichtige Schätzungen rechnen mit mindestens 100 000 Mann.

176 Die Hinterhältigkeit und Rücksichtslosigkeit, in welcher Alexander in seiner Willkür handelte, zeigte sich bereits in der Art, wie er nach seinem Vater, Philipp II. von Makedonien, zum König wurde. Er ließ ihn durch einen gewissen Pausanias ermorden. »Die Vorstellung, dass Alexander den Pausanias erst zur Ermordung seines Vaters angestiftet und dann zum Sündenbock gemacht haben soll, ist wenig sympathisch, aber sämtliche Tatsachen weisen eindeutig auf diesen Verrat hin« (C. Bradford Welles in: *Propyläen Weltgeschichte, Bd. 3: Griechenland und die hellenistische Welt*, Berlin/Frankfurt am Main: Propyläen Verlag, 1986, S. 404).

gegeneinander mit den Weissagungen über ihn. Von Vers 36 an bis zum Ende des Kapitels 12 handelt die Vision von den letzten sieben Jahren vor der Wiederkunft Christi.

Die Vision von Kapitel 8 hatte genau das Gleiche gezeigt: Der Ziegenbock (Alexander) wirft den Widder (Persien) nieder; danach wachsen aus dem Horn des Ziegenbocks vier Hörner, und aus diesen steigt ein kleines Horn auf, welches das Hauptthema jenes ganzen Gesichts bildet. Dieses kleine Horn ist der gleiche Antiochos IV. der Verse 21-35 des vorliegenden Kapitels.

Fragen wir, was denn Gottes Absicht gewesen sein kann, dass dieser Gottlose zur Macht aufsteigen durfte, finden wir als Antwort: Das Volk, das seinen Gott kennt, muss durch das Wüten dieses Herrschers zum Handeln getrieben werden (V. 32). Die Verständigen (V. 35) müssen ihre Zeitgenossen lehren; zudem muss das Volk durch Leiden geläutert werden (V. 35). Durch diese Lehrtätigkeit und durch die Verfolgungen werden viele gereinigt, und das wiederum dient einem höheren Ziel: Das Volk wird auf das Kommen des Messias vorbereitet, und zwar zunächst auf sein erstes Kommen. Durch das Beispiel der Treuen jener schlimmen Tage wird das Volk Gottes auch für das zweite Kommen des Messias gerüstet. Am Ende der Tage, wenn ein König in Israel herrschen wird, der die Gräuel des Antiochos noch überbietet, wird der leidende Überrest durch das Vorbild der Makkabäer für die Zeit der großen Drangsal ermutigt und gestärkt werden (siehe 12,1-3). Wir dürfen nicht vergessen, dass die in unserem Buch geschilderte verflossene Geschichte vorweggenommene zukünftige Geschichte ist: Die Weissagung des ganzen Kapitels 11 spricht gemäß 10,14 vom *»Ende der Tage«*.

4 Und wie er steht, zerbricht sein Reich und wird zerteilt nach den vier Winden des Himmels. Aber nicht für seine Nachkommen wird es sein und nicht nach der Macht, mit der er geherrscht hat; denn sein Reich wird zerstört und anderen zuteilwerden als jenen.

Kaum **»steht«** Alexander in der ganzen Fülle seiner Macht, **»zerbricht sein Reich«**, wie Daniel bereits im Gesicht von Kapitel 8 gesehen hatte (siehe Erläuterungen zu 8,8).

2. Juda, Spielball zwischen zwei Großmächten (11,5-35)

Von allen kleineren und größeren Nachfolgereichen, in die das Reich Alexanders zerfiel (V. 4), werden nur zwei in der Bibel behandelt, nämlich Syrien und Ägypten. Warum das? Weil diese beiden über das Volk Gottes herrschten und damit auf dasselbe einwirkten. Israel ist zwar nicht mehr Haupt der Nationen, und doch muss jede Nation, die mit dem Volk Gottes in Berührung kommt, dazu beitragen, dass Israel seiner Bestimmung zugeführt wird.

Die Weissagung in diesem Abschnitt ist einzigartig. Es findet sich in der Bibel keine zweite, die über einen genau begrenzten Zeitraum so zahlreiche und so detaillierte Vorhersagen macht. Fragen wir uns, was der Sinn der Weissagung gewesen sein mag, können wir zunächst einen praktischen und für die Juden in den Jahrhunderten vor dem Erscheinen Christi lebenswichtigen nennen: Zur Zeit, in der die Juden unter griechischer Herrschaft standen, war das Volk nahe daran, seine Berufung und Bestimmung als erwählte Nation zu vergessen. Es musste aber als ein gesondertes Volk bestehen und bereit sein auf den Tag, an dem der verheißene Messias aus ihm geboren werden sollte. Und der Messias musste, durch gottesfürchtige Eltern gelehrt, *»unter Gesetz getan«* werden (Gal 4,4). Das alles konnte nur geschehen, wenn man im Volk die Ordnungen des Gesetzes noch kannte und befolgte. Die Weissagungen dieses Kapitels verhalfen dem Volk im 2. Jahrhundert vor der Geburt Christi, sich der Versuchung zu widersetzen, die alles überstrahlende und so anziehende griechische Kultur anzunehmen. Zur Versuchung gesellte sich unter einem der Seuleukidenkönige der durch Androhung der Todesstrafe erzeugte Druck zur Anpassung, der auch jenen Teil des Volkes gefügig machen sollte, der sich geweigert hatte, sich dem Griechentum zu ergeben. Aus diesem Kapitel schöpften jene Treuen den nötigen Glauben und Mut zum Widerstand.

Ein zweiter Grund für die detaillierten Weissagungen ist dieser: Daniel sollte als Prophet erwiesen werden durch die zahlreichen Voraussagen, die er gemacht hat und die sich während der Herrschaft der Griechenkönige über die Juden erfüllten (siehe 5Mo 13 und 18). Roger Liebi schreibt zu diesem Kapitel:

> »Die Verse 2-35 des 11. Kapitels beschreiben die Zeit von Kyrus [= Kores] (6. Jh. v. Chr.) bis zur Zeit von Antiochos IV. Epiphanes (2. Jh. v. Chr.). Dieser Abschnitt enthält über 150 erfüllte Prophetien.«[177]

Welche Entschuldigung konnten die Juden noch vorbringen, wenn sie Daniels Weissagung von der Tatsache und sogar vom exakten Zeitpunkt des Sterbens des Messias nicht annahmen, wo sie doch während der Regentschaft der ganzen Reihe von Ptolemäer- und Seleukidenkönigen hatten beobachten können, wie jede Einzelheit der Vorhersagen Daniels sich genau in der Weise und in ihrer Abfolge exakt erfüllten?

Schließlich ein letzter Grund für die in so viele Einzelheiten gehende Weissagung: Sie will uns zeigen, wie Gott über alle Wechselfälle der Weltgeschichte hindurch seinen Vorsatz vorantreibt und verwirklicht. Könige mögen mit Krieg und mit Diplomatie, mit Tücke und Giftmord ihre eigenen Pläne zu verwirklichen suchen. Unter Gottes Hand sind sie, ohne dass sie das wissen, Werkzeuge, durch die Gott seinen Vorsatz mit seinem Volk und mit der ganzen Welt vorantreibt. Es ist wirklich so, wie die Alten sagten: *Hominum confusione, Dei provisione* – durch die Wirren der Menschen und durch Gottes Vorsehung – führt Gott seinen Heilsrat zum Ziel. So lehrt uns in besonders eindringlicher Form das letzte Gesicht Daniels drei wichtige Wahrheiten:

1. Welt- und Heilsgeschichte ist von Gott vorausgesagte Geschichte.
2. Welt- und Heilsgeschichte ist von Gott gelenkte Geschichte.
3. Welt- und Heilsgeschichte ist von Gott zum Ziel geführte Geschichte.

Diese drei Tatsachen werden von Gott selbst ausgesprochen in Jes 46,9-11.

5 Und der König des Südens wird mächtig werden, auch einer von seinen Obersten. Und er wird mächtig werden gegen ihn und wird herrschen; seine Herrschaft wird groß sein.

177 Roger Liebi, *Weltgeschichte*, S. 79.

In den Erklärungen zur Identität der verschiedenen Könige des Südens und des Nordens und der Kriege zwischen ihnen orientiere ich mich zur Hauptsache an Gerhard Maier, *Kommentar zum Buch Daniel*, und an Roger Liebi, *Weltgeschichte im Visier des Propheten Daniel.*

»der König des Südens«: Damit ist gemeint der Gründer des Ptolemäerreiches, Ptolemaios I. Lagi, genannt *Soter* (= Retter). Er war einer der fähigsten Generäle Alexanders, und er konnte sich nach dem Tod Alexanders zum Herrn über Ägypten aufwerfen. Mit ihm begann die ptolemäische Dynastie, die von 323 bis 31 v.Chr. bestand.

»Auch einer von seinen Obersten«, ein Feldherr des Ptolemaios I., wird mächtig werden, und zwar **»gegen ihn«**. Er trennte sich um 312 v.Chr. von Ptolemaios I. und gewann die Herrschaft über Syrien. Als Seleukos I. *Nikator* (= Sieger) wurde er zum Begründer der Seleukiden-Dynastie, die über das größte der Diadochenreiche herrschte, und so erfüllte sich das Wort: **»… seine Herrschaft wird groß sein.«**

6 Und am Ende von Jahren werden sie sich verbünden; und die Tochter des Königs des Südens wird zum König des Nordens kommen, um Geradheit zu schaffen. Aber sie wird die Kraft des Armes nicht behalten, und er wird nicht bestehen noch sein Arm; und sie wird dahingegeben werden, sie und die sie herführten, nämlich der sie gezeugt hat und der sie stärkte in jenen Zeiten.

»Am Ende von Jahren«, etwa im Jahr 250 v.Chr., also mehr als siebzig Jahre nach Gründung des Ptolemäerreiches (323 v.Chr.) und dreißig Jahre nach dem Ende der Regierungszeit des Gründers des Seleukidenreiches (281 v.Chr.), verbündet sich Ptolemaios II. *Philadelphos* (= den Bruder / die Schwester liebend)[178] mit Antiochos II. *Theos* (= Gott). Was in den Jahren dazwischen geschah, übergeht die Weissagung.

178 Ptolemaios II. heiratete seine Vollschwester Arsinoë, wie H. Bengtson schreibt: »In der Politik jener Tage hat die zweite Gemahlin des Ptolemaios II., *Arsinoë*, eine hervorragende Rolle gespielt … Sie wusste, ihren leiblichen Bruder zu bestimmen, seine Gemahlin zu verstoßen … und sie selbst zu heiraten« (*Griechische Geschichte*, S.379). Bengtson fährt fort: »Ptolemaios II. … hat den Kult seiner eigenen Person und seiner Schwestergemahlin Arsinoë II. unter dem Namen des ›göttlichen Geschwisterpaars‹ eingerichtet und damit die Verehrung der *lebenden* Herrscher befohlen … Die folgenden Ptolemäer haben an der Apotheose [= Erhebung zur Göttlichkeit; Anmerkung des Autors] der Lebenden festgehalten: Nach ihrer Thronbesteigung haben sie einen Kultnamen angenommen, unter

»Die Tochter des Königs des Südens«, Ptolemaios' II., ist *Berenike*[179], und die kommt **»zum König des Nordens«**, zu Antiochos II., der seine Frau *Laodike*[180] verstößt, um *Berenike* zu heiraten. Durch diese Ehe soll **»Geradheit«, mêjšârîm** (so auch in V. 17), geschaffen werden, ein Verhältnis des Rechts und der gegenseitigen Treue zwischen den beiden griechischen Reichen.

> »Geradheit, synonym mit Gerechtigkeit und Recht – Spr 1,3 – bezeichnet hier die Geradheit des Verhaltens der beiden Herrscher zueinander im Gegensatz zu der ränkevollen, hinterlistigen Stellung, die sie vorher gegeneinander einnahmen, also nicht: Einigung, sondern Aufrichtigkeit im Halten des geschlossenen Bündnisses.«[181]

Doch **»sie«**, Berenike, **»wird die Kraft des Armes nicht behalten, und er«**, Antiochos II., **»wird nicht bestehen«**, denn Laodike rächte sich an ihrem Mann, der sie verstoßen hatte, und ließ diesen samt Berenike und deren gemeinsamem Kind ermorden. So wurde **»sie«**, Berenike, **»dahingegeben … und die sie herführten, nämlich der sie gezeugt hat«**, Ptolemaios II., **»und der sie stärkte«**, Antiochos II.

> **7 Und es wird an seiner Stelle einer aufstehen vom Schoss ihrer Wurzeln und er wird gegen das Heer kommen, und er wird eindringen in die Festungen des Königs des Nordens und wird an ihnen handeln und sich als stark erweisen.**
> **8 Und auch wird er ihre Götter samt ihren gegossenen Bildern, samt ihren kostbaren Geräten, Silber und Gold, nach Ägypten in die Gefangenschaft führen; und er wird jahrelang standhalten vor dem König des Nordens.**
> **9 Und dieser wird in das Reich des Königs des Südens kommen, aber in sein Land zurückkehren.**

»Einer … vom Schoss ihrer Wurzeln« ist der Sohn Ptolemaios' II., Ptolemaios III. *Euergetes* (= der Wohltäter). In Lk 22,25 hören wir aus

dem sie, gemeinsam mit ihren Frauen, als die ›wohltätigen Götter‹, die ›vaterliebenden Götter‹, die ›in Erscheinung getretenen Götter‹ usw. göttliche Verehrung genossen« (S. 407).

179 Berenike bedeutet »Siegträgerin«.

180 Laodike bedeutet »vom Volk Geprüfte«, d. h. Bewährte und Anerkannte.

181 C. F. Keil, *Biblischer Commentar über den Propheten Daniel*, S. 361.

dem Mund des Herrn, dass die Großen in der Welt Gewalt üben an ihren Untertanen und sich dennoch gerne Wohltäter nennen. Für den König des Südens lieferte der Mord an seiner Schwester Berenike einen *Casus Belli*, einen Grund zum Krieg, gegen den König des Nordens. Aus dem angestrebten Frieden wurde also nichts, vielmehr tat der König des Südens genau das, was Daniel geweissagt hatte. Er drang ein **»in die Festungen des Königs des Nordens«** und machte dort große Beute an **»kostbaren Geräten, Silber und Gold«** und tat, was schon die Eroberer im Alten Orient fast immer getan hatten: Er führte **»ihre Götter samt ihren gegossenen Bildern … in die Gefangenschaft«** (siehe 1,2 und Erklärung dazu), und zwar **»nach Ägypten«**: Hier wird zum ersten Mal direkt ausgesprochen, dass der König des Südens der König über Ägypten ist, das Land, über welches die Ptolemäer bis zum Jahr 31 v. Chr. herrschten. Auffälligerweise wird das Reich des Königs des Nordens nie Syrien genannt. Dazu macht Carl August Auberlen folgende Beobachtung:

> »Daher bezeichnet der Engel die syrischen Könige mit dem allgemeinen Ausdruck ›Könige der Mitternacht‹[182], zunächst wohl an den prophetischen Sprachgebrauch erinnernd, in welchem die mitternächtliche Region das Land der Finsternis, des Unheils, der Feinde Gottes und seines Volkes ist (Joel 2,10; Jer 1,13-15; 4,6; 10,22; 47,2; Sach 2,10).«[183]

Und in der Tat: Es wird ein König des Nordens sein, der die Juden quälen wird wie kein anderer König zuvor, indem er ihren Glauben zerstören und ihnen seine eigene Religion aufzwingen will.

Ptolemaios III. wird nach seinem erfolgreichen Feldzug vom Sohn Antiochos' II., Seleukos II. *Kallinikos* (= prächtig Siegender), angegriffen, doch kann er **»jahrelang standhalten vor dem König des Nordens«**. Denn der wird zwar **»in das Reich des Königs des Südens kommen, aber in sein Land zurückkehren«**.

Und so verläuft die Geschichte dieser beiden Reiche während der nächsten 150 Jahre als ein ständiges Hin und Her, obwohl ihre Herrscher mehr als einmal versuchen, miteinander Frieden zu schließen.

---

182 d. h. des Nordens, so wie Mittag für Süden, Morgen für Osten, Abend für Westen stehen kann.
183 C.A. Auberlen, *Der Prophet Daniel*, S. 60.

> »Die Politik … *des Seleukiden- und des Ptolemäerreiches* wird in den ersten Jahrzehnten des 3. Jahrhunderts durch den tiefgreifenden Gegensatz bestimmt, der aus der ›syrischen Frage‹ entspringt. Über 150 Jahre lang hat der Kampf um das südliche Syrien (sog. Koilesyrien) die Kräfte der beiden Mächte verzehrt.«[184]

Diesen Sachverhalt kommentiert der Bibelausleger William Kelly wie folgt:

> »Das Land Israel, das zwischen ihnen lag, wurde diesen beiden Königen zu einer Art Laststein … Wenn der König des Nordens siegreich war, kam Palästina unter die Macht Syriens, und entsprechend unter ägyptische Herrschaft, wenn der König des Südens die Oberhand hatte. Aber Gott gewährte denen keinen Frieden, die sein Land beschlagnahmten.«[185]

Mitten in Koilesyrien liegt die Heimat der Juden, die während dieser langen Jahre in die Kriege zwischen den Ptolemäern und Seleukiden hineingerissen und dabei innerlich gespalten wurden. Doch auch diese ganze Zeit von undurchsichtigen Wirren, Betrug, Intrigen und Gewalt stand unter dem Regiment des Himmels. Beachten wir, was wir an Bösem in diesem Kapitel alles finden:

1. Zweckheiraten (V. 6)
2. Kriege (V. 7)
3. Raub (V. 8.24)
4. Hochmut (V. 12)
5. Gewalttat (V. 14)
6. Intrige (V. 17)
7. Hohn (V. 18)
8. Schmeichelei (V. 21.32)
9. Trug (V. 23)
10. Hinterlist (V. 25)
11. Verrat (V. 26)
12. Lüge (V. 27)

184 Hermann Bengtson, *Griechische Geschichte*, S. 377.
185 W. Kelly, *Lectures on the Book of Daniel*, S. 211.

13. Untreue (V. 30)
14. Frevel (V. 31)
15. Gottlosigkeit (V. 32)
16. Heuchelei (V. 34)
17. Willkür (V. 36)
18. Selbstvergottung (V. 36)

Weil Gott von seinem Thron aus alles lenkt, mussten in jener Zeit all diese Dinge zur von ihm bestimmten Zeit geschehen. Man beachte die Ausdrücke *»um das Gesicht zu erfüllen«* (V. 14); *»aber es wird nicht gelingen, denn das Ende verzieht sich noch bis zur bestimmten Zeit«* (V. 27); *»zur bestimmten Zeit wird er wiederkehren«* (V. 29); *»er wird Gelingen haben, bis der Zorn vollendet ist«* (V. 36).

Wir lernen hier, dass das Böse so wenig autonom ist wie der Böse; sie sind alle Werkzeuge Gottes, auch Werkzeuge seines Grimmes (siehe 1Kö 22,19-22), und sie können nur das tun und es so lange tun, als Gott ihnen zu tun gewährt (Hi 1,6-12; 2,1-6; Offb 13,5.7). Dass Gott inmitten einer Welt der Sünder und der Sünde, der Lüge, der Treulosigkeit und der Selbstvergottung seinen Heilsrat erfüllt, ist ein mehrfaches Wunder:

a. Es ist ein Wunder der Gnade, dass er die Welt der Sünder nicht ganz der Macht der Sünde überlässt.
b. Es ist ein Wunder der Weisheit, dass er in einem tobenden Meer durch Dunkel und Sturm einen Weg bereitet (Ps 77,20)[186], auf dem er sein Volk rettet, bewahrt und vollendet.
c. Es ist ein Wunder seiner Macht, dass keine Macht des Bösen ihn daran hindern kann, sein Heil zu vollenden und sein Volk ans Ziel zu bringen.

186 »Gottes Weg ist im Heiligtum und ›**im Meer**‹. Erst nachdem Asaph Ersteres gesehen hat (V. 14), kann er Letzteres erkennen. Weil das Schiff im Meer keine Spuren hinterlässt, ist sein Weg dem natürlichen Auge nicht erkennbar und daher unbegreiflich (Spr 30,18-19). Gottes Gerichte sind wie große Wassertiefen (Ps 36,7). So sind auch Gottes ›**Fußspuren nicht bekannt**‹, weil sie eben durchs immer bewegte (Völker-)Meer führen. Wir sind selbst mittendrin, darum können wir sie nicht erkennen. Aber im Licht des Heiligtums sieht Asaph das Licht (Ps 36,10) und kann zumindest so viel verstehen, dass Gottes Weg durch das Meer dieser Welt der Sünde und der Sünder (vgl. Jes 17,12-13) gut und heilig und gerecht ist. Er bleibt der Hirte Israels (Ps 80,2), auch wenn Israel seine Wege nicht verstehen kann. Und er wird sein Volk gegen alles Toben der Feinde und gegen alle Anfälle von Mutlosigkeit und Zweifel bewahren und in den sicheren Hafen führen (Ps 107,30).« (Auslegung zu Ps 77,20 in: B. Peters, *Die Psalmen 73–106*, Bielefeld: CLV, 2018, S. 103-104).

»Das ist der Ratschluss, der beschlossen ist über die ganze Erde; und das ist die Hand, die ausgestreckt ist über alle Nationen. Denn Jahwe der Heerscharen hat es beschlossen, und wer will es vereiteln? Und seine ausgestreckte Hand – wer könnte sie abwenden « (Jes 14,26-27).

> **10 Aber seine Söhne werden sich zum Krieg rüsten und eine Menge großer Heere zusammenbringen; und er wird kommen und überschwemmen und überfluten; und er wird wiederkommen, und sie werden sich rüsten bis zu seiner Festung.**
> **11 Und der König des Südens wird sich erbosen und wird ausziehen und kämpfen mit ihm, dem König des Nordens; und dieser wird eine große Menge aufstellen, aber die Menge wird in seine Hand gegeben.**
> **12 Und wie die Menge weggenommen wird, wird sein Herz sich erheben; und er wird Zehntausende niederwerfen, aber nicht Macht erlangen.**

Von V. 10 an wird berichtet, wie die Könige des Nordens die Ptolemäer aus Palästina zurückzudrängen suchen, bis schließlich vom Jahr 198 v.Chr. an *»das Land der Zierde«* (V. 16.41) Teil des Seleukidenreiches wird.

»Seine Söhne« sind die Söhne Seleukos' II., nämlich Seleukos III. (226–223 v.Chr.) *Soter* (= Retter) und Antiochos III. der Große (222–187 v.Chr.). Während Seleukos III. bereits nach drei Jahren ermordet wurde, wurde Antiochos III. in den 35 Jahren seiner Regentschaft zu einem der mächtigsten Herrscher des Vorderen Orients. Er rüstet sich zum Krieg und stellt **»eine Menge großer Heere«** zusammen; und so kann **»er«**, Antiochos III., im Jahr 219 v.Chr. **»wiederkommen«** und **»sich rüsten bis zu seiner Festung«**, d.h. den Krieg führen gegen die Festungen, die der König des Südens in den Städten Tyrus und Akko errichtet hat, diese überrennen und 217 v.Chr. schließlich Palästina erobern. Doch darüber wird **»der König des Südens«**, Ptolemaios IV. *Philopator* (= »den Vater liebend«, 221–204 v.Chr.) **»sich erbosen«** und noch im gleichen Jahr **»ausziehen und kämpfen mit ihm, dem König des Nordens«**. Er kann diesen in der Schlacht von *Raphia* (bei Gaza) schlagen, worauf Antiochos III. Palästina wieder an Ägypten verliert, wie Daniel geweissagt hatte: »**... und dieser**«, Antiochos III., »**wird eine große Menge aufstellen, aber die Menge wird in seine**«, des Ptolemaios IV., »**Hand gegeben werden**«, dessen Herz sich darüber erhebt, sodass er »**Zehntausende niederwerfen, aber nicht Macht erlangen**« kann; d. h. er vermag nicht, den König des Nordens zu bezwingen.

> **13 Und der König des Nordens wird wiederkommen und eine Menge aufstellen, größer als die vorige; und nach Verlauf der Zeiten von Jahren wird er mit einem großen Heer und mit einem großen Tross kommen.**

»**Und der König des Nordens wird wiederkommen**«, nämlich im Jahr 201 v. Chr. Also 16 Jahre nach der Niederlage von *Raphia* (217 v. Chr.) marschiert Antiochos III. wieder gegen Ägypten »**mit einem großen Heer und mit einem großen Tross**«, und er vermag tatsächlich die Küstenregion des Libanon und Palästinas an sich zu reißen.

> **14 Und in jenen Zeiten werden viele aufstehen gegen den König des Südens; und gewalttätige Söhne deines Volkes werden sich erheben, um das Gesicht zu bestätigen, und sie werden straucheln.**

»**Und in jenen Zeiten**«, da die Seleukiden wieder versuchen, die Ptolemäer zurückzudrängen, »**werden viele aufstehen gegen den König des Südens**«, Ptolemaios V. *Epiphanes* (der Offenbarte, d. h. Gott; 204–181 v. Chr.), und zwar sind es »**gewalttätige Söhne deines Volkes**«, d. h. des Volkes Daniels. Zum ersten Mal in dieser Weissagung wird nun Daniels Volk, das Volk Gottes, erwähnt, und das gibt diesen Worten besonderes Gewicht. Wir erfahren, dass ein Teil des Volkes gegen die Ptolemäer, die über ihr Land herrschen, aufstehen wird. Das sind Leute, die sich nicht beugen wollen unter Gottes Schicken, der die Ptolemäer zu ihren Herren gemacht hatte, und darum unterstützen sie Antiochos III. in seinem Krieg gegen Ptolemaios V.

»Die Bemerkung: ›es werden viele gegen den König des Südens aufstehen‹ weist offensichtlich darauf hin, dass ›viele‹ Juden mit Ägypten unzufrieden waren und ihr Heil bei den vorrückenden Syrern suchten. Abfall und Verrat künden sich an. Die Prophetie nimmt gegen diese eindeutig Stellung.« (G. Maier, *Der Prophet Daniel*, S. 382)

Doch müssen sie in ihrem widergöttlichen Trachten **»das Gesicht … bestätigen«**, welches ankündigt, dass es den Juden unter den Seleukiden weit schlimmer gehen wird als unter den Ptolemäern (siehe V. 29-32). Auch widerspenstige Menschen sind Werkzeuge in Gottes Hand (vgl. Offb 16,12-16 mit 19,19; siehe auch Offb 17,15-17), aber sie müssen die Folgen ihres sündigen Tuns tragen. Ptolemäus V. konnte im Jahre 200 v. Chr. die Oberhoheit über Israel wieder zurückgewinnen. Da wird er die Aufständischen unter den Juden entsprechend gestraft haben, heißt es doch von ihnen, dass sie **»straucheln werden«**. Doch bald ist das Kriegsglück wieder auf der Seite der Seleukiden:

15 Und der König des Nordens wird kommen und einen Wall aufschütten und eine befestigte Stadt einnehmen; und die Streitkräfte des Südens werden nicht standhalten, sogar sein auserlesenes Volk nicht, und da wird keine Kraft sein, um standzuhalten.
16 Und der, welcher gegen ihn kommt, wird tun, was ihm gefällt, und niemand wird vor ihm standhalten; und er wird stehen im Land der Zierde, und Vernichtung ist in seiner Hand.

»Und der König des Nordens«, Antiochos III., **»wird kommen und einen Wall aufschütten und eine befestigte Stadt einnehmen; und die Streitkräfte des Südens werden nicht standhalten«**: Im Jahr 198 v. Chr. kann er nach einer Belagerung Sidon einnehmen, und danach kann er mit den Ägyptern **»tun, was ihm gefällt«**, also so handeln wie vor ihm Alexander (V. 3) und Ptolemaios III. *Euergetes* (V. 7). Er vertreibt die Ägypter, und Syrien kann sich für etwas mehr als 50 Jahre festsetzen **»im Land der Zierde«** (vgl. 8,9), in Israel. Man beachte, wie das Land heißt, obwohl die Juden ein geknechtetes Volk sind. Auch wenn ihr Land von fremden Herren besetzt wird, ist es das von Gott seinem Volk gegebene

Land, *»das heilige Land«*, wie es in Sach 2,16 heißt. Und von diesem sagt Jesaja: *»Denn Jahwe wird sich Jakobs erbarmen und Israel noch erwählen und wird sie in ihr Land einsetzen«* (Jes 14,1). Keine Untreue des Menschen kann die Gnadengaben und Berufung Gottes rückgängig machen (1Mo 15,18; Röm 11,29).[187]

17 Und er wird sein Angesicht darauf richten, mit der Macht seines ganzen Reiches zu kommen, auf Geradheit sinnend, und er wird sie bewirken. Er wird ihm die Tochter der Frauen geben, um es zu verderben; doch es wird nicht bestehen und es wird ihm nicht gehören.

»Und er«, Antiochos III., wird **»mit der Macht seines ganzen Reiches«** nach Ägypten ziehen, wie der römische Historiker Livius bestätigt: *»Omnibus regni viribus connixus cum ingentes copias terrestres maritimasque comparasset.«* – »Gerüstet mit allen Streitkräften des Reiches, erschien er mit einer gewaltigen Masse von Fußtruppen und Schiffen.«[188]

Antiochos III. wird anstreben, was Ptolemaios I. einst getan hatte. Er sinnt auf **»Geradheit«**, **mêjšârîm** (wie oben in V. 6), mit ihm **»und er wird sie bewirken«**, und zwar indem er dem König Ägyptens, Ptolemaios V. *Epiphanes*, **»die Tochter der Frauen«** gibt, und zwar seine eigene Tochter *Kleopatra*.[189] Die Ehe wurde im Jahr 193 oder 194 v. Chr. tatsächlich geschlossen. Die Absicht des Antiochos war aber mit seiner *»Geradheit«*, d. h. mittels dieses Ehevertrages, **»es«**, Ägypten, **»zu verderben«**, um es seinem Reich einzuverleiben.

> »Insgesamt machte Antiochos III. mit dem Beinamen ›der Große‹ den Versuch, alle griechisch regierten Länder des Orients in seiner Hand zusammenzufassen und damit das Alexanderreich zu erneuern.«[190]

187 Vom Jahr 198 v. Chr. an blieb Israel syrisch, bis es 143 v. Chr. als Ergebnis der Makkabäerkriege jüdisch wurde. Im Jahr 63 v. Chr. machte der römische Feldherr *Pompeius* (106 – 48 v. Chr.) dem jüdischen Staat ein Ende; Juda wurde ein Teil der römischen Provinz Syrien.

188 Livius 33,19, zitiert von O. Zöckler, *Der Prophet Daniel*, S. 220.

189 Der Ausdruck »die Tochter der Frauen«, mit Artikel, ist auffällig. Otto Zöckler bietet dazu folgende Erklärung: »Seine Tochter Kleopatra, die hier wohl wegen ihrer Jugend als die ›Tochter der Weiber‹ (nämlich als Tochter ihrer Mutter, Großmutter etc., die sich eben noch mit ihrer Erziehung beschäftigten), bezeichnet wird (O. Zöckler, *Der Prophet Daniel*, S. 220).

190 G. Maier, *Der Prophet Daniel*, S. 384.

Doch sollten diese hochfliegenden Pläne des Antiochos scheitern: **»... es wird nicht bestehen und es«**, Ägypten, **»wird ihm nicht gehören.«**

Als Antiochos III. seine Tochter Kleopatra Ptolemäus V. zur Frau gab,

> »versprach er, ihr Koilesyrien, Phönizien und Israel als Mitgift zu geben. Doch der weitere Verlauf der Geschichte brachte die Machtpläne des Syrerkönigs Antiochos III. zum Scheitern. Zudem ergriff Kleopatra nach der Heirat sogleich Partei für ihren Ehegatten.«[191]

> **18 Und er wird sein Angesicht wenden nach den Inseln und viele einnehmen; aber ein Anführer wird ihm sein Höhnen zum Schweigen bringen, sodass dessen Höhnen nicht zu ihm zurückkehrt.**[192]
> **19 Und er wird sein Angesicht wenden nach den Festungen seines Landes und wird straucheln und fallen und nicht mehr gefunden werden.**

Danach wendet Antiochos **»sein Angesicht ... nach den Inseln«**, d.h. nach alttestamentlichem Sprachgebrauch die Küstenländer und die Inseln des Mittelmeeres (Jes 11,11; 42,4; 49,1; 51,5). Zu 1Mo 10,5 schreibt C.F. Keil:

> »Die **ʾijjîm** [Inseln] sind im A.T. die Inseln und europäischen Küstenländer des Mittelmeeres von Kleinasien bis Spanien.«[193]

Antiochos III. konnte **»viele einnehmen«**, und er wollte danach sogar Griechenland seinem Reich einverleiben. Doch damit erregte er das Missfallen der aufstrebenden Großmacht Rom. Der Seleukide wurde vom römischen Feldherrn *Acilius Glabrio* im Jahr 191 v.Chr. bei den

191 Roger Liebi, *Weltgeschichte*, S.94.

192 Der hebr. Text ist schwer zu verstehen; entsprechend übersetzen ihn die Ausleger sehr verschieden: C.F. Keil: »Und er wird sein Angesicht zurückwenden nach den Inseln und viele einnehmen und wird zum Schweigen bringen Häuptlinge, ihr Höhnen ihnen; jedoch sein Höhnen werden sie ihm vergelten.« O. Zöckler: »Und er kehrt sein Antlitz gegen Küstenländer und nimmt ihrer viele ein; doch ein Feldherr wird ihm dämpfen seinen Sohn, gewiss seinen Hohn gibt er ihm zurück.« G. Maier: »Danach wird er sich den Inseln zuwenden und viele erobern. Aber ein Feldherr wird seinem Schmähen ein Ende machen. Er wird es machen, dass sein Schmähen auf der Strecke bleibt und er wieder heimkehren muss.«

193 C.F. Keil, *Biblischer Commentar über die Bücher Moses*, S.110.

Thermopylen besiegt. Im Jahr darauf brachte **»ein Anführer«**, **qâṣîn**, also im vorliegenden Zusammenhang ein Feldherr (wie in Jos 10,24; Ri 11,6.11), **»ihm sein Höhnen zum Schweigen«**, und das in einer solchen Weise, dass **»dessen Höhnen nicht zu ihm«**, zum römischen Feldherrn, **»zurückkehrt[e]«**. Antiochos verstummte vor der überlegenen Macht Roms. Es war *Lucius Cornelius Scipio Asiaticus* (aus dem berühmten Geschlecht der Scipionen, zu dem auch der berühmtere *Scipio Africanus* gehörte, der Sieger über Hannibal im Zweiten Punischen Krieg), der im Jahr 190 v. Chr. in der Schlacht von Magnesia in Kleinasien Antiochos III. demütigte.

> »Er musste Griechenland räumen, aber auch ganz Kleinasien bis an den Taurus abtreten. Antiochos III. wurde gezwungen, alle Elefanten herzugeben, eine hohe Kriegsentschädigung zu bezahlen und zudem zwanzig Geiseln zu stellen. Unter diesen Geiseln befand sich auch sein jüngerer Sohn, der später unter dem Namen Antiochos IV. Epiphanes Bedeutung erlangen sollte.«[194]

Wieder wandte Antiochos III. **»sein Angesicht«**, doch diesmal zurück Richtung Osten **»nach den Festungen seines Landes«**. Um die hohe Kriegsschuld zu bezahlen, begann er die befestigten Städte und die reichen Tempel in seinem Land zu plündern, doch damit bereitete er sich selbst sein Ende: Bei der Plünderung des Tempels in Elymais (= Elam) wurde er im Jahr 187 v. Chr. umgebracht. Auf diese Weise musste er **»straucheln und fallen«**.

> **20 Und an seiner statt wird einer aufstehen, der einen Eintreiber durch die Pracht des Reiches ziehen lässt; aber in wenigen Tagen wird er zerbrochen, und zwar nicht im Zorn und nicht im Krieg.**

»Und an seiner statt wird einer aufstehen«, nämlich Seleukos IV. *Philopator* (= den Vater liebend), und dieser wird **»einen Eintreiber«**, **nôgêŝ**,[195] durch sein Reich entsenden. In 2. Makkabäer 3 wird berichtet, dass Seleukos IV. seinen Minister *Heliodor* (= Gabe des Helios,

194 R. Liebi, *Weltgeschichte*, S. 95.

195 **nôgêŝ** wird in 2Mo 3,7 für »Treiber« verwendet. In Sach 9,8 sagt Gott, dass er sein Haus vor dem **nôgêŝ** bewahren wird. In 5Mo 15,2 wird das entsprechende Verb **nâgaŝ** verwendet für jemanden, der einen Schuldner drängt, und in 2Kö 23,35 für das Eintreiben von Silber und Gold.

der Sonne) nach Jerusalem entsendet, der den Tempelschatz plündern soll.[196] Seleukos IV. wurde nach **»wenigen Tagen«**, schon nach 12 Regierungsjahren, **»zerbrochen«**, während Antiochos III. 35 Jahre regiert hatte. Er endete **»nicht im Zorn und nicht im Krieg«**: Heliodor vergiftete ihn.

Antiochos IV. (V. 21-35)

Antiochos IV. und sein Erschleichen des Thrones (V. 21)

> **21 Und an seiner statt erhebt sich ein Verachteter, auf den man nicht die Würde des Königtums legt. Und er kommt unversehens und bemächtigt sich des Königtums durch Schmeicheleien.**

Dieser **»Verachtete«** war Antiochos IV., der sich den Beinamen gab *Theos epiphanēs nikēforos* (= der offenbarte siegreiche Gott). Dass ein Verachteter zur Herrschaft gelangte, demonstriert die in 4,14 ausgesprochene Wahrheit, dass Gott den Niedrigsten der Menschen zum Herrscher macht.

Auf diesen *»Verachteten«* **»legt man nicht die Würde des Königtums«**, denn er war nicht vorgesehen als der rechtmäßig auf Seleukos IV. folgende König. Dieser hatte zwei Söhne, von denen nach Recht und Billigkeit der ältere ihm auf den Thron folgen sollte. Antiochos IV. war zwar ein Sohn Antiochos' III. und gehörte damit zum Königsgeschlecht, stand aber nur in nachgeordneter Weise in der Thronfolge. Antiochos, der spätere *Theos epiphanēs*, saß seit der Schlacht bei Magnesia (siehe oben V. 19) noch immer als Kriegsgefangener in Rom. Nachdem der Steuereintreiber Heliodor (siehe oben V. 20) den König Seleukos IV. vergiftet hatte, konnte Antiochos IV. aus Rom zurückkehren, während Demetrius, der ältere Sohn Seleukos' IV. und der legale Anwärter auf den Thron, noch in Rom gefangen blieb. Durch **»Schmeicheleien«**, d.h. durch List und Intrigen, konnte Antiochos den jüngeren Bruder des Demetrius, also den zweiten Thronerben, der ebenfalls Antiochos hieß, verdrängen

196 2. Makkabäer 3 berichtet, wie Gott in wunderbarer Weise eingegriffen und die Plünderung des Tempelschatzes verhindert habe.

und sich so **»des Königtums bemächtigen«**, und zwar **»unversehens«**, **bəšalwah** (wie in V. 24), wörtl. »unter Sorglosigkeit«, d. h. während niemand etwas Böses erwartet. In V. 23 erfahren wir, dass er *»Trug üben wird«*, und in V. 27 wird gesagt, dass er mit dem König des Südens *»an einem Tisch«* sitzen und *»Lügen reden«* wird. Und schließlich wird in V. 32 noch einmal gesagt, dass er *»durch glatte Worte«* Leute an sich bindet. Wir erinnern uns an 8,23, wo er als König *»mit frechem Angesicht und der Ränke kundig«* charakterisiert wird.

Von hier an bis zum V. 35 wird seine Regierung in auffälliger Ausführlichkeit beschrieben; denn die Zeit Antiochos' IV. sollte erstens den Juden übergroßes Leid (V. 31-35) und gleichzeitig ebenso großen Segen bringen[197], und zweitens war seine Regierungszeit eine Vorwegnahme der letzten Zeit der Verführung. Wie in 8,10-12 wird auch hier berichtet vom Frevel des Antiochos gegen das Heiligtum Gottes (V. 31) – und damit gegen den Gott dieses Heiligtums.

Antiochos IV. und die Juden (V. 22-24)

22 Und die überflutenden Streitkräfte werden vor ihm überflutet und zerbrochen werden, und sogar ein Fürst des Bundes.
23 Und nachdem er sich mit ihm verbündet hat, wird er Trug üben. Und er wird hinaufziehen und mit wenig Volk Macht gewinnen.
24 Unversehens wird er in die fettesten Gegenden der Provinz eindringen und tun, was weder seine Väter noch die Väter seiner Väter getan haben: Raub und Beute und Gut wird er an sie austeilen. Und gegen die Festungen wird er seine Anschläge richten, und zwar eine Zeit lang.

Die **»überflutenden Streitkräfte«** sind alle Kräfte, die Antiochos Widerstand leisten wollen, doch sie **»werden vor ihm überflutet und zerbrochen«**, auch ein **»Fürst des Bundes«**, das ist der jüdische Hohepriester. Wie alle, die Antiochos im Weg standen, wurde auch der

197 Das Ansinnen des Antiochos, den Juden sein Griechentum aufzunötigen, öffnete vielen die Augen für die Gefahr, in der sie standen, und trieb sie zum Kampf um ihren Glauben, und alles Leid diente der Reinigung von vielen (siehe V. 32-35).

Hohepriester *»zerbrochen«*. Er setzte im Jahr 175 v. Chr. den Hohenpriester Onias III. ab und verkaufte dessen Amt an Jason, den Bruder Onias' III., für 540 Silbertalente. Doch Jason wurde im begehrten Amt nicht glücklich, denn **»nachdem er** (Antiochos) **sich mit ihm verbündet hat, wird er Trug üben«**. Antiochos setzt im Jahr 171 v. Chr. Jason wieder ab, und ein Menelaos wird Hoherpriester. Was der Seleukide tat, werden später die römischen Statthalter wiederholen. Sie setzen die Hohenpriester ein und vergreifen sich damit an einem Amt, über das der lebendige Gott allein bestimmt.

»... er wird hinaufziehen ...« bedeutet, dass er nach Jerusalem zieht, denn nur von dieser Stadt heißt es in der Bibel, dass man zu ihr hinaufzieht. Und dort wird er **»mit wenig Volk Macht gewinnen«**, d. h. mit der Unterstützung einer Minderheit anfangen, seine Absichten in Jerusalem und damit in ganz Judäa durchzusetzen. Hier steht für *»Volk«* **gôj**, das sonst für heidnische Völker verwendet wird. Das ist ein Hinweis darauf, dass zu jener Zeit immer mehr Juden sich hellenisieren ließen, und das noch ganz ohne Zwang, und damit stand das heilige Volk in Gefahr, den Heidenvölkern gleich zu werden und damit seine heilsgeschichtliche Bestimmung zu verlieren.

Der Einfall des Antiochos geschieht **»unversehens«**, **bəšalwah**, wörtlich »in Sorglosigkeit« oder »in Sicherheit«, also während alles ruhig und gesichert scheint und man nichts Böses ahnt. Da wird er eindringen in die fruchtbarsten Gegenden der **»Provinz«**, **mədînâh**, d. h. in Juda, und er wird etwas tun, **»was weder seine Väter noch die Väter seiner Väter getan haben«**: Er wird rauben **»und Beute«** machen und mit dem Geraubten unter den Juden Anhänger kaufen, indem er das Zusammengestohlene **»an sie austeilen«** wird. Damit tut er zu seiner Zeit, was bereits König Saul getan hatte (1Sam 22,7) und was auch der Antichrist tun wird: Der *»wird das Land austeilen zum Lohn«* (V. 39).[198]

Und er wird **»gegen die Festungen ... seine Anschläge richten«**, also allen Widerstand in Juda zu überwinden suchen, und er wird darin Gelingen haben, aber nur **»eine Zeit lang«**. All sein Tun wird durch den Gott des Himmels begrenzt im Ausmaß und in der Dauer. Dass Gott das stets tut, haben die Heiligen Gottes zu allen Zeiten gewusst, und das ist ihnen stets ein starker Trost gewesen.

198 Saul, der als Widersacher Davids, des von Gott Gesalbten, ein Anti-Gesalbter ist, tat das schon: Er verteilte Leuten, die sich loyal zu ihm stellten, Felder und Weinberge als Belohnung (1Sam 22,7).

Antiochos und Ägypten (V. 25-30)

25 Und er wird seine Kraft und sein Herz erregen gegen den König des Südens mit einem großen Heer. Und der König des Südens wird sich zum Krieg rüsten mit einem großen und überaus starken Heer, wird aber nicht bestehen, denn man wird Anschläge gegen ihn richten.
26 Und die seine Tafelkost essen, werden ihn zerbrechen; und sein Heer wird daherfluten, und viele Durchbohrte werden fallen.

Dieser Krieg gegen Ägypten dauerte von 170–168 v.Chr. Antiochos war gegen Ptolemaios siegreich, wobei dieser deshalb **»nicht bestehen«** konnte, weil man **»Anschläge gegen ihn«** richtete: Verräter schwächten Ägypten. Es waren gerade die Leute, die ihm am nächsten standen, Vertraute, **»die seine Tafelkost«, pat-bag,**[199] aßen, die sich gegen ihn verschworen, und damit konnten sie **»ihn zerbrechen«**. Was man dem Ptolemäer antat, haben Menschen einander immer wieder angetan, etwa lange vorher Verbündete den Edomitern (Ob 7), und da unser Herr als Mensch in diese Welt der Menschen kam, konnte es nicht ausbleiben, dass auch ihm solches widerfuhr, wie Ps 41,10 weissagt: *»Sogar der Mann meines Friedens, auf den ich vertraute, der mein Brot aß, hat die Ferse gegen mich erhoben.«*

Von Ptolemaios VI. *Philometor*, d.h. der Mutterliebende, (180–145 v.Chr.) weissagte Daniel, dass **»sein Heer … daherfluten«**, d.h. sich verlaufen wird, und dabei **»viele Durchbohrte fallen werden«**. So geschah es nach dem Sieg Antiochos' IV. über Ptolemaios VI., der sich dem Sieger unterwarf. 1. Makkabäer 1,16-18 berichtet:

> »Nachdem Antiochos seine Herrschaft befestigt sah, sann er darauf, auch über Ägypten zu herrschen, um beide Reiche zu beherrschen. Er fiel daher mit gewaltiger Heeresmacht in Ägypten ein, mit Wagen, Elefanten und Reitern und mit einer großen Flotte und führte Krieg mit Ptolemäus, dem König von Ägypten. Ptolemäus ergriff die Flucht vor ihm, und es fielen zahlreiche Erschlagene.«

199 das gleiche Wort, das in 1,5 verwendet wird für die Tafelkost Nebukadnezars.

Antiochos ließ sich in Memphis zum König über Ägypten krönen, doch widersetzten sich dem die Bürger in Alexandria, indem sie den jüngeren Bruder des Ptolemaios zum König erkoren. Antiochos vermochte Alexandria nicht zu bezwingen, und so musste er sich zu einem Abkommen herbeilassen:

> **27 Und die beiden Könige: Ihre Herzen sind auf Übeltun gerichtet, und an *einem* Tisch werden sie Lüge reden; aber es wird nicht gelingen, denn das Ende ist erst auf die bestimmte Zeit.**

»Die beiden Könige« Antiochos und Ptolemaios suchen Übereinkünfte auf diplomatischem Weg, die aber zu nichts führen, da **»ihre Herzen auf Übeltun gerichtet sind«** und sie tun, was allezeit das Geschäft von Diplomaten gewesen ist bis zum heutigen Tag: Sie sitzen an **»einem Tisch«** und **»reden Lüge«**, jeder nur darauf bedacht, wie er den anderen übervorteilen kann. Es **»wird nicht gelingen«**, weil das erst zur **»bestimmten Zeit«** am **»Ende«** gelingen wird. Dann werden nicht nur zwei, sondern zehn Könige sich zusammen beraten, und die werden dann *einen* Sinn haben und alle ihre Macht dem Tier geben (Offb 17,12-13).

> **28 Und er wird mit großer Habe in sein Land zurückkehren, und sein Herz wird gegen den heiligen Bund** gerichtet sein**; und er wird handeln und in sein Land zurückkehren.**

Wie geweissagt, kehrte Antiochos **»mit großer Habe«**[200], d.h. mit reicher Beute, **»in sein Land zurück«**. Wir erfahren aus den Berichten der Historiker, dass Unruhen in Syrien ihn zum Abbruch des Krieges zwangen und er nordwärts zurückmarschierte. Dabei war **»sein Herz gegen den heiligen Bund** gerichtet**«**, d.h. gegen die Ordnungen, die dieser Bund enthielt, welche das Verhältnis Israels zu seinem Gott bestimmten. Während Antiochos in Ägypten seinen Krieg führte, hatte der 171 v.Chr. abgesetzte Hohepriester Jason die Stadt Jerusalem überfallen, um sein Amt zurückzugewinnen. Das konnte Antiochos nicht dulden; er marschierte in Jerusalem ein, um den von ihm eingesetzten Hohenpriester zu

200 **rəkûš** wie z.B. in 1Mo 12,5; 14,11.16.21. Oben in V. 13 mit »Tross« übersetzt.

stützen, und nutzte die Gelegenheit, noch weitere Beute zu machen: Er plünderte das Haus Gottes. Aus 1. Makkabäer 1,21-24 erfahren wir Einzelheiten über das, was Daniel in knappen Worten geweissagt hatte:

»Nachdem er Ägypten geschlagen hatte, kehrte Antiochos im Jahre 143[201] um und zog gegen Israel und Jerusalem mit gewaltiger Heeresmacht. Er drang in seinem Übermut in das Heiligtum ein, nahm den goldenen Altar und den Leuchter samt allen seinen Geräten, den Tisch und die Schaubrote, die Kannen und Schalen und die goldenen Räuchergefäße … er nahm das Silber und das Gold und die kostbaren Geräte und was er an verborgenen Schätzen fand. Und nachdem er das alles genommen hatte, zog er ab in sein Land.«

29 Zur bestimmten Zeit wird er wiederkehren und gegen den Süden ziehen, aber nicht wie beim ersten Mal wird es sein beim zweiten Mal,
30 denn Schiffe aus Kittim werden gegen ihn kommen; und er wird verzagen und umkehren, und er wird gegen den heiligen Bund ergrimmen und handeln: Er wird umkehren und sein Augenmerk richten auf die, welche den heiligen Bund verlassen.

»Zur bestimmten Zeit wird er wiederkehren und gegen den Süden ziehen, aber nicht wie beim ersten Mal wird es sein«: 168 v. Chr. fiel Antiochos wieder in Ägypten ein, eroberte wieder Memphis, doch war sein Feldzug **»beim zweiten Mal«**[202] nicht so erfolgreich wie bei seinem vorherigen Krieg gegen Ägypten (V. 25-28). Als er mit seinem Heer vor Alexandria stand, wurde er durch eine ihm überlegene Macht zur Umkehr gezwungen: **»Schiffe aus Kittim werden gegen ihn kommen«**, d. h. von Zypern, das von Söhnen Jawans bewohnt war (1Mo 10,4), d. h. von Griechen.

»Kittim … bezeichnete zunächst Zypern, später aber die Inseln und Küsten des Mittelmeeres allgemein (Jes 23,1.12; Jer 2,10; Hes 27,6) … Griechenland wurde in Kap. 8,21 und Kap. 10,20 ein-

201 d.h. im Jahre 143 des Bestehens der griechischen Herrschaft (vgl. 1. Makkabäer 1,10, wo erwähnt wird, dass er im 137. Jahr der griechischen Herrschaft zu regieren begann).
202 wörtlicher: »… nicht wie zuvor / im Anfang wird es sein zuletzt / beim letzten Mal …«.

deutig bezeichnet als ›Jawan‹. Wenn der Ausdruck ›Kittim‹ erscheint, handelt es sich offensichtlich nicht mehr um Griechenland. Welche Macht des Westens kommt dann überhaupt infrage, wenn Griechenland ausscheidet? Der Prophet Daniel im 6. Jh. v. Chr. konnte das noch nicht wissen. Er sprach nur nach, was ihm der Engel erklärte. Aber im 2. Jh. v. Chr. wird ›Kittim‹ zum Namen der Römer. Im 2. Jh. also, im Verlauf der Geschichte, enthüllte sich allmählich, was ›Schiffe von Kittim‹ bedeutet: Schiffe der Römer.«[203]

Eine römische Flotte fuhr auf und durchkreuzte die Pläne des Seleukiden. Diese Stelle bildet eine erstaunliche Parallele zu den Weissagungen Bileams. Dieser schließt seine letzte Botschaft mit den Worten: *»Und Schiffe von der Küste von Kittim werden Assur demütigen und Heber demütigen, und auch er kommt zum Untergang«* (4Mo 24,24). Das von Bileam angekündigte westliche Weltreich Rom, das das orientalische Assur und auch Israel demütigen würde, erscheint hier wie schon in V. 18 als die Macht, welche Griechenland erniedrigt und sich unterwirft und zum Weltreich heranwächst. Dass dieses Reich am Ende der Zeit ein besonderer Unterdrücker und Verfolger seines Volkes werden sollte, wusste Daniel aus dem Gesicht, das ihm Gott bereits zur Zeit der babylonischen Herrschaft gegeben hatte (Kap. 7).

Der römische Legat, der Konsul *Gaius Popilius Laenas*, zwang den Syrerkönig mit einem Ultimatum zur Rückkehr nach Syrien, wie Daniel geweissagt hatte: **»... und er wird verzagen und umkehren ...«**. F. Hitzig schreibt in seinem Kommentar zu diesem Geschehen:

»Auf die Klagen der Alexandriner hatte der römische Senat eine Gesandtschaft abgeordnet, an ihrer Spitze den C. Popilius Laenas, welcher … gen Ägypten segelte (Liv. 45,10). Hier traf er vier römische Meilen von Alexandrien den Antiochos, überreichte seiner zum Gruße dargebotenen Hand die Senatsbotschaft; und als jener erklärte, er wolle sich mit seinen Ratgebern die Sache überlegen, beschrieb Popilius mit seinem Stabe einen Kreis um den König und

203 G. Maier, *Der Prophet Daniel*, S. 394. In der Septuaginta, der griechischen Übersetzung des AT, die im 3. Jh. v. Chr. entstand, wird Kittim mit *Rōmaioi*, »Römer«, übersetzt. V. 30 lautet: Καὶ ῞ηξουσι Ρωμαῖοι καὶ ᾽εξώσουσιν ᾽αυτόν: »Und Römer werden kommen und ihn wegdrängen …«

> hieß ihn antworten, ehe er aus diesem Kreise heraustrete. Antiochos, verblüfft, fügte sich und räumte Ägypten (Liv. 45,12 …).«[204]

Nach dieser Demütigung wollte Antiochos sich schadlos halten an den Juden, diesem eigensinnigen Völkchen, das sich weigerte, so zu werden wie alle Welt. Jetzt war die Stunde gekommen, seine schon länger gehegten Absichten gegen die Juden (siehe V. 28) ins Werk zu setzen: **»… er wird gegen den heiligen Bund ergrimmen und handeln …«** Die Juden sollen den Bund mit ihrem Gott verlassen und sich Antiochos in allen Stücken unterwerfen. Die von Gott gestiftete Theokratie soll zerschlagen werden, denn im Reich des Antiochos darf niemand einem anderen Herrn gehorchen außer ihm. Der König will *ein* Volk mit *einer* Religion:

> »Der König ließ in sein ganzes Reich ein Schreiben ausgehen, dass alle zu *einem* Volk werden sollen und ein jeder seine Gebräuche aufgeben solle« (1. Makkabäer 1,41-42).

Das hatte auch Nebukadnezar angestrebt (Kap. 3), und das wird im Reich des Tieres von Offenbarung 13 nicht anders sein. Dort wird die Anbetung des Staates, verkörpert im Herrscher über dasselbe, die einzige Religion sein, die man duldet.

Zunächst richtete der König **»sein Augenmerk … auf die, welche den heiligen Bund verlassen«**, auf die Juden, welche die Gottesherrschaft als eine Bürde empfanden und darum lieber Griechen sein wollten. Das waren die natürlichen Verbündeten des Griechenkönigs.

> »Auch aus Israel fanden viele Gefallen an seiner Religion, opferten den Götzen und entweihten den Sabbat« (1. Makkabäer 1,43).

All das will uns lehren, wie wichtig es zu allen Zeiten ist, dass das Volk Gottes sich an seinen Gott bindet und sich nicht der Welt anpasst (Röm 12,1-2; 1Jo 2,15-17), d. h. dass es sich an Gottes Wort bindet. Dazu muss man dieses Wort kennen, es lesen, sich in seinen Inhalt vertiefen, es in sein Inneres aufnehmen und dabei allen Beistand des Himmels

204 Hitzig, *Das Buch Daniel*, S. 208.

erbeten, damit man dem Wort gehorchen und im Glaubensgehorsam ausharren kann (vgl. Apg 2,42; Kol 1,9-11).

Antiochos und Jerusalem (V. 31-35)

31 Und Streitkräfte von ihm werden dastehen; und sie werden das Heiligtum, die Festung, entweihen und werden das beständige Opfer abschaffen und den verwüstenden Gräuel aufstellen.

»Streitkräfte … werden dastehen«: Daniel verwendet nicht das Wort »Heer«, **ḥajil**, wie in V. 25, sondern **zərôᶜîm**, wörtlich »Arme«, wobei im Hebräischen »Arm« auch verwendet wird für Kraft, Stärke. Es handelt sich nicht um eine reguläre Heereseinheit, sondern es sind aus Griechen und Juden für diese besondere Aufgabe zusammengestellte Truppen. Diese werden gemeinsam **»das Heiligtum, die Festung – mâᶜôz**[205] **– entweihen«**. Als sie das taten, verhalfen auch zu diesen Streitkräften gehörige abgefallene Juden Antiochos IV. zu seinem Frevel: Er entweihte im Jahr 167 v.Chr. den Tempel in Jerusalem, indem er aus dem Brandopferaltar einen Zeusaltar machte und Schweine auf ihm opferte. Er verbot den jüdischen Gottesdienst, verbrannte Torahrollen, stellte das Halten den Sabbats und die Beschneidung unter Todesstrafe und nötigte die Juden zur Anbetung des Zeus Olympios. Ein Teil der Juden verweigerte dem heidnischen Herrscher den Gehorsam und folgte dem Ruf des Judas Makkabäus zum bewaffneten Widerstand.

Der **»verwüstende Gräuel«** war ein Standbild des Zeus, des obersten Gottes im griechischen Götterhimmel. Damit, dass der Abgott die Gesichtszüge des Antiochos trug, ließ er in diesem Bild sich selbst anbeten. Der Ausdruck lautet hebr. **šiqqûṣ məšômêm**. In 12,11 lautet das Hebräisch ein wenig anders: **šiqqûṣ šômêm**, hat aber die gleiche Bedeutung »verwüstender Gräuel«. Das ist die Stelle, auf die der Herr sich in Mt 24,15 bezieht, wo er vom *»Gräuel der Verwüstung«* spricht, nämlich vom Bild des Tieres, welches der Antichrist, der falsche König der Juden, im Tempel in Jerusalem aufstellen wird. Wie zur Zeit der

205 das gleiche Wort wie in Ps 27,1: »Jahwe ist meines Lebens **mâᶜôz**« = »Stärke«, »Festung«.

Seleukiden wird auch in der Zeit der letzten großen Verführung ein Großteil der Juden (siehe 9,27a) einem gottlosen König folgen, sich an den Fürsten des wiedererstandenen Römischen Reiches binden und den Glauben an den Gott der Väter verlassen.

32 Und die gegen den Bund Frevelnden wird er zum Abfall verleiten durch glatte Worte; aber das Volk, das seinen Gott kennt, wird festhalten und handeln.

Durch glatte Worte war Antiochos auf den Königsthron gelangt, **»durch glatte Worte«** wird er Juden **»zum Abfall verleiten«**.[206] Schon immer hat der Fürst dieser Welt durch allerlei Mittel versucht, die Treuen zum Abfall zu bewegen.[207] Der Herr hat wiederholt vor Verführung gewarnt (Mt 24,5.11.24), und das taten auch die Apostel (Röm 16,17-18; 2Kor 11,1-4; 2Thes 2,3; 2Petr 2,1-2; 1Jo 2,18-19.26), weil wir anfällig sind, den Listen des Teufels zu erliegen, besonders wenn er wie ein Menschenfreund, ein Engel des Lichts erscheint (2Kor 11,14).

»aber das Volk, das seinen Gott kennt, wird festhalten und handeln«: Das ist eine kurze Umschreibung der sogenannten Makkabäerkriege (167–163 v. Chr.), in denen viele Juden im Krieg gegen Antiochos fielen, da sie lieber den Tod wählten, als dass sie vom Glauben an ihren Gott abfielen. Nur wer *»seinen Gott kennt«*, wird stark genug sein, um gegen alle Drohung und Verlockung an seinem Glauben festzuhalten.[208]

An Daniel hatten wir gelernt, wie er mit seinen Gefährten der Vereinnahmung durch den Glanz und die Macht Babels widerstehen konnte durch die Erkenntnis, die Gott ihm gab (1,8.17.20). Am Ende der Zeit wird unter erschwerten Bedingungen ebenso gelten: Nur, wer Gott kennt und damit in ihm verankert ist, vermag beidem, den Verlockungen (vgl. 2Petr 1,4) und dem Spott der Welt (vgl. 2Petr 3,3), zu widerstehen. Die Treuen widerstanden im 2. vorchristlichen Jahrhundert auf zwei Arten:

206 **jaḥanîph**, »ruchlos, gottlos machen«, also »zu Heiden machen« (so übersetzt es C. F. Keil).

207 1. Makkabäer 2,15-17 beschreibt das wie folgt: »Es kamen Abgesandte des Königs, die zum Abfall nötigen sollten, nach der Stadt Modeïn, um sie zum Opfern zu bringen … Da hoben die Abgesandten des Königs an und sagten: Du bist ein Oberster und angesehen und groß in dieser Stadt und stark durch Söhne und Brüder. So tritt nun zuerst heran und tue, was der König befiehlt, wie alle Völker taten und die Männer von Juda und die in Jerusalem Zurückgebliebenen. So wirst du und dein Haus zu den Freunden des Königs gehören, und du und deine Söhne werdet mit Silber und Gold und vielen Geschenken geehrt werden.«

208 Paulus konnte aus dem Gefängnis in Rom an Timotheus schreiben: *»… ich weiß, an wen ich geglaubt habe, und bin gewiss …«* (2Tim 1,12). Er kannte seinen Herrn und Retter; darum blieb er fest im Angesicht der nahenden Hinrichtung (2Tim 4,6).

Durch bewaffneten Widerstand (die Makkabäer) und durch Lehrtätigkeit (*»die Verständigen«*, V. 33). Die Waffen des Christen sind *»göttlich mächtig«* (2Kor 10,4): Wort Gottes, Gebet, Bekenntnis, Gemeinschaft.

> **33 Und die Verständigen des Volkes werden die Vielen zur Einsicht bringen, und sie werden fallen durch Schwert und Flamme, durch Gefangenschaft und Raub, tagelang.**
> **34 Und in ihrem Fallen wird ihnen geholfen werden mit einer kleinen Hilfe; und viele werden sich ihnen anschließen mit glatten Worten.**

»Die Verständigen«, **maskîlîm**, sind die Gottesfürchtigen **»des Volkes«**, die Gottes Wort studieren, es befolgen und, durch Gottes Wort gelehrt, fähig sind, die Pflicht wahrer Leviten gemäß 5Mo 33,10; Mal 2,7 zu erfüllen: Sie werden **»die Vielen zur Einsicht bringen«**. Es gibt kein anderes Mittel, um die Gläubigen gegen Verführung zu wappnen, als das Lehren der göttlichen Wahrheiten. Wird das Volk nicht gelehrt, hat es keine Erkenntnis, und dann wird es verführt, weggeführt (Jes 5,13) und geht zugrunde (Hos 4,6).

Diese *»Verständigen«* werden im Angesicht von Verbot und von Drohungen unverdrossen tun, was ihnen das Gewissen diktiert, auch wenn von ihnen Zahlreiche zusammen mit den kämpfenden Juden **»fallen werden durch Schwert und Flamme, durch Gefangenschaft und Raub«** (vgl. Offb 13,7). Doch auch **»in ihrem Fallen«** werden sie **»eine kleine Hilfe«** bekommen. Der Gott Israels verhalf in jener kritischen Stunde seinem Volk zu Siegen gegen die große Übermacht der griechischen Heere, sodass die Makkabäer tatsächlich durch ihr Vertrauen auf den Gott der Väter taten, was in Hebräer 11,33 steht: Sie *»bezwangen Königreiche«*. Die kleine Hilfe war nötig, um das Volk vor dem Untergang zu retten und es aufzubewahren für ihre große Bestimmung: Aus ihm musste der Retter der Welt geboren werden, der am Ende der Tage eine große, eine endgültige Hilfe bringen wird.

> »Die ›große Hilfe‹ kommt erst, wenn Jesus Christus bei seiner Wiederkunft allen Reichen dieser Welt ein Ende machen wird.«[209]

209 Gerhard Maier, *Daniel*, S. 399.

Die Verständigen wissen, dass die Macht der Gottlosen nur **»tagelang«** währt (vgl. Offb 13,5) und dass am Ende die Wahrheit obsiegen wird. Ihr Zeugnis und ihr Vorbild sind so überzeugend, dass **»viele sich ihnen anschließen werden mit glatten Worten«**.[210] Das ist immer so gewesen, besonders in Zeiten des geistlichen Kampfes und der geistlichen Siege: Viele werden vom Zeugnis der Treuen beeindruckt und schließen sich deshalb der guten Sache an, ohne dass Herz und Wille von Gottes Wahrheit wirklich bezwungen sind. Wir erinnern uns an das Gleichnis vom vierfältigen Boden: Da werden immer Leute sein, die das Wort zunächst mit Freuden aufnehmen, aber sie haben keine Wurzel in sich und fallen wieder ab (Mt 13,20-21). Und wir denken an Simon, den Zauberer, dessen Herz nicht aufrichtig war vor Gott (Apg 8,21), sowie an die Leute, von denen Johannes sagt, dass sie irgendwann die Gläubigen und damit deren Glauben verlassen und so offenbaren, dass sie nie wirklich zum Volk Gottes gehörten (1Jo 2,19). Seien wir darum dankbar für allerlei Prüfungen und Nöte, denn diese sind das Feuer, das offenbar macht, ob unser Glaube echt sei (1Petr 1,6-7). Und ringen wir darum, unsere *»Berufung und Erwählung fest zu machen«* (2Petr 1,10), d. h. zur Gewissheit zu kommen, dass wir wirklich berufen und gerechtfertigt und damit auch verherrlicht sind (Röm 8,30).

35 Und von den Verständigen werden einige fallen, um unter ihnen auszuschmelzen und zu reinigen und weiß zu machen bis zur Zeit des Endes; denn es geht noch bis zur bestimmten Zeit.

Auch **»von den Verständigen werden einige fallen, um … auszuschmelzen«**: Das Wüten des Griechenkönigs gegen das Volk Gottes wird *»das Feuer des Schmelzers«* sein (vgl. Mal 3,2), das die Willigen von aller Unreinheit der Heiden reinigt (siehe auch Jes 1,25). Damit kehren wir zum wichtigen Thema des ersten Kapitels zurück, wo wir gesehen hatten, wie Daniel sich rein hielt vom Geist Babels (1,8). An ihm wurde damit demonstriert, wie das Volk Gottes in der Zeit der Nationen und unter den Nationen nur überleben kann, wenn es sich vom Geist der Nationen unbefleckt erhält. Im Glutofen der Drangsal werden die Schlacken (siehe Ps 119,119), d. h. die Unechten, ausgeschieden, gleichzeitig

210 **ḥalaqlaqqôt**, wörtlich: »Schlüpfriges«, »Glattes«, »schlüpfrige Örter« (Ps 35,6; Jer 23,12), »glatte, verlogene Worte«, »Ränke« (V. 21) oder »Heuchelei«.

werden die Treuen durch den Schmelzofen des Leidens wie geprüftes Gold offenbar als wahre Gläubige (vgl. 1Petr 1,7). Das Leiden ist auch ein Mittel, um die noch Unreinen **»zu reinigen und weiß zu machen«**, also zu wahrem Glauben zu erziehen und so vor dem Abfall zu bewahren.

»bis zur Zeit des Endes«: Mit dieser Zeitbestimmung und dem erklärenden Nachsatz **»denn es geht noch bis zur bestimmten Zeit«** wird die Brücke geschlagen von der Seleukidenzeit in die Zeit des Endes. Dann wird endgültig geschieden zwischen den Gottlosen und den Gerechten im Volk Israel (siehe 12,10), zwischen denen, die zu ewigem Leben, und denen, die zu ewiger Schande auferstehen (siehe 12,2). Dann werden wieder *»Verständige«* da sein, die das Volk lehren (12,3), und so besteht eine innere Verbindung zwischen der Endzeit und der Makkabäerzeit, in denen bereits *»Verständige«* da waren, die das Volk in einer Stunde höchster Gefahr lehrten und so vor dem Untergang bewahrten.

3. Der endzeitliche König der Juden (11,36-39)

Diese Verse, welche von einer nur als »König« bezeichneten Person handeln, folgen unmittelbar auf die ausführliche Beschreibung der Untaten Antiochos' IV., womit angezeigt werden soll, dass diese beiden Gestalten in einer inneren Kontinuität stehen, die zwar nicht geschichtlich, aber moralisch ist. Der letzte König der Juden ist nicht Grieche, sondern eben Jude, aber der Seuleukide tat bereits, was der endzeitliche König der Juden, der Antichrist, tun wird. Wie jener den zweiten Tempel entweihte, so wird dieser den dritten Tempel entweihen.

> **36 Und der König wird tun nach seinem Belieben, und er wird sich erheben und groß machen über jeden Gott, und gegen den Gott der Götter wird er Ungeheures reden; und er wird Gelingen haben, bis der Zorn vollendet ist, denn das Festbeschlossene wird vollzogen.**

»Und der König«: Wer ist *»der König«*? Er ist nicht Antiochos IV., wie etwa Zöckler meint.[211] Bisher ist in diesem Kapitel immer und ohne

211 »Der König kann kein anderer sein als der bisher erwähnte, der gottfeindliche Dränger Israels … Antiochos Epiphanes« (O. Zöckler, *Der Prophet Daniel*, S. 225).

Ausnahme jeder König bezeichnet worden als entweder *»König des Nordens«* oder *»König des Südens«*. *»Der König«* in diesem Vers ist also keiner von beiden. Das wird überdies in V. 40 deutlich, wo wir lesen, dass der König des Südens und der König des Nordens diesen angreifen werden, und dort wird auch gesagt, dass es *»zur Zeit des Endes«* geschehen wird. *»Der König«* gehört also nicht in die Zeit der Diadochen. Für die Zeit des Endes aber haben wir einen König der Juden zu erwarten, der sich für den Christus ausgibt.[212]

Daniel ist nicht der einzige Prophet, der diesen kommenden falschen König der Juden ankündigt. Jesaja weissagt von einen Volk, das glatte Worte, Lügenworte hören will und das begehrt, dass man den Heiligen Israels vor seinen Augen wegschaffe (Jes 30,10-11). Es wird also ganz gottlos geworden sein. Der HERR wird es deswegen zertrümmern, wie man einen Tonkrug zertrümmert (Jes 30,14) an einem Tag des Zorns, der über dieses Volk kommt (Jes 30,26-32). Der HERR hat für den endzeitlichen Assyrer (Jes 30,31), der an jenem Tag des Zorns aus dem Norden ins heilige Land einfällt, eine Stätte des Feuers bereitet, und da heißt es: *»... auch für* ***den König*** *ist sie bereitet«* (Jes 30,33). Das heißt, dass Juda dann einen König haben wird, und dieser wird in den Feuersee geworfen werden (Offb 19,20). Von diesem König spricht auch Hesekiel: *»Und du, Unheiliger, Gottloser, Fürst Israels, dessen Tag gekommen ist zur Zeit der Ungerechtigkeit des Endes ...«* (Hes 21,30). Man beachte die Zeitangabe: Der König wird *»zur Zeit ... des Endes«* in Juda auftreten. In Sacharja 11 erfahren wir, dass der wahre Hirte und König, der Messias, für 30 Silberlinge verkauft (Sach 11,12-13), das heißt vom Volk nicht angenommen werden wird. Dessen Stelle wird ein *»törichter Hirte«*, ein selbst ernannter König, ein Verderber der Herde, einnehmen (Sach 11,15-16). Das Schwert wird über ihn kommen (Sach 11,17), was Jesaja 11,4 mit diesem Wort ankündigt: *»... mit dem Hauch seiner Lippen [wird er] den Gottlosen töten.«*

Unser Herr hat den Juden angekündigt, dass sie einen falschen König aufnehmen werden, weil sie ihn, den wahren König nicht annahmen:

212 »Es lohnt sich an dieser Stelle, noch einmal auf die alten Ausleger zu hören. Der im 3. Jahrhundert n.Chr. schreibende Hippolyt bezog die Verse 36ff. auf den Antichrist, der im 4. Jahrhundert lehrende Hieronymus bezog schon die Verse 21ff. auf den Antichrist, und der zu Anfang des 5. Jahrhunderts wirkende Chrysostomos betrachtete sogar das ganze 11. Kapitel als Antichristweissagung. Auch Luther sieht von V. 21 an zunehmend eine Weissagung auf den Antichrist ... Luther beruft sich für diese Deutung auf die einstimmige Meinung der Kirche: ›denn auch alle Lehrer einträchtiglich solche Weissagung vom Antiocho auf den Antichrist deuten‹« (Gerhard Maier, *Der Prophet Daniel*, S. 401).

»Ich bin in dem Namen meines Vaters gekommen, und ihr nehmt mich nicht auf; wenn ein anderer in seinem eigenen Namen kommt, den werdet ihr aufnehmen« (Joh 5,43). Die Eigenschaften dieses Königs sind die gleichen, die der Antichrist hat, *»der Mensch der Sünde, der Sohn des Verderbens«*, den Paulus in 2Thes 2,3-4 beschreibt:

- Eigenwille: Er **»wird tun nach seinem Belieben«** (vgl. Joh 5,43). In ihm wird die Sünde Adams bis auf die äußerste Spitze getrieben. Dieser erhob sich gegen Gottes Willen und Gebot; der Antichrist wird keinen anderen Willen gelten lassen als seinen eigenen.
- Selbstverherrlichung: **»… er wird sich erheben und groß machen …«** In ihm vollendet sich die Lüge, mit der Satan das erste Menschenpaar zum Abfall verleitete: *»… ihr werdet sein wie Gott …«* (1Mo 3,5).
- Gotteslästerung: **»… gegen den Gott der Götter wird er Ungeheures reden …«**, d.h. er wird reden wie das Tier aus dem Meer (Offb 13,5), das kleine Horn von 7,8. Und so, wie das Tier aus dem Meer seinen Thron und seine Gewalt vom Drachen bekam, so wird der Antichrist reden mit der Stimme des Drachen (Offb 13,11).
- Erfolg: **»… er wird Gelingen haben …«**, und gerade das wird vom falschen Friedensbringer, dem Antichristen, in Offb 6,2 gesagt.

Wenn dieser König in seinem Mutwillen handelt und darin *»Gelingen haben wird«*, sodass die Masse des Volkes ihn annimmt, ist das ein Ausdruck von Gottes Zorn über seinem Volk. Wir lesen in Hos 13,11: *»Ich gab dir einen König in meinem Zorn und nahm ihn weg in meinem Grimm.«* Hier ist zwar Saul gemeint, der aber so etwas wie ein Vorläufer des Antichrists war, der Israel zunächst erfolgreich führen konnte, das Volk aber am Ende mit sich selbst ins Unheil riss (1Sam 31). Damals hatte das Volk einen König nach seinem eigenen Herzen verlangt, und Gott gab ihnen in seinem Zorn, was sie begehrten. Ebendarin erweist sich Gottes Zorn am sündigen Menschen, dass er ihn seinen Wünschen und seinem Begehren überlässt (Röm 1,18.24.26.28). Und gibt Gott ihm auf diesem Weg gar Gelingen, hat er über ihn bereits das böse Ende beschlossen. Umgekehrt ist es ein Beweis von Gottes Güte, wenn er einen Menschen in seinem eigenwilligen Lauf aufhält und ihn mit seinen Plänen auflaufen lässt (siehe Hos 2,8).

Der Antichrist soll erfolgreich sein, **»bis der Zorn vollendet ist«**, nämlich jener Zorn, der zur Zeit des Endes über Israel kommen muss seines großen Götzendienstes wegen: Israel wird den Gräuel im Tempel dulden, ja, sogar anbeten, und deshalb sendet Gott abermals, wie zur Zeit, da das antike Rom über Juda herrschte (9,26), einen Verwüster gegen das gottlose Jerusalem, bis **»das Festbeschlossene … vollzogen«** ist. Gottes Zorn vollendet sich damit, dass er den Gottlosen in dessen selbst gewählten Untergang versenkt. Man vergleiche das mit 9,27, wo der gleiche Ausdruck *(»Festbeschlossenes«)* steht, womit deutlich wird, dass es sich an beiden Stellen um die gleiche Zeit handelt.

37 Und auf den Gott seiner Väter wird er nicht achten, weder auf die Sehnsucht der Frauen noch auf irgendeinen Gott wird er achten, sondern er wird sich groß machen über alles.
38 Aber den Gott der Festungen wird er an dessen Stelle ehren, und den Gott, den seine Väter nicht kannten, wird er ehren mit Gold und mit Silber und mit Edelsteinen und mit Kleinodien.

»auf den Gott seiner Väter wird er nicht achten«: Dieser Ausdruck zeigt, dass es sich hier um einen Juden handelt (siehe 5Mo 26,7; 2Chr 33,12). Es kann also hier weder ein Seleukiden- noch ein Ptolemäerkönig gemeint sein. Der Ausdruck *»Gott der Väter«* oder *»Gott unserer Väter«* ist in der Bibel eine Bezeichnung, die ausschließlich für den Gott Abrahams, Isaaks und Jakobs verwendet wird (1Chr 29,18). »Gott unserer Väter« kommt im AT 5-mal vor (im NT 3-mal, immer in der Apostelgeschichte), »Gott meiner Väter« 1-mal (Daniel preist in 2,23 *»dich, Gott meiner Väter«*; dazu in Apostelgeschichte 1-mal), »Gott deiner Väter« 4-mal (1-mal in Apg); »Gott seiner Väter« 6-mal, »Gott eurer Väter« 10-mal, »Gott ihrer Väter« 16-mal. Es ist immer der Gott Israels gemeint. Darum muss es ein Jude sein, von dem gesagt wird, er achte nicht auf den Gott seiner Väter. Während Christus im Namen des Vaters kam, wird der Antichrist in seinem eigenen Namen kommen (Joh 5,43). Er wird *»den Vater und den Sohn«* leugnen (1Jo 2,22). Damit, dass er den Vater und den Sohn leugnet, offenbart er, dass er den Platz Christi einnehmen will.

Er wird weder den Gott seiner Väter ehren noch **»die Sehnsucht der Frauen«**: Diese Genitivverbindung kann auf zwei Arten verstanden werden: die Sehnsucht, welche die Frauen besitzen (subjektiver Genitiv), oder die Sehnsucht, die er, der König, nach den Frauen hat (objektiver Genitiv). Also könnte hier gemeint sein, dass der König keine Sehnsucht nach dem weiblichen Geschlecht kennt und deshalb ehelos lebt.[213] Ehelose weltliche Herrscher wie ein Adolf Hitler haben erfahren, dass gerade dieser Umstand ihnen große Macht über die Frauen gab. Das ist beim König aber unwahrscheinlich, wenn wir beachten, wie dieser Ausdruck zwischen zwei Aussagen steht, die etwas mit der Beziehung zu göttlichen Personen zu tun haben. Der Ausdruck *»die Sehnsucht der Frauen«*, **ḥæmdat nâšîm**, ist also das, wonach die Frauen sich sehnen.[214] Im vorliegenden jüdischen Zusammenhang ist der Messias gemeint. Manche jüdische Frauen, die aufgrund von 1Mo 3,15 wussten, dass der Erlöser und Befreier des Menschengeschlechts von einer Frau geboren werden müsse, und denen aus 2Sam 7,12-13 bekannt war, dass dieser ein Nachkomme Davids sein werde, trugen in ihrer Brust die geheime Sehnsucht, die Auserwählte zu sein, die den Messias zur Welt bringen sollte.

Der König wird nicht **»auf irgendeinen Gott achten, sondern er wird sich groß machen über alles«**. Er ist eben *»der Mensch der Sünde«* (2Thes 2,3). Nur **»den Gott der Festungen wird er … ehren«**, welcher sich im Tier von Offb 13,1-4 verkörpert. *»Der Gott der Festungen«* ist die Macht der Waffen, die bereits Nebukadnezar wie einen Gott verehrt hatte, weil sie so erfolgreich gewesen waren (Hab 1,11). Die überlegene militärische Macht des Tieres lässt alle Welt fragen, wer mit ihm kämpfen könne (Offb 13,4). So wird der Antichrist, der keinen Gott über sich anerkennt (V. 36), dennoch das Tier *»ehren«*.

213 Keil bezieht den Ausdruck auf den König: »Er wird auf Frauenlust oder Frauenliebe nicht achten … er wird sich losmachen von allen zarten Regungen der Menschen- und Gottesliebe« (C. F. Keil, *Biblischer Commentar über den Propheten Daniel*, S. 386). Ebenso John Gill: »Er verlangt nicht nach einer Ehefrau oder danach, sich an Frauen zu erfreuen« (J. Gill, *Exposition of the Old & New Testaments*, Bd. 6, S. 367). Zöckler sieht in der »Sehnsucht der Frauen« orientalische Gottheiten »Baaltis, Astarte oder Mylitta der Babylonier«, an denen die Frauen hingen (O. Zöckler, *Der Prophet Daniel*, S. 226). So auch G. Maier: »Der **Liebling der Frauen** war sehr wahrscheinlich eine Gottheit, die in Kanaan Tammuz, bei den Griechen Adonis und bei den Ägyptern Osiris hieß« (G. Maier, *Der Prophet Daniel*, S. 403-404).

214 Eine analoge Konstruktion findet sich in Hag 2,7: **ḥæmdat kål haggôjîm** = die Sehnsucht der Nationen, d. h. das, wonach sie sich sehnen; und 1Sam 9,20: **kål-ḥæmdat jisrâ'êl** = das ganze Sehnen Israels, d. h. das, wonach es sich sehnt. Keil sieht in der Wortfügung **'ahabat nâšîm**, *»Liebe der Frauen«* (2Sam 1,26), einen Beleg für seine Sicht, doch ist dieser nicht zwingend. Der Zusammenhang legt es dort nahe, dass damit die Liebe gemeint ist, welche den Frauen eigen ist. Aber solche Genitivverbindungen können immer sowohl auf das Subjekt (die Liebe der Frauen) als auch auf das Objekt bezogen sein (die Liebe zu den Frauen).

Er wird auf dessen wirtschaftliche und militärische Macht bauen, er wird sich Waffen beschaffen, bis *»sein Land voller Pferde und seiner Wagen kein Ende ist«* (Jes 2,7); er wird sich auf seine wohlgerüstete Armee verlassen, und er wird dafür sorgen, dass die Mehrheit in Israel sich zusammen mit ihm an das Tier bindet, und dieses wird sich zum Schutzherrn Israels deklarieren. Diese Art von falschem Vertrauen hat der Prophet Jesaja wiederholt gegeißelt und Israel gewarnt, dass es an solchen Bündnissen zuschanden werden muss (Jes 30,1-2; 31,1-3). Trotzdem werden *»die Vielen«* im Volk den schönen Reden des Antichrists glauben und sich von ihm zum Schutzbündnis mit dem Tier verführen lassen (9,27; Jes 28,15).

39 Und er wird gegen die stark gemachten Festungen so **handeln mithilfe des fremden Gottes: Wer ihn anerkennt, dem gibt er viel Ehre, und er gibt ihm Herrschaft über die Vielen und teilt das Land aus zum Lohn.**

Der König wird »**mithilfe des fremden Gottes**«, d.h. im Vertrauen auf die militärische Stärke seines Bundespartners, »**die stark gemachten Festungen**«, d.h. jegliche Art von Widerstand gegen ihn und sein Regiment, überwinden, und zwar indem er die belohnt, die ihn als König anerkennen und sich ihm unterwerfen. Er verleiht ihnen »**Herrschaft über die Vielen**«, und dazu »**teilt**« er ihnen »**das Land aus zum Lohn**«. König Saul, der als Verfolger Davids und seiner Getreuen bereits an den Antichristen erinnert, verteilte Felder und Weinberge, um Menschen an sich zu binden (1Sam 22,7). Der Prophet Micha hat das ebenfalls angekündigt: An *»jenem Tag«*, d.h. in der letzten Zeit, wird *»er«*, der Antichrist, *»das Erbteil meines Volkes«*, des Volkes Gottes, vertauschen, indem er dem Abtrünnigen Land gibt, dem Mann, der den Glauben der Väter verlassen hat (Mi 2,4). Mit diesem zeitweiligen Gewinn hat sich der Abtrünnige sein bleibendes Erbe verspielt, das ihm nach der Wiederkunft Christi beim Austeilen des Landes zugefallen wäre (Mi 2,5), und hat es vertauscht mit dem schlimmsten Teil, das einem zufallen kann – mit dem Feuersee.

4. Der letzte Krieg um Jerusalem (11,40-45)

In 9,27 hatte Gabriel angekündigt, dass *»wegen der Beschirmung der Gräuel ein Verwüster«* kommen und *»Vernichtung und Festbeschlossenes«* über Jerusalem bringen werde; und bei der Beschreibung des Charakters und der Werke des endzeitlichen Königs der Juden lasen wir, dass dieser so lange bleiben wird, bis *»das Festbeschlossene ... vollzogen«* ist (V. 36). Die in diesen beiden Abschnitten angekündigte Verwüstung ist Gottes Antwort auf die Verehrung des Tieres und die Anbetung seines Bildes. In den nun folgenden Versen wird beschrieben, wer die Verwüstung über Jerusalem bringt: Es sind die Nachbarn Israels; sie heißen wiederum *»König des Südens«* und *»König des Nordens«*. Diese werden über Jerusalem herfallen (V. 40-41) und damit viele Nationen hineinziehen in einen Strudel des Krieges um Jerusalem. Man vergleiche ihren Einfall ins Land mit Joel 2 und die dabei tobenden Kriege mit Sacharja 12 und 14.

40 Und zur Zeit des Endes wird der König des Südens mit ihm zusammenstoßen, und der König des Nordens wird gegen ihn heranstürmen mit Wagen und mit Reitern und mit vielen Schiffen; und er wird eindringen in die Länder und überfluten und überschwemmen.

Israel wird in der Endzeit neben einem inneren Feind, einem Lügner und Verführer in der Gestalt des Antichrists, auch einen äußeren Feind haben, und der wird ins Land einfallen und verwüsten. Die feindlichen Armeen sind die Rute des Zornes Gottes (vgl. Jes 10,5), mit der er Juda und Jerusalem schlägt. Damit richtet er die gottlose Masse des Volkes, und gleichzeitig läutert er den Überrest. Nachdem der König des Nordens – das ist der aus Norden einfallende *»Assyrer«* in den Weissagungen von Jesaja 7,17-20; 8,5-8; 10,5-14[215] – diese Aufgabe erfüllt hat, wird Gott auch ihn richten, wie Jesaja in 10,12-17 und 33,1 ankündigt. Er, der Israel so erbarmungslos geschlagen hat, wird von Gott selbst geschlagen (11,45; Jes 14,24-27). In Jes 30,30-32 wird noch einmal vom Gericht des

215 »Sanherib war das große Haupt in jener Zeit (der Zeit Jesajas [Anmerkung des Autors]). Aber er liefert dem Geist Gottes nur die Gelegenheit, den zukünftigen und letzten Feind Israels darzustellen« (W. Kelly, *Lectures on the Book of Daniel*, S. 221).

HERRN über das endzeitliche Assyrien gesprochen. Auch in Micha 5,4-5 lesen wir vom Assyrer, der ins Land Israel eindringen wird, nachdem der Messias schon ein erstes Mal in Niedrigkeit gekommen war (Mi 5,1). Das historische Assyrien drang im Jahr 701 v. Chr. von Norden her in Juda ein,[216] und dessen Armeen überfluteten das Land (Jes 8,7-8). In der **»Zeit des Endes«** wird wieder von Norden her *»Assyrien in unser Land kommen«* (Mi 5,4) und das Land verwüsten.

»Und zur Zeit des Endes«: An dieser Zeitangabe erkennen wir, dass es nicht mehr um die Zeit der Diadochen geht. Der *»König des Südens«* kann hier nicht mehr der Ptolemäerkönig sein, so wenig, wie der *»König des Nordens«* der Seleukidenkönig sein kann, denn wie könnte es sonst heißen, der König des Nordens werde **»gegen ihn«**, den König der Juden, anstürmen? Zur Zeit der Diadochenreiche gab es in Juda keinen König. Die *»Zeit des Endes«* ist die zweite Hälfte der siebzigsten Woche von 9,27. Dann wird **»der König des Südens mit ihm«**, dem König von V. 36, **»zusammenstoßen«**. Das löst eine sofortige Reaktion des Königs des Nordens aus: Wie in den drei Jahrhunderten vor Christus diese beiden sich um Koilesyrien stritten (siehe oben V. 9.17), so wollen sie jetzt beide das *»Land der Zierde«* (V. 41) erobern. So wird auch **»der König des Nordens … gegen ihn«**, *»den König«* (V. 36) in Jerusalem, **»heranstürmen«**. Wir müssen dabei vor Augen halten, dass das antike Syrien ein riesiges Reich war, das vom Mittelmeer bis nach Indien reichte. Zu diesem gehörten also die östliche Türkei, Syrien, Irak, Iran, Usbekistan, Turkmenistan, Tadschikistan, Afghanistan und Pakistan. Es wird mithin ein Krieg dieser islamischen Staaten gegen den Judenstaat sein.[217] Dieser Krieg wird auch erwähnt in Jes 8,7-8; 10,20-34; 28,14-22; 29,1-8; 30,27-33; 33,1; Joel 1–2; 4,9-17; Mi 5,4-5; Sach 12; 14. Dann wird Israel nicht mehr wie einst von den Kämpfen der Seleukiden und der Ptolemäer gegeneinander lediglich in Mitleidenschaft gezogen, sondern Israel wird der Gegenstand sein, auf den sich die Wut der beiden Könige richtet. Der König des Nordens wird **»in die Länder eindringen und überfluten und überschwemmen«**. Ein solches Überfluten durch den Assyrer hatte, wie bereits gesagt, Jesaja im 8. vorchristlichen Jahrhundert angekündigt (Jes 8,7-8).

---

216 siehe Karl-Heinz Vanheiden, *Bibelchronik*, S. 212.
217 siehe Roger Liebi, *Jerusalem – Hindernis für den Weltfrieden?*, S. 152-156.

41 Und er wird eindringen in das Land der Zierde, und viele werden fallen; diese aber werden seiner Hand entrinnen: Edom und Moab und die Ersten der Kinder Ammon.

Der Angreifer aus dem Norden **»wird eindringen in das Land der Zierde«**, und damit macht er alle jene Israeliten zuschanden, die sich vom *»König«* (V. 36) hatten verleiten lassen, das Bündnis mit dem Tier einzugehen. Diese hatten sich ihres *»Bundes mit dem Tod«* und *»Vertrages mit dem Scheol«* gerühmt, und sie wähnten sich sicher: *»Wenn die überflutende Geißel hindurchfährt, wird sie an uns nicht kommen«* (Jes 28,15). Doch wenn sie kommt, werden sie hilflos sein: *»Euer Bund mit dem Tod wird zunichtewerden und euer Vertrag mit dem Scheol nicht bestehen: Wenn die überflutende Geißel hindurchfährt, werdet ihr von ihr zertreten werden«* (Jes 28,18). Offenbarung 11,2 sagt zu diesem Geschehen: *»Und sie [= die Nationen] werden die heilige Stadt zertreten 42 Monate.«*

Trotz der großen Macht der Armeen aus dem Norden **»werden diese … seiner Hand entrinnen: Edom und Moab und die Ersten der Kinder Ammon«**. Der König des Nordens darf diese Feinde nicht bezwingen. In Jes 11,14 erfahren wir, dass diese drei Nachbarn und Blutsverwandten Israels von Israel selbst gerichtet werden müssen. Gott sorgt dafür, dass sie für ihren fortwährenden Hass auf die erwählte Nation (Hes 25,1-12; 35,5; Ob 10-14) von niemand anders als gerade von dieser ihre gerechte Strafe hinnehmen müssen.

42 Und er wird seine Hand ausstrecken nach den Ländern, und das Land Ägypten wird nicht entrinnen;
43 und er wird Herr werden über die Schätze an Gold und Silber und alle Kostbarkeiten Ägyptens, und Libyer und Kuschiten werden in seinem Gefolge sein.
44 Aber Gerüchte werden ihn aufschrecken von Osten und von Norden her; und er wird ausziehen in großem Grimm, um viele zu vertilgen und zu vernichten[218].

Der König des Nordens wird, nachdem er in das Land der Zierde eingedrungen ist, es niederwerfen und auch Jerusalem erobern und damit

218 **ḥaram**, »den Bann vollstrecken«, von Israel gesagt in 4Mo 21,2; 5Mo 2,34; Jos 6,21 etc.; aber auch ganz allgemein für »vernichten«, »vertilgen«, von Heiden gesagt etwa in 2Kö 19,11; 2Chr 20,23.

»die Wohnungen Gottes in Besitz nehmen« (vgl. Ps 83,13). Darauf wird er **»seine Hand ausstrecken nach den Ländern«**, und dabei wird auch **»das Land Ägypten … nicht entrinnen«**, vielmehr wird **»er«**, der König des Nordens, **»Herr werden über die Schätze an Gold und Silber und alle Kostbarkeiten Ägyptens«**. Er wird also das Gleiche tun, wie einst Antiochos Epiphanes mit Ägypten getan hatte (siehe V. 28). **»Libyer«**, das sind Nordafrikaner, und **»Kuschiten«**, das sind Streitkräfte aus dem Sudan und aus Äthiopien, **»werden in seinem Gefolge sein«**. Alles verläuft nach Wunsch, doch dann werden **»Gerüchte … ihn aufschrecken von Osten und von Norden her«**, nämlich die Nachricht von einer heranrückenden dritten Macht. Das Tier kann nicht ruhig zuschauen, wie Israel, mit dem es verbündet ist, angegriffen wird, und so zieht es mit allen Armeen der Könige, die ihm ergeben sind, nach Israel, um seine Interessen zu verteidigen (Offb 16,12-16). Das schreckt zwar den König des Nordens auf, der noch in Ägypten ist, aber der zieht sich nicht zurück, sondern zieht vielmehr aus **»in großem Grimm«** – entschlossen, jeden **»zu vertilgen und zu vernichten«**, der seinen Plänen in die Quere kommt.

45 Und er wird seine Palastzelte aufspannen zwischen dem Mittelmeer und dem Berg der heiligen Zierde. Und er kommt zu seinem Ende, und er hat keinen Helfer.

»zwischen dem Mittelmeer und dem Berg der heiligen Zierde«: also westlich von Jerusalem, wo der heilige Berg steht, auf dem der HERR seinen König eingesetzt hat (Ps 2,6). Dort wird der König des Nordens **»zu seinem Ende«** kommen. Jesaja hat das Ende des Königs des Nordens wie folgt angekündigt: *»Und Assyrien wird fallen durch ein Schwert, nicht eines Mannes; und ein Schwert, nicht eines Menschen, wird es verzehren«* (Jes 31,8). **»Und … er hat keinen Helfer«**, denn es gibt niemand, der retten könnte vor dem Zorn des Richters. Das gleiche Schicksal wird den Armeen des Tieres widerfahren, die sich zum Krieg in der Ebene Harmagedon versammelt haben (Offb 16,13-16). Der Herr wird sie schlagen *»mit dem Schwert …, das aus seinem Mund hervorging«* (Offb 19,19.21). Der König der Juden und das Tier finden ein anderes, ein schlimmeres Ende: Sie werden lebendig, also ohne den leiblichen Tod gestorben zu sein, in den Feuersee geworfen und damit direkt dem zweiten Tod übergeben (Offb 19,20; vgl. Offb 20,14; 21,8). Sie bilden damit einen schauerlichen Kontrast zu jenen Menschen, die Gott zu sich in den Himmel nimmt, ehe diese den leiblichen Tod geschmeckt haben.

Lehrreiches und Denkwürdiges zu Kapitel 11

»Im 3. Jahre des Königs Kyrus [= Kores] von Persien (537–536 v. Chr.) bekam Daniel wieder eine Vision (Dan 10,1). In dieser Vision erhielt er eine göttliche Botschaft über kommende Ereignisse von der Zeit des Kyrus [= Kores] bis zur *›Zeit des Endes‹* (Dan 11 und 12). Die Verse 2-35 des 11. Kapitels beschreiben die Zeit von Kyrus [= Kores] (6. Jh. v. Chr.) bis zur Zeit von Antiochos IV. Epiphanes (2. Jh. v. Chr.). Dieser Abschnitt enthält über 150 erfüllte Prophetien« (Roger Liebi, *Weltgeschichte*, S. 79).

V. 14 – »Der Begriff **›Räuber‹**[219] spielt eine wichtige Rolle. In Jer 7,11 *(›Räuberhöhle‹)* und Hes 7,22; 18,10 kennzeichnet er Sünder, die Gottes Gebote übertreten … Später, in der Zeit Jesu, wird ›Räuber‹ zum Fachausdruck für jüdische Eiferer (Zeloten), die das Gottesreich mit Gewalt herbeiführen wollen … Zu ihnen gehörte Barabbas. Jesus starb also anstelle eines ›Räubers‹. Dan 11,14 ist die erste Stelle, wo uns ›Räuber‹ im Sinne eines politischen Aufständischen begegnen« (G. Maier, *Der Prophet Daniel*, S. 382).

V. 30 – »In der Weissagung über die Weltmächte hat Daniel einen merkwürdigen Vorgänger in Bileam. … nur dass wir natürlich bei Bileam erst die Keimansätze finden zu dem, was sich bei Daniel in großartigen Bildern vor unserem Blick ausbreitet. Die Kollision Israels mit der heidnischen Welt ist auch der Brennpunkt in den Weissagungen Bileams. … Bileam hat die Bedeutung des Gottesvolkes für die Heidenwelt überhaupt erkannt, und sein Geistesblick reicht noch in weitere Fernen. Er schaut die größeren, die künftigen Weltmächte, sowohl des Morgenlandes (Assur, 4Mo 24,22-23) als des Abendlandes (Kittim, 4Mo 24,24). … er schaut auch das Ende dieser großen Weltmächte. Schiffe aus Kittim

219 So nach der Übersetzung von G. Maier; ich habe es wie die Elberfelder mit »Gewalttätige« übersetzt.

müssen Assur, der Okzident muss den Orient demütigen; doch auch die okzidentalische Macht selbst muss untergehen. … haben wir hier nicht den Grundriss zu Daniels Weissagungen vor uns? Was Bileam noch mit den uralten Namen Assur und Kittim (1Mo 10,11.22.4) bezeichnet, das schaut Daniel … näher in den beiden morgenländischen und in den beiden abendländischen Reichen, Babel und Medopersien, Griechenland und Rom; und vor und nach ihnen allen dieses Israel, das *›besonders wohnende, dem Gott nicht fluchet‹*. Wenn Bileams geöffnete Augen schon so weit reichten, um wie viel mehr der Seherblick eines Daniel!« (C.A. Auberlen, *Der Prophet Daniel*, S. 45.46.47).

V. 36 – »›**der König wird nach seinem Gutdünken handeln**‹: Nicht Antiochos, denn der konnte das nicht, da er von den Römern in die Schranken gewiesen wurde … Und es werden im Folgenden manche Dinge gesagt, die auf Antiochos nicht zutreffen. Es handelt sich vielmehr um das römische Volk …, das zu einer universalen Monarchie aufsteigt, … im Besonderen das kleine Horn …, der Antichrist« (John Gill, *Exposition of the Old Testament in six volumes*, Bd. II, S. 366).

V. 37 – »In Anbetracht der jüdischen Herkunft Daniels ist eine plausible Erklärung dieses Abschnittes die, dass ›**die Sehnsucht der Frauen**‹ sich auf das natürliche Verlangen jüdischer Frauen bezieht, die Mutter des in 1Mo 3,15 verheißenen Samen zu werden« (John F. Walvoord, *Daniel*, S. 274).

Sprachliche Anmerkungen zu Kapitel 11

V. 24 – **»austeilen«**: **jibzôr**, vom Verb **bâzar** im Grundstamm (Qal); Elberfelder übersetzt »zerstreuen« und Schlachter 2000 »verschleudern«, das aber nicht den Sinn des Verbs im Grundstamm wiedergibt. Das Verb bedeutet nur im Doppelungsstamm (Piel) »zerstreuen« wie in Ps 68,31: *»Zerstreue –* **bizzar** *– die Völker …«*

V. 33 – **»die Verständigen«**: **maskîlîm**, ein Partizip des Verbs **hiskîl**, »mit Einsicht etwas betrachten« (5Mo 32,29; Ps 64,10), »Einsicht haben«, »verständnisvoll sein« (Jes 44,18; Jer 9,23; Ps 2,10), »verstehen«

(9,25). Es kann auch kausative Bedeutung haben: »Verständnis verursachen«, »Verständnis geben« (9,22b; Ps 32,8; Spr 16,23), d.h. verständig machen. Als Hauptwort gebraucht, steht das Partizip **maskîl** als Überschrift der Psalmen 32; 42; 44; 45; 52; 53; 54; 55; 74; 78; 88; 89; 142. Ein **maskîl** ist ein Lehrstück; die 13 Psalmen mit dieser Überschrift sind an das Volk gerichtet, um diesem Einsicht zu geben.

V. 45 – **»Mittelmeer«**: **jammîm**, wörtlich »Meere« (die Einzahl ist **jâm**). Dies ist laut Gesenius ein amplifikativer Plural, der auch in Ri 5,17 für das Mittelmeer verwendet wird.

Kapitel 12

1. **Israels Drangsal und Israels Errettung (12,1-3)**
2. **Daniels Wissen und Daniels Teil (12,4-13)**

Es ist bemerkenswert, dass Daniels Weissagungen das Reich des Menschensohnes kaum beschreiben. Er erwähnt die Tatsache, dass der Menschensohn das Reich empfängt aus der Hand seines Vaters (7,13-14), er beschreibt die Art seines Kommens als plötzlich und mit alles zerschlagender Macht (2,44), und er sagt, dass alle Völker auf der Erde ihm dann dienen werden (7,13-14), aber mehr nicht. Auch im vorliegenden Kapitel wird uns die Regierung des Messias nicht geschildert (wie etwa in Psalm 72, Jesaja 11 oder 35), sondern es wird lediglich die Zeit kurz vor seinem Kommen charakterisiert, welche eine Zeit nie da gewesener Drangsal sein wird. Alles, was Gott dem Propheten offenbarte, sollte seinem Volk klarmachen:

a. Die Weissagungen betreffen die Zeiten der Nationen, und das würden nicht Zeiten der Herrlichkeit sein, sondern der Erniedrigung der Juden.
b. Niemand sollte angesichts der gerade geschehenen Rückkehr aus dem babylonischen Exil denken, die Erfüllung der besonderen Verheißungen für dieses Volk stünden kurz vor der Erfüllung. Nein; die Zeiten der Not würden noch sehr lange andauern, und dem Volk stand kurz vor dem Ziel noch unbeschreibliches Leiden bevor.

1. Israels Drangsal und Israels Errettung (12,1-3)

1 Und in jener Zeit wird aufstehen Michael, der große Fürst, der für die Kinder deines Volkes steht; und es wird eine Zeit der Drangsal sein, wie sie nicht gewesen ist, seitdem eine Nation besteht bis zu jener Zeit. Und in jener Zeit wird dein Volk errettet werden, jeder, der geschrieben gefunden wird im Buch.

Der Abschnitt beginnt mit der Zeitangabe »**und in jener Zeit**«, womit die in 11,36-45 behandelten Jahre gemeint sind. Welcherart und wie viele diese Jahre sein würden, das wird dem Daniel nun enthüllt.

»**Michael …, der für die Kinder deines Volkes steht**«: Jener Erzengel, den Gott in besonderer Weise zum Beistand und Schutz seines Volkes ausgesondert hat, wird in der Zeit des Endes »**aufstehen**«, und das will wohl besagen, dass er in einer bisher nicht bekannten Weise für das Volk Gottes einstehen wird. Wir hatten in Kapitel 10 gesehen, wie Gott in seiner Vorsehung den Erzengel verwendet hatte, um sich durchzusetzen gegen feindliche Engelsfürsten, welche die irdischen Herrscher zu Handlungen drängen wollten, die Gottes Absichten mit seinem Volk trotzten (siehe 10,13.20-21). Wir erfahren in Offenbarung 12,6, dass die Frau, d. h. Israel, in die Wüste flieht, und in 12,13, dass der Drache sie verfolgt. Doch *»Michael und seine Engel kämpften mit dem Drachen«* (Offb 12,7) und besiegten ihn. Hätte Michael in diesem gigantischen Ringen in der Himmelswelt nicht gesiegt, hätte der Drache Israel vernichtet.

Obwohl Michael und damit letztlich Gott für das Volk handelt, wird es »**eine Zeit der Drangsal sein**«, und das heißt, dass Gott sein Volk nicht heraushält aus der Drangsal, sondern es durch diese hindurchführt und in dieser bewahrt. Diese Drangsal kündigte der Herr an in seiner Endzeitrede auf dem Ölberg (Mt 24,21), und sie wird ein letztes Mal erwähnt in Offb 7,14. In Mt 24,8 bezeichnet der Herr die erste Zeit des Endes, die erste Hälfte der letzten Jahrwoche, als den *»Anfang der Wehen«*. In der zweiten Hälfte der Jahrwoche beginnen die wirklichen Geburtsschmerzen, die Jeremia so angekündigt hat: *»Fragt doch und seht, ob ein Mann gebiert! Warum sehe ich eines jeden Mannes Hände auf seinen Lenden, einer Gebärenden gleich, und jedes Angesicht in Blässe verwandelt? Wehe! Denn groß ist jener Tag, ohnegleichen, und es ist eine*

Zeit der Drangsal für Jakob; doch wird er aus ihr gerettet werden« (Jer 30,6-7). Die Bedrängnis, die Gott *für* Jakob über Jakob sendet, wird schlimmer sein als je eine **»gewesen ist, seitdem eine Nation besteht bis zu jener Zeit«**. Der Herr greift dieses Wort auf in Mt 24,21-22 und ergänzt es: *»... dann wird große Drangsal sein, dergleichen von Anfang der Welt bis jetzt nicht gewesen ist noch je sein wird. Und wenn jene Tage nicht verkürzt würden, würde kein Fleisch gerettet werden; aber um der Auserwählten willen werden jene Tage verkürzt.«* Die Tage werden nicht in dem Sinn *»verkürzt«*, dass es weniger sein werden, als Gott vorher bestimmt und angekündigt hat in Dan 7; 12 und in Offenbarung 11; 12 und 13, sondern ebendieses genau bestimmte Maß ist die Verkürzung. Griffe Gott nicht ein nach Ablauf dieser Anzahl Tage, würden sie viel länger dauern. So aber werden sie zu Ende sein am vom Herrn bestimmten Tag. Und zwar kommt das Ende mit seinem Erscheinen: *»Sogleich ... nach der Drangsal jener Tage ... wird das Zeichen des Sohnes des Menschen*[220] *im Himmel erscheinen; und dann werden wehklagen alle Stämme des Landes, und sie werden den Sohn des Menschen kommen sehen auf den Wolken des Himmels mit Macht und großer Herrlichkeit«* (Mt 24,29-30). Das aber bedeutet, dass die Tage dieser nie gewesenen Drangsal nicht kamen, als die Römer im Jahre 70 n. Chr. Jerusalem zerstörten, sondern sie werden erst kommen ganz am Ende der Zeit.

Die Bibel lehrt hier und andernorts, dass die letzte Zeit gottloser sein wird als irgendeine Zeit davor. Die Welt wird nicht immer lichtvoller, sondern immer dunkler. Das Evangelium wird nicht »die Welt durchsäuern«, wie einige gemeint haben, sodass am Ende die Welt von Wahrheit und Recht regiert sein würde. Es ist gerade umgekehrt: Die letzten Jahre der Menschheit sind Jahre des vollständigen Abfalls (2Thes 2,3) und der überhandnehmenden Gottlosigkeit (Mt 24,12) und Verfinsterung. Jes 60,2 beschreibt die Zeit unmittelbar bevor der Herr zur Errettung seines Volkes erscheint: *»... Finsternis bedeckt die Erde und Dunkel die Völkerschaften ...«* Amos 5,18 sagt von den letzten Jahren des Gerichts, den die Propheten den Tag Jahwes nennen: *»Er wird Finsternis sein und nicht Licht ...«*

220 Das »Zeichen des Sohnes des Menschen« ist der Menschensohn selbst. Entsprechend will auch Petrus, wenn er *»die Gabe des Heiligen Geistes«* (Apg 2,38) verheißt, nichts anderes sagen, als dass der Geist die Gabe ist.

»in jener Zeit wird dein Volk errettet werden«: Das ist ein Wort des Trostes, indem es zeigt, dass die Zeit der Not kein Selbstzweck ist; sie dient vielmehr der Errettung des Volkes Gottes. Die Not wird das Mittel sein, um Jakob zu Israel zu machen. Daher heißt sie auch *»eine Zeit der Drangsal **für** Jakob«* (Jer 30,7), nicht »Drangsal Jakobs«. Wie Jakob in einer denkwürdigen Nacht von Gott niedergerungen und für den Rest seines Lebens ein gebrochener und damit gesegneter Mann war (1Mo 32,23-33), so wird das Volk Jakobs durch eine Nacht des Leidens geführt, in der Gott ihm seine Kraft zerschmettert (siehe V. 7), um es zu segnen. Vom Ergebnis der Drangsal (Jer 30,7) sagt Jeremia in den darauf folgenden Versen 8 und 9: *»Denn es wird geschehen an jenem Tag, spricht Jahwe der Heerscharen, dass ich zerbrechen werde sein Joch von deinem Hals und zerreißen werde deine Fesseln, und nicht mehr sollen Fremde ihn dienstbar machen«* – nicht mehr werden Heidenvölker über sie herrschen. Die Zeiten der Nationen kommen an ihr Ende, und die Kinder Israel *»werden dienen Jahwe, ihrem Gott«*, und zwar geschieht das, indem sie *»ihrem König David, den ich ihnen erwecken werde«* – ihrem Messias – dienen, der auf dem Thron Davids sitzt und über die ganze Erde herrscht.

Diese Segnungen erlangt **»jeder, der geschrieben gefunden wird im Buch«**, im *»Buch des Lebens des geschlachteten Lammes«* (Offb 13,8; vgl. Offb 17,8). Die Erretteten aus dem Volk sind die Israeliten, die erkannt haben, dass Jesus das Lamm Gottes war, das die Sünde der Welt in seinem Kreuzestod wegnahm (Joh 1,29). Sie hatten verstanden, dass niemand durch Werke gerettet werden kann, sondern ein jeder nur deshalb errettet werden kann, weil Christus in seinem Kreuzestod aller Gerechtigkeit Gottes Genüge getan hat, sodass Gott jedem, der an ihn glaubt, in freier Gnade das Leben geben kann. So wie Gott Israel nicht etwa erwählte, weil es besser war als andere Völker (5Mo 7,6-7), so wird am Ende unverdient gerechtfertigt und errettet, wer wie Abraham glaubt (1Mo 15,6; Röm 4,3-5). Das, was vom jüdischen Überrest in den Tagen nach Pfingsten gesagt wurde, wird auch gelten für den endzeitlichen Überrest: *»So ist auch in der jetzigen Zeit ein Überrest nach Wahl der Gnade. Wenn aber durch Gnade, so nicht mehr aus Werken; sonst ist die Gnade nicht mehr Gnade«* (Röm 11,5-6).

2 Und viele von denen, die in der Stauberde schlafen, werden erwachen: diese zu ewigem Leben und jene zur Schande, zu ewigem Abscheu.

Wer sind diese **»vielen«**, von denen hier gesprochen wird? Der V. 1 macht klar, dass es Angehörige des Volkes Israel sind.[221] Wie müssen wir das verstehen, dass **»viele von denen, die in der Stauberde schlafen, erwachen werden«**? Sind Israeliten gemeint, die gestorben und damit wieder zu Staub geworden sind (1Mo 3,19; Ps 90,3), welche zur bestimmten Zeit wiederauferstehen gemäß Johannes 5,28-29? Oder wird hier eine nationale Wiederherstellung Israels angekündigt, wie verschiedene Ausleger erklären?[222]

Das hier verwendete Verb *»erwachen«*, **qîṣ**, steht für »aus dem Schlaf erwachen« (1Sam 26,12; Jes 29,8; Jer 31,26; Ps 3,6; 73,20), »aus dem Tod erwachen« (2Kö 4,31; Hi 14,12; Ps 17,15; Jes 26,19), »aus einem Rausch aufwachen« (Spr 23,35; Joel 1,5). In Ps 59,6 steht dieses Verb, wo der heilige Sänger den HERRN bittet, zu erwachen. Das Verb **qîṣ** wird nirgends verwendet für eine nationale Wiederherstellung. Jes 51,17 und 52,1 sprechen von einem geistlichen Erwachen und verwenden dafür das Verb **ᶜûr**, das auch in Ri 5,12 verwendet wird. Ferner wird **ᶜûr** verwendet in Ps 35,23a; 44,24a; 59,5, wo der Beter zu Gott ruft, er möge aufwachen; in Jes 51,9 ergeht eine entsprechende Bitte an den *»Arm Jahwes«*. In Sach 13,7 befiehlt Gott einem Schwert, aufzuwachen. In Hl 4,16 ruft eine Stimme die Winde auf, zu erwachen. Wir sehen also, dass die beiden Verben mit der Bedeutung »aufwachen«, »erwachen« nie eine nationale Wiederherstellung meinen.

Es geht also um ein Auferstehen aus dem Tod. Es kann aber nicht die für alle Menschen verordnete Auferstehung aus den Toten gemeint sein, denn es steht hier, dass nur *»viele«* erwachen werden. Wenn es aber

221 C.F. Keil erklärt gemäß seinem Verständnis, das hier eine gewisse Nähe zur Bundestheologie verrät: »Das prophetische Wort handelt vom Volke Daniels, worunter zunächst das Volk Israel zu verstehen ist. Aber das Israel der Endzeit besteht nicht bloß aus Juden oder Judenchristen, sondern umfasst alle Völker, die zum Gottesreiche des von Christo gestifteten Bundes gehören. In dieser Hinsicht wird *implicite* die Auferstehung aller angedeutet, und den *implicite* in unserem Verse vorliegenden Gedanken hat Christus expliziert, indem er Joh 5,28f. die Auferweckung aller Toten lehrt und in unverkennbarem Anschlusse an unsere Stelle von einer αναστασις ζωης [= Auferstehung des Lebens; Anmerkung des Autors] und einer αναστασις κρισεως [= Auferstehung des Gerichts; Anmerkung des Autors] redet« (C. F. Keil, *Biblischer Commentar über den Propheten Daniel*, S. 400).

222 z.B. William Kelly, *Lectures on the Book of Daniel*, S. 257; Edward Dennet, *Daniel the Prophet*, S. 197-199; H.G. Moss, *Der Prophet Daniel*, Hückeswagen: Christliche Schriftenverbreitung, 2013, S. 125.

gemäß dem Zusammenhang das Volk Israel meint, wird abermals deutlich, dass nicht die allgemeine Auferstehung gemeint ist, denn bei der werden alle im Lauf der Geschichte verstorbenen Israeliten auferweckt. Die Zeitangabe aus V. 1 macht alles klar: Es geht um ein Sterben während der Zeit der dort angekündigten unvergleichlich großen Drangsal. In jener Zeit werden viele Israeliten sterben, aber nicht alle, wie wir aus Sach 13,8-9 und Offb 7,1-8; 12,6.13-16 folgern können. Von jenen zwei Dritteln, die Sacharja erwähnt, werden alle zur Verdammnis auferstehen; die zum verbleibenden Drittel gehören, werden hingegen nie sterben. Sie werden als die Heiligen und Geliebten Gottes ins Reich des Messias eingehen, und sie werden, wenn Himmel und Erde vergangen sind, mit allen Erlösten in der Herrlichkeit der neuen Schöpfung ewig leben. Wer sind dann aber jene, die *»in der Stauberde schlafen«* und dann **»zu ewigem Leben«** erwachen werden? Das sind die verstorbenen Gerechten in Israel, die Märtyrer der Drangsalszeit (Offb 12,17; 13,7). Diese werden am Ende der großen Drangsal auferstehen und mit Christus herrschen, zuerst für tausend Jahre (Offb 20,4), dann in Ewigkeit (Offb 22,5). Die vielen anderen erwachen am bestimmten Tag **»zur Schande, zu ewigem Abscheu«**, **dêrâ'ôn**, ein Wort, das nur noch in Jes 66,24 belegt ist. So wie die Erlösten auferstehen werden zu ewiger Freude in einem verherrlichten Leib (Phil 3,20-21), so werden die Gottlosen auferstehen in einem Abscheu erregenden Leib der Schande.

Es bleibt indes wahr, dass Israel als Nation noch erweckt werden wird, nur steht das an anderer Stelle, nicht im vorliegenden Vers. In Hesekiel 37,1-6 wird uns das Volk Israel gezeigt als ein Tal voller Totengebeine, dem Gott die Verheißung gibt: *»Siehe, ich bringe Odem in euch ..., und ich werde Odem in euch legen, dass ihr lebendig werdet.«* Und in Hes 37,13-14 stehen die Worte des HERRN: *»... ihr werdet wissen, dass ich Jahwe bin, wenn ich eure Gräber öffne und euch aus den Gräbern hervorkommen lasse, mein Volk. Und ich werde meinen Geist in euch geben, dass ihr lebet, und werde euch in euer Land setzen.«* Und Paulus nennt die *»Annahme«* des Volkes Israels nach den Jahrtausenden der Verwerfung *»Leben aus den Toten«* (Röm 11,15).

3 Und die Verständigen werden leuchten wie der Glanz der Ausdehnung[223], und die die Vielen zur Gerechtigkeit weisen, wie die Sterne, immer und ewig.

»Die Verständigen« jener Zeit, die **maskîlîm** (wie in 11,33.35), sind Männer, die in den heiligen Schriften erkannt haben, dass Jesus der Christus ist und dass er, nachdem er bei seinem ersten Kommen als ein Gotteslästerer zum Tod verurteilt und hingerichtet wurde (vgl. 9,26), wiederkommen wird in Herrlichkeit. Diese Verständigen werden wie die Lehrer der Makkabäerzeit *»die Vielen unterweisen«* (11,33). Zu diesen Verständigen zählen auch die beiden Zeugen von Offb 11,3-7, die im Angesicht von Anfeindung und unter dem Schatten des drohenden Märtyrertums das Kommen des wahren Königs proklamieren und die das Tier, das aus dem Abgrund steigt, töten wird am Ende ihres von Gott verordneten Dienstes (Offb 11,7). Sie werden also gleich enden wie einige der *Maskilim* zur Zeit der Makkabäer (11,35). Für ihren Dienst, durch den sie **»die Vielen zur Gerechtigkeit weisen«**, werden sie damit belohnt, dass sie **»leuchten wie der Glanz der Ausdehnung …, wie die Sterne, immer und ewig«**. In 1. Mose 1,14 lesen wir von den Sternen, dass Gott sie zusammen mit der Sonne und dem Mond dazu setzte, vom Himmel auf die Erde zu leuchten, um *»den Tag von der Nacht zu scheiden«*, und dass sie *»Zeichen seien … zur Bestimmung von Zeiten und Tagen und Jahren«*. Wie der Mensch sich an den Himmelskörpern in der Zeit und im Raum orientieren kann, so werden die Menschen in der Zeit der kommenden großen Finsternis und Not in den Lehren der *Maskilim* Licht und Wegweisung finden, und das wird sie lehren, sich von der Finsternis zu trennen, und sie werden das notwendige Wissen bekommen über die Etappen und die Dauer der Drangsalszeit. Auf diese Weise gewinnen sie Festigkeit und bekommen Gewissheit für ihren Weg und damit Kraft zum Ausharren bis ans Ende (siehe unten V. 12).

223 **raqîa**ᶜ, wie in 1Mo 1,7.8.14.15.17.

2. Daniels Wissen und Daniels Teil (12,4-13)

4 Und du, Daniel, verschließe die Worte und versiegle das Buch bis auf die Zeit des Endes. Viele werden es durchforschen, und die Erkenntnis wird viel werden.

»**verschließe die Worte und versiegle das Buch**«: Der Inhalt der Weissagungen, d. h. das Verständnis derselben, sollte verschlossen bleiben »**bis auf die Zeit des Endes**«, **qêṣ**, ein Wort, das in diesem Kapitel noch viermal vorkommt: V. 6.9.13.13. Dann »**werden viele es durchforschen, und die Erkenntnis wird viel werden**«. Das ist eine Verheißung mit einer Bedingung. Das Mittel, das Gott hier verordnet hat, damit die Gläubigen zur gegebenen Zeit die Weissagungen Daniels verstehen können, ist das fleißige Nachforschen. Hier haben wir einen bemerkenswerten Kontrast zum letzten Buch der Bibel, in welchem Johannes der Befehl gegeben wird: *»Versiegle nicht die Worte der Weissagung dieses Buches; denn die Zeit ist nahe«* (Offb 22,10). Der Christ sollte seit dem 1. Jahrhundert die Weissagungen kennen und verstehen und sich entsprechend auf das Kommen des Herrn bereithalten, während dem Juden Daniels Weissagungen versiegelt werden sollten, denn sie betreffen Dinge, die für ihn in noch ferner Zukunft liegen, Dinge, zu denen er seines noch andauernden Unglaubens wegen keine Beziehung hat. Dem Christen ist hingegen das Ende immer nahe; der Herr kann jederzeit kommen, weshalb der Christ auf keine neuen Offenbarungen wartet noch auf irgendwelche heilsgeschichtlichen Ereignisse, die zuerst eintreffen müssten. Durch Gottes Wort gelehrt und durch den Heiligen Geist erleuchtet, ist er vertraut mit den Gedanken Gottes über den einzelnen Erlösten, über die Gemeinschaft der Heiligen, der Gemeinde des lebendigen Gottes, und über die Verherrlichung derselben in der Entrückung (Phil 3,20-21).

5 Und ich, Daniel, schaute, und siehe, zwei andere standen da, einer hier am Ufer des Stromes und einer dort am Ufer des Stromes.
6 Und einer sagte zu dem in Leinen gekleideten Mann, der oben über dem Wasser des Stromes war: Bis wann ist das Ende der wunderbaren Dinge?

7 Und ich hörte den in Leinen gekleideten Mann, der oben über dem Wasser des Stromes war, und er erhob seine Rechte und seine Linke zum Himmel und schwor bei dem, der ewig lebt: Eine Zeit, Zeiten und eine halbe Zeit; und wenn das Zerschlagen der Kraft des heiligen Volkes vollbracht ist, dann werden alle diese Dinge vollendet sein.

Außer dem *»Mann in Leinen gekleidet«*, der ihm erschienen war, um ihm Verständnis zu geben (10,4-5), **»standen zwei andere da«**, Engel, welche immer wieder dabei waren, als Daniel Offenbarungen gegeben wurden (siehe 7,16; 8,13.15; 10,10). Es heißt dort, dass sie wie Menschen aussehen und dass sie Daniel berühren und stärken, sodass er die Gegenwart des Boten Gottes erträgt. Auch hier helfen sie Daniel, indem sie durch eine Frage sein Verständnis der Botschaft mehren.

»Und einer sagte zu dem in Leinen gekleideten Mann«: In 8,13 hatte Daniel einen Dialog vernommen zwischen zwei Engeln, die sich fragten, wie lange das beständige Opfer abgeschafft bleiben werde, und hier fragt ein Engel, wie lange die Gottlosigkeit herrschen dürfe. Ähnlich wie zur Zeit Antiochos' IV. will der Engel wissen, wie lange diese **»wunderbaren Dinge«** dauern würden, d.h. die Herrschaft des Antichrists bleiben und der Gräuel im Heiligtum noch stehen dürfe und wann Gott endlich wieder in ihm gebührender Weise geehrt werde. Nur richtet der Engel hier die Frage an den Menschensohn. Er erscheint hier als ein *»in Leinen gekleideter Mann«* (wie in Hes 9,2), in seiner Reinheit und Heiligkeit, denn er ist der *»Mann«*, durch den Gott *»den Erdkreis richten wird in Gerechtigkeit«* (Apg 17,31). Diesem Mann **»oben über dem Wasser des Stromes«** gehört die *»Menschenstimme«*, die Daniel in 8,16 gehört hatte. Wir hatten in Kapitel 8 gesehen, dass Daniel an einem Fluss stand, als Gott ihm zeigte, wie das medo-persische Reich aufkommt und untergeht und das griechische Reich groß wird und auseinanderbricht (8,8). Der Fluss ist wie der Strom der Zeit, in der die Reiche erstehen und wieder in die Fluten zurücksinken. Der Menschensohn, der über dem Fluss steht, ist all diesen Kräften nicht unterworfen; vielmehr ist es er selbst, der alle Winde in seiner Faust hält (Spr 30,4) und der die Winde des Himmels (7,2) so lenkte, dass Babylon, Persien, Griechenland und Rom zu Weltmächten aufstiegen. Die Wasser mögen brodeln und die Wellen wüten – er steht über ihnen und wandelt auf den

Wassern (Mt 14,24-25). Der *Menschensohn* ist König über alle Könige aller Reiche der Welt.

»er erhob seine Rechte und seine Linke … und schwor«: wie in Offenbarung 10,5-6 (wo der Menschensohn aber nur die Rechte zum Schwur erhebt). Und wie dort betrifft der Schwur das Ziel und Ende von Gottes Wegen mit seinem irdischen Volk Israel. Beide Male gibt der Eid die Zusicherung, dass Gott trotz allen Widerstands der Mächte der Finsternis und durch alle Gerichte der Drangsal hindurch sein Volk ans Ziel bringen wird: Der Sohn Davids wird als König regieren (Jer 23,5) und von dort über die ganze Welt herrschen (Offb 11,15; Ps 72,8-11). Gott wird den Überrest Israels in sein Land sammeln und seinen Geist über ihn ausgießen (Hes 39,28-29), und er wird unter der Regierung des Messias im Land leben, das Gott dem Abraham und seinen Nachkommen verheißen hatte (1Mo 15,18). Der Menschensohn schwört **»bei dem, der ewig lebt«** – bei dem, der in 5Mo 32,40 von sich sagt: *»… ich erhebe zum Himmel meine Hand und spreche: Ich lebe ewig!«*

Der Eid bei dem ewig Lebenden ist im vorliegenden Zusammenhang von besonderer Bedeutung: Erstens steht die Ewigkeit und Unveränderlichkeit Gottes als Kontrast zur Zeit und Veränderlichkeit, welcher die ganze Schöpfung unterworfen ist; Gottes Ewigkeit und *»die Unveränderlichkeit seines Ratschlusses«* (Hebr 6,17) verbürgt dafür, dass die schlimmen Geschehnisse der großen Drangsal, das Überhandnehmen der Gottlosigkeit und der Sieg der Lüge nichts daran ändern können, dass Gott sein Volk ans Ziel bringt. Zweitens ist Gott der *lebendige* Gott. Er lebt, und als der immerdar Lebende führt er sein Volk, bewahrt er sein Volk, tritt er ein für sein Volk (vgl. Hebr 7,24-25).

»Eine Zeit, Zeiten und eine halbe Zeit«: Diese Zeitangabe kam schon in 7,25 vor (siehe Erläuterungen dort). Weiter unten erfahren wir, dass nach Ablauf dieser Frist noch weitere 75 Tage des Harrens folgen.

»wenn das Zerschlagen der Kraft[224] des heiligen Volkes vollbracht ist, dann werden alle diese Dinge vollendet sein«: Alle Dinge müssen ausreifen, das Böse zum Bösen, die Heiligen zur Heiligkeit. Die Angehörigen *»des heiligen Volkes«* werden erst dann in der Verfassung sein, in der Gott sie zum wahrhaft heiligen Volk macht, wenn ihre Kraft zerschlagen ist. Wenn sie, am Ende ihrer Kräfte angelangt, ihre ganz Ohnmacht erkennen,

224 hebr. **jad**, »Hand«, wie in 5Mo 32,39, das auch für Gewalt (Spr 18,21) oder Macht (Jes 28,2) verwendet wird.

wird Gott in seiner wundertätigen Weise eingreifen. Das hat er in folgenden Worten jenes Liedes angekündigt, das die Kinder Israel für alle Zeiten in allen nachfolgenden Geschlechtern lernen sollten: *»Jahwe wird sein Volk richten, und er wird es sich gereuen lassen über seine Knechte, wenn er sieht, dass die Kraft geschwunden ist ...«* (5Mo 32,36).

Was Daniel hier hört, hatte er angefangen, zu erfahren und zu lernen, als er in seiner Jugend nach Babel verschleppt wurde und ihm alle Gewalt, über sein eigenes Leben zu verfügen, genommen wurde; und als alter Mann ließ Gott es ihn an seinem eigenen Leib spüren, als der Menschensohn ihm erschien (10,4-9). So verfährt Gott mit seinen Knechten, wie wir auch in Stellen wie 1Mo 32,23-32; Ps 32,4; Apg 9,4-8 sehen. Er muss so lange seine Hand schwer auf uns lasten lassen, bis wir vollständig an uns verzweifeln und ebenso vollständig vor Gott kapitulieren. Dort will er uns haben, um uns zu segnen. Dort musste er Hiob haben, ehe er ihn segnen konnte (Hi 42,1-6.10.12); dort muss er den Christen haben (Röm 7,24-25), ehe er ihn lehren kann, im Geist zu wandeln (Röm 8,1-4). Dort muss er Israel haben, ehe er sich ihm offenbaren und den Geist der Gnade geben (Sach 12,11) und dann für ihn streiten kann (Sach 14,3).

8 Und ich hörte, doch verstand ich nicht; und ich sagte: Mein Herr, was ist der Ausgang von diesem?
9 Und er sagte: Geh hin, Daniel; denn die Worte sollen verschlossen und versiegelt sein bis zur Zeit des Endes.
10 Viele werden sich reinigen und weiß machen und geläutert werden, aber die Frevler werden freveln; und alle Frevler werden es nicht verstehen, doch die Verständigen werden es verstehen.

»ich hörte, doch verstand ich nicht«: Es erging Daniel wie den anderen Propheten, die gleich ihm zu verstehen suchten, was ihnen offenbart worden war (1Petr 1,10-11), und wie auch den Jüngern des Herrn (Mk 9,32). Weil er nicht verstand, fragte er den Engel, der ihm die Botschaften überbrachte, wie auch Sacharja tat (Sach 1,9); d.h. er suchte Verständnis (siehe 7,16; 8,15; 10,12).

Es hatte hier seinen besonderen Grund, warum Daniel es nicht verstand: Manches sollte erst **»zur Zeit des Endes«** verstanden werden. Daniel will wissen: **»... was ist der Ausgang von diesem?«** Darauf bekommt er eine hinhaltende Antwort: **»Geh hin, Daniel …«** Es war nicht sein Los, Verständnis zu bekommen (als Gegensatz dazu siehe 9,22).

»Viele werden sich reinigen und weiß machen und geläutert werden«: *»Die Verständigen«* (siehe V. 3; 11,33.35) erkennt man daran, dass sie *»sich reinigen und weiß machen«*, und das geschieht, indem sie im Feuer des Leidens *»geläutert werden«* (vgl. oben 11,35; siehe auch Jes 1,25; 48,10; Sach 13,9; Mal 3,3; 1Petr 1,6-7). Und genau dies macht sie fähig, zu **»verstehen«**, was Gott dem Daniel offenbart hat und durch ihn hat niederschreiben lassen. Ein letztes Mal wird in diesem Buch daran erinnert, dass die Wahrheiten, die ihnen enthüllt werden, die innere Verfassung und den Wandel der Knechte Gottes bestimmen muss.[225] Entsprechend heißt es: **»… die Frevler werden freveln; und alle Frevler werden es nicht verstehen …«** Unglaube, Ungehorsam, Selbstgefälligkeit, kurz: die Sünde macht den Menschen taub und blind für die göttliche Wahrheit.

Was in V. 10 als Aussage formuliert ist, kehrt wieder in Offb 22,11 als Aufforderung: *»Wer unrecht tut, tue noch unrecht, und wer unrein ist, verunreinige sich noch, und wer gerecht ist, übe noch Gerechtigkeit, und wer heilig ist, sei noch geheiligt.«* Das bedeutet, dass Gott die Gottlosen schließlich dahingibt in ihrer Gottlosigkeit, während er die Heiligen befestigt in ihrer Heiligkeit. Die Gott und seinem Wort trotzen, sollen fortan nur weitermarschieren in ihrer Auflehnung. Den Heiligen, die durch den Glauben an das Opfer des Leibes Jesu Christi vollständig geheiligt worden sind (Hebr 10,10), ist damit das Verlangen geweckt worden, heilig zu wandeln (siehe 1Petr 1,15-16), und dieses Verlangen stärkt Gott selbst.

11 Und von der Zeit an, da das beständige Opfer abgeschafft wird, und zwar um den verwüstenden Gräuel aufzustellen, sind 1290 Tage.
12 Glückselig, wer harrt und 1335 Tage erreicht!

»von der Zeit an, da das beständige Opfer abgeschafft wird«: Erneut wird der Einschnitt im prophetischen Kalender erwähnt, von dem wir bereits in 9,27 gehört hatten (siehe Erläuterungen dort). Dieser markiert den Beginn der großen Drangsal (V. 1; Mt 24,15.21; Offb 7,14). Diese

225 siehe oben die Zwischenbetrachtung ***Daniels Erkenntnis und Frömmigkeit***.

dauert gemäß Offb 11,2; 12,6.14; 13,5 1260 Tage oder 42 Monate oder *»eine Zeit, Zeiten und eine halbe Zeit«*, also dreieinhalb Jahre.

Wer gemäß der Weisung des Herrn es wohl beachtet hatte, als am heiligen Ort plötzlich der **»verwüstende Gräuel«**, **šiqqûṣ šômêm**, aufgestellt wurde (Mt 24,15), konnte von da an beginnen, die Tage zu zählen. Es sollten nunmehr bis zum Ende **»1290 Tage«** sein und auf diese noch 45 Tage folgen, sodass »**glückselig**« heißt, **»wer … 1335 Tage erreicht«**.

Hier haben wir zwei Zeitangaben, die über das in Offenbarung 12,6 genannte Maß von 1260 Tagen hinausgehen. Wie ist das zu erklären? Die Herrschaft des Tieres und mit ihr die Verfolgung der Heiligen endet nach den 1260 Tagen oder 42 Monaten damit, dass der Herr erscheint und die versammelten Heere des Tieres richtet und das Tier und den falschen Propheten in den Feuersee wirft (Offenbarung 19,19-21). Doch ist damit noch nicht Ruhe und Frieden auf der Erde. Nach Harmagedon (Offb 16,16) werden noch nicht alle feindlichen Mächte erniedrigt sein. Da ist der König des Nordens, der mit seinen Armeen zwischen dem Mittelmeer und Jerusalem steht, der noch *»zu seinem Ende«* kommen muss (11,45). Und wir erinnern uns, wie Edom, Moab und die Ersten der Kinder Ammon vor dem Ansturm des Königs des Nordens verschont geblieben waren (11,41), die gemäß Jesaja 11,14 und 63,1-6 noch gerichtet werden müssen, und wir erfahren in Hesekiel 38 und 39 von einer Ansammlung mehrerer Armeen, die ins heilige Land einfallen werden, um dort, *»auf den Bergen Israels«* (Hes 39,4.17), vom Gott Israels vernichtet zu werden. All das dauert noch einige Zeit.

Nach den 1260 Tagen ist die Zeit der großen Drangsal abgeschlossen, also jene Zeit, die der Herr *für sein Volk* festgelegt hat, um es zu erziehen und damit auch zu retten. Danach aber muss es noch 75 Tage ausharren (wie auch Noah, nachdem die Taube mit dem Olivenblatt im Schnabel zurückgekehrt war, noch mehrere Tage in der Arche ausharren musste, bis er den Erdboden betreten durfte; 1Mo 8,11-15). Was während dieser Tage geschieht, sind die erwähnten Gerichte über die Feinde des Volkes Gottes und des Herrn. Bis das geschehen ist, sind vom Tag an, da der verwüstende Gräuel im Heiligtum aufgestellt wurde, insgesamt *»1335 Tage«* verstrichen.[226]

226 Siehe Roger Liebi, *Jerusalem – Hindernis für den Weltfrieden?*, S. 171-172, und Werner Mücher, *Der Prophet Daniel*, S. 306-307.

»Glückselig, wer harrt«, wer bis zum Ende durchhält (Mt 10,22; 24,13). In V. 1 hatten wir gesehen, dass die Errettung nicht an Eigenschaften der Erretteten, sondern an Gottes Gnade liegt. Wer wahrhaft Gottes Gnade empfangen hat, wird ausharren. Das ist der Beweis, dass Gott sich in Gnade einem Sünder zugeneigt und ihn errettet hat. Dass Abraham glaubte und durch Glauben ein Gerechter war, erwies sich darin, dass er ausharrte, bis er die Verheißung erlangte (Hebr 6,13-15), und entsprechend haben alle wahren Gläubigen *»Ausharren nötig«*, damit sie die Verheißung davontragen (Hebr 10,36). Auf diese Weise zeigen sie, dass sie nicht zu denen gehören, *»die sich zurückziehen zum Verderben«*, sondern zu *»denen, die glauben zur Errettung der Seele«* (Hebr 10,39).

13 Du aber geh hin zum Ende; und du wirst ruhen, und du wirst auferstehen zu deinem Los am Ende der Tage.

»Du aber geh hin«, dasselbe Wort wie in V. 9, nur war ihm dort nicht gesagt worden, wohin er gehen soll. Nun wird es ihm gesagt: **»zum Ende«**. Daniel soll teilhaben am Ziel, zu dem Gott seine Erlösten bestimmt hat, doch bis dieses kommt, **»wirst du ruhen, und du wirst auferstehen zu deinem Los am Ende der Tage«**. Welch passender Schluss für dieses Buch! Der Anfang des Buches Daniel hatte uns ein schlimmes Ende beschrieben: das Ende Jerusalems und Judas als eines direkt unter Gottes Herrschaft gestellten Volkes. Aber das war nur *ein* Ende; hier aber haben wir *das* Ende. Nach aller Mühsal und allen Wechselfällen seines langen Lebens wird Daniel am Ende ruhen; und wenngleich Sünde und Willkür scheinbar ungehemmt und scheinbar endlos regieren, wird Daniel am Ende der Tage doch zu seinem Los kommen: Er wird *»auferstehen«*. Nicht die Sünde und der Tod, sondern das Leben und die Unverweslichkeit werden das letzte Wort haben. Kein Böses kann dem Heiligen die Ruhe rauben, die ihm in seinem Erlöser bereitet ist, und nichts und niemand kann ihm sein Teil entreißen, zu dem er am Ende der Tage auferstehen wird.

Es ist schön zu sehen, wie das Buch mit dem persönlichen Los des Propheten endet. Er hatte vom kommenden Reich des Messias geweissagt; und hier hört er, dass der Einzelne im kommenden weltumspannenden Reich nicht untergehen wird. Das Gleiche hören wir in Offb 21,3.7.

Gott wird wohnen unter der unzählbaren Schar aller Erlösten, und diese werden sein Volk sein; doch wird die alle umfassende Gemeinschaft dich und mich nicht verschlingen, denn: *»Wer überwindet, wird dieses erben ...«*

Sprachliche Anmerkungen zu Kapitel 12

V. 3 – **»leuchten wie der Glanz«**: **jazhîrû kəzôhar**, wörtlich »glänzen wie der Glanz«; vom Verb **zâhar** im Kausativstamm, »Glanz verbreiten« (nur an dieser Stelle belegt), wird das Nomen **zôhar**, »Glanz« (nur noch belegt in Hes 8,2), gebildet. Das Verb findet sich außerbiblisch noch an einer Stelle im hebräischen Text des apokryphen Buches Ecclesiasticus von Jesus ben Sira: »... sein Licht lässt glänzen – **mazhîr** – die Höhen Gottes« (43,9b).

V. 4 – **»durchforschen«**: **jəšôṭəṭû**, von **šûṭ**, das »umherstreifen« bedeutet (wie in 4Mo 11,8; Hi 1,7; Jer 5,1; Am 8,12). In Sach 4,10 und 2Chr 16,9 wird es von Gottes Augen gesagt. Wenn man in einem Buch immer wieder von vorne bis hinten liest, dann erforscht man dessen Inhalt, indem man es durchstreift. Vulgata: *pertransibunt plurimi* – »viele werden ganz hindurchgehen« (durch das Buch). Zunz hingegen: »es werden viele umherziehen«; ähnlich Philippson: »viele werden umherirren«; und auch Jantzen / Jettel: »viele werden umherstreifen«.

V. 10 – **»geläutert werden«**: **jiṣṣârəfû**, vom Verb **ṣâraf**, »schmelzen«, wie in Ps 12,7; Spr 30,5: Die Worte Gottes sind wie im Schmelztiegel geschmolzenes und damit geläutertes Silber; das Partizip **ṣôrêf**, »Schmelzer«, bezeichnet einen Goldschmied (Ri 17,4; Jes 40,19).

V. 11 – **»verwüstender Gräuel«**, **šiqqûṣ šômêm**, übersetzt LXX mit βδελυγμα της ερημωσεως, *bdelygma tēs erēmōseōs*, wörtl. »Gräuel der Verwüstung«. Exakt diesen Ausdruck verwendet der Herr in Mt 24,15.

Bibliografie

Auberlen, Carl August, *Der Prophet Daniel und die Offenbarung Johannis in ihrem gegenseitigen Verhältnis*, fotomechanischer Nachdruck der Originalauflage, Basel: Bahnmaier's Buchhandlung, 1854.

Bauer, Hans / Leander, Pontus, *Kurzgefasste biblisch-aramäische Grammatik mit Texten und Glossar*, Halle a.d. Saale: Max Niemeyer Verlag, 1929.

Ben-Sasson, Haim Hillel, *Geschichte des jüdischen Volkes. Von den Anfängen bis zur Gegenwart*, München: Verlag C.H. Beck, 1994.

Dennet, Edward, *Daniel the Prophet*, Wooler (Northumberland): Central Bible Hammond Trust, 1989.

Droysen, Johann Gustav, *Geschichte des Hellenismus*, 3 Bände, München: Deutscher Taschenbuch Verlag, 1980.

Erdmann, Martin, *Millennium. Historical & Exegetical Debate*, Greenville (South Carolina): Verax, 2016.

Gesche, Helga, *Rom – Welteroberer und Weltorganisator*, München: Verlag C.H. Beck, 1981.

Gesenius, Wilhelm, *Hebräisches und Aramäisches Handwörterbuch über das Alte Testament*, Leipzig: Verlag F.C.W. Vogel, 1905.

Gill, John, *Exposition of the Old Testament in six volumes*, nachgedruckt von The Baptist Standard Bearer, Arkansas, 1989 von der Ausgabe von Mathews & Leigh (18, Strand, London), 1810.

Hilliges, Ulrich: *»... sobald du erkannt haben wirst, dass die Himmel herrschen« (Dan 4,26)*, Berlin, August 1987, Ausgabe November 1988.

Hitzig, Ferdinand, *Das Buch Daniel*, Leipzig: Weidmann'sche Buchhandlung, 1850.

Hoenn, Karl (Hrsg.), *Sumerische und akkadische Hymnen und Gebete*, eingeleitet und übertragen von A. Falkenstein und W. von Soden (erschienen in: *Die Bibliothek der Alten Welt. Reihe: Der alte Orient*), Zürich/Stuttgart: Artemis-Verlag, 1953.

Jepsen, Alfred (Hrsg.), *Von Sinuhe bis Nebukadnezar. Dokumente aus der Umwelt des Alten Testaments*, Stuttgart: Calwer Verlag / München: Kösel Verlag, 1975.

Jursa, Michael, *Die Babylonier: Geschichte, Gesellschaft, Kultur*, München: Verlag C. H. Beck, 2008.

Keil, Carl Friedrich, *Biblischer Commentar über den Propheten Daniel*, Forgotten Books, fotomechanischer Nachdruck der im Verlag Dörffling & Franke (Leipzig, 1869) erschienenen Ausgabe.

Kelly, William, *Lectures on the Book of Daniel*, Montreal (Quebec): Bible Truth Publishers, Nachdruck des Originals von 1897.

Klengel-Brandt, Evelyn, *Reise in das alte Babylon*, Leipzig: Prisma-Verlag, 1970.

Koehler, Ludwig / Baumgartner, Walter, *The Hebrew and Aramaic Lexicon of the Old Testament*, Aramaic Supplementary Bibliography, Leiden: Brill, 2000.

Koldewey, Robert, *Das wieder erstehende Babylon*, neu herausgegeben von Barthel Hrouda, 5. überarbeitete und erweiterte Auflage, München: C. H. Beck, 1990.

Liebi, Roger, *Jerusalem – Hindernis für den Weltfrieden?*, Bielefeld: CLV, 2014.

Liebi, Roger, *Weltgeschichte im Visier des Propheten Daniel*, Bielefeld: CLV, 2009.

Maier, Gerhard, *Der Prophet Daniel*, Wuppertal: R. Brockhaus Verlag, 1982.

Marti, Karl, *Kurzgefasste Grammatik der biblisch-aramäischen Sprache. Literatur, Paradigmen, kritisch berichtigte Texte und Glossar*, Berlin: Reuther & Reichard, 1896.

Möller, Hans, *Alttestamentliche Bibelkunde*, Groß Oesingen: Verlag der Lutherischen Buchhandlung Heinrich Harms, 1989.

Nöldeke, Theodor, *Aufsätze zur persischen Geschichte*, Graz: Akademische Druck- u. Verlangsanstalt, 1974; Nachdruck der 1887 bei T.O. Weigel in Leipzig erschienenen Ausgabe.

Pfeiffer, Charles F., *Old Testament History*, Grand Rapids (Michigan): Baker Book House, 1973.

Rienecker, Fritz (Hrsg): *Lexikon zur Bibel*, Wuppertal: R. Brockhaus Verlag, 1960.

Rosenthal, Franz, *A Grammar of Biblical Aramaic*, Wiesbaden: Otto Harrassowitz, 1961.

Scharff, Alexander / Moortgat, Anton, *Ägypten und Vorderasien im Altertum*, München: Verlag F. Bruckmann, 1950.

Schmökel, Hartmut, *Ur, Assur und Babylon. Drei Jahrtausende im Zweistromland*, Zürich: Fretz & Wasmuth, 1955.

Segert, Stanislav, *Altaramäische Grammatik mit Bibliographie, Chrestomathie und Glossar*, Leipzig: VEB Verlag Enzyklopädie, 1986.

Textbibel in der Übersetzung von Kautzsch und Weizsäcker, Tübingen: Verlag J.C.B. Mohr, 1911.

Ungnad, Arthur, *Die Religion der Babylonier und Assyrer*, Jena: Eugen Diederichs Verlag, 1921.

Vanheiden, Karl-Heinz, *Bibel-Chronik. Die Bibel im historischen Kontext*, Dillenburg: Christliche Verlagsgesellschaft, 2021.

Walvoord, John F., *Daniel. The Key to Prophetic Revelation*, Chicago: Moody Press, 1971.

Zöckler, Otto, *Der Prophet Daniel*, Bielefeld und Leipzig: Velhagen & Klasing, 1870.

Zwingli, Huldrych, *Schriften in 4 Bänden*, Hrsg. Thomas Brunnschweiler und Samuel Lutz, Zürich: Theologischer Verlag Zürich, 1995.

Verzeichnis der verwendeten Bibelübersetzungen bzw. -ausgaben und Abkürzungen

a. a. O.	am angeführten Ort
Buber	*Die Schriftwerke*. Verdeutscht von Martin Buber, Jakob Hegner in Köln und Olten, o. J.
Elb 2003	*Elberfelder Übersetzung*, Hückeswagen: CSV, 2003.
JPS Hebrew-English	Hebräisch-Englische Bibelübersetzung der Jewish Publication TANAKH Society, Philadelphia 1999.
Louis Segond	Nouvelle édition de la Bible traduite sur les textes originaux hébreu et grec par Louis Second, version revue 1975. Edition La société biblique de Genève, 1989.
Luther 1912	*Die Bibel oder die ganze Heilige Schrift des Alten und Neuen Testaments*, übersetzt von Martin Luther, Textfassung 1912, Stuttgart 1982.
Luther 1984	*Die Bibel nach der Übersetzung Martin Luthers*, Textfassung 1984, Deutsche Bibelgesellschaft, Stuttgart 1985.
LXX	Septuaginta (griechische Übersetzung des Alten Testaments)
o. J.	ohne Jahreszahl
Philippson	Die Schriften (hebräisch-deutsch) in der Übersetzung von Rabbiner Ludwig Philippson. Lizenzausgabe der Wissenschaftlichen Buchgesellschaft, Darmstadt.

Rev Elb	*Elberfelder Übersetzung*, revidierte Fassung, Wuppertal: R. Brockhaus Verlag.
Schlachter 1951	*Die Heilige Schrift des Alten und Neuen Testaments*, übersetzt von F. E. Schlachter, Genf, 1990.
Schlachter 2000	*Die Bibel*, übersetzt von F. E. Schlachter (Version 2000), Genf.
sog.	sogenannte, /-n, /-r, /-s
Textbibel	Textbibel des Alten und Neuen Testaments in Verbindung mit zahlreichen Fachgelehrten, herausgegeben von D. E. Kautzsch. Das Neue Testament in der Übersetzung von Carl Weizsäcker, 3. Auflage, Tübingen: Verlag J. C. B. Mohr, 1911.
Tur-Sinai	Tur-Sinai, Naftali Herz, Die Heilige Schrift ins Deutsche übertragen von Naftali Herz Tur-Sinai, Neuhausen-Stuttgart: Hänssler-Verlag, 1993.
UELB	*Elberfelder Übersetzung*, nicht revidiert, Berlin, 1961.
Zunz	*Die vierundzwanzig Bücher der Heiligen Schrift nach dem masoretischen Text*, Frankfurt a. M. 1904. [Leopold Zunz war deutscher Jude, unter dessen Redaktion Arnheim, Fürst und Sachs das Alte Testament übersetzten.]
Zürcher 2007	*Zürcher Bibel*, Genossenschaft Verlag der Zürcher Bibel beim Theologischen Verlag Zürich.

Über den Autor

Benedikt Peters, schwedischer Staatsbürger, geboren 1950 in Helsingfors/Helsinki (Finnland), seit 1960 in der Schweiz wohnhaft, seit 1978 verheiratet, vier Kinder, Wohnsitz in Arbon am Bodensee. 1974 bis 1977 Besuch einer Bibel- und Missionsschule in der Schweiz; von 1980 bis 1985 Studium der griechischen und hebräischen Philologie an der Universität Zürich, 1986 bis 1993 Redakteur in einem christlichen Verlag; seit Frühjahr 1993 vollzeitlich im übergemeindlichen und konfessionell ungebundenen Dienst als Bibellehrer tätig im gesamten deutschsprachigen Raum sowie in Süd- und Osteuropa. Autor einer Reihe von Büchern zu biblisch-theologischen und zeitgeschichtlichen Themen.